哲学与侵权行为法

原书由剑桥大学出版社于2000年出版,此汉译本的出版获剑桥大学出版社财团(英国剑桥)的许可。

© Cambridge University Press 2000

世界法学译丛

哲学与侵权行为法

PHILOSOPHY AND THE LAW OF TORTS

主编：〔美〕格瑞尔德·J.波斯特马
译者：陈　敏　云建芳
校订：易继明

北京大学出版社
北京·2005年

北京市版权局登记号　图字：01-2003-188 号
图书在版编目(CIP)数据

哲学与侵权行为法/(美)波斯特马主编;陈敏,云建芳译. —北京：北京大学出版社,2005.1
(世界法学译丛)
ISBN 7-301-08531-1

Ⅰ. 哲… Ⅱ. ①波… ②陈… ③云… Ⅲ. 侵权行为-法哲学-研究 Ⅳ. D913.04

中国版本图书馆 CIP 数据核字(2004)第 142374 号

书　　　名：哲学与侵权行为法
著作责任者：〔美〕格瑞尔德·J. 波斯特马　主编　陈　敏　云建芳　译
责 任 编 辑：贺维彤
标 准 书 号：ISBN 7-301-08531-1/D·1063
出 版 发 行：北京大学出版社
地　　　址：北京市海淀区中关村北京大学校内　100871
网　　　址：http://cbs.pku.edu.cn　电子信箱：pl@pup.pku.edu.cn
电　　　话：邮购部 62752015　发行部 62750672　编辑部 62752027
排　版　者：北京高新特打字服务社　51736661
印　刷　者：三河新世纪印务有限公司
经　销　者：新华书店
　　　　　　650 毫米×980 毫米　16 开本　25.5 印张　344 千字
　　　　　　2005 年 1 月第 1 版　2005 年 8 月第 2 次印刷
定　　　价：36.00 元

未经许可，不得以任何方式复制或抄袭本书之部分或全部内容。
版权所有，翻版必究

侵权行为法的道德基础(代译序)

侵权行为法发展最早可以追溯到古代社会的复仇制度。那个时代,对被造成损害的救济往往由家族或个人提出,采取复仇手段,所谓"以眼还眼,以牙还牙"。后来,由习惯法形成了加害人向受害人支付"赎罪金"(或称"修正性"支付)制度。这一制度,虽是一种原因主义的加害责任,但却具有两个基本功能:一是对加害人的处罚;二是对受害人的补偿。今天看起来,这只是一种十分平常的法律智识和观念(尽管在细微之处也还存在或多或少的非议)。不过,对于那时的人们来说,将所受到的伤害以及由此造成的伤痛与愤怒情绪发泄在某种制度或机制之中,而不是直接施之于加害人身上,还是需要极大克制力的。这大约是人类从追求生物的快感到寻找精神抚慰的端绪,也是人类从蒙昧冲动走向文明社会制度建构的开始。当然,起初,无论是大陆法国家抑或英美法国家,人们对于侵权行为及其损害赔偿的把握都是建立在一些零星的个案认识基础上。因此,一些古老的法典如《格尔蒂法典》、《十二表法》和《阿奎利亚法》等,大都采取列举主义,对各种侵权行为、相关责任及救济方式加以规范。另外,针对个别案例采取特定令状,也是许多古老国家采取的一种较为普遍的现象。

总的说来,人类文明的历史是对人的原始冲动加以抑制,并逐渐得以制度性或体制化舒展的过程。侵权行为制度的功能也逐渐从强调前者即"处罚"转向注重后者即"补偿",并在近代社会最终将具有刑罚功能部分交给了公权力,而民事损害赔偿制度也从加害责任发展为过错责任,为此确立了以"填平"为标准的补偿原则。19世纪以降,自然法理论的发展,机器时代的来临,侵权行为逐渐增多,大陆法系国家民法典总结出了侵权行为法的一般规则,英美法系国家则出现了过失(Negligence)侵权行为理论,由此侵权行为法得以广泛运用,并迅速发展起来。20世纪以来,由于社会工业化程度加剧,大规模损害行为随之产生,其规模之大,数量之多,使各国侵权行为法产生了严格责任制度(也称无过失责任或危险责任制度)。与之相适应,对侵权行为法的法律解释也不断变化,如赎罪、惩罚、威慑、损害赔偿、预防损害等目的和功能广泛地运用于侵权行为规范,影响了侵权行为法的价值目标、机能和归责原则。社会法学派、功利主义或各种实用主义解释理论将法律视为一种实现公共目标的机制,特别是20世纪70年代以后兴起的经济分析方法,允许法官对侵权行为法进行重新定位,使其服务于经济目标,而不再是服务于矫正正义目标,这就改变了侵权行为法最初的道德基础和价值取向。于是,侵权行为法的法理学也从自然法学转向实用主义、工具主义。

但近年来,这种解释方法受到了批判。因为经济分析方法更注重从国家、社会的角度进行分析,认为"法律的首要功能是保证效率,也就是说,如何使整个社会的蛋糕变大(或社会成本最小)"[1]。这就忽视了双方当事人的意思表示,忽视了公平与正义,忽视了我们文明社会的根本性原则:自由、正义与合法性基础。

经济学家张维迎教授曾经问过我一个有趣的问题:假设邻居家老太太的一只黑母鸡能够治疗张三的病,而老太太又不肯卖,于是张三乘其不备偷了;老太太让张三赔偿15元,但按市场价它仅值5元。作为法官,你如何判决?我知道,他是在关注由此产生的社会收益。为了回答这个问题,我给他讲述了另外一个更加古老的故事:一个农夫、一个瓦匠、一个缝纫师来到了一个地方,他们为了彼此美好而幸福的生活走到一起。为了提高效率,他们需要进行专业分工,农夫打粮食,瓦匠造房子,缝纫师做衣服;为了各自的需要,他们又必须进行交换,20斤大米换一件衣服,20件衣服换一

---

[1] 张维迎:《作为激励机制的法律(代序)》,载王成:《侵权损害赔偿的经济分析》序言部分,中国人民大学出版社2002年6月第1版,第12页。

座房子。这是柏拉图在《理想国》所描述的城邦产生情况。[2] 按照伦理学的基本原则,一切行为的起点均在于行为人自身,只有自己才是行为的主宰,行为必须建立在自愿的基础上,这也是"交换"所依存的社会交往行为基础——即自愿,但现实社会中的"交往"还包括另外一种非自愿的形式,如偷盗、抢劫、欺压和诈骗等。如果这种"非自愿"的"交往行为"广泛存在,就会影响到了他们(农夫、瓦匠和缝纫师)自由意志,挑战了他们走到一起来的根本目的:自由幸福的美好生活。经济分析方法虽然注意到了专业化社会分工旨在提高效率原则,但往往忽视了人类共同生活的根本前提,过分夸大了效率原则,甚至视为法律的"首要功能",这实际上是在挑战人们共同生活的底线。因此,对自己的决定权才是人们生活在一起的首要原则,而为了效率进行社会分工与交换只是在此之下次一级的法律原则。

即使按照经济分析方法进行解释,也存在诸多争议。经济学基础性定律即需求定律,旨在说明价格与人的选择行为之间的因果关系,一项选择的成本其实并不只是一种会计成本,而是为这项选择所放弃的机会成本。在分析社会现象的时候,经济学的价格高低还应该包括行为人的某种主观感觉。张三身体健康(治疗疾病)的需求与老太太主张的15元之间,从主观感觉角度看,很难说老太太主张价格过高,超过了张三的行为预期。张三在偷窃母鸡的时候,他所考虑到的成本可能不仅是是否需要支付15元的问题,还有可能包括被治安拘留处罚,甚至他自己也在等待着警察请他"喝咖啡"(放弃自由生活的机会成本)。而且,我们不妨做出这样的假设:如果这只老母鸡是老太太的一个宠物,老太太得知她的宠物"为人所害",为此而伤心欲绝,住进了医院,那又如何裁判呢?无论是科斯定律,抑或是汉德公式,社会现象中许多参数还不足以为我们所把握(诚然,法律经济学完全可以将更多的参数纳入分析

---

[2] 参见〔古希腊〕柏拉图:《理想国》,郭斌和、张竹明译,商务印书馆1986年8月第1版,第57页以下。

框架,使其理论逐步完善),而我们惟一能够了解的是自己生活的感受:自由、安全感和被尊重,而不是被伤害!这才是一个符合正义的秩序状态。

由是观之,当我们抽象地谈论法律具有正义价值的时候,并非是一个空洞无物的概念,而是依据我们共同生活的语境和具体行为,有所意指的。罗尔斯的两个正义原则中,第一个正义原则便是建立在广泛意义上的平等自由原则。在第二个正义原则中,他认为社会和经济的不平等应该建立在两个优先规则之下:第一个优先规则是"自由的优先性";第二个优先规则是"正义对效率和福利的优先"[3]。一种社会秩序失去这些前提,就很难让人认同它是正义的。蛋糕变大了,我们就幸福了吗?这又回到了历史学家基佐提出的问题:"归根到底,人类难道仅是一座蚁冢,仅是一个只需要秩序和物质幸福而不需要其他的社会?"[4]当然,我这里并不是想说明经济学分析方法一无是处,也不是旨在为侵权行为法的法理学提供一个完美的解释模式,但经济学帝国主义倾向对法学理论产生的消极影响亟待清理,这一点是应该引起重视的。

对自由与权利的追问,以及寻求合法性基础的理论,它们大多是建立在普通伦理或道德论基础上的。在侵权行为法中,道德理论强调了人们所具有的避免受到他人不正当行为侵害的道德上的权利,同时使得加害人负有道德上的义务和赔偿责任,这就在表面上支持或契合了侵权行为法的实质内涵。但是,法律与道德二者在同构侵权行为法解释理论的时候,其实忽视了它们所关注的不同目标:法律的重心在于,按照普通的、合理性的人的行为标准,对具体行为进行判断;而道德上的判断更加注重每个人的主观与心智状况——更加强调那些故意或蓄意损害他人行为的可责罚性(the culpability),尽管我们可以将疏忽行为看成是行为人在道德上

---

[3] 参见〔美〕约翰·罗尔斯:《正义论》,何怀宏、何包钢、廖申白译,中国社会科学出版社1988年3月第1版,第288—293页。

[4] 〔法〕基佐:《欧洲文明史:自罗马帝国败落起到法国革命》,程洪逵、沅芷译,商务印书馆1998年12月第1版,第9页。

的失败。[5] 因此,纯粹的道德论在法律解释理论上同样存在模糊、牵强的缺陷。

王泽鉴先生认为,当前侵权行为法所需要面对的重大问题有二:其一,如何防止或减少危害事故?其二,如何合理填补所生的损害?[6] 实际上,这涉及侵权行为法的两大传统功能——即预防功能和补偿功能。这两种功能是符合道德解释方法的:前者从分配正义角度解释侵权行为法,强调当事人双方的对等性,分析了自由和安全权利哪一个优先,以此处理侵权问题;后者注重对受害人的赔偿,称为救济论。但为什么要由加害人对受害人进行赔偿?赔偿的基础又是什么?这些理论,最初应该源于亚里士多德的交换正义理论。[7] 这种极具伦理色彩的解释理论,本身是具有较强的扩张力和解释力的。只不过,由于现代社会危害事故剧增,如交通事故、医疗事故、产品责任及环境侵害等现代型侵权行为大量发生,造成损害规模扩大,损失重大,这不仅使得整个社会生活风险遽然增加,而且所造成的损害往往超出了理性人标准的行为预期,也超过了侵害人的承受能力;而单纯依靠侵权损害赔偿的事后责任分配体系,又无法完成对损害的填补,也不能造就一个具有较强安全感的社会秩序状态。鉴于此,引入保险制度(包括像新西兰实行的一元化保障体系)分散和转移了侵权赔偿责任;实行严格责任制度保障了法律关系中的弱者,强化了社会大生产与服务的社会责任;通过侵权行为法司法的行政化,解决了传统司法救济中滞后和无效率问题;等等。这些措施,虽然受到了诸多肯定性的社会评价,但与此同时,它们却忽略了行为人主观上故意与非故意之间的

---

[5] See Gerald J. Postema, "Introduction: Search for an Explanatory Theory of Torts", in Gerald J. Postema (ed), Philosophy and the Law of Torts, Dock House, The Waterfront, Cape Town 8001, South Africa: Cambridge University Press, 2001(First published), p.3.

[6] 参见王泽鉴:《侵权行为法(1):基本理论·一般侵权行为》,中国政法大学出版社2001年7月第1版,第4页。

[7] 参见〔古希腊〕亚里士多德:《尼各马科伦理学》,苗力田译,中国社会科学出版社1999年8月第1版,第99页。

区别,只是关注如何分配现实损害的风险和责任,侵权行为法所具有的惩罚、震慑功能被日益淡化,那么相应的预防功能也随之逐渐被弱化。由此,本来旨在防止侵权行为发生的侵权规则却可能"诱发"或"造就"大量的侵权行为出现,甚至出现了法的界面与社会生活界面的严重分裂与冲突的现象。正是基于此,棚濑孝雄教授观察到现代社会出现了一种遵守固有的生活伦理的"反侵权行为化"的动向。[8]

解决侵权问题的方法引发了比解决方法更多的理论问题,侵权行为法的危机产生了。

那么,是否存在某种新的解释理论,我们可以以此来重新定位侵权行为法或侵权责任法？读者可能已经注意到,虽然在对具体案件的裁判中,我们极少意识到侵权行为和侵权责任之间的区别,但二者在逻辑上并非完全一致(尤其对于旨在建立债的关系体系的大陆法私法理论而言,如何区分二者,可能还会影响到相应的债的关系法或民事责任体系,从而间接地影响到民法典及其体系的建构);而且对行为的分析与对责任的界定,在价值目标上也存在不尽相同的地方。2002年12月9届全国人大常委会委员长会议提交的《中华人民共和国民法典》(草案)第8编"侵权责任法"与

---

[8] 棚濑孝雄教授认为,在与社会联系的界面中,侵权行为的扩大也引起了摩擦。只能通过金钱赔偿来解决问题的侵权行为不论如何引起与人们本来朴素的对不法期待的解决之间发生不合,而且作为赔偿前提要件的"不法"与人们本来就不应该去为的不法之间产生不合。这样,通常在社会生活中与法的赔偿同时进行平行的社会的调整,这种二元的处理随着广义的法化的深入必然会引起破绽的出现。因此,在日常生活中的侵权行为的介入受到了强烈的反击,人们否定侵权行为法的介入,而出现了遵守固有的生活伦理的"反侵权行为化"的动向。参见〔日〕棚濑孝雄:《侵权行为责任的道德基础》,载棚濑孝雄(编):《现代侵权行为法的理念与生活世界》,东京:有斐阁1994年5月30日第1版,第4—5页。

随后的三部民法典"学者建议稿"定名为"侵权行为"[9]，大约不只是称呼的不同，也在一定程度上反映了立法者对侵权问题在现代社会的定位与价值取向上的差异。

当然，一种比较容易让人接受的方法是将经济分析与道德解释两种方法结合起来，承认侵权行为法价值的多元性，并无单一价值取向。但问题是，将多元价值不加区分地整合在一起，不可避免地要出现一些冲突。对此，我们应如何处理？是将不同的价值还原为单一价值，还是将不同的价值目标适应于侵权行为法体系的不同部分，抑或是对多个价值目标按一定的标准进行次序排列，确定位阶，依次适用？在格瑞尔德·J. 波斯特马主编的这本论文集《哲学与侵权行为法》(Philosophy and the Law of Torts)中，多位著名学者进行了深入思考。

很显然，这些著名学者在侵权问题思考上的学术成就还不止于此。在英美法系国家，侵权行为法是一个独立的法律领域，由个案发展起来的判例是其主要渊源，而且较之其他法律部门，侵权行为法更多地体现了普通法的特征。法官巧妙而灵活地对法律原则进行解释和运用，使英美侵权行为法极具活力，从中体现了法官的睿智。这与英美司法制度密不可分。而在大陆法系国家，侵权行为法由成文法规定，属于民法债的发生原因之一。立法者敏锐地观察到保护现有的利益与获取利益之间存在相互依存的关系，可以将侵权行为所生之债和合同之债两者统合在债的关系之下，但又相互区别(尽管二者的分界线在欧洲大陆各国也不尽相同)。这与欧洲大陆文化传统相因应。一贯以来，英美侵权行为法的目的是要解决非常实际的具体问题，而不是上升到哲学角度去进行抽

---

[9] 这三部学者建议稿按照面世先后依次为：王利明教授主持的学者建议稿(2003年3月)第8编定名为"侵权行为"；梁慧星教授主持的学者建议稿第5编定名为"侵权行为"；徐国栋教授主持的学者建议稿第2编"财产关系法"下第8分编"债法分则"之第3题"侵权行为之债"。王利明教授主持的建议稿，笔者未见到正式出版；另外两部，分别参见梁慧星：《中国民法典草案建议稿》，法律出版社2003年5月第1版；徐国栋(主编)：《绿色民法典草案》，社会科学文献出版社2004年5月第1版。

象与思考,因此现实主义法学和经济分析法学在英美法国家具有较大影响力。当然,无论是大陆法还是英美法,在现代社会出现侵权责任、违约责任、保险制度和社会保障制度等相互依存与整合之际,如何界定侵权行为法的目标和功能,是侧重事故的预防,还是损害赔偿,是注重公平还是注重效率,确实是一个值得探讨的问题。本书收录的论文便是从哲学(多为道德理论)角度对侵权行为法进行的理论解释与思考。虽然观察的角度各不相同,理论思考的路径和结论也大异其趣,但作为一项英美法学者的研究成果,提出从道德角度来看待和处理侵权问题,本身就是一个较大的突破。就某种具体的侵权行为而言,英美法系和大陆法系就相似或相同的侵权事实可能有相似或相同的判决结果;但就侵权行为诉讼的程式、法律推理和法学方法而言,两大法系则有显著不同。由于制度设计上的区别,我们无法直接移植英美国家的审判模式,但其所运用的推理逻辑、研究方法和分析问题的角度,很值得我们学习和借鉴。因此,这些研究成果,为两大法系的融合,为日显支离破碎的侵权行为法寻找了一些统合的理论基础。

本论文集所涉及的理论问题,即使在英语世界中也是较为艰深的,翻译成中文自然是难上加难。华中科技大学法学院两位研究生陈敏和云建芳翻译此著述,也是极为难得。笔者进行校订时,也曾有不少善意的朋友提醒要注意校订的"风险"。不过,我想,翻译虽难至"雅",只要语言通俗易懂,使读者能够通过这些论文大体把握英美侵权行为法的解释理论和方法,激发我们进行思索的一些思绪或碎片,也就足够了。

本论文集的出版,要感谢北京大学出版社副总编杨立范先生、政法编辑部主任李霞女士和贺维彤先生多方联络和给予的热切关注。陈敏同学翻译了其中的第1、3、4、5、6、7篇;云建芳同学翻译了第2、8篇;作为她们的老师,我进行了一些必要的校订工作。华中科技大学法学院研究生王博同学协助对校订稿进行了一些文字校对,这里一并致谢。

易继明
2004年6月初于北京颐和山庄寓所

目 录

1 侵权行为法解释的理论研究   *1*
格瑞尔德·J.波斯特马
   一、初步探讨   *2*
   二、对道德论的重新关注和提炼   *6*
   三、对反对者的理论回应   *17*

2 意外事故侵权法的社会契约观念   *26*
葛瑞高瑞·C.克廷
   一、本文的观点   *28*
   二、对过失责任和严格责任的选择   *37*
   三、义务和违反义务："合理的注意义务"   *55*

3 结果责任、风险与侵权行为法   *88*
史蒂芬·R.佩里
   一、绪论   *88*
   二、非结果论及对非故意侵害的责任   *92*
   三、结果责任的一般理论   *101*
   四、作为结果责任基础的可避免性   *114*
   五、可预见性的一致性   *125*
   六、预见能力的含义   *132*
   七、行为,相互关系以及合理注意的含义   *141*
   八、结果责任是多余的吗？   *151*
   九、结论   *156*

4 侵害与受害的意义   *158*
马丁·斯通

2 哲学与侵权行为法

    一、引言:理解侵权行为法   *158*
    二、基本规则   *163*
    三、侵权行为理论:机能主义论   *170*
    四、矫正正义   *190*
    五、理论与实践   *208*

5 侵权行为法和侵权行为理论
    ——**关于研究方法的初步思考**   *224*
    朱里斯·克里曼
    一   *228*
    二   *235*
    三   *243*
    四   *247*
    五   *254*
    六   *256*
    七   *259*

6 产品质量侵权时代的矫正正义   *263*
    阿瑟·利普斯坦 & 本杰明·兹普斯蒂
    一、绪论   *263*
    二、侵权行为法中义务的结构   *269*
    三、对因果关系的辩护   *273*
    四、产品质量侵权有所不同吗?   *280*
    五、市场份额责任,证据和矫正正义:对辛德尔案
        的理解   *287*
    六、结论   *307*

7 经济学、道德哲学及对侵权行为法的实证主义分析   *310*
    马克·格斯特菲尔德
    一、对侵权行为制度的实证主义分析   *313*
    二、对侵权行为实体法的实证主义分析   *324*

三、侵权行为法实证主义分析的内涵	*333*
四、实证主义分析:经济学和道德哲学之间的联系	*336*
五、结论	*340*

8 对侵权行为法和意外事故法中多元化的一种合理调节   *342*
布鲁斯·查普曼

一、引言	*342*
二、多标准决策逻辑	*349*
三、意外事故法中排序形式内的不可能性 （intraprofile impossibicities）	*363*
四、对侵权行为法中的复合标准的排序的思考	*384*
五、结论	*395*

1 侵权行为法解释的理论研究

格瑞尔德·J.波斯特马

托马斯·荷兰德(Tomas Holland)曾经说过,对不赶时髦的英国律师来说,普通法"处于一种满是索引的混乱状态"〔参见霍姆斯(Holmes),1870,第114页〕。由个案形成的判例所组成的英美侵权行为法,与其他任何一个部门法相比,保留了更多的普通法传统特征。任何一本判例汇编的读者都会面对这些混乱的索引大吃一惊。但至少从20世纪早期的霍姆斯开始,法学家和法学学者就开始寻求将某些课题进行统一并使之理论化的努力。但直至20世纪末期,才有哲学家开始致力于此,尤其是在过去的10年里,有关这一课题的哲学成就迅速发展并日趋成熟。正如我们所期待的那样,这种研究的日趋引人注目和日趋成熟带给社会的重要意义在于为社会提供了一种理论选择的更高境界,而远远超出了对某一种观点或理论统一的本身。本书收集的论文从不同的视角对侵权行为法的基础进行了理论思考,每一种视角都各有特色,而且各作者之间对一些主要问题的看法也有相当大的分歧,但是它的重要意义并不仅仅在于对一些理论思考的目标达成某种一致,而是为理论思考提供正确的方法论。

这些论文的主要目的不是批判或纠正,而是力图对侵权行为法的解释进行更为清晰和完整的阐释和辩护。他们力图加深我们对法律这一领域及其实践的理解。显然,对于开展此类研究应采取何种方法论是有争议的。本书中的大部分论文采取——并且有几位作者〔参见斯通和克里曼（Stone and Coleman）的论文〕花了大量时间来辩护——一种广义"解释论"的方法,这种方法,至少以一种变更的方式,遵循了侵权行为法实践的参与者尤其是法官和律师的推理范畴和模式。

一、初步探讨

一旦在头脑中建立了这些模式和范畴,我们就有必要首先明确侵权行为实践的核心要素,即使稍后我们必须提炼我们对该核心部分的范围的理解。从表面上看,侵权行为法具有一些特殊的实体规则和特定的程序及概念结构（详见斯通在其论文的第二部分对侵权行为核心要素的详细描述）。在英美法系的司法审判中,有关过失侵权行为的实体规则包含在过错责任之中,这种过错责任包含了严格责任。侵权行为的概念框架则体现在诉讼过程之中。关于侵权行为责任的法律规定在从判例到判例的司法判决中得到了宣告和适用,当然诉讼当事人都是私法上的主体。一方当事人首先对另一方提起诉讼,主张一种使被告对因自身违反必要注意义务而造成的损失进行赔偿的权利。法院作出判决支持或者驳回原告的主张,但法院并不是作为诉讼当事人来参加诉讼。当事人的主张能否得到支持取决于诉讼程序、概念框架以及法律规范,但却反映了以双方意思表示为基础的私法性质。原告声称被告的过错行为违反了必要注意义务并给自己造成了损害,因此主张从加害方获得对自己所遭受损失的赔偿。

纯道德论

在思考侵权行为在实体上和结构上的特征时,许多从事理论研究的学者可能会作出这样一种假设:侵权行为法的首要目标是支持因他人不当行为而受到不公正侵害的个人具有道德上的权利,同时使加害人负有道德义务并赔偿因其不当行为而对受害者造成的损失。侵权行为法的道德论好像可以用侵权行为法的主要用语来表达,不尊重他人的合法权益不仅违反了法律的规定,而且也是缺乏道德的体现,人们应当承受他们违反道德的代价。因此,侵权行为责任似乎支持这种道德判断,它惩罚了道德违反方并对由其过错而遭受损失的人进行救济。

这一观点仍需进一步提炼。首先,我们应区分将纯道德论运用于侵权行为法的两个不同的目标,这两个目标产生于对普通侵权行为法实践进行观察的不同角度。"规范"的观点认为社会互动是大量的,或在事前存在的,并且考虑了它如何受社会公开形成的规则和标准的影响和指引。从规范的优点来看,侵权行为法将行为人行为的基本规则界定在产生风险的社会互动上,侵权行为法的实体规则指导人们的行为,规定某些行为方式,禁止其他行为方式,而侵权行为诉讼则是执行这些实体规则。相反,"补救"的观点则主要是详细考虑特定情况、特定当事人以及他们所蒙受的不幸。我们的纯道德论必须决定采用哪种观点以及如何联系上述的两个目标。

第二,纯道德理论必须解释侵权行为法的双边结构这一现象。也就是说,如果认为侵权行为法反映、衬托、服务于道德的话,就会进而产生一些更深层次的问题。比如,侵权诉讼的双方当事人之间的关系是否具有在先的道德意义?难道他们不是典型的陌生人,不是不明显相关吗?如果他们作为私法上的主体时彼此之间有一种道德范畴上的关系,这种关系将他们与普通公民相区别,并以一种侵权实践中的特殊方式对待他们是合理的话,那么为什么国家有权通过法律途径去干预他们之间的事务呢?我们知道,法律有权处理公共事务,但是法律有什么权力干预纯私人事务呢?

但是,试图对纯道德理论进行提炼似乎并非上策。因为,如果我们在侵权行为的表面词语之下探究使这些词语具有法律含义的真正原则,我们就会发现一个事实,该事实对于一个纯粹的观察者来说是针对我们所考虑的道德观的一种令人震惊的背离,很多例子都可印证这一点。从表面上看,侵权行为法好像完全漠视加害人的应受责罚性,行为人一时的疏于照料就会导致他对由此造成的重大损失承担责任〔参见沃尔德伦(Waldron),1995〕,而另一些犯有同样过错甚至是犯有更严重错误的行为人,却完全逃避了责任。这完全是一个运气问题。侵权行为法将这些不利后果之承担归因于运气,同样地,也许行为人在事前已经尽到了合理注意义务以避免损失,但他仍然可能要对损失负责;事实上,尽管一个人有权以法律承认的行为方式实施损害他人权利的行为,他可能仍然要对造成的伤害负责。上面所说的情形并不只是例外或者说是偏离了强调道德核心边缘的几种情形,因为法律上的"过失"观念本身严格区别于普通的道德观念,我们认为在道德上应当谴责那些故意或蓄意损害他人的行为人,甚至是那些过失损害他人的人,只要该行为人对自己实施的行为可能带来的风险没有予以充分注意。我们将这种疏忽看作是行为人的失败,因为它是行为人在道德控制上的失败。普通道德观认为应受责罚性与漠不关心、粗心等人的心理状况相关;然而,依法学理论来判断的话,"过失"仅仅只涉及行为,而不涉及行为人的心理状况。法律好像改变了我们的批判目的,因此完全忽视了应受责罚性的道德目的;而且,过失侵权行为法界定的行为标准尤其抵制在道德上的明显借口。法律鼓励人们依照普通的、合理性的人的行为标准行事,而不考虑行为人现有的信息及心智能力。

实证法学派之回应

当然,当你读了霍姆斯的《法律的道路》(*Path of law*,1920)一文之后,就不会觉得将法律原则与道德判断进行系统地分离是不可理解的了。很久以前,法律起源于道德判断和考虑,但是,霍姆斯提醒我们,法律有自己内在的逻辑和生命,从表面价值理解法律用语只会造成混乱。侵权行为法的解释理论必须从一种绝对的非道德论出发来开始其理论化,或者至少在霍姆斯以及他所创立的传统侵权行为理论看是如此〔参见高尔德勃格和兹普斯蒂(Goldberg and Zipursky),1998,第1752—1769页〕。他认为,从一种冷静的分析角度看,法律是一种实现特定公共目标的机制。具体地说,侵权行为法则是从阻止最有害、最浪费的社会行为以及赔偿受害者的角度出发来规定并实施的公共行为标准。基于这种目的,可责罚性观念的适用就不恰当了,而必要注意义务的"客观"定义是最有效的。霍姆斯还认为,公共的侵权行为规范规定了"绝对义务",这种义务不是针对特定人而言的特定义务。当然,侵权行为之诉是独具特色的,因为它赋予私的当事人一种依法求偿权来支持他们的法定权利。但是,依霍姆斯的观点,这只是为便利起见的一种安排,侵权诉讼是一种为了更便捷地或者说以最低的成本对违反公共准则的行为施以惩戒的方式,总的说来,侵权行为法是执行公众准则的一种私法上的手段。当然,这里强调脱离道德观念来研究侵权行为法,并不是要彻底地摒弃道德观,提倡道德缺失;尤其要指出的是,侵权行为法将社会的善赋予了模糊的功利主义色彩,目的是使公共准则和私人执行制度得到更好的理解和评价。这一理论具有类似的功利主义表象,它没有将侵权行为法的基本原理道德论化,而是阐明了侵权行为法的基本原则和有关侵权行为实践的基本观点,并为注重双方当事人充分地进行意思表示的双边结构和侵权行为诉讼的程序提供了一个有力的解释工具。

  霍姆斯所采用的研究方法一直都处于极不成熟的阶段,直至以卡拉布雷西(Calabresi,1970)、兰德斯(Landes)和波斯纳(Posner,1987)为代表的一批法学学者运用现代经济学概念和解释模式构建了一种全面系统的侵权行为法理论。经济学分析取代了霍姆斯提出的模糊的功利主义标准,提出了效益的观念,理解为福利最大化(有时可以不太精确地说成是社会福利最大化)。运用福利经济学这个严谨的工具,理论家们就能够系统地分析和解释侵权行为法的基本组成部分、内容和结构。与霍姆斯一样,他们主要采用了一种规范的理论视角。其解释模式从广义上来说应该是属于"机能主义"的(参见斯通和克里曼的文章),它将侵权行为体系的目标看作一个整体(如福利最大化),并寻求对这个体系的所有构成要件进行解释,而对这些要件之间的相互关系进行解释,则是实现这个独立目标的手段。

侵权行为的经济学理论在法学界产生了巨大的影响,这种影响其实不难理解:其基本的概念要素相对简单和直观,分析方法也相当有力,而且这种理论更趋于理性化;作为一种福利,它不仅为解释侵权行为法的传统核心问题提供了依据,而且为一些背离了正统做法的激进理论,例如发展产品责任尤其是市场份额责任等等提供了理论依据,在最近的 30 年里,这个理论已经成为侵权行为解释中最主要的理论。而这,也正是我们所要讨论和批判的理论。

二、对道德论的重新关注和提炼

近几年,经济分析论受到了来自许多方面的挑战。在本书斯通和克里曼的论述中,他们有力地抨击了这一学说的理论基础。他们认为,这一理论在解释侵权行为法注重双方意志这一点上是完全失败的,它在解释为什么侵权行为法支持原告向特定的被告主张权利和被告必须对原告进行赔偿这两者之间的本质联系上也是含混不清的。他们认为,归根结底,用经济分析的方法来解释侵权行为法的理论和实践是不适当的,他们主张用另外一种与此完全不同的方法来重新构建一个全新的概念体系并取代这种经济学分析的体系。而且,学者们又开始重新关注个人道德以及政治道德的范畴;但是,为了避免陷入纯道德论的误区,他们寻求将这些道德理论范畴进行重新提炼并使之在不同的侵权行为实践中更加清晰。

和斯通、克里曼(Coleman)一样,克廷(Keating)、佩里(Perry)、利普斯坦(Ripstein)、兹普斯蒂(Zipursky)等学者也在以此为思路,寻求一种可以解释侵权行为实践的更令人信服的经济学研究方法。他们在是否以个人道德或者政治道德为参照体系以及是否采用分配正义或者矫正正义的观念等方面存在分歧,但是在引入"解释"方法而不是机能主义方法论这一点上达成了共识。格斯特菲尔德(Geistfeld)和查普曼(Chapman)则采用了另外一种态度,他们没有彻底摒弃经济学的模式,而是寻求在经济学模式和解释的可选正义模式之间寻求一种协调。一方面,他针对斯通和克里曼对经济学模式的根本性批判,对经济学模式进行了辩护,但同时,他也发现了传统道德研究的新的优点,他认为这两种研究手段是互补的。查普曼以理性选择理论为出发点对经济学理论和道德理论进行研究,他发现这二者所代表的价值可以有机地结合起来。

规范的观点:分配正义

根据是给予目前规范的观点还是救济的观点以理论上的优先权来划分,传统道德论可以分为两个不同的派别。其中一个派别在很大程度上接受了霍姆斯创立的经济理论模式以及经济分析理论,但是摒弃了它们的基本理论原则和目的。这一学派认为,社会生活中有关注意和行为的公共准则,其目的在于体现公平,而不在于追求利益或福利的最大化,他们把研究的基本法律问题更多地放在侵权行为法所包含的政治正义尤其是分配正义上,而不去过多地研究在可责罚性判决中所体现出来的个人道德责任。

S.乔治·弗莱彻(George Fletcher)著名的公平理论采用了这一观点(参见弗莱彻,1972),他在本书论述中,发展了一些与此类似的观点。克廷对政治社会的概念提出了质疑,他认为过失责任和严格责任的标准只是平衡市民之间相冲突的自由和安全利益的产物,他的论述采用了罗尔斯主义——社会契约论的模式。他问道:那些可能的加害人和受害人,他们同样都是自由且平等的有道德的人,力图确定追求他们主张的符合善的观念的社会条件,那么,他们所能接受的施加风险的公平规则是什么呢?他提出了三个可以用来选择和解释责任规则的原则:首先,任何风险都会因此而产生一些在这些风险中处于最不利地位的人(即可能的受害人),只有当施加风险是为了这些潜在受害者的长远利益时,风险的施加才能被认为是公平的;第二,当风险特别严重时(如死亡、重伤害),人们对安全的需求就会优于对利益的追求;由上述的两个原则可以导出第三个原则,即在风险社会中,只有当风险行为所导致的损失对双方来说是对等的,才能平衡因风险而带来的利益和不利后果。弗莱彻认为,只有当被要求承担风险的一方当事人有同等的权利和机会对最初造成风险的人施加同等程度的风险时,施加风险才能被认为是公平的。克廷的观点则与之相反,他认为,不仅仅是风险,对实际的损害同样也应该强调对等性。

在上述三个原则的指导下,克廷开始致力于讨论侵权行为法中对过错责任和严格责任的划分标准,在这点上,克廷采用的是一种批判性的或者说革新性的方法。他认为,由于当事人的行为极有可能包含着极大的风险,他主张在过错责任之上建立严格责任,以此鼓励有效地减少风险以及更合理地分散该风险行为可能带来的物质损失;尤其是在现代社会,保险市场为有关行为人承担了相当一部分责任,在很大程度上减轻了受害人的负担,缓解了严格责任对行为自由的限制。这一观点还提倡实行企业责任以及市场份额责任,因为这样会导致在很大程度上由系统组织的有风险性行为的所有受益方分担因无过错事件而导致的损失。

克廷还认为,该原则还有助于解释在过失责任中所应承担"必要注意义务"的普通合理人标准。他认为,人们通常所用的确定合理预防措施的"汉德公式"(Hand Formula)不能恰当反映自由且平等的公民所要求的安全优于自由的理念,因为至少在损害十分严重的情况下,公民会要求风险行为人采取所有可行的预防措施,哪怕这样并不能减少风险。

值得一提的是,克廷认为契约论观点中的当事人,是具有风险的社会交往模式的参与者,也是可能的加害人和受害人,这听起来似乎不可思议。分配正义将政治社会看作一个整体,但是,除了加害人和受害人之外,其他的社会成员也在很大程度上受到有关风险行为规范的制约,他们也许会大大受益于此,也许会因此蒙受损失甚至改变自己的行为原则。问题是,这些内容在协议中会有所体现吗?第三人或者说普通市民,不也是风险行为可能的受害者吗?在克廷的理论框架中,并不要求对特定的加害人和受害人予以特别关注,因此,该理论不能用来解释侵权行为实践中明显的双方性。倾向支持克廷的观点的人至少有三个反应:第一,也许有人会以一种改革主义的方式,提出双边结构没有很大的合理性,因此应当将其从侵权行为实践中摒弃出去;第二,也许会有人提出将对侵权行为法实体规则的解释套用经济学理论,从工具主义角度为这种双边结构寻求合理依据;第三,可能有人采纳克廷的理论框架所提出的假设,即将相关当事人都被限定为可能的加害人和受害人,并且力图从矫正正义的角度对此做出更深层次的解释。根据第三个反应,我们可能仍然会尽量将对侵权行为法实体规范的看似明显的政治正义和分配正义观点整合到私法的、矫正正义的理论框架中去。

救济论

许多侵权行为学者赞同将克廷的研究方法中所阐述的规范的体系框架作进一步的扩展,但另一些学者认为这样做会严重破坏侵权行为实践概念上的完整性。如果仍然认同克廷的论点,那么他们也许会坚持前述的第三个回应。他们认为,在侵权行为法领域,体系决定了实体规则的内容,因此,在理论上应当优先考虑对受害人的补救。这种观点认为,相关责任条款的首要目的不是指导人们的行为,而是决定谁应当对各种不幸尤其是人的行为造成的不幸承担损失。这种研究焦点的转移反映在许多道德概念上,这些道德概念成为了道德救济论的基础。例如,对任何人身伤害和财产损失的法律义务是由责任人对造成的损害负责。但与其说他是对行为本身负责,不如认为其是在对行为的结果负责,这种"结果责任"并不直接与责备或者惩罚的权利相联系,而只是证明与损失的"承担"直接联系,这一点佩里在其论文中有十分清楚的论述。因此,从救济论的观点看,对责任的道德关注从可责性的条件(纯道德论的核心)转化为法律责任的条件。同样,应负责任的加害人应当对受害人负有赔偿义务。佩里和克里曼认为,这意味着义务对加害人的行为产生一种"适用于特定行为人"的理由,而且,该理由具体适用于该行为人正是由于加害人与受害人之间存在某种特殊关系。因此,无论是加害人的特定行为还是对义务的履行,都是针对特定的受害人而言的。

1. 赔偿正义。侵权行为实践的救济论自身并不倾向于支持某种特殊的实践道德论。虽然法哲学家普遍赞同"正义"乃是一个相关的道德概念且该理论应当据此构建,但它也可能根据其他不同的观点得以构建,其中一个观点即是赔偿正义观。这种观点主张,应当对一些从道德范畴上看是"不当的"或专断的损失予以赔偿,然而这一观点似乎不是为了说明侵权行为实践。因为,它寻求一种对收益和负担的理想分配,而非必然将某个已经发生的事故、更不用说将人的行为作为赔偿案件的一个必要要件,赔偿正义只是适用于特定社会条件的分配正义。

朱里斯·克里曼曾经赞同的"抵消论"是对赔偿正义原则的精炼。这一理论主张对侵害损失即因侵害行为导致的损失进行赔偿,它对侵害行为导致的偶然的损害结果进行研究并因此成为基于正义的侵权行为法理论的一个有吸引力的起点。但是,克里曼也注意到,集中关注对侵害损失的抵消是单方面的,它不能解释侵权行为实践中声称的根本性的双方结构,也不能为侵害行为人负有赔偿义务提供特殊理由。

2. 恢复正义。相对纯粹的赔偿而言,恢复原状似乎显得更有意义。这种观点认为,不合理的损失来自于某些违反权利的行为所造成的对一系列权利的扭曲和背离。正义要求那些未经权利人许可拿走他人物品的人将物品归还原主;同样地,违背他人意志强加给他人的损失应该还原给"应受的人"来承担。这种恢复正义似乎构成了侵权行为责任的自由意志论的基础,为我们解释侵权行为中传统的双边意志提供了依据,而且也运用了一种得到承认的、合理的道德概念,但它主要遭到两种反对:(1)佩里和克里曼认为作为这一理论的核心的因果关系完全来源于经验,因而不能用来判定谁应对因社会关系导致的损失负责;(2)恢复论使侵权之诉中的正义完全从属于分配正义,关于"恢复"的原则也只是分配正义所包含的一个极其微不足道的部分,这将使得侵权行为法中所追求的正义受制于事物原状对正义的评价。侵权行为法中的赔偿义务有一个独特之处,那就是在使责任人承担义务时至少相对超脱地考虑了当事人的有关背景和条件。

3. 矫正正义。许多哲学家认为为侵权行为法实践提供概念框架的正义观在概念上与分配正义有很大区别,这一正义观在传统理论中被称为"交换正义"——即因交易、贸易和其他双边行为在特定当事人之间产生的正义。在各种侵权行为理论的较量中,种种"矫正正义"理论对占主导地位的经济学理论提出了最严重的挑战。而且,近些年来,各种矫正正义理论已经日趋丰富和完善,该理论的丰富、种类和各种论述在斯通、克里曼、利普斯坦和兹普斯蒂的文章中都有充分体现。

佩里 佩里在其论述中,不是直接从解释学的角度出发来说明侵权行为实践是为了在当事人之间实现矫正正义,而是主张侵权行为法中的矫正正义必须包括这种解释。他认为,侵权行为责任依赖于个人责任观,为了更好地理解他的观点,我们有必要区分本书中所讨论的有关的两个责任观,即"归咎"责任和"分配"责任。当我们"分配"责任时,就相当于指定给特定的人一项任务,这种具有任务指向特征的责任有一个重要标志,那就是我们总是把责任和义务合为一体。便利、效率、公平和正义等都可以成为指定责任的许多理由之一,当然,承担者也可以自愿承担责任,或者因为他发现这就是他的职责之一,或者是因为某任务需要由他来创造一些合适条件而使他产生责任感。在这些情况下,他的责任来源于他对某种情况"负责"。而"归咎"责任就代表另一种不同的责任观点了,这种责任观的核心不是工作、任务或某些事务,而是在个人的性格、行为或是行为结果中所表现出来的可责性,这种责任来源于因果关系。

尽管佩里没有用到我所提到的一些条件,但是我们仍然可以通过它们来更好地理解佩里的论述。他认为,如果侵权行为法服务于矫正正义,那么由侵权行为法所分配的责任以及相应的赔偿义务就应该以判定责任的审判为基础。在他的论述中,他试图阐明结果责任与矫正正义相联系,并试图说明结果责任与矫正正义要求加害人对其受害人进行赔偿这二者之间的关系。他认为,这种判断有两个层次:(1)谁应该对损害结果承担结果责任;(2)应该承担结果责任的一方当事人是否有过错或者曾经对受害人施加风险,是否能因此强制其对受害人进行赔偿。但佩里的大多数论述都集中于说明其结果责任观念,尽管他同时也利用较少的篇幅对判断过错和施加风险的基础进行了阐述。

在佩里的论述中,如果要求行为人 A 对某一事件的结果负责,必须具备三个要件:(1) A 的行为与该事件的发生具有因果关系;(2) A 可能而且应该预见自己的行为可能导致的后果;(3) A 有能力且有机会在预见的基础上,采取某些措施避免该事件的发生。佩里将自己的观点与另外两个同样倡导将个人责任作为矫正正义判定责任的基础的理论相区分。自由意志论者只要求有因果关系的存在,而许多道德论则要求行为人确有一定程度的实际注意(确实故意或者至少知晓发生损害结果的可能性)。佩里在要求具备因果关系要件之外,还要求结果责任承担者有能力预见该后果并尽量避免该后果发生,这里要求的仅仅是"能力",非"实际注意"。他主张的结果责任论,一方面来说,不以行为人的主观意识(甚至是无视)为要件,因此是"客观的";但另一方面,它要求应根据个人的实际情况来评价行为人的所谓"预见能力",因此又是"主观的"。依佩里的观点,我们必须质疑作为任何一方相关当事人他或她是否实际上具有我们所说的预见并避免该后果的能力,一个普通合理人所具备的能力并不是相关的判断标准,它拉近了结果责任与我们对于责任的道德观念之间的距离,但同时也提出了一个新问题,即佩里能否使其与现代英美法系侵权行为法日益突出的"客观化"趋势相一致呢?

佩里认为,结果责任还不足以构成矫正正义中关于损害赔偿义务的基础。因为在很多案件中,意外事故的双方当事人往往都符合承担结果责任的条件,因此结果责任自身并不能解释为什么应该由一方当事人单独承担损失;一种十分典型的情况是,损失产生于相互的行为,而不是某个单方行为。因相互行为产生的损害风险是单方造成的还是由双方共同造成的问题不能通过严格的经验标准得以解决,而要借助于规范的标准。这些法规范标准能够使我们确定哪一方当事人是有过错的,只有对结果承担责任的一方当事人的过错或者类似于过错的单方施加的风险才能使该方当事人承担对意外事故受害人的赔偿义务,这并非佩里曾经说过的"局部的分配正义"(佩里,1992b,第497页),而是说明过错(或者其类似物)是责任以及决定着结果责任条件的社会交往的自然延伸。相关的问题并不是公平地评判谁应当承受损失,而是作为一方当事人的他或者她真的应当预见到并避免他们本能够预见并避免的后果吗?这一疑问存在于归咎责任而非分配责任模式中。

佩里称,为了解决这一问题,我们有必要重新审视对结果承担责任的当事人其行为之间的相互关系。佩里注意到,通常的行为准则总是将大多数有意义的社会交往构建为一些公认的、普遍接受的社会交往模式,这些准则和模式使我们能够区分双方共同造成的风险和单方施加的风险。一般来说,在人们通常构建和普遍接受的社会交往模式范围之内,由双方行为的相互作用而导致的风险都是双方共同制造的风险,那么要求一方当事人承担赔偿损失的义务也就缺乏充分的理论基础。在公认的社会交往模式之内,如果行为人采取额外预防措施(包括降低行为程度)的花费高于对风险的可能受害者采取一定预防措施的费用,那么他就会谨慎行为;但是,如果行为人的行为违反了公认的模式,或者他人比行为人更无力控制潜在的风险,或者行为人的行为所产生的风险超出了正常可控制的范围,或者行为人可以以比采取预防措施更少的成本去降低该风险,那么就可以认为行为人对他人施加了风险。在这些情况下,风险是因行为人的行为所产生的,一旦这些风险物质化了,那么我们就可以认为行为人具有过错,在此基础上,行为人应当承担赔偿受害方损失的义务;另一方面,如果损失是双方共同导致的风险的物质化,而且没有因一方的行为而加重、也不可能因成本合理的预防措施而降低,那这个损失则应该由最初的受害人来承担。

斯通 马丁·斯通与佩里的观点一样,认为应当根据侵权行为和矫正正义的关系来对侵权行为实践进行解释,但他在如何理解这种关系的问题上与佩里有不同的观点。斯通认为,矫正正义的定义不能完全脱离侵权实践参与者特有的分析和推理模式。他认为,侵权行为法中体现出来的矫正正义只是抽象的道德观念在个案中的具体实现,这些抽象的观念形成和指导了法律上特有的推理;反过来,由于这种推理处理的是具体的当事人和具体的情形,从而又充实了这些抽象的观念。因此,要理解这一道德观念,我们必须对侵权行为实践进行更深刻的分析,弄清楚在个案的处理中所体现出的是何种道德观。

斯通提出,这些相关的道德观念实质是道德上的平等,可以理解为一种对由非自愿的人际关系所构成的交换正义的一部分范畴的规范。他认为,矫正正义关注的焦点不是作为普通社会成员的当事人之间的关系,而是作为私法主体即产生关系的当事人之间的道德平等性。这并不否认前一种关注所具有的道德重要性以及正确的分配正义观,而是从不同的层面确认其中的道德含义。

斯通主张,这种抽象的道德平等观念通过对在该范畴内支持法院判决的理由进行正式限制,为侵权诉讼中的赔偿问题提供了依据和框架。他认为,这种平等,要求"理由的关联性",即要求被告对有关损失承担赔偿责任的理由与原告所主张的获赔权的理由属于同一类。更具体地说,支持原告有权获得赔偿的理由必须同等程度地支持被告负有赔偿责任。例如,假定原告在某个侵权之诉中对特定的被告主张权利,这一主张要求原告列举出其蒙受的损失的一些特征,以此来说明不仅原告有权对损失主张权利,而且应该由被告承担赔偿义务,若仅仅只提出原告蒙受了损失是不充分的,因为这还不足以证明被告是惟一的、正确的损失承担者。但也不能仅仅因为与被告有关的某些事情而使被告承担责任(如被告曾错误行事或意图伤害原告),因为这没有指出是该特定原告(被告也许并未实施侵害,也许是对他人实施了侵害),或者没有正当考虑原告的特征而允许被告单方决定他对什么负责,从而使被告免除责任。遭受的损失必须起因于侵害而且该侵害必须是被告对受害人实施的侵害,原告主张权利和被告承担义务应该出于完全相同的情形,双方当事人在自由和安全上的利益具有同等地位,这些都为法官的理性思考提供了框架。斯通认为,至于更精确地决定在诉讼中适用哪些恰当的规则,不能出于主观的假定或者理想,而要求我们参与一些典型的侵权判断的推理,通过这种方式,斯通所主张的矫正正义研究方法否认了克廷所采用的途径。

克里曼 朱里斯·克里曼运用了与斯通相同的方法论来主张用矫正正义解释侵权行为实践。他同样主张我们最好通过说明它如何提升某些完全脱离实践的所谓"价值",进一步深化对侵权行为实践的理解,而不是机能主义。他提倡从矫正正义出发来解释侵权行为;但他与斯通一样,也认为侵权行为实践与矫正正义在概念上是相辅相成的。

一方面,他认为矫正正义从两个方面说明了侵权行为实践。第一,抽象的矫正正义原则与侵权行为所体现出来的每个特定的显著包括法律推理的规范概念相联系。应对侵害损失负责的当事人有义务赔偿损失——这个基本原则使侵害、损失、责任、义务及赔偿等概念有序化并说明了彼此之间的依赖关系,也使侵权行为实践中的几个核心要素成为一个有机体,并为侵权实践参与者的推理或判断提供了一个清晰的结构。第二,矫正正义的核心概念——公平原则,将该原则和其形成的制度与其他基本政治原则和相应的制度实践紧密相连;反过来,由公平原则构建并确认为合理的所有政治制度又为公平理念确定了轮廓,其结果是使我们根据该原则赋予矫正正义的内涵来理解其他的政治上的公平原则。通过这两条途径,矫正正义使侵权行为实践理性化并为之提供清晰稳定的结构,将其与其他相似的政治目的联系起来,并使之对更多的政治关注和价值负起责任。

另一方面,克里曼认为矫正正义的内容取决于侵权行为实践。侵权行为实践将矫正正义的观念转化为一系列调整原则和具体义务;它决定了哪些损失是依法可以得到赔偿的、应当赔偿多少,哪些行为是违法的以及在何种情况下应由行为人对损害结果负责。与佩里相反,克里曼认为,任何不以侵权行为实践为基础的个人责任观念从根本上都与矫正正义无关,决定侵权行为责任——即对侵害的损失承担赔偿义务的责任观念,严格说来应该是一个政治观念。(总之,克里曼认为在侵权行为实践所定义的责任后面,还有一个更基本的责任观,它不属于个人道德观,而是属于一种根本的自由政治理论的观念)

克里曼的这个观点似乎只是建立在观察和假设的基础之上。首先,他通过观察得出,侵权行为法作为法律实践的一种具体形式,从根本上说是国家的一种强制手段;因此,一般来说,其合法性条件必须反映国家强制力得到执行的合法性条件,这使得矫正正义成为了一个政治道德的概念。他认为政治道德与个人道德这二者在理论上是独立的,有关政治道德问题的理解应该与对个人道德的理解截然分开。这一假设有两层重要含义:(1)它解决了我们在前面提出的如何协调侵权诉讼中明显的私法特征与其作为一项公共制度的特征这一问题。克里曼对该问题的直接回答是:侵权行为实践是一种"公共"性质的实践,是国家强制力得以实现所不可或缺的手段之一,所以它包含的主要道德观念必须反映实践所具有的"公"的特征。(2)它反对我们把矫正正义理解为一项解决人与人之间的无政治含义关系的原则。

克里曼所提出的侵权行为法理论是丰富的,也是实用的,它离不开具体的司法实践,其主要的概念——矫正正义从根本上被理解为政治道德的一个概念。因此,克里曼所理解的矫正正义是一种"政治公平"——自由、平等的公民之间的相互性——国家将人类造成的生活的损失分配给个人。分配正义则是另一种政治公平,它涉及损失的分配,但与矫正正义不同的是,它只涉及分配因自然事件而导致的损失。在人类行为的范围中,行为、责任、侵害、赔偿损失等等都是主要的概念;属于这一范围的损失往往可以被认定为某个人的责任,我们可以看出这种责任观是从政治上来界定的,因为人的单方或双方行为导致的一些损失归因于一部分行为人,还有一些损失则归因于另一部分行为人,有的根本不归因于任何人。克里曼认为,哪些损失归属于谁即谁应对这些损失负责并不取决于任何在法律上无关的中立的因果关系或行为的观念,而取决于单个公民对由其行为导致或与其行为相关的可能的损失对彼此负有什么责任。运用我前面使用的概念,他认为这种责任观是"分配责任"而非"归咎责任"。这解释了为什么佩里认为决定由谁承担赔偿损失义务是一个比确定损害赔偿责任具有更深层次的道德内涵的结论,需要更深人的讨论,克里曼将其视为确定责任所具有的一种直接含义。分配的责任就是赔偿义务。

克里曼认为这种公平理念的框架解释依赖于侵权行为实践。因为公平理念要求人们妥善处理自己的事物,而且不要将自己行为造成的损失转嫁给他人,因为由自己行为导致的损失取决于他们自身对事物的注意义务。一种制度要求那些违反了注意义务的人对因他们的侵害行为导致风险得以物质化时造成的损失负有赔偿义务,这种制度在很大程度上似乎服务于政治上的公平观。而且,实践中不是将赔偿义务施加给有能力承受损失的人(甚至可以说是最有能力承受的人),而是施加给了因实施了侵害行为而导致损失的人。这一义务会对作为政治公平和矫正正义之分支的侵权行为实践思考产生影响,即它要求侵害人因其"特定行为"而赔偿受害人的损失。同时,我们只有援引侵权行为实践中具体的规则和原则才能具体决定行为人应其行为导致的哪种结果承担责任。矫正正义中有关公平的内容依赖于矫正正义的实践即侵权行为实践。

三、对反对者的理论回应

在本书中,包括斯通和克里曼在内的许多批评家认为侵权行为的经济分析理论不能充分解释侵权行为实践的核心特征;而道德论,不管其植根于赔偿正义、分配正义还是矫正正义理论,在一些重要问题上仍显得力不从心。例如,矫正正义理论将当事人之间的因果关系作为他们对经济分析理论的批判和对侵权体系论述的核心,但这很难适应现代社会产品责任的不断发展。总的说来,侵权行为实践过于庞杂,很难将它归属于代表某种单一价值的解释理论,侵权行为的很多部分已经突破了我们构建的解释学框架而凸现出来。

一元论者之说

对反对者的回应主要可归为两种理论:一元论和多元论。一元论者坚持只有一种根本的解释原则和价值,所以很明显,其他学派要么按照这一要求来解释,要么根本就无法解释。激进的一元论者会以下面两种形式来否认那些反对理论在侵权行为法中具有的地位:纯粹论者认为凡是不符合侵权行为法体系的核心概念或标准模式的理论都应当被排除在侵权行为法体系之外,因此也与侵权行为理论无关;改革主义者则认为应该将这些错误的认识排除在外并根据我们赞同的理论来改革侵权行为法。

相反,适度的一元论者主张能够解释侵权行为实践的核心要素并且认为不要试图对侵权行为实践提供一种统一的解释(佩里支持这种观点),适度论的观点看起来总是可行的,本文将介绍这种适度论(格斯特菲尔德的文章在前面部分对这个思路进行了支持)。毕竟侵权行为法的发展经历了一个漫长而又复杂的历史过程,在这个过程中,整个社会对于侵权行为实践的目标的认识,在或多或少地保留了过去痕迹的同时,也会有所改变,旧的目标应当让位于至少是部分让位于新目标了。虽然机会主义的改革可能重新构建了侵权实践的部分体系,但是未能根据一个统一的计划对该体系做一个全盘的修订。而且,制度本身的稳定性也会使实践的进程经历一个漫长的时期,尽管很多制度上的东西是不确定的、有争议的、甚至已经过时。因此很明显,绝对的一元的解释理论只能是空想。

然而,尽管看起来可行,适度的一元论也面临它自身的问题。

首先,该理论要确定侵权行为实践的核心要素,但很显然如果不解决其中最为重要的几个问题,就很难做到这一点。而且,如果适度论者没有对实践体系中的部分有实质意义的问题进行解释,或者说只做了沿袭历史的或者武断的解释,那么实践体系仍然会显得不统一。至少适度论必须给出让我们相信这种不统一不会影响那些最核心的要素的理由。这也许能说明适度论是可行的,但我们只能把它看作是在走向全面解释过程中的一个阶段,但却不是最终的归属。

利普斯坦和兹普斯蒂 利普斯坦和兹普斯蒂采用了一种与适度论不同的研究途径。他们反对那种认为矫正正义不能用来解释某些反对意见的主张,并以此来捍卫矫正正义论。他们探讨了可以用矫正正义论解释的最棘手的案件:市场份额责任原则和产品质量侵权案件。大家所公认的在这一领域的先例中,以辛德尔(Sindell)和海默维兹(Hymowitz)案[1]最为典型,大多数人都认为在这些案件中应当摒弃在侵权责任中的"因果关系"要件,代之以被告公司应当按照该侵害产品在市场份额中的比例来对被告所受的侵害承担责任,但利普斯坦和兹普斯蒂认为市场份额责任的几种(非全部)形式与传统侵权行为法和矫正正义是完全一致的。

他们的观点来源于辛德尔案。审理辛德尔案的法院没有摒弃根本的因果关系原则,但是却以矫正正义为依据,将传统的举证责任由原告方转移给了被告方。法院这么做的原因是,在这些案件中,如果原告可以举出令人信服的证据证明被告的产品对许多人造成了伤害,只是不能列举出所有受害人来对抗被告,那么被告就不能以传统的推定被告没有对原告实施侵害行为的理由来进行抗辩。当事人之间的公平往往要求将举证责任归于提起诉讼的一方当事人,因为起诉方有权以矫正正义的名义提起诉讼。但在这类案件中,法院认为,实行举证责任转移才能体现公平(理解为责任

---

[1] 参见 *Sindell v. Abbott Laboratories*, 607 P. 2d 294 (Cal. 1980)以及 *Hymowitz v. Eli Lilly Co.*, 539 N. E. 2d 1069 (N. Y. 1989)。

转移的假设是可反驳的）。具有因果关系是举证责任转移的实质要件，二者并不是毫无关系，而且，因果关系和不造成实际侵害义务这两个关键的矫正正义观念可以解释法院所做出的市场份额责任判决，由于被告可能会辩称他们不应当承担超出了他们实际行为造成的损害责任，所以法院判令他们只对与其市场份额成比例的损害负责。

而且，利普斯坦和兹普斯蒂的分析方法具有批判性和革新性，因为他们在其著作中提出，审理海默维兹案的法院及其沿袭者们曲解了辛德尔案。在海默维兹案中，法院只是判令被告对与其市场份额成比例的损失承担责任，没有允许被告以没有侵害原告为由而逃避责任从而免除个体化的因果关系的要求。他们认为对海默维兹案的判决是错误的，理由是，辛德尔案扩展了侵权行为学说并使之与矫正正义的核心要求相一致，海默维兹案却削弱了这一基础，从而使侵权诉讼遭到许多异议。他们认为，严重的结构公平问题之所以产生正是因为侵权行为实践不再主张取消被告的选择权和赋予私的当事人以证明过失的权利。如果把侵权行为法首先视为要在当事人之间实现矫正正义，那么侵权行为法注重双方意思自治这一私法特性就显得十分有意义。如果将侵权行为法视为在保障程序公正的条件下强制执行公共准则、实现公众目标，那么显然侵权行为实践也很难达到该目的。

多元论者之说

本书中有两篇文章代表了多元论者对反对现象的回应。多元论者承认侵权行为体系可能受多个不同目标或者价值的支配，他们试图确认一系列这样的价值、目标并以此来解释侵权行为体系，但多元论者应该对侵权行为实践如何体现并保持这些多个目标、价值之间的一致性作出解释。理论家们尝试了许多办法：其中一种途径是将这些明显不同的价值还原成一个单一的共性价值，当然，这种想法只是一种被伪装起来了的一元论；另一种办法是进行分割处理即将不同的价值目标适用于侵权行为体系的不同部分，这种观点认为,可以通过将侵权行为实践的各个部分按其所倡导的不同价值进行制度上的划分来维持整个体系的统一。克里曼在其"混合理论"(克里曼,1992a)中提出了这一方法,这一理论试图协调产品责任条款与他对该体系的核心所做的矫正正义解释。本书中克里曼、利普斯坦和兹普斯蒂的文章指出了该方法所面临的难题。利普斯坦和兹普斯蒂认为,克里曼所主张的在产品质量侵权案件中将有限的过错责任引入矫正正义总体系之中的观点,代表了解决损害和规范行为人的行为这两种截然不同的目的之间的一种不稳定的折中。允许原告自由地选择被告并证明被告的过错程度对实现矫正正义有重要意义,而且也不会引起一般的程序公正问题,但是如果将侵权行为实践的目标视为国家对违法行为人强制实施处罚的话,那么有关的问题就会慢慢浮现。而且,因非处于一个有组织的团体的当事人的过失行为而受到侵害的人不能从该加害人处得到赔偿,其结果是受害人取得赔偿的能力取决于某一行业的结构特征,而这却可以证明与公平观念无关,这说明了我们应该更加周密地分析赔偿制度。但查普曼认为,如果要保持每一项制度的完整性就很难做到这一点,因为我们很难将许多有争议的东西排除在外(例如,将威慑排除出矫正正义领域),要求协调这些观点的呼声也会日益高涨。

格斯特菲尔德 本文提出了协调侵权行为体系中公认的多个目标的另外两种方法。马克·格斯特菲尔德试图说明许多显著不同的目标实际上是相互依存的。他认为,虽然矫正正义很好地解释了侵权行为体系中的实质部分,但是经济分析理论也同样很好地(尽管不是十分完美地)解释了侵权行为体系中的实质部分,这些实质部分相互重合;从"实证分析"——描述或解释该体系的角度来看,这两种解释侵权行为体系的研究方法与其说是相互对立的,不如说是互补的。

但是他并没有停留在这种协调二者的观点上,他进一步提出这两种理论在很多重要方面相互依赖。他认为经济分析论"在概念上不完整":经济分析论预先假设侵权行为实践有某一特定目的或者更具体地说是有特定的社会福利功能并据此对收益进行评价,但是经济分析论却无法脱离侵权行为实践的根源来支撑这个观点,因为这个目的或者说社会福利功能必来自于道德论;同样地,他认为道德论"在实用上不完整",它需要经济学理论来补充完善其目的或执行其义务规则。

查普曼 格斯特菲尔德的和平论调似乎说明道德论会不可避免地采取一种结果主义形式,或者至少属于基本的结果主义的组成部分。因此,他的多元论方法对矫正正义理论来说好像是不合适的,像斯通和佩里一样,该理论绝对强调对侵权行为法的目的进行一种非结果主义的理解。布鲁斯·查普曼对此提出了一种更广泛的多元论。

分析了针对阿罗提出的著名的关于决定论中的不可能性定理的两个回应,查普曼通过说明在具有众多价值的情况下理性决策的可能性,从而提出了一种对侵权行为体系进行多元论述的系统理论。他通过观察认为,当我们必须衡量相互冲突的价值时,不可简约的价值多元性一定会带来一些问题,从而将上述分析应用于侵权行为理论。在意外事故法中,如果我们认为矫正正义、威慑侵害行为、赔偿受害方、实现社会福利等价值都平等且同时适用于所有供选择的选项,就会出现许多问题。查普曼把这称为"中立性"假设。但他认为,如果我们将这些价值按照一定的排列顺序运用于选择的话,这一问题就可得到解决。当然,我们最终得出的结果或决定取决于众选项的顺序排列——这将是"路径依赖"。查普曼主张,也许这一顺序可能是专断的,但仍然可以理性地排列,并非所有的"路径依赖"都是荒谬或者武断的,对要考虑的问题的某些排序和对要参考的价值的排序可以被理性地建构,当然,这一方法主要是为了证明划分并按一定的顺序排列这些价值是合理的。

他认为,侵权行为法运用一种可以合理协调每一个问题的理性排序,提供了一种概念上的结构来解决这些不同的规范性问题。例如,当侵权行为诉讼的程序对争议的问题进行排序时,这种结构是明显的。还有,当法官决定被告是否采取了所有合理的预防措施来避免对原告造成损害时,这种结构也是明显的。对于第二个例子,著名的汉德公式只要求被告采取预防措施的成本等于或小于若未采取预防措施而可能导致的损失的预防措施。一种通常的观点认为,这对因有效预防措施而可避免的事件起到了威慑作用。从矫正正义的观点来看,这一公式没有意识到风险是一个相关的概念,它只是片面考虑了被告的预防成本。但查普曼认为,劳德勋爵(Lord Reid)在 Bolton v. Stone 一案[2]中确立了一个更复杂的准则,该准则既考虑到了矫正正义,又考虑到了威慑所关注的社会福利和效用。首先,劳德认为,它区别了"现实的"或可预见的风险与"不现实的"风险,并不要求被告对后种风险的物质化承担责任,原告也不能合理主张被告有义务保护她免受这种风险侵害;第二,劳德将"现实的风险"划分为"重大的"和"轻微的"两类,对于重大风险,他认为其与被告提供预防的负担是无关的,而应以原告的安全权利优先。但原告在现实风险上的优势地位也不是绝对的,因为被告仍应对较小的现实风险的物质化承担责任,只要防止该风险发生的预防成本不是特别巨大。查普曼主张,这需要在这种考虑之后对被告预防成本进行一种类似汉德公式的计算。

在恰当理解法院在 Bolton 案中确立的规则以及该案中有争议的价值上(可以比较克廷对本案中包含的有关价值的相当不同的理解),这个例子过于复杂,但它正好说明了查普曼的研究方法。因为 Bolton 一案确立的规则将确定过失侵权诉讼中被告的合理预防的问题划分成一种对问题的排序;这种排序首先考虑矫正正义,再考虑威慑作用和福利作用或效益,这一顺序对法官的决定将产生很大的影响,其中没有一个相关的价值被赋予绝对的分量。

当然,表示对这些争议进行了排列顺序并不表示这一顺序就是合理的或者合乎理性的。只要证明了这一顺序符合概念上的结构,就足以消除那种认为路径依赖是专断的观念,但这却又不足以让我们相信其合乎理性。对这一观点的回应便是如何确定一些可

---

[2] 参见 *Bolton v. Stone*[1951]A. C. 850 H. L。

以广泛适用的原则以便我们可以在诉讼程序中决定在 A 处适用这一价值,在 B 处又适用另一价值;也就是说,由于缺乏一定的衡量标准,有些有重要意义的价值也许根本就没有被考虑进去。查普曼的研究方法只有在我们对每一阶段的每个争议点都有一个合理的、理性的顺序时,这一方法才能适用。

如果我们接受了多元价值观,也就是认为没有一个可以抵消和吸收其他价值的原则存在,那么我们必须要对价值进行选择。但如果我们不能自由、合理地行使选择权,是否意味着所有的选择可以通过少数几个抽象的原则系统地组织起来呢?这实质上是否是一元论呢?只有当我们承认具体、现实地实现这种理论选择的可能性时,查普曼的研究方法才能派上用场,且可以与斯通、查普曼的方法论相结合,并进一步丰富了这些理论的结构和内容。

如果说查普曼的观点并不正确的话,但至少他为我们解释侵权行为法提供了一个理论框架,尽管也许并不完美,但这一点却是毋庸置疑的。即使将其与斯通和查普曼提出的方法相结合,侵权行为法通过赋予矫正正义、威慑、赔偿、分散成本等具有不同的价值而做出结构上的选择,并且这一选择不仅仅只体现在实践的某一阶段,乃是贯穿于整个侵权行为实践之中,另外,这一选择也不能是概括性的,而应该可以被适用于侵权行为实践的每个细节。确立这种合理地分隔争议点的方法虽然很难,但却很有意义。

显然,要从对现代侵权行为实践的庞杂论述中提炼出一致性仍然是一项未尽的工作,也许本书中所汇编的文章将有助于读者更好地把握其中所涉及的概念上的以及法律上的关键问题,更容易辨认并避免陷入理论上的误区。本书中的作者为我们研究侵权行为法提供了一些良好的工具,阐明了一些重要的概念并在此基础上建立了一个完整的解释理论。但是,与法学其他领域如犯罪学领域内的哲学研究相比,侵权行为领域的哲学思考仍然显得十分幼稚,我们期盼大家能在这个充满希望的领域提出一些新观念、新模式、新论点并形成新的分析工具,以便进一步推进这项事业。

最后,我要对杰瑞米·奥弗希尔(Jeremy Ofseyer)和汤姆·霍尔顿(Tom Holden)表示感谢,他们在本书的早期准备阶段对我提了帮助。我还要诚挚地感谢希恩·迈克威尔(Sean McKeever),他花费了大量的时间来帮助我完成后期的准备工作。同时我还要感谢北卡罗来纳教堂山大学(University of North Carolina at Chapel Hill)的法学院和哲学系以及国家人文科学中心(National Humanities Center),感谢他们支持了UNC法律和哲学研究所对本书的首次出版。

2 意外事故侵权法的社会契约观念

葛瑞高瑞·C.克廷*

有关意外事故法的不同观点对该法的任务有着根本不同的看法。经济学观点认为意外事故法应当提升公共福利,即人们对自身福利偏好的满足和财富。财富——积极、心甘情愿地付款——是度量福利的标准。未来可能的受害人为降低风险而宁愿采取预防措施所投入的成本显示了他们对安全偏爱的强烈程度,正如未来可能的加害人为采取这些预防措施的权利所付出的成本反映了他们对施加风险的偏爱的强烈程度一样。通过降低风险直至在预防上再多花1元但其增加的安全价值不足1元,将成本减至最小的责任规则使造成意外事故的行为所产生的财富和福利达到最大〔库特和阿伦(Cooter and Alen),1988〕。事实上,即使财富和偏爱的强烈度被恰当地分配了,财富的最大化仍包含了福利的最大化;解决财富和福利的不完全一致性的最好方法是通过意外事故法使财富最大化和通过税法重新分配财富〔卡普洛和萨维尔(Kaplow and Shavell),1994〕。

自由意志论对该主题的观点开始于一个明显相反的前提——

---

* USC 法学院法学教授。我很感激 UNC 法哲学研究所的成员和洛杉矶法哲学研讨会的成员所提供的宝贵意见和建议。尤其是朱里斯·克里曼、阿瑟·利普斯坦、本·兹普斯蒂、斯克特·阿尔特曼(Scott Altman)、路·萨迪恩蒂奇(Lew Sargentich)的评论对我启发式的帮助。

即深信意外事故法应当保护个人权利，而不应提升公共福利。他们认为我们每个人都有一种天然的维持人身的完整性和不受侵犯的权利。这种权利使我们免受别人所施加的伤害。意外事故法的任务是通过要求危险事故发生前的受害人同意作为先决条件或危险发生后对伤害的赔偿作为意外伤害的代价，从而保护我们的人身不受侵犯〔诺兹克（Nozick），1974，第54页〕。

本论文的目的是勾勒出第三种观点的大体轮廓[1]，该观点总体上是自由主义的，特别是康德主义的。它是自由主义的——但同自由意志论不同——因为它的驱动力是公平价值和自由价值。同自由主义一样，该第三种观点认为意外事故法的核心问题是人的自由问题。当意外事故法准许施加某种风险时，那么它就增加了一些人的自由，但却使另一些人的安全陷于危险中。施加风险的人可以自由地追求有价值的目的和实施有意义的行为，但是他们的追求危及到了他人的生命、肢体和财产安全。因此风险的施加使加害人的自由和受害人的安全发生了冲突，意外事故法就要制定协调这些冲突的自由的条款。其任务是找出并设定公平条款。

本文的观点之所以是康德式的，主要在于它阐述其关于自由和公平观点的方式。它将自由且平等的人们之间的公平合作条款的观点引入了意外事故法，认为该法的任务是利用加害人和受害人都可能自由且合理接受的条款协调自由和安全。是什么样的条款呢？这些条款就是协调免受别人造成的意外伤害和死亡的自由和对别人施加伤害或死亡的风险的自由，其方法是为自由且平等的人们追求对他们的生活有意义的目的和渴望提供合理有利的环境。本文接下来的三部分将分别阐述这一观点的基本要素，概括它如何在过失责任和严格责任之间进行选择，并将引入合理注意的概念。

---

[1] 这三个观点不会穷尽其可能性。同时期有许多关于"矫正正义"的理论。例如，可参见威尔斯（Wells，1990）、克里曼（1992a）、韦恩瑞布（Weinrib，1995，第56—83页）、弗莱彻（1972，第537—538页）。

一、本文的观点

当然,如何理解康德的道德、政治、法律理论传统是有争议的。我本人对康德理论的运用是叙述对他的道德观的一般理解,这种理解可见于约翰·罗尔斯的著作和赞同罗尔斯观点的伦理哲学家和政治哲学家的著作中——汤姆斯·史卡龙(Thomas Scanlon)、托马斯·尼格尔(Thomas Nagel)、芭芭拉·克曼(Barbara Herman)和乔舒拉·克斯(Joshua Cohen)等等。较特别的是,我运用了这些学者对康德社会契约论的理解。但是,在解释我如何理解和运用这个观念的基本原理之前,让我先说明我将怎样运用这一观念。

在《正义论》一书中,罗尔斯区别了理想道德论和非理想道德论。理想道德论试图在一个几乎完全公正的社会中确定正义原则;非理想道德论试图在一个不甚理想的正义环境下确定怎样最好地推进正义。[2] 人们很自然会认为罗尔斯将以这两方面之一推进对康德理论的运用。然而,我使用的侵权行为理论将社会看作是一个自由且平等的人们之间的公平合作组织,并对此观点进行一种不同的——第三种运用,即该理论将对这种观点进行解释性运用。[3] 它的问题是这种观点怎样帮助我们理解、论证和(部分地)批判意外事故法。

对这种观点进行解释性运用意味着我们并不是通过问一些有关如何正确表达理想道德论的问题来"运用它",如:"在无知之幕下的当事人会采取一套什么样的原则和制度来解决意外伤害和死亡的问题?""他们将在何种层次上——宪法的或立法的——采用这些原则?""他们能完全解决意外伤害问题吗?或者,那不是罗尔

---

[2] 罗尔斯在其(1971,第8ff,245ff)书中描述了这种区别。
[3] 我记得在罗纳德·德沃金的著作中发现的特殊的"解释性的"观点。参见德沃金(1986,第45—86页)。

斯的正义原则意图运用的社会基本结构的一部分吗？"[4]我们也不通过在概念和原则方面询问关于非理想道德论的问题来"运用"罗尔斯的观点，如"假如考虑了所有情况，那么在我们的不甚公正的社会中，解决意外伤害问题的最好方法是什么？""对于侵权法中现存的不公正我们应当做些什么？"

相反，通过对在罗尔斯的著作中发现的康德的道德论进行"解释性运用"，我们的问题是，诸如："我们可以在何种程度上运用这种道德观去理解、论证和批判意外事故法，正像我们目前所发现的那样？""我们能在何种程度上理解该法对自由和安全的公平协调？""罗尔斯的合理性观念能解释过失侵权法上的合理性概念吗？""那么妨碍行为法呢？"简言之，我的目的是运用这种道德观达到对意外事故法解释和批判的目的。我们也希望提供一种理由解释在我们的意外事故法中，什么是有价值的，为什么有价值，我们怎样运用其价值并扩大其影响。

澄清对康德的道德和政治理论的适用是解释性可以消除根源于理想道德论和非理想道德论的区别所产生的误解，但是它产生了另一种误解。这是令人兴奋的——假设运用有系统的道德观（自由意志主义、功利主义、自由主义）"解释"某一领域的法律是一种"自上而下"的（波斯纳，1992）努力——即以自己的方式领会和重塑实践的理论上的努力。像我所构想的那样，解释不是这种意义上的"自上而下"，相反，它从自上而下和自下而上同时进行努力。解释论试图阐明、论证、部分批判使之理论化的实践，但是它也正是通过与实践相结合才得以形成。在这种情况下，一种启发性的想法是自由和公平价值实际上是意外事故法所包含的价值的

---

[4] 关于"基本结构"，参见罗尔斯（1993，第257页）。过去我一直在这个问题上存在误解。在克廷（1986，第1302—1304页）中，我提出：在罗尔斯看来，侵权行为法是社会基本制度的一部分。但是如果简单地说侵权行为法是一种旨在保护迫切利益的强制的公共准则秩序可能会更恰当。

一部分,正像我们所知道的那样。[5] 将该理论适用于意外事故法使我们能够最好地认识这些价值以及受这些价值支配的实践。

例如,合理性概念是过失侵权法和康德道德和政治理论的核心。过失侵权法坚持认为我们彼此负有合理的注意义务。罗尔斯区别了合理性和理性,并重点解释了这种区别。当我们以一种有利于自己的形式多样的方式追求我们的利益、目标和理想时,我们是在理性地行为。当我们对别人的利益表示应有的尊重——即我们追求自己的目的和理想是基于提供给我们自己和他人公平的机会以追求我们各自的目的和渴望的条款时,我们是在合理地行为。理性标准支配着有共同的终极目标的个人和组织的选择;合理性标准支配着我们作为一个有着不同且无法比较的目标的平等人所组成的团体的成员所做出的选择。因此,将康德理论运用到侵权法实践中阐明了过失侵权法采取合理性标准而非理性标准的意义——一种被流行的对事物进行经济分析所掩盖的意义——可以有助于论证采用该标准的合理性。(克廷,1996,第 311—313,341—382 页)

相反,该理论用以描述意外事故的风险负担(risk imposition)中所涉及的自由和安全的种类表明该理论是怎样通过与侵权实践相结合而被重新构建的。这些种类不是取自于现存的一些权威的康德著作里所列举出的自由。一方面,它们是通过总结意外风险负担中的利害关系而从实践中提炼而来。另一方面,我们关于利害关系的观念是通过对这些利害关系进行理论上的观察而形成的。我们会问"风险施加会如何影响我们在完整的一生中对善的观念的追求?"要回答这个问题,我们要看到,对自由实践的衡量尺度——理解为对别人施加造成身体伤害或死亡的危险的自由,和安全——理解为免受别人造成的意外伤害和死亡的自由——是具体化的主要的善的种类。它们都对人们在一生中追求善的观念

---

[5] 例如,参见 *Fletcher v. Rylands*, L. R. 1 Exch. 265 (1866); *Rylands v. Fletcher*, *L. R.* 3 H. L. 330 (H. L. 1868); *Losee v. Buchanan*, 51 N. Y. 476 (1873); Bohlen (1926,第 344—350 页); Fried (1970,第 183—206 页); Fletcher (1972)。

(conception of the good)起着很重要的作用。

这种通过与侵权法实践相结合而形成的理论仅仅是被期望的。意外事故侵权法的主要问题[6]完全不同于社会基本制度的正义问题和作为道德主体的个人的行为问题。即使同一个一般道德观可以适用于这三个领域,但是它也必须被修正后才能适用于我们正谈论的这个领域。

我提出的对康德的社会契约论的运用就这么多。我提出这种解释性运用的主要观点究竟是什么呢?这种构想的核心观点是将政治社会看作是一个自由且平等,理性与合理性兼具的人们之间的合作组织。"自由"是政治上独立的民主意义上的自由,民主公民的独立性只服从于一种可以命令他们自愿同意的政治权力——因为这种权力是根据适合用来制定他们共同生活的基本条款的正义原则组成的。[7]"平等"的含义是自由且独立,并且每个人具有自治能力和公平对待他人的能力,这种能力足以使每个人都成为完全的社会参与成员。"理性"是指每个人都能形成、变更善的观念(the conception of good)——即他们生活中的一系列目标和渴望及据此行为(罗尔斯,1993,第48—54页,第302页)。所有自由且平等的人们所具有的"批判的反思的自治"能力使每位这样的人具有一种根据一些重要的观念设计其生活的能力和根本利益(史卡龙,1988,第151页,第175—175页)。民主的公民被认为是"合理的",因为他们有一种正义感——他们准备接受公平合作条款,只要别人也同样遵守这些条款。

这个架构以某种方式提出了政治正义的问题,如此说来,问题产生于稀缺性和人们对善有着合理分歧这样的事实。一方面,合作使物质财富的生产成为可能,但是并非所有的需求都可以得到满足。因此,适度的匮乏是时代的规则。另一方面,众多不可比较的善的观

---

[6] 本文优先考虑意外事故法的一个部门法,即意外事故侵权法。在我看来,意外事故侵权法的显著特征在于它是一种实现补偿和规制风险的规则。

[7] 例如,民主的公民不承认在家长式作风的家庭里小孩的地位。他们并不是处于弱势地位和依赖他人的,而是平等且独立的(参见洛克1980,第2章)。

念——众多关于什么是有价值的和值得去做的信念——是政治自由的条件的自然产物(罗尔斯,1993,第36页)。因无法被法律和正义规范检验,这些不同的观念是大量怀恨和不和的冲突的来源,正义原则的任务是人们对稀有资源的相冲突的需求进行排序,制定规范人们追求不同的善的观念的条款。挑战在于找出或新创合作条款,因为只要他人接受这样的条款,那么有着不同且无法比较的善的观念的自由且平等的人们就也可以理性地接受这些条款。

根据以上对问题的详细论述,我们可以得出如下结论:自由且平等的公民之间的社会合作条款将必须独立于任何具体的善的观念。没有共同的最终目标——如追求最大偏好的满足,或财富的最大化——可以用来比较不同人的成本和收益。因此,公民之间的比较必须运用"客观的"而非"主观的"人际比较标准进行。主观人际比较标准"仅仅根据人们的喜好或利益来评价该人在某一既定的物质条件下享受的福利水平或该人得到某一利益或做出某一牺牲的意义"(史卡龙,1975,第72页)。客观标准根据"在目的、刺激和偏好上有分歧的人们互相接受的现有最好的正当性标准"条款来评价负担和收益(史卡龙,1975;1991)。当人们善的观念不同且不可比较时,正当性必须通过引进客观的福利标准才能得到说明,因为只有客观标准才证明是可以相互接受的。这里,康德理论也结合、支持、阐释了侵权行为法坚持采用客观人际比较标准的做法(克廷,1996,第367—373页)。

负担和收益的比较不仅需要确定比较的标准,也需要确立比较的基准。洛克的社会契约论传统中提到的一种基准是:在一种假定的正义原则下将负担和收益的分配与一个固定的历史基准相比较。[8] 康德的社会契约论传统则采取了一种不同的观点:它将在一种既定的原则下对负担和收益的分配同在其他原则下对负担和收益的分配进行比较。这个过程和侵权实践之间有一种很强的

---

[8] *Losee v. Buchanan* 在否定 *Rylands v. Fletcher* 案中的推理和结论时,求助于这种固定的历史基准(参见克廷 1996,第314—317页)。

结构上的相似性。[9] 在选择过失责任和严格责任时,在确定因为本应采取某一具体预防措施而没有采取是否违反了合理注意义务时,我们需要比较不同的选择所影响到的对负担和收益的分配。

如果康德的社会契约论的基本观点是主张将整个社会作为一个自由且平等的人们之间的合作组织,那么正义原则的一个基本任务是制定出表现了民主的公民之间的自由和平等的合作条款,并承认这些公民持有不同的且无法比较的善的观念。通过问"如果自由且平等的人们在理想条件下会达成一致协议,那么他们会达成什么样的条款?"康德的政治理论触及了这一任务。理想的条件,简言之就是不受任何讨价还价的利益的干扰;对选择的原则和安排的结果有着正确的理解;其基础是承认自己善的观念的民主公民的根本利益,与也如此做的他人的一种相似的自由相一致。自愿协议制度的基础是公平的制度安排必须公平地、充分地对待受这些安排所影响的人们的根本利益,从而使社会合作条款符合每一位参与者的利益。

当要将这种一般观念适用于意外事故法时,我们首先必须描述风险承受中利害关系者的利益,记住,我们的总体目标是为那些在一生中追求自己善的观念的人们创造有利的条件。意外事故法规制的是受益行为附带产生的危险。利益是多种多样的:一些具有风险性的行为会增加收入和财富,一些风险行为能提供消遣和挑战,还有一些风险活动追求强烈刺激的目的(比如脱险)。然而,不管得益于风险承受的利益有多么不同,受威胁的利益在本质上则是相同的。意外事故侵权法规定了可能造成严重身体伤害甚至死亡危险的行为,该类行为针对的是那些实施危险行为者和那些被暴露于危险中的人。那么,这样一来,我们就抓住了问题的核心。一方面,施加危险的自由是有价值的,因为它使人们能够从事

---

[9] 在 *Rylands v. Fletcher* 一案中,根据凯恩斯勋爵阐述,乔治·弗莱彻进一步发展的相互性观念采纳了这种方法。参见克廷(1996,第 314—317 页)。侵权判例法中的社会契约论方法因此既采用了康德哲学又采用了洛克哲学的观点。

为他们带来物质利益、精神利益和使生活有意义的行为。另一方面，至少有一些意外事故造成的伤害和死亡的危险会对我们的健康造成重大威胁。我们的人身和财产安全至少是和自由同样迫切的利益。"关于安全"，约翰·斯图亚特·密尔陈述道，"没有人可以没有它；正是依靠着它，我们才能免受罪恶侵害。所有的利益都依赖着它，除已经过去的时间之外，如果下一瞬间我们可能会被剥夺所有，那么即使只有瞬间的满足对我们来说也是值得的……"（密尔，1861，第53页）然而当意外事故法规定的危险种类对双方都具有利害关系时，增加一些人的安全就会损害他人的自由。

将此问题带回到康德的理论框架，我们说自由和安全都是有效的理性行为的前提条件。在康德社会契约论看来，人们追求一种善的观念的利益——一种关于一生中什么是值得的和有价值的观念——是他们最重要的和最需解决的利益之一。不管一个人的善的观念是什么，一种基本的安全是追求它的一个前提条件。一种基本的自由也是如此。正像我们已具体指明的那样，自由和安全，简言之，是"主要的善"——如果自由且平等的人们想追求他们的善的观念，而不管那些善是什么，那么他们就需要采取足够的方法。问题是根据向那些在其一生中希望追求善的观念的人们提供有利的——在理想情况下是最有利的——条件的条款，如何协调两者。[10]

---

[10] 因此，这里所运用的"自由"和"安全"，实质上并不优先于我们在罗尔斯第一正义原则中所指的自由所包含的收入和财富收益。正像我们运用的那样，"自由"和"安全"是一般概括性条款；被设计用来在一个相当高的一般性水平下描述意外危险施加中的利害关系的特征。危险的负担和收益包括财富和收入的增加和减少，因此不存在实质上优于财富和收入的主要利益的自由。因此，在判断不同的危险施加或责任规则的合理性时，我们应当根据他们对自由和安全的影响来评价财富和收入的收益和损失的重要性。

在过去，我在这方面表达得不太充分和连贯。例如，克廷在（1996）的第322页的讨论中包含着我们在安全和行动自由上的利益，实质上优于我们在财富和自由上的利益。而第355页的讨论则包含着相反的意思。

为什么将危险施加中有利害关系的利益从根本上表达为自由上的利益？因为危险及其降低会影响我们形成、评估和依照我们的目的和刺激进行行为的空间。

如何最好地协调我们对自己所重视的行为的追求和这些行为可能会对我们的身体和精神完整性造成的危险,这个问题是我们每个人必须单独面对的。什么样的目的值得他们甘冒风险?为了登上顶峰的荣誉去攀登珠穆朗玛峰从而冒死亡和毁容的风险,值得吗?为了进行开创性的医学研究而甘冒得癌症的风险值得吗?作为谋生的代价,它们值得吗?然而,这种个人的选择不是意外事故法所主要关心的。但意外伤害问题是一个社会选择的问题,是一个协调人们相冲突的对自由和安全的要求的问题。

因为自由且平等的人们的最终目的和渴望不同且无法进行比较,所以社会选择的原则就明显不同于个人选择的原则。就个人而言,我们自己遭受风险是理性的,但让别人也遭受这些风险就是不合理的。使本人遭受一种风险的理性取决于遭受这种风险要达到的目的和实现这种目的的重要性以及其能在多大程度上促进这些价值。因此,理性标准在很大程度上受个人的主观意念的支配,并可以自然地用成本—收益这一术语表达。个人可以自由地运用他们自己选择的标准来评价风险所带来的负担和收益,并且对他们来说,用他们自己的主观福利标准评价负担和收益也是很自然的。对个人来说,只要期待利益超过预期成本,那么去实施用他们自己的主观福利标准衡量的风险就完全是理性的。反之,人们则会降低风险,这也是理性的。

然而,对我们来说,运用理性标准来解决人与人之间的风险承受问题是不合理的。在追求我们自己的目的时,我们自愿遭受风险的情况与别人在追求他们的目的时并非自愿地使我们遭受风险的情况完全不同。当人们确定有着不同且无法比较的善的观念时,被置于风险之中的人们通常不会运用相关的风险承受来评价其所追求的目的,这不同于施加风险的人们的做法。个人选择和社会选择的差异驳斥了下面的论点:由于风险以一种可接受的成本追求一种有价值的目的,因此应当忍受风险。假设人们具有不同的最终目标和渴望是合理的,那么承受别人施加的风险的正当性就不是基于人们对某一共同的终极目标的共同确认,而是基于利益的相互性。当使别人遭受严重伤害甚至死亡的风险是公平的时候,那么施加风险就是合理的;当他们也会从承受这些风险中获利时,这样做也是公平的。

可能的受害人通过两种方式从承受风险中获利。第一,他们可能获利是因为,在事前,这些危险的发生符合他们的长远利益,尽管他们没有施加风险或从施加风险的自由中获利。例如,考虑驾驶对我们日常生活的重要性(这从住在洛杉矶的人们可以得知),我们所有人都会从通过公路运输大量的汽油中获利,尽管这样会产生大规模爆炸的危险,尽管我们大多数人从来不指望运用法律权利采取这种方式来运输汽油。[11] 第二,受害人可能会从施加于他们身上的风险中获利,因为——再一次地从事前和长远角度来看——他们通过接受一种使别人遭受同样风险的相互性权利而获利。享有对别人施加风险的权利可以证明别人向我们施加同样风险的合理性。因为施加风险的权利保护了对于追求善的观念所必不可少的自由,例如,我们每个人从在路上驾驶汽车的自由中得到的利益要比我们从这样做可能造成的风险中所遭受的损失多。在一个有风险的社会中,当施加某种风险的权利事前使每位受其影响的人的自由的收益大于其安全的负担时,那么要求每个社会成员忍受别人施加的同种类风险就是公平的。

在以上两种情况下,证明施加风险的合理性的基本标准是那些从承受某一特定风险中遭受不利的人们的长远利益。[12] 那些从特定风险承受中遭受不利的人是可能的受害人——他们从我们正在谈论的风险承受中什么都没得到,但他们的生命、肢体和个人财产却因此处于危险之中。并且,他们获得长远利益的时间最多只

---

[11] 在 *Siegler v. Kuhlman*, 502 p.2d 1181 (Wash,1972)一案中,以这种方式运输汽油造成了原告死亡。

[12] 在法学理论早期对罗尔斯观点的运用中,富兰克·密歇尔曼(Frank Michelman)提出了一个相似的标准以确定在公正的赔偿条款下应当何时进行赔偿。"只要失望的原告能够理解这样的决定怎样适用于,认为会对像他一样的人们造成比任何相反的决定自然表明的持续的实践将造成的长期危险小的长期危险的持续的实践。"参见密歇尔曼(1967,第1223页)。

能是普通寿命的长度。即使寿命可以更长,他们也不可能企望从这些讨论的危险中得到任何利益。精确的说,因为这个标准只准许施加符合每一个人的利益的风险,所以自由且平等的人们将会同意采取这一标准,这些人不为任何权力所强迫,并且关注保护他们每个人利益的互惠性的意外风险负担条款的原则能够达成一致。当利益的相互性以这种方式得到承认时,没有人会为他人更大的利益而牺牲自己的生命或肢体,并且我们每个人从施加某种风险的权利中得到的比我们从承受同等风险中失去的要多。

因此,康德的社会契约论肯定并阐释了通过重新发现遍及美国侵权法的公平原则所表达的一种直觉力。人际风险承受的问题从根本上来说是公平问题,而非效率问题。问题不是"危险的期待利益是否超过了预期的意外事故成本",而是"一个人以这种方式将他人的生命、肢体、个人财产置于危险之中是否公平"。该理论给出的答案是:当这么做符合处于危险中的人们的长远利益时就是公平的。

有了这些基本观点,我们就要论述康德的社会契约论是怎样看待意外事故法中的两个核心问题的。即选择一个恰当的责任规则和评价具体风险负担的合理性(过失侵权法上的义务和违反义务的问题)。这既是侵权法和侵权理论的基本问题,也是阐释社会契约观念的基本问题。社会契约论有一个同样的问题,即在过失责任和严格责任中选择的问题,这是决定采取或事先采取一种具体预防措施的问题:哪一种原则(在选择过失责任和严格责任的情况下)或规则(适当注意义务的情况下)可以以一种最合理的方式协调人们对自由和安全的相冲突的要求?

二、对过失责任和严格责任的选择

意外事故法现在正被并且很长时间以来一直被分为两种基本的责任原则:过失责任和严格责任。我们应当怎样理解这两个相对的责任原则之间的差异,本身是一件有争议的事情。因为要对过失责任和严格责任之间的本质差异进行论述,就有必要构架一个本质问题,即我们应当怎样在二者之间进行选择。基于本文的目的,我仅仅提出要注意的是,我将过失责任和严格责任之间的区别描述为"过错"和"有条件过错"之间的区别。这样一来,严格责任和过失责任的根本区别就是:在严格责任下,对那些被某一行为所特有的风险伤害的人进行损害赔偿是合法行为的一个条件。[13] 在过失责任下,支付损害赔偿金是对过失侵害别人的财产和身体完整的一种救济(克廷,1997,第1308—1312页)。当对严格责任照此方法进行构想时,它既不会导致"绝对"责任〔像乔治·普瑞斯特(George Priest)论述的那样〕,也不会导致一种替代过失责任〔像其他人如加里·斯奇沃尔兹(Gary Schwartz)和理查德·波斯纳论述的那样〕,而是导致一种对某一行为具有的"显著的"或"独特的"风险所负有的责任,所谓"显著的"或"独特的"风险是指那些对某一具体行为给予的长期注意超出了其基础水平的风险(克廷,1997,第1287—1292页)。例如,作为一种农业技术的焚烧土地的运用增加了火灾损害的基础风险(background risk)。[14]

在对二者的差异进行详细叙述后,我们要解决的很困难但很主要的问题是:为什么将造成意外伤害的责任在自由且平等的人们之间进行公平分配时,在某些情况下要求采取过失责任而在其他情况下则采取企业责任?为什么对某一风险(或行为)的受害人

---

[13] 法律原则和方法通常非常接近于将事情推到这方面。例如,*Koos v. Roth.* 652 p.2d 1255, 1262 (or. 1982),是一个关于反常危险的行为责任的主要案例,其中提到,在严格责任下,"问题不是行为是否威胁到这样的伤害以致它不应当再继续下去。问题是谁应当对已经造成的伤害进行赔偿。"*Loe v. Lenhardt*, 362 P.2d 312,317(or. 1961) 案以一种更接近本文所运用的有条件过错用语的说法解释了非正常危险行为的基础:"过错的要素,如果可以被这么叫的话,在于被告在对其邻居施加高度危险时进行的深思熟虑的选择,尽管这么做遵守了最高注意义务。"第二次侵权法重述中的第520节C条款对不正当危险的行为的评论认识到:"[加害人]的行为效用可能是它在行为时是为社会所证明合理的,但是它固有的不可避免的伤害的危险要求行为使他处于危险中,而不是以遭受其结果伤害的人们为代价来实施。"

[14] *Koos v. Roth.* 652 p.2d 1255,1262(or. 1982).

给予的金钱损害赔偿有时被视为是对过失侵害受害人安全的救济（并只有当侵害行为有过错时才予以赔偿），而有时被视为是合法实施某一行为的条件（并且只要当该行为显出一种显著伤害的时候就支付赔偿）？

这个问题在社会契约论传统上有一个长期存在的答案，但是我认为需要进行一些修改。25 年前，乔治·弗莱彻论述了过失责任和严格责任之间的教条式的分工应当遵循风险负担的相互性原则，并且认为这样也是正确的（弗莱彻，1972）。当风险具有相互性时，一旦实施合理注意义务，则侵权法和社会契约论都会支持过失责任；如果情况相反，将会支持严格责任。我们需要重构弗莱彻的论证以评价该论证的作用。

A. 作为风险相互性的公平

弗莱彻的核心观点是，社会契约论在一个合理的风险负担的团体内部支持过失责任，而当一个团体对另一个团体施加了风险时，则赞同严格责任（弗莱彻，1972）。一个有风险存在的团体是指其成员彼此施加相互伤害的风险，因此可以说是施加和遭受了相同的风险。一个合理的风险负担的社团是其成员只施加这样的风险，即：加害人获得的利益比受害者遭受的侵害多。当风险是相互的时，每个人都放弃等量的安全，获得等量的自由。当"合理的风险是相互的"时，社团中施加风险和遭受风险的每位成员都：(1) 放弃等量的自由；(2) 获得等量的安全；(3) 获得的自由比丧失的安全多。

一旦履行了正当的注意义务，危险的相互性也就界定了具有平等自由的社团，它使每位成员受益，公平分配准许实施的风险所带来的负担和收益。对合理的相互的风险适用严格责任既不会增加自由，也不会增加公平。严格责任不会增加自由和安全，因为它仅规定了无过失意外事故成本的分配。[15] 它不会提高对风险带来

---

[15] 或者弗莱彻的论文含义如此。实际上，有理由认为严格责任减少了无过失危险施加的发生率。

的负担和收益进行分配的公平性,因为它的采纳仅仅使"一种风险形式为另一种风险形式所代替——即责任风险代替了个人损失风险"(弗莱彻,1972,第 547 页)。

如果风险是非相互的,尽管加害人履行了正当注意义务,情况也就不同了。严格责任确实应当适用于合理的但非相互的风险。有些风险之所以是合理的,是因为它们符合遭受这些风险的人们的长远利益,但是它们不像相互的危险那样在完全意义上是互惠的。例如,考虑驾驶对我们日常生活的重要性,我们每个人都会从通过公路运输大量汽油中这一活动中受益,尽管这种运送汽油的方式会产生大规模爆炸的风险,尽管我们多数人从来不期望运用法律权利以这种方式运送大量汽油。接下来是非相互的风险负担的未来受害者通过反过来施加相等的风险的权利并没有完全补偿他因承受这些风险而遭受的损失。[16] 非相互性的风险承受不是正常生活的一部分,而且施加这些风险的权利不能抵消不得不忍受这些风险所带来的不价值。[17]

对非相互的风险适用严格责任抵消了这种不公平。事后赔偿可以补偿受害人所遭受的损失。所以通过确保被非相互性的风险伤害的人——尽可能地——使他们所遭受的伤害能够得到完全赔偿,严格责任实现了一种更有力的利益的相互性。尽管风险在事前未被公平地分配,但这些风险导致的意外事故成本在事后被公平地分配了,那么,在严格责任下支付的损害赔偿不是对过失侵害他人安全的补偿,而是合法实施行为的一个条件,其合理的风险不像合理的相互的风险那样是互惠的。弗莱彻的论述因此捕捉到了一个事实,即过失是有过错的,严格责任是有条件的过错,并对此进行了解释。

弗莱彻的论述和康德社会契约论之间的联系是明显的。社会

---

[16] 可回忆 Siegler v. Kunlman 一案。
[17] 参见注释[13]及下文。不正常危险行为的实施在这一方面可能视为是一般有利的。

契约论力图找出平等的人们在其一生中追求利益所需要的有利的和公平的条件。要使意外事故法特别规定允许实施的一组特殊风险能够实现这些目的,必须满足几个条件。首先,我们施加某种风险的权利所带来的自由超过了不得不忍受这些风险对我们的安全造成的损失。互相的风险必须是合理的这一要求,需要满足这个条件。其次,合理的风险负担条款必须是平等自由条款。风险的相互性界定了一种平等自由的社会制度,因为只有当风险在可能性和重要性上平等时,相互性才存在。当风险在这些方面平等时,人们才会放弃等量的安全,从而获得等量的自由。

第三,社会契约论要求风险的负担和收益应当公平分配。当相互性的风险因为对双方都有很好的理由而被施加时(即足以说明这些风险减少人们的安全是合理的),风险的相互性也就界定了一种互惠的社会制度。当这些条件被满足时,每个人都受益,因为对每个人来说,通过授予他人施加使自己遭受具有一定可能性和重要性的风险的权利而对我们的安全所造成损失大大地被我们的行为自由所抵消,这种行为自由是指互相的风险承担制度允许我们对他人实施同等可能性和重要性的风险。当合理的风险是相互的时,每个人的行为自由同等地受益,每个人的安全同等地遭受负担。合理的风险负担的相互性因此界定了一种公平分配风险的情况。

因此,在一种基于充分的和同样好的原因而允许施加具有同样可能性和重要性的风险的制度下,我们承认追求我们的目标和理想对引领生活的重要性,也承认他人的目标、渴望和生命具有同等价值。我们承认前者,是通过在追求我们的目标和渴望的过程中乐于承受合理的风险;我们承认后者,是通过承受别人施加的等量的风险。前者是我们作为自由的人的核心,后者是我们作为平等的人的核心。通过使风险负担的相互性(只要履行了注意义务)成为在过失责任和严格责任间进行选择的主要标准,康德式的逻辑就变得明显了(当相互性被这样理解时),就风险(而非伤害)来说,相互性要求风险应当在可能性和重要性及大小上是等量的,且应当基于既同样好又充足的理由才被施加,这就是,风险的相互性成为公平协调自由和安全的标准。

这种关于风险相互性标准的论述遭到了许多反对。一方面,下面这种怀疑是合理的,即意外事故法是否确实像弗莱彻构想的那样体现了相互性逻辑,许多(也许是大多数)企业责任在相互的潜在风险至少具有可论证性的情况下也适用了严格责任。另一方面,下面这种怀疑同样是合理的,即相互性理想是否能像弗莱彻设想的那样,能够直接作为一个在选择责任规则上的可行的标准(参见克廷,1997,第1259页,尤其是注释[91])。然而,我想将这些问题暂时先放一放,因为我相信,弗莱彻观点的核心问题并不在此,而在于弗莱彻的论述低估了严格责任对社会契约论的吸引力。严格责任通常可以比过失责任在自由和安全之间达到一种更公平的平衡,甚至在合理的风险是相互的情况下也是如此。即使危险是相互的,但伤害不必是相互的,并且正是伤害的相互性对公平分配危险性行为所造成的负担和收益来说是必不可少的。

要解释为什么弗莱彻低估了严格责任所具有的普遍吸引力,我们必须记住社会契约论是通过询问它是否符合最不受惠者的长远利益来评价某一具体责任制度的。[18] 然而,将此标准应用到选择过失责任和严格责任的问题上,我们需要对弗莱彻的方法进行完善,因为它将注意力过分集中在事前的风险分配上,而非事后的伤害分配上。过失责任和严格责任以明显不同的方式分配合理的风险承受所带来的收益和负担。过失责任不利于保护承受了相当大损失的无过失意外事故的受害人,而严格责任则不利于对这些受害人造成了伤害,但并无过失的加害人。因此,我们必须比较过失责任对无过失意外事故的受害人造成的不利和严格责任对导致无过失意外事故的加害人造成的不利。

最不利益阶层的人们的负担应优先被考虑,因为这些最少受惠者也是抱怨最多者。对一个责任规则来说,要被证明完全合理,那么这个规则必须表现出符合最少受惠者的长远利益,尽管在该

---

[18] 参见注释[13]之后的文章。

规则下,这些人遭受的损失比其他任何人遭受的损失都要多。[19]弗莱彻的理论要想成立,那么必须是这种情况,即当风险是相互时,无过失意外事故的受害人无法忍受长期加诸他们身上的意外事故成本——他们在过失责任规则下是如此——比他们在严格责任制度下要好——这会使他们免于对这些成本的赔偿。

严格责任对社会契约论的吸引力比弗莱彻想像的要大,有三个原因。首先,当风险是重大的时,总体上来讲,人们的安全利益比他们的自由利益更需要保护。严格责任比过失责任更能保护人们的安全:因为它会减少更多的风险,并且它能对无过失意外事故的受害人提供损害赔偿。第二,弗莱彻的论证夸大了风险的重要性,却低估了伤害的重要性。一旦我们给予伤害以适当的重要性,严格责任就变得更有吸引力。第三,弗莱彻关于"对相互的风险适用严格责任是不公平的"主张认为严格责任仅仅将某种集中的伤害从受害人身上转移到加害人身上。然而,当无过失意外事故可保险时,严格责任会将某一行为的无过失风险成本在所有参与行为的人中间分散,这种对合理风险的负担和收益的分配比过失责任下的分配更公平。

关于第一个理由:如果危险足以对人构成显著死亡或严重伤害的威胁,那么我们的安全利益有权比自由利益得到更多保护,因为在这种情况下,会对我们要达成的早期目标造成威胁或者有可能严重影响它。总体上说,我们采取降低危险的预防措施而对自由造成的负担不会对我们一生中追求目标的能力造成相似的威胁。如果对自由造成的负担与死亡或严重伤害造成的安全负担是相当的,那么降低风险的预防措施将一定会使危险行为中断或不能完全实施。但事实很少会是这样。因此,如果意外事故法规制的是可能会或确实会造成重大危险的行为,那么我们就有理由在设计意外事故法时,在自由和安全之间更重视安全,而严格责任会

---

[19] 参见史卡龙(1982)。记住,要确定谁的情况变得更坏,我们必须将一种制度的最不受惠者与另一种制度的最不受惠者进行比较。

做到这一点。

严格责任会比过失责任更有效地保护安全,因为它对有显著危险性行为造成的所有伤害给予损害赔偿,而不仅仅只对那些本可能会因履行合理注意义务就得以避免发生的损害进行赔偿。因为损害赔偿可以消除加害行为造成的大部分损害——比如治疗和康复的成本,所以对有显著危险性行为的所有受害人给予损害赔偿,而不仅仅只对那些承受不合理危险的受害人进行赔偿,就不用去计算加害行为所造成的损害。[20] 使加害人对其行为导致的所有意外事故进行赔偿也会更多更有效地减少危险,这有两个原因:第一,它使选择预防措施的责任掌握在可能对某事有专攻的一方——加害人身上。[21] 第二,它促使这一方会寻找有效的降低风险的预防措施的行为——例如,它使加害人调整他们从事的行为和他们给予的注意程度。[22] 那么,当安全利益被死亡和严重伤害所严重侵害时,社会契约论就有理由支持严格责任。

B. 作为伤害相互性的公平

弗莱彻的第二个错误在于过于看重危险的相互性。这也导致他低估了严格责任的吸引力。其主张是,当合理的风险是相互的时,事后的赔偿是不必要的。同类赔偿(in-kind compensation)的存在降低了人们通过侵权责任获得明确的金钱赔偿的需要。当危险是相互的时,遭受风险的人们对危险的承受通过反过来对别人施加类似的风险的权利而得到了补偿。这就是同类赔偿,并且证明了当合理的、互相的危险造成伤害时,免除损害赔偿的合理性。

---

[20] 侵权法关于损害赔偿的基本原则是使得原告得到完全赔偿。例如,参见 *Sherlock v. Stillwater Clinic*, 260 N.W. 2d 169 (Minn. 1977) ("损害赔偿的基本原则……试图使受害的原告恢复到伤害行为发生之前的状态")。
[21] 这是 Calabresi 和 Hirschoff 案的基本教训。
[22] 萨维尔(1987,第21—26页)。停止侵害是次要目的,是给予金钱损害赔偿实践附带产生的结果。参见 *People Express Airlines v. Consolidated Rail Corp.*, 100 N. J. 246, 268, 495 A. 2d 107. 117 (1985) ("责任的施加应当阻止过失行为通过创制使危险和意外事故成本最小化的刺激")。

这种论述是错误的,但并不是因为它运用了同类赔偿的观点。其错误在于它对危险的强调。因为真正重要的不是危险的相互性,而是伤害的相互性。危险只会损害人们在一生中追求利益的能力,而正是伤害——身体伤害和死亡——毁坏人们的生命。[23] 危险的相互性确实对承受危险提供同类赔偿,虽然危险可能被公平的分配了,但伤害却被不公平的集中了,并且伤害才是关键的,因此危险的相互性不能证明过失责任制度是合理的。只有伤害的相互性才能为承受的伤害提供同类赔偿。[24]

伤害的相互性在什么条件下才能证明过失责任是合理的呢?当(1)争议的风险造成的伤害是相对适度的,(2)遭受此种伤害的人短时间内在一个存有风险的社团内部对别人造成了同样的伤害。风险的相对适度性更倾向于不采用严格责任制度,因为减少风险的迫切性会随风险程度的降低而减少。而且,将死亡这一特殊情形搁置一旁,受害者要求马上赔偿的紧迫性会随着伤害的严重性的增加而增加。如果一个有风险的社团中的某一个成员实施侵害行为和侵害结果的发生之间的时间间隔较短,则会免于其给予金钱赔偿,因为这样会保持价值的平衡。[25] 当施加伤害和受到

---

[23] 肯定的是,有一些特殊的案例,遭受危险本身就是一种伤害。遭受致癌的毒素和辐射可能导致其后长期存在的伤害的危险,这可能视其本身为一种伤害。参见 TMI. 67 F. 3d 1103(1995)(认为遭受超过规定水平的辐射构成一种伤害,而不管是否随后发生了人身伤害)。但这些是例外的和典型的在现代发生的案例。很明显,弗莱彻有更多典型的(和传统的)案例。

[24] 因为我们的侵权赔偿制度的基础是,不对遭受危险的人进行赔偿是不公平的这一观点可能刺激许多侵权学者进行学术思考。考虑到我们侵权法的特殊性和调查可能的处理危险的方法的范围,该论点的重要性就变得很明显了。例如,同类赔偿的观点对社会契约论来说是重要的,因为它表明合理的互相的危险施加是公平的。尽管这不能证明对他们适用过失责任是合理的,但它却是证明了危险首先被施加所具有的合理性。

[25] 在 *Koos v. Roth.* 652 p. 2d 1255, 1262(or. 1982)一案中,汉斯·林德(Hans Linde)法官运用了凯恩斯的论点——"从长远来看,我们都会死"的观点来解释为什么作为一种农业技术的烧地造成的相邻农场间的互相的危险施加不能证明适用过失责任是合理的。烧地所造成的伤害和被伤害之间的时间间隔很长,就像它造成的伤害的大小一样。

伤害之间的时间间隔很长时,一种使加害人免于对受害者进行赔偿的制度可能会导致价值的失衡,因为加害人将从他们不被要求进行赔偿中获得利益,而受害人将因永远没有机会获得补偿而遭受损失。坚持采取同期赔偿制度是保持价值平衡的惟一方法。

相反,布拉姆维尔法官在其关于妨碍行为法中的"和平共存"规则的著名陈述中描述的情况说明了免于赔偿要求的合理性(实际上是采取某些预防的义务),因为风险的相对适度性和伤害的相互性是现存的:

> 在辩论过程中列举的例子,如焚烧杂草,清空粪池,在修建过程中制造的噪音,以及放纵或恶意去做的其他妨碍行为,仍然可能是为法律所允许的。当然,我们不能说这些行为不是妨碍行为,因为,我们假设了它们是妨碍行为;我们也无须质疑,如果一个人恶意地并毫无理由地使与清空粪池时发出的臭味一样的气味飘进一栋寓所,一个诉讼将会成立。这些例子也不能被作为极端的例子丢弃不用,因为这些例子恰当地验证了一个原则,我们也不能说陪审团试图通过查明没有妨碍来解决这些问题,尽管存在妨碍……
>
> 那么,一定有一个例外的、这类案件可以适用的原则。在我看来,这个原则好像可以从这些案件的特征中推导出来,这也就是说,要实现对土地和房屋的一般的、普通的使用和占有,这些行为是必要的,如果可以方便实施,就不会对实施这些行为的人提起诉讼……正像我已提到的那样,这样一个原则有着明显的必须性。这既是为了一个所有者的利益,也是为了另一个所有者的利益,因为他所抱怨的妨碍行为是他的邻居对自己的土地进行正常使用的结果,而且他本人也会从对自己土地的正常使用中产生一种相对的妨碍行为。这样一项规则为便利起见可以简述为"互让"和"和平共处"规则。[26]

---

[26] *Bamford v. Turnley*, 122 Eng. Rep. 27.32—33 (ex.. 1862)(Bramwell,B).

然而,布拉姆维尔法官的观点被后人修正为只适用于妨碍行为法的特殊情况,而妨碍行为法和过失侵权法调整的损害种类不同。妨碍行为法侧重行为的有害结果——即妨碍他人对其不动产的享用。这种结果的特殊之处在于它是持续不断的或者即使有间断,但间断非常频繁。这种妨碍——当实质上足以破坏对土地的合理享用时——并不是毁灭性的。过失责任法,准确地说是意外事故法的一部分,侧重于现实的危险突然造成了实际损害。例如,在瑞兰德诉弗莱彻(Ryland v. Fletcher)一案中,发生的是一种意外伤害,而非妨碍行为,因为瑞兰德的水库倒塌了,从而淹了弗莱彻的煤矿(弗莱彻花了四个月的时间才把水抽干)。如果水是经常地、有规律地从瑞兰德的水库中流出,结果使弗莱彻的煤矿已存在的水渗透更加恶化,那么弗莱彻的诉讼将会是妨碍行为诉讼。

在妨碍行为的情况下,损害的相互性可能是可以接受的,这一点很明显。有一些日常的烦恼——如对财产享用的一般的妨碍——我们每个人最好去忍受而非制止。我们每个人从对别人造成相似妨碍的权利中得到的要比我们从忍受别人造成的妨碍中失去的要多。妨碍的相互性使损害赔偿金的支付是不必要的,因为我们每个人得到了同类赔偿。然而,对生命、身体和财产的意外伤害实际上在大小和重要性上比对财产享用的低级妨碍严重得多。无过失风险行为可能会并确实会造成人们突然死亡和伤残。[27] 考虑过失涉及的损害的实际严重性,我们很自然会问"在这种情况下,损害的相互性的要求是什么?""为什么不要求赔偿、忍受这样的风险比损害赔偿要好?"

在过失情况下,只有当风险行为无过失的程度是风险行为的基本程度,即属于"不可避免的风险"时,才存在损害的相互性。不可避免的风险是指风险的降低与有价值的行为的增加不一致:它是行为自由的代价。不可避免的危险从广义上说是互相施加的和

---

[27] 例如,参见 *Kuhlman v. Seigler*, note 24 一案(一个16岁的司机因为无过失汽油罐爆炸致死)。

互相导致的。在我们的日常生活中,我们每个人都可能会对彼此施加无过失伤害的风险。当我们在不同的行为过程中施加无过失伤害风险的时候,我们就是在以一种大致上相互的方式行为,至少从长期来看如此。[28] 尽管基础危险造成的损害非常大,但这种伤害发生的可能性非常小,以致足以认为基础危险的风险不如可以合理预见到的风险严重,意外事故法试图将后者降至更合理的程度。[29] 一个 6 岁的小孩因好奇玩一个玩具打火机而烧自己的危险发生的可能性太小了,以至于不能合理地被预见,比起力图通过侵权法来规制这类行为来说,我们每个人最好忍受基础危险。过失责任之所以是恰当的,不是因为合理的风险是相互的,而是因为合理的风险之外仍存在的风险——即履行了正当的注意义务后存在的风险的程度仍非常低,以至于足以认定其是以自由为代价而互相实施的基础风险的程度。[30]

不存在损害的相互性时,对一系列危险适用过失责任制度只有在下列情况下才是令人信服的,即严格责任严重损害了加害人的自由以致它的破坏性后果与过失责任对受害人造成的伤害后果相同。在这方面,可参考关于公路上的危险(弗莱彻关于相互的危险负担的主要例子)。即使人们合理注意地驾驶,但危险仍是实际存在的,它们可能超过无过失危险的一般水平,因为一个人轮流作为无过失的加害人和无过失意外事故的受害人的时间间隔可能非常长。[31] 尽管大致的危险相互性可能是存在的,但大致的伤害的

---

[28] 参见注释[45]及下文。
[29] *Van Skike v. Zussman*. 318 N. E. 2d 244(Illinois,1974)。
[30] 这种对过失责任"范围"的解释和里德勋爵在 *Bolton v. Stone* [1951]A. C. 850 H. L 案中的立场之间有一种密切关系。(认为人们有一种义务不对他人施加"基本的"危险——即超过那些在"现代生活复杂的条件下"通常造成的危险)正当注意要求将危险减少到基本水平这一观点有时被侵权理论家所赞同。例如布鲁德纳(Brudner)(1995,第 191—192 页);佩里(1988,第 169—171 页)。这一观点与我在这里正要说明的观点相似,即只有在行为的危险足够低到危险施加的基础水平时,适用过失责任才是公平的。
[31] 本田货车主人手册说,一个普通司机在其一生中可能会碰到一次严重的汽车事故。

相互性是不存在的。因此，采纳严格责任的情况根据推测是相当有力的。

什么可以用来反对适用严格责任？也许这么做将会使对汽车驾驶者作为加害人的自由的损害，等于或多于过失对其作为受害人的安全的损害。如果现在没有，在19世纪后半期，对汽车事故采取过失责任可能已经被证明是合理的，因为当时责任保险制度刚刚起步。没有责任保险制度，严格责任制度将会通过使加害人负担他们本没有义务预防的意外事故的经济成本从而给加害人带来经济上的负担。当情况是这样时，严格责任对加害人的自由的损害可能非常之大，以至于这种损害可能会使行为中止并且同过失责任对受害者造成的损害相等。在这些情况下，汽车驾驶者在过失责任下更有利。承受无过失意外事故的成本可能符合他们的长远利益，尤其是当他们能通过损失保险对无过失损害投保时。

总之，损害的相互性，而非危险的相互性是公平的标准。只有当一项行为造成的损害被公平分配时，该行为所导致的负担和收益才是平衡的。公平理想因此得出了一个强有力的推论——当互相性的危险负担制度造成的剩余的损害超过了不可避免的危险的基础水平造成的伤害时，应当适用严格责任，即使基础危险的负担和收益在事前被公平地分配了。要反驳这个推论，我们必须证明严格责任的实施对加害人的自由造成的负担等于或超过了使受害者承担无过失事故成本对受害人的安全所造成的负担。

C. 作为负担和收益比例的公平

然而，当我们将过失责任的情形置于这个相对狭窄的基础上时，我们就为它必然会被充足的责任保险市场的扩大所削弱铺平了道路。责任保险减轻了责任人对无过失事故的受害者进行赔偿的负担，因此也减轻了严格责任（其特殊形式是无过失汽车保险）对导致了无过失事故的行为人所造成的负担。因为汽车事故损害了生命、肢体和财产，所以受害人要求对他们进行赔偿完全是合理的。因为无过失保险能够提供这种赔偿，所以，在其他各点都相同的情况下,我们就有很强的理由支持它甚于支持过失责任。[32] 尽管保险制度在进步,但是驾驶的危险大体上仍然是相互的,然而适用严格责任的情形——这里其特殊情形是无过失汽车保险——仍然会随充足的责任保险的增长而增加。

对保险制度的重要性重视不够是危险相互性理论的第三个,也可能是最重要的不足。它认为对相互性的危险适用严格责任是不公平的,因为这样做只是将无过失事故的经济成本从受害人身上转移到加害人身上;这一观点假设了一个特殊的社会情况,在其中,风险集中于实施有风险行为的单个加害人身上,而不是分散到实施同类风险的人身上。一方面是因为保险制度得到了完善,另一方面是因为世界上有更多的事情可以获得保险了。我们生活在一个与该观点假设的世界有着显著区别的世界。在我们的世界里,企业责任通常能够通过使负担和收益均衡从而在最广泛意义上实现公平。在我们的世界里,通过采用严格责任可以将无过失事故的成本在所有从这些事故导致的风险中受益的人之间分散(克廷,1997,第1331—1336,1351—1356页)。这正是一个被完全意识到了的无过失保险制度所致力达到的目标,因为无过失保险的一种特殊形式,即强制性的第一方损失保险是企业责任。

当严格责任将无过失意外事故成本在那些相关危险的受益者之间分散了时,它较之过失责任的优势比以往任何时候都大。将有显著危险性的行为造成的意外事故的成本在那些从该行为中获利的人中进行分配,比使那些不幸遭受了该行为的人尽他们最大可能地承受这些成本明显较公平。

在这里重要的区别是两个被理想化的社会世界的区别。认为严格责任仅仅转移了几种损害的观点所预先假定的社会世界是"行动的世界"(the world of act);我们的世界在很大部分上是"行

---

[32] 其他情况并不总是平等的。如果无过失汽车保险增加了严重的意外事故的发生率,它对过失责任的优势就会很快减少甚至消失。我们必须要么适用过失责任要么在其他地方作出补充调节,比如加强对驾驶安全的直接规制。

为的世界"(the world of activity)。这两个世界的区别其一是许多施加危险的行为的显著特征的转变问题,其二是保险制度的完善问题。行动的世界是一个"独立的、未被归纳的过错"的世界,行为的世界是一个在其中一些危险是有规律的和例行的"知名企业造成的意外事故"(霍姆斯,1920)。在行动的世界里,危险是具体的一次性事件。施加危险的行动者彼此是互相独立的,可计算和小规模的。在这个世界中,无过失损害的发生同自然灾害一样是偶然的和不可预测的。比如一个人可能不幸被闪电击中,一个人可能不幸被在其身后一个人为将打架的狗分开而高扬的棍子打中。[33] 在行动的世界中,典型的行为者是个人或小公司,其造成危险的情况如此之少以至于伤害不可能单独与行为相分离,并且典型的意外事故是偶然由从事相似行为的自然人或小公司的独立行为造成的。总体来看,这些行为者的行为是分散的和无组织的,甚至他们的联合行为的规模也是非常小的。

布朗诉肯达尔(Brown v. Kendall)一案中假设的偶然发生的狗打架事件恰当的代表了行动世界的侵权行为。狗主人在当时是,现在也是,一个分散的和无组织的个人的集合,每个狗主人对他人施加身体伤害和死亡的危险的可能性如此之小以至于可将他对他人造成的严重的身体伤害看做是单个的狗所有权的一个普通的、可预测的一部分。单个狗主人是一个非常小的行为者,并且它施加的危险是独立的或者说与其他所有者没有关系。在这些情况下,责任规则转移了,但并未分散意外伤害的经济成本。[34] 在行动世界中,严格责任的适用"将危险由一种形式替换成另一种形式——即针对人身伤害风险的风险责任形式"(弗莱彻,1972,第

---

[33] 这些事实来自于 Brown v. Kendall 60 Mass(6 Cush.)292(1850)一案。
[34] 保险制度的完善可以将某一行为从行动范畴转化为行为范畴。当代的房主的保险通常包含投保人对他们的家庭宠物给他人的人身和财产造成的损害所负有的责任。

547页）。[35] 进行这种代替可能是公平的[36]，但它事实上将不会是公平的，因为严格责任将无过失损害的成本在施加相似危险的人们中进行分散了。

与行动世界相反的是行为世界。在行为世界中，危险是系统性的。系统的危险产生于一种大规模的连续的重复的行为（生产可乐瓶，提供水，运送汽油）。据统计，这类危险一定会造成"意外的"伤害：如果你制造了足够多的可乐瓶，就一定会有一些瓶子破裂；[37]如果你运送大量汽油，有一些汽油灌一定会爆炸；[38]如果你从来都不检查地下水管道而使它们埋在地下的时间足够长，一定会有一些水管破裂。[39]

在行为的世界里，典型的损害不是产生于分散的、无组织的且彼此间无联系的个人或小型公司的行为，而是产生于本身规模很大或组织相当好的企业内部的小部门的有组织的行为。鲁宾诉依阿华市（Lubin v. Iowa City）一案中的被告是第一种意义上的大：它是一个独立实体，负责通过地下管道送水，安置和维护这些管道，要求消费者支付水费，等等。在高速公路上用有拖车的牵引机运输大量汽油是第二种意义上的大：运输公司可能（或可能不）很小并且很专业，但是他们受制于同生产和提炼汽油者、汽油站管理者、拖车生产者等等之间的合同关系。

在行为世界，可以将某些行为特有的意外伤害的经济成本公平地分散在这些行为中。在这个世界，意外事故发生的情形符合

---

[35] 尽管狗对自身的控制本身这一行为已经很大了，但狗主人彼此间的独立性有效地防止了19世纪的保险机制将这些独立且不相关的行为者概括为一类固定的主体。

[36] 参见第37—38页。

[37] 参见 Escola v. Coca-Cola. 150 P. 2d 436 (1944)。

[38] 参见 Siegler v. Kuhlman. 注释[12]。

[39] 参见 Lubin v. Iowa City. 131 N. W. 2d 765(1965)（供水部门选择不去检查地下管道，仅仅在水管破裂后进行更换）。

可保险性的基本标准。第一个标准是多数原则。[40] 越满足多数原则,就越有更多的风险,不仅一定会造成损害,而且造成的损害具有一种可预测到的规律性。如果某一行为规模非常大,那么与该行为的实施相伴而来的意外伤害是可预测的,而且损害的成本可以被预见并且可以计算出损失的大小。在纯粹行为的世界形式中,行为者(企业)本身满足多数原则的要求。当企业本身非常大时,它们可能会倾向于以一种有规律的、可计算的方式造成无过失意外事故,并且这些意外事故的成本可以被分解成为企业的管理成本。生产和分配可乐瓶的成本可能包括因可乐瓶破裂造成的损害的成本;向家庭和企业供水的成本可能包括水管破裂造成的损害成本。[41]

这两个世界各自的领域和二者之间的界限部分是保险机制的成本和有效性的人为产物。驯养的狗不可能有组织地联系在一起,但是它们是充足的、大量的;在19世纪晚期,它们的数量非常多,且其中很大一部分一定会造成几乎相似的严重的身体伤害或财产损害的风险。是否可以把驯养的狗的行为集中概括为一种可保险的"行为"在很大程度上取决于操作保险集中机制是否非常有效且成本足够低。如果这些机制运行非常好并且成本很低,那么这种公认属于行动世界的内容可以归为行为世界。

从行动世界到行为世界的转变因此为支持严格责任(以企业责任的形式)甚于过失责任提供了另一个理由。企业责任比过失责任能更公平地分配无过失损害的经济成本,使这些成本在从基本危险负担中获利的人中分散。但是它也说明了适用严格责任的情形,这种情况的基础是,当危险严重时,人们的安全利益具有相对较大的紧迫性,并且对遭受危险者和实际受损者给予赔偿会使它们受益。甚至在行为世界,每个自然人只有一次生命,严重的意

---

[40] Mehr. Cammack. 和 Rose〔1985(保险制度根据多数原则进行预测,是一种以预测集中损失的能力取代预测个人损失的不可能性的理论)〕。

[41] *Escola v. Bottling Coca Cola Bottling Co. of Fresno*, 150 P. 2d 436. 441 (1944) (Traynor, J. concurring); *Lubin v. Iowa City*, 131 N. W. 2e 765. 770 (1964).

外事故像在行为世界中一样毁坏这种生活：它们的发生率和影响仍需要被减至合理的可预测性程度。相反,对企业来说,意外伤害和死亡更具有可预测性和更小的毁坏性。企业生活在——实际上组成了——行为世界。企业因此能预测到它们的有显著性风险的行为造成的意外事故,从而提前降低其发生率,或在事后分散其成本。

不管弗莱彻的论点多么有价值,在行动世界,严格责任对自由的破坏与过失责任对安全的破坏性是一样的。在行为世界里,在严格责任和过失责任制间的选择不再是在遭到同等严重性破坏的安全和自由进行选择的问题。在行为世界里,即使严格责任强迫加害人承担他们不可能比受害人更精确预见到的意外事故所造成的集中成本,也不会剥夺他们的自由。在行为的世界里,严格责任迫使企业承受其显著风险造成的可明显预测到的成本——因为它们处于一种优势地位,可以在事前预测到风险的发生和最大限度地降低成本,并在事后分散成本。

过失责任对受害人的安全造成了过多负担。它要求他们忍受别人实施的有显著危险性的行为——尽管他们不能控制或被合理要求去控制这些风险[42],从他们的角度来看,其发生率大大超过了有意义的可预测的范围,这些风险实际发生时所造成的损害可能证明是毁灭性的。作为对他们的安全所遭受的威胁的赔偿,过失责任制度向受害者提供一种自由请求权,即对他人施加等量的显著的风险的权利,而不必有对自然人或他们的财产进行赔偿的义务。这里,从自由中得到的利益小于安全遭受的负担:我们之中如果不是从来就没有人通过使别人遭受风险中受益,或者即使有,也是极少数人从中受益。这类风险比如,海岸守卫因醉酒从而使别人遭受的危险,或者供水造成管道破裂的风险,或者用拖车运送大量汽油造成的火灾和爆炸的危险。受害者要想用这种方式获利,就不得不从事同样的或同等程度的行为。

---

[42] 关于对控制风险的能力和严格责任之间的联系的论述,参见克廷(1997,第1356—1359页)。

那么,在行为世界里,在严格责任和过失责任之间的选择是一个在对安全的严重破坏和一个更适度的对自由的破坏中进行选择的问题。企业责任解决人们在对自由和安全的冲突的要求时比过失责任会达到更令人满意的平衡,因为企业责任对加害人的自由造成的破坏比过失责任对受害人的安全造成的破坏要少。企业责任因此比过失责任对人们在一生中追求善的观念创造了更有利的条件。

三、义务和违反义务:"合理的注意义务"

合理注意问题——据此,施加风险可以免责,并且采取减少风险的预防措施是必要的——以一种更具体的形式提出了同一个问题。之所以说问题是同样的,因为问题仍然是怎样在自由和安全之间达到一种合理的平衡。之所以说问题是更具体的,因为它要在具体的案件中适用于危险施加和预防措施问题,但不能用于在众多案件中对有冲突的责任规则进行选择。这一较大的特殊性产生了一个重要结果。每一个风险施加不可能符合每一个人的利益。例如,每次当我们因一项普通的任务而横穿马路时,我们就被置于种种危险之中,从中我们损失的要比得到的多。我们所能希望的是,义务和违反义务规则所准许施加的特殊风险符合那些从中最不受益的人,即那些丧失生命和肢体的人的长远利益。

那么,合理的注意,是一种可以公平协调加害人和受害人之间相冲突的自由的注意程度。加害人从施加危险中得到的自由必须与受害人因承受这些危险而丧失的安全相平衡。相反,则要求加害人因采取预防措施而被迫放弃的自由必须与这些预防措施给受害人的财产和身体完整带来的利益相平衡。"公平的"注意程度由比例原则确定:加害人必须采取与他们造成的危险的严重性和可能性相适应的预防措施,并且受害人只能要求加害人采取对他们的安全带来的利益超过对加害人的自由造成的负担的预防措施。

在一般情况下,对自由和安全的公平协调要求预防程度高于最低成本。当争议中的风险将生命和肢体置于有可能受到严重伤害的实际危险之中并且当增加的预防成本适度时,公平就要求采取降低危险的预防措施——直至更进一步的预防可能会将危险降至一个不合理的水平,或者会威胁到行为本身的继续。

损害在何种程度上是严重的?答案是:当它们从根本上会损坏人们普通的生命进程或对善的追求时,并且,从某种程度上说,支付损害赔偿金不能恢复或消除此种损害。死亡是标准的严重伤害,它导致一个生命的提前终结,永远终止对善的观念的追求;它不可能通过支付赔偿金而得到恢复,也不能被分解为众多较小的损害从而在一些可能的加害人之间进行分散。严重的且无法救治的疾病和严重且永久的身体伤害在严重性上仅次于死亡。相反,一般的财产损害的严重性最小,其发生会破坏但不会毁灭一个生命,它能够通过支付赔偿金而得到消除,它能够被分解为无数的较小的损害从而在一系列可能的加害人中分配。增加的预防成本如何才是适度的?当它们仅仅是金钱上的且金钱成本以较小的量被分散至可能的加害人中时才是适当的。一个危险何时是实际的?当它大得足以导致提前死亡或对普通的生命进程造成严重且无法消除的伤害时。什么样的程度才是显著的?百万分之一的死亡?十万分之一的死亡?万分之一的死亡?这很难说,必须留待以后讨论。

汉德公式中对危险的计算方法是侵权法特别对身体完整和个人财产进行增强的、平等的、不可剥夺的保护的自然扩展。[43] 反过来,这种特别保护是对我们追求善的能力所必不可少的身体完整性所具有的重要性的一种认可。

可以确定的是,这里有一个悖论:康德的社会契约论坚持采取预防措施应当与施加的危险相适应的原则,但是却断定在计算危险时,安全有权得到特殊的重视。然而,一旦我们将比例原则同意外事故的风险承受中的利害关系的社会契约观以及恰当的人际比较条款相结合时,这种矛盾就消失了。当何种程度的预防是合理的问题被限定为一个对行为自由和安全的负担和收益进行比较的

---

[43] 关于这一点,参见克廷(1996,第342—346页;1997,第1296—1308页)。

问题时,对不同的危险和预防措施的成本和收益的评估就变为一个性质上的评估了。我们一定会问:在人们追求对其生活有意义的目标和渴望时,不同的危险和预防措施是如何使人们遭受负担的。反过来,性质上的评估导致人们对受害者的安全给予了特别重视,因为在人们追求善的时候,严重的身体伤害和死亡对人们造成的负担远远大于增加的预防措施对人们造成的经济成本。在人的一生中,人们要发展和追求善的观念,因此,遭受严重伤害的现实危险会对我们追求幸福造成严重破坏,意外死亡会使这种追求提前终止。

实际上,如果这种可能性非常大,对伤害或死亡的纯粹威胁本身可能是微不足道的。如果这种威胁特别大,那么它会使人们丧失勇气参与对他们的善的观念起重要作用的行为,或者参与可能仅仅因为产生大量焦虑和恐惧,从而使他们丧失所有乐趣的行为。相反,在预防措施上所花费的金钱的适度增加会以一种更小的和递增的方式使人们实现其善的观念的能力遭受负担。当增加的预防措施所增加的成本在所有从某一行为中受益的人之间进行分散,而它导致的损害则集中于一些不幸的受害者身上时,不均衡就表现得非常明显。当一个危险在程度上是严重的且在可能性上是现实的,并且当增加预防措施的成本使减少的收入和财富在可能的加害人间分散了时,将合理的预防程度定于被证实了成本合理的预防程度之上是对承受危险的负担和降低危险的负担之间在性质上具有差异性的公平的反应。

第三,也是最后一点,康德的社会契约论认为合理性标准在面对在一个特殊的危险和一个特殊预防措施间作出选择时经常是无能为力的。过失裁定经常和近似案件发生冲突——在相当少的危险或预防措施在法律上既是合理的又是不合理的领域之中。因此,对合理的预防措施的叙述要求我们(像过失法那样)利用从属原则和制度安排、习惯或惯例、成文法以及陪审团深思熟虑的判决。习惯、根据立法做出的判决和陪审团裁定弥补了对特殊的危险和预防措施适用一般合理性标准造成的空白,并且通过确认那

些作为基于公平条款试图维持一种互惠的社会合作形式的理性的
人们自然焦点的预防措施,它们也确实做到了这一点(或者社会契
约论的结论是如此)。每一种机制也利用独具的正当原则——习
惯基于合理的信赖,成文法基于立法的至上性,陪审团裁定基于他
们慎重的民主特征,这些原则和制度填补了"在法律上"预防措施
既非合理也非不合理的地带。

在对这些主要的观点进行阐释过程中,康德社会契约论详细
论述了它所致力的"客观的"人际比较标准,并论述了侵权法对这
些原则的依赖是对我们相互自由的一种保护。客观评价的重要性
是一个贯穿于对合理注意原则的社会契约解释的主题。在形成这
一主题过程中,社会契约论展示并具体说明了它对客观评价是什
么及如何运作的独特解释。

这些观点需要展开,它们的论证需要被详细阐明和辩护。我
们通过回到比例原则和它对不平衡性和不连续性的反常的支持开
始这个任务。

A. 预防和比例

比例观点是一个直接的简单易懂的观点。实际上,它只是对
汉德公式的自然的、(并且,至少在判例法中,主要的)非经济学的解
释:预防的程度应当同某一特殊危险可能造成的损害的大小和可能
性相适应。在危险发生的可能性非常非常小以至于危险可能被描述
为"仅仅是一种可能性",而不是"合理可预见的"情况下[44],比例原

---

[44] 在 *Van Skike v. Zussman*,318 N. E. 2d 244(Ill. App. Ct. 1974)一案中,一个小孩用糖块机赢得了一个玩具打火机,之后他将自己烧伤了,并试图用他从该机器所在的商店里买到的打火机油装满这个打火机。他和他的妈妈将 Zussman,糖块机的经营者及相关人员告上了法庭,诉称"[Zussman]知道或应当知道它已经在该机器中分散放置了打火机,而且清楚该商店出售易燃液体",并且内在包含着将机器放置在商店里造成了一种本应已经进行预防的受伤害的危险。法院的结论是,这些理由不足以使其对 Zussman 的起诉成立,因为"一种法律义务的创制要求不仅仅只有危险发生的纯粹可能性"(id. at 247)。

则根本不要求进行预防。某一程度的危险仅仅是行动自由的代价,且这些危险程度是最基本程度,随着一些不可避免的变化,普通行为如果被认真地实施,会产生相互施加的和相互受益的危险。[45] 因为这些危险是普通行为的结果,所以我们忍受它比试图降低它更有利。

然而,典型的过失侵权情形包括发生的可能性很小,但不是非常小,并且后果十分严重的危险。让列车检查员在暂时停站的列车下爬行以检查火车的底座是否有裂痕[46],是这类风险的典型例子。这种风险的发生率正像降低或消除它们的预防成本一样低(在火车启动前吹口哨或可以观察到火车的启动,从而停止在暂时停站的火车下爬行)。在这类情况下,比例原则的要求是什么呢?

一个有影响的答案认为在预防措施和意外事故成本之间的平衡应当谨慎进行,即在预防成本上节省1分钱,等于在生命和肢体的损失上节约了1分钱。[47] 这种最经济的预防措施标准也可以公平协调自由和安全吗?在戴维斯(Davis)案中事实并非如此,该标准忽视了危险的成本和减少危险的成本之间的性质不同,在类似于戴维斯案的案件中,危险施加通过可能发生死亡和丧失肢体从而使受害人的安全遭受负担,而增加的预防措施通过增加行为的金钱成本从而使加害人的行为自由遭受负担。如果实施侵害行为的是一个像统一铁路公司一样的企业,那么,预防的成本就可以被分散给许多自然人,其中每个人都不必承受沉重负担。用金钱条款这一标准比较这些相冲突的利益以及计算金钱的总量掩盖了作为核心问题的二者在性质上的区别。等式的一边是,对生命和肢

---

[45] 比较弗里德(Fried)(1970,第 193 页)一案。不同的行为一般造成的危险的不同,这好像是不可避免的。驾驶对别人造成的危险大于用滑板滑行造成的危险,只是因为汽车比用滑板滑行的人更大、更重、速度更快。

[46] 在 *Davis v. Consolidated Rail Corp.* ,788 F.2d 1260,1262 (7th Cir, 1986) 一案中,当火车检查员正检查火车的时候,该火车在没有警示的情况下发动了,他因此失去了一条腿膝盖下的部分和另一条腿的大半只脚。

[47] *Duckworth v. Franzen.* 780 F.2d645, 652 (7th, Cir,1985), cert. denied. 479 U.S.816(1986)(Posner. J.)。

体造成的无法消除的伤害,即是不能补救的、完全不能分散或重新分配的伤害;等式的另一边是预防措施的金钱成本,这些成本不仅在性质上具有较小的严重性,它们也能够以适当的量在广泛的人群中分散。成本—收益分析不能表现这些性质上的区别。

相反,过失侵权法通常对生命本身的价值是至关重要的这一事实予以重视。意外事故法的适用领域和固有的特征部分反映了生命本身的价值(克廷,1996,第 345 页)。因此,法律至少部分地根据它们所表现出的对人的生命价值的漠不关心的程度区别了明显过失,鲁莽和非常严重以至足以证明惩罚性赔偿是合理的行为,以及普通过失和彼此过失。[48] 风险计算应当同样细心,在意外风险施加中作为自由形式之基础的根本利益是为追求有价值的人生创造有利环境。比起增加的预防成本所造成的财富或收入的减少,特别是当这种减少的财富或收入被广泛地分散了时,可能发生严重的身体伤害和死亡的现实风险对这一利益造成的威胁更大。

那么,问题是,当危险是显著的,且当生命和肢体位于等式的一边而采取预防的金钱成本位于另一边时,如何显示安全具有相对较大的重要性。在这些情况下,康德社会契约论——即公平会得出什么样的一般标准?我认为它不会主张平衡边际成本和边际收益,而是会主张人们采取那些具有合理可行性的预防措施——即那些不威胁到有风险但可产生利益的行为本身的预防措施。那么,只有当行为是重要的且很难替换时,行为的中断才会损害人们对善的观念的追求,这种损害与提前死亡和永久残废对这种追求造成的损害同样严重。如果危险是显著的,并且生命和肢体同财富和收入相冲突,那么,我们应当将危险减至不再是不合理的或进

---

[48] 例如,Hart and Honoré(1985. p. 214,note 46)(将鲁莽描述为"面对一个突然的和令人担心的风险时不注意",将一般过失描述为仅仅不能遵守一种很低的注意标准);Keeton 1984 at 9—10,211—214。

一步的降低将会对行为本身的继续产生威胁的程度。[49]

拒绝平衡边际成本和收益的部分原因是康德社会契约论反对这一观点:货币的、总合的成本是重要的、相关的。因为,正像没有人体验总体效用一样,也没有人享用总体财富。[50] 相反,我们应当关注受影响的阶层的人们,即加害人和受害人造成和享用的负担和收益。并且,在评估这些负担和收益的重要性时,我们应当关注它们递增的和绝对的程度。我们应当关注递增的程度,因为"契约行为人的道德取决于什么会是合理可接受的或合理可拒绝的观念,这些观念基本上是相对的"。我们应当关注绝对的程度,因为接受或拒绝一项具体负担的合理性部分取决于它"对我造成的绝对伤害有多少"(史卡龙,1982,第 113 页)。实际上,对受害人福利的威胁的"绝对"严重性是康德社会契约论首先赞同合理可行性标准的根本原因。

回顾康德的社会契约论会引导我们关注那些在某一项具体制度下生活得最差的人。在意外危险施加的情况下,那些生活最差的人也是遭受损失的人,如过早死亡,丧失在完整的一生中追求善的观念的必要能力。尽管如此,危险施加如何能符合他们的长远利益呢?部分是因为从事相同或相似行为的权利符合那些我们正讨论的具体危险施加对其死亡造成威胁的人们的长远利益。但是这产生的问题是什么危险才符合被那些行为威胁到的人们的利益——这也正是我们目前所关心的。合理可行性标准确认了那些有利于被具体危险威胁到的人们利益的危险。这个标准对他们的

---

[49] 我正提出的标准与 OSHA 所赞同的"可行性"标准相似,可以说与妨碍行为法中的一个原则相似。参见 *American Textile Manufacturers Institute v. Donovan* ("The Cotton Dust Case"), 452 U.S. 490. 101 S. Ct. 2478 (1981)一案(讨论了"可行性分析"标准要求将"显著损害健康的风险"降低或减少至"保护在技术上和经济上是可行的程度")和 1979 年第二次侵权法第 826 节(尽管当"对别人造成的此种或与此相似的伤害进行赔偿的经济负担不会使行为的继续不可行"时,成本具有正当性,仍然要求损害赔偿)。
[50] 仅仅因为这个原因,总体效用被广泛拒绝作为一种人身福利的衡量标准。参见罗尔斯(1971,第 161—166 页)。

安全给予了最大可能的保护,且会使有价值的行为继续。

因为过早死亡对追求善的观念造成的损害非常大,又因为永久残废和毁形造成的伤害几乎同样大,所以采取现实的保护措施以防止这些伤害实际上就很重要了。合理可行性标准就做到了这一点。当且仅当互惠的行为产生的利益足够重要时,从事这项行为才符合那些被该行为的危险威胁的人们的长远利益——直接地或者通过相互行为——并且行为的中止将对他们造成不利。只要利益是足够显著的,那么将预防固定在合理可行性程度上就符合那些有危险但互惠的行为使其生命和肢体处于危险中的人们的长期利益。而超过合理可行性标准的预防则不会。

这个合理可行性标准给予加害人抱怨的理由了吗?我认为没有。只要行为本身可以被合理安全地进行且不威胁其长期的存续能力,合理可行性标准对他们的自由造成的负担就少于显著性危险对受害人的安全造成的负担。只有行为的中止会威胁到加害人对其生命有意义的目的和渴望的追求,同样,毁形和过早死亡会对受害人追求他们各自的目的和渴望造成威胁。

正像我在这里建构的那样,合理可行性标准仅适用于一种情形——即生命和身体与财富和收入相冲突的情形——并且将会产生困难的适用问题。人们之间生命和身体相冲突的情况是一个与此完全不同的情况。[51] 当预防成本使生命和身体被保护的可能性降低时,受威胁的利益是相同的:受害人的安全让位于为自身利益而施加危险的人们的安全。当受威胁的利益在这方面相同时,就没有理由采纳一个像合理可行性标准那样倾向于赞同减少危险的标准。这样一个标准仅仅采取了一种专断的偏爱,即偏向于保护为自身利益而置他人于危险之中的人的利益。在其他情形下,合理可行性标准可能会得出一个错误的结论。例如,当加害人为保护生命和身体而对财产造成了损害的危险时,我们就有理由偏向

---

[51] 参见 *Eckert v. Long Island Railroad.* 43 N.Y. 502.506 (1871)。

支持风险施加,反对降低此种风险。[52]

  可能的受害人从运用危险手段中受益的情形也会产生特殊的问题。我们知道,通过使刀锋钝得不能用该刀切任何东西从而使刀更具安全性的方法是合理可行的。但我们也知道,这么做是荒唐的,因为这使使用者丧失了从刀的使用中得到的主要利益。[53]但是,并非所有情况都这么简单。例如,我们怎样评估适合于轻巧型汽车的预防程度呢?如果增加汽车的体积以致将改变它的类型,这样的预防措施是合理可行的吗?如果它的预防措施的成本是将导致众多轻巧型汽车的消费者退出市场呢?驱动采取合理可行性标准的利益怎样与驱动采取消费者期待利益标准相互影响呢?[54]

  我们在这里不可能探究所有这些问题,更别说给出答案了,但我们可以通过将这一合理注意观点适用于美国一个著名的过失侵权案——赫陵诉凯里(Helling v. Carey)一案[55]来说明这种观点。该案既说明了当预防措施是合理可行时,预防所花费的金钱负担超过了所获得的经济利益很少或更多的情况,也清楚明白地显示了康德社会契约论是如何在强制预防制度和警告制度之间进行选择。该案的原告对她的眼科医生提起了医疗过失诉讼,诉称因为他们未诊断出、进而未能治好她的青光眼以至导致了她永久的视觉伤害(id, at 982)。按照职业习惯,被告不会例行检查原告是否得了青光眼,因为她未到40岁,并且40岁以下的人患青光眼的几率是两万五千分之一(id, at 982—983)。但法院没有适用在医疗过程中习惯的注意就是正当的注意这个一般规则[56],法院的裁决是:"在法律上,在本案无争议的事实下,应当遵循的合理的标准

---

[52] Cf. Ploof v. Putnam. 71 A.188. 189 (Vt. 1908)("一个人可以牺牲他人的人身财产来保护他和他的同伴的性命")。
[53] 对照不是在生命、肢体和预防的金钱成本之间进行,而是在生命和肢体同产品使之成为可能的行为间进行。
[54] 关于这个测试,参见克廷(1998,第705—745页)。
[55] 519 P.2d 983 (Wash. 1974)。
[56] Id. at 983. Cf. Gates v. Jensen. 92 Wn.2d 919 (1979)。

是应当对原告适时地做这种简单的、无害的压力测试,而被告未做到这一点,因此是有过失的。"[57]

为了说明这个裁决,法院陈述道:

> 青光眼的发生几率可能非常小。但是,一个人,在本案中是原告,有权得到与 40 岁以上的人同样的保护,有必要及时地检测出青光眼的症状,以避免这种疾病造成的严重的、毁灭性的后果。这种测试是一个简单的压力测试,并且成本相当低。通过进行这种测试,不用进行判断,并且也毫无疑问就可以检测出青光眼是否发生。如果眼睛的状况允许,进行这种测试是无害的。(id)

根据汉德公式,如果损害非常大,但是预防的成本很低,并且预防产生的有效性很高——即较低的损害发生的可能性,那么就要求采取预防措施。

在论述该案中青光眼医疗惯例在法律上不适用的理由时,受理赫陵(Helling)一案的法院强调了该案的两个特征。第一,该案的争议不涉及特殊的医疗专业知识。[58] 相反,问题是考虑到危害的大小和发生的可能性,以及防止这种损害的必要的预防成本,应当要求采取什么样的正当注意。法院的意见强调,这对法院来说是一个问题(id, at 983)。第二,预防的成本与它可能防止的伤害的大小是不相等的。预防的成本是给没有得青光眼,但必须接受一项无害压力测试的 24999 个病人所带来的时间和费用上的增加;但是,预防可以防止的伤害是"这种病造成的严重的和毁灭性的后果"(id)。

第一个论点从社会契约的角度来看是有力的,因为合理的风险施加问题是对不同个人间的相冲突的自由进行协调的问题。因此,这些问题在主题上——即人们之间彼此相冲突的权利上——

---

[57] Helling, at 983 (emphasis added).
[58] Helling, at 982. 特别的医疗专业知识的问题消失了,因为法院提出(正确或不正确)对适当的预防及其效力的选择是没有争议的。

和在制度的形式上——比如公开的法律制度的各方面,是共同的。法院的第二个理由同样有力,但是其原因则较为复杂。像马歇尔诉格森(Marshall v. Gothan)案一样,赫陵案不是一件在陌生人间发生的意外事故,即不是受害人不情愿地遭受加害人的危险性行为所导致的意外事故,相反,它是在一个共同活动的参与者之间发生的意外事故。事实上,从深层意义上看来,受害人和加害人是同一人。病人通过决定是否采取事前预防措施从而使他自己而非别人承受由此带来的负担和危险,当青光眼发生时,他们将遭受永久失明,他们也得承受压力测试所带来的经济成本和不便。[59] 这些情况使合同成为侵权法的一个新的选择:不去决定什么对病人最有利,相反,我们可以对他们进行有关青光眼及其预防的教育,并且让病人自己决定是否进行该测试。

但是,对社会契约论来说,这些事实并不要求用合同法来替代侵权法。在马歇尔诉格森一案中,用木材支撑整个煤矿这一预防措施既提高了安全,又对造成了"岩石光滑面"危险的矿工的自由造成了负担,与此不同,赫陵一案的预防措施对自由造成的负担相当适度,然而却大大提升了安全。关心在完整的一生中追求善的观念的人们将会强烈坚持应当采取预防措施。在很小的年龄就永久失明对一个人的一生和追求她的目标和渴望会产生毁灭性影响。因为遭受青光眼的危险不会促进一个合理可行的善的观念得以实现,那么,加害人因不进行压力测试从使他自己而非别人遭受伤害的危险这一事实没有将赫陵一案和加害人使别人遭受危险的

---

[59] 或许我应该作个假设。知道是否压力测试所带来的金钱成本都由病人承担实际上是不可能的,尽管病人一定要承受测试花费的时间和带来的不便。参见克拉斯威尔(Craswell,1991)并且,即使成本由病人承担了,它们可能已经属于受保险的范围了,至少在一些案件中如此。因为测试使病人受益,所以让他们承受测试的成本在法律上是合理的,因此我将基于这个假设分析案件。

案件区别开。[60] 测试应当被给予,因为拒绝它的成本是患上一种毁灭性的但完全可以预防的疾病,而实施了该测试的成本则是极小的不便和适度的费用。考虑到采取预防的力度及有效性,我们应当拒绝采纳合同制度。因为合同制度造成的教育和作决定的负担是实际的,且由此带来的收益很小,甚至没有。

运用合理可行性标准,在赫陵一案中,预防所防止的损害非常大,而预防的成本——为 24999 个人进行简单的压力测试带来的小小的不便和适当的费用——不会威胁到行为的长期存续。这些成本在那些遭受疾病危险的人们中进行了分散,且对单个人的自由影响很小,不管压力测试的总的金钱成本如何,每个病人承担的成本是相当适度的。

然而,这样一来,论点可能好像是独断的。因为我们相信,没有哪个有理性的 40 岁的人会拿自己的眼睛作赌注而拒绝进行压力测试,而且我们也不应当提供让她这么做的机会。而我认为这种要求过于夸张了——市场不是垄断式的社会机构,因为它不能满足每一位消费者的每一个特殊的心血来潮或古怪的喜好。我认为,坚持给予压力测试而不是将是否进行压力测试的决定权留给病人不是任何意义上的独断。它依赖于这个结论,即警告制度比起要求强制压力测试的强制预防制度,在协调不同人的自由和安全上更缺乏合理性。

康德的社会契约论认为,在协调自由和安全上,警告制度比要求强制压力测试的过失责任制度缺乏合理性,因为它对许多合理行为的人的利益造成了负担,却增进了少数独断的或非理性的人的自由。对认为强制压力测试制度是独断的这一观点的反驳是:有一些病人——也许因为他们是非理性的,也许因为他们极其穷困,也许因为他们心理上的特殊原因——将会趋于不做这种测试,

---

[60] 如果承受危险确实促进一种合理的善的观念,那么在一项共同事业的参与者之间发生的意外事故与在陌生人之间发生的意外事故有着很大的不同。社会契约论假定人们一般可以自由地对自己施加他们认为合适的风险,尤其当这种风险对追求一种善的观念是必需的时候。

而将因此节省的钱储存起来。他们的做法从客观上讲可能是愚蠢的,但这不是一个足以推翻他们本人做出的关于怎样最好地生活的决定的理由。

社会契约论不必判定这种观点是否正确。它赞同强制压力测试的过失责任制度并不是基于这种主张,即:不进行这种测试反而将节省的钱储存起来的人是如此不理性以至他们对自己福利的偏好应当被专断地推翻。相反,它的切入点是警告制度和过失责任制度都对受制度约束的人们造成了负担,但过失责任制度造成的负担小于警告制度造成的负担。过失责任制度通过不给予他们这么做的机会从而使那些宁愿不做测试的人们承受负担(当他们拜访眼科医生时)。警告制度通过对那些没有看到被赋予是否做测试的选择权之好处的人施加负担,迫使他们做出决定。如果正确的决定对任何既非不理性也非独断的人来说都是明显的,那么警告制度带来的教育和决定的负担与它所能带来的决定的收益相比就得不偿失了。

过失责任制度比警告制度能更好地协调人们对自由和安全的相互冲突的主张(对众多持有不同善的观念的人来说),因为它对极少数人的自由造成的负担小于它对许多理性且合理的人的自由带来的利益。同样,警告制度对众多理性且合理的人的安全带来的收益大于它对极少数人的自由带来的利益。因此,社会契约论赞同过失责任制度甚于警告制度,并非基于一个"专断的"判断即一个人对其自身福利的非理性偏好应当被推翻,而是基于对这两种可能的制度怎样协调对众多人的相冲突的主张进行的性质上的比较。

我相信,对马歇尔案的这种理解表明,对于合理注意问题,社会契约方法通过集中关注合理可行性问题,从而能够在实际案件中提供答案。然而,合理可行性标准在众多案件中是不确定的,在广泛领域中的许多预防措施都可能是合理的且很难选出最合理的;可能很难评估采取可能的预防措施对自由和安全造成的相对负担;比起确定一个最好的预防措施,对一个预防措施达成共识可能是更重要的,等等。那么,在众多案件中,为确定一个合适的预防水平,我们必须考虑其他的过失原则和制度,比如习惯、成文法和司法裁定。然而,在我们简单涉及这些其他原则之前,我们需要考察"普通合理人"的概念(average reasonable person,简称 ARP)。这样将能使我们充实合理注意这一概念,正像在法律中发现和在康德社会契约论中重构它的那样。

B. 合理的人的行为

关于"义务和违反义务原则"的一个奇特的事实是,它的主要概念形成于两个不同的原则。一个原则是汉德公式中的"风险计算",另一个是"普通合理人原则"。怎样定位和结合这些原则是侵权学术研究中长期存在的一个问题。在"科学地制定政策"的传统中,[61]显著的是法经济学上的学术成就,它倾向于给予汉德公式以显著地位。通过将社会选择视为重大的个人选择,法经济学倾向于将普通合理人降至经济上的理性人,并运用汉德公式直接引入成本——收益分析。(克廷,1996,第 332—337 页)相反,社会契约论遵循的是"普通旁观者"传统,它强调 ARP 原则的重要性。

康德社会契约论之所以认为 ARP 原则重要,有三个主要的原因。第一,合理性概念(尤其要与理性概念区别开)是社会契约论的核心。相应的,在侵权法中赋予合理性概念以突出地位对社会契约论来说是重要的。社会契约论既要防止将合理性降为理性,又要阐释合理行为的特殊特征。第二,当 ARP 原则具体指出了注意的具体标准时,它对社会契约论所支持的安全赋予了很高的价值。第三,ARP 原则坚持认为危险及其预防必须根据"客观"标准评估,并充实了一系列这样的标准。因此,该原则形成的合理性模型,既是对社会契约论几个主要主张的认可,又是对其进行检验的严峻的考验。

---

[61] "科学的政策制定者"角度与"普通观察者"角度之间的区别是由布鲁斯·阿克曼提出来的。参见阿克曼(1977)。

ARP 原则至少有三个显著的任务:(1) 它认为一些预防措施是法律所要求的[62];(2) 它阐释了特殊群体(残疾人、精神病人、专家、儿童)负有的实质的注意义务及与他们相适应的行为;(3) 它具体指出了合理人的特征。该原则支持社会契约论的合理注意义务观点的第一个方式是在阐释义务时对受害人的安全给予了相对高的重视。[63] 加害人称他们应当负有一种较低的注意标准,因为他们履行合理注意义务的能力减少了,受害人的安全与加害人的行为自由相冲突。在这种情况下,对可能的受害者的安全提供充分保护与"使行为者对他们本不能有所帮助的行为负责是不公平的"这一法谚相冲突。ARP 原则在损害行为自由(和对施害者不完全能力的公平)的情况下支持了安全一方[64],并因此给予了安全相对高的价值。

有着较差判断力的人与有着良好的判断力的人遵守同样的注意标准,而不管他们的能力是否与那个标准相符合。[65] 从事成年人行为的儿童和永久精神病患者与有着正常能力的成年人遵守同一标准。[66] 而且,从事危险性行为的初学者与具有一般正常技能的人遵守同一标准。[67] 这些规则对作为相关群体的加害人造成了巨大负担:即他们要么必须遵守一种超过他们能力的注意标准,要么就不实施相关行为。

---

[62] 例如,参见 *Delair v. McAdoo*. 188. 184(Pa. 1936)(在法律上,驾驶轮胎破损的汽车,被告是有过失的)。
[63] 在汉德公式情况下,正式的原则不做这个,而由陪审团实践进行。
[64] 在一种大家熟悉的简洁明白的陈述中,侵权法的两个基本原则相互冲突——"无[主观]过失即无责任"与"在双方都无过错的情况下,由导致损害发生的一方赔偿"。参见巴尔肯(Balkin,1986)——ARP 原则支持后一个原则。
[65] 克顿 1984,第 176—177 页("单个人是一个天生的傻瓜,天生就有较差的判断力,这一事实显然不能用来使他免责")。
[66] *Jolley v. Powell*, 299 So. 2d 647, 649 (Fla. Dist. Ct. App. 1974); *Miller v. State*. 306 N. W. 2d554 (Minn. 1981); *Dellwo v. Pearson*. 107 N. W. 2d 859. 863 (Minn. 1961);Keeton 1984, at 177.
[67] 参见 *Hughey v. Lennox*,219 S. W. 323. 325 (Ark. 1920)(认为一位缺乏经验的司机应对其因缺乏经验导致的伤害负责)。

要论证这些规则的合理性是困难的。假设大多数行为人在尽了很大努力的情况下能够行使与一般合理人同样的注意水平，这样可以证明一般规则的合理性。但是这个假设对儿童和永久残疾人来说好像不太现实。一个较有力的解释是社会对过失的判断比它通常的判断要严格，通过发现儿童和残疾人在行为选择上从事超出他们能力的行为时是有过失的，这似乎是部分正确的。这类案件好像在令父母对未成年子女的行为和精神病人的监护人对精神病人的行为负绝对责任。[68]

然而，问题仍然是为什么责任应当被定得这么重。这里，答案好像在于安全所具有的相对高的价值和通过规定与能力相符的义务而对安全造成的威胁。精确的说，因为儿童和精神病人具有不完全行为能力，他们施加了大且非相互的风险：儿童驾驶汽车和汽艇比成年人从事同一活动具有更大的危险性。而且，缺少有效的对受害人的预防增加了不完全能力人对安全造成的威胁。我们在公路上确认某辆车是由儿童或不受控制的癫痫病患者驾驶的能力和避开这些车的能力是很弱的。通过低估我们判断多种多样的行为产生危险的能力和防止我们基于此种判断遭受危险，降低这些人的注意标准将会对安全造成更大的威胁。

所有行为人都要遵守普通合理人标准这一一般规则的例外，进一步表明了美国意外事故法给予安全的优先性。例如，从事儿童行为的儿童负有较低的注意标准——一个与他们的年龄和成熟程度相符的标准。〔克顿，萨迪恩蒂奇和克廷（Keaton, Sargentich, and Keating），1998，第186—188页〕作为一种类型，孩子的行为，如骑自行车，销售名轮船，天生就比成年人的行为如驾车和开汽艇具有较小的危险性。[69] 而且，因为从事儿童行为的儿童很容易辨认和看出（事实上，行为本身通常就表明行为的参与者是儿童），可能

---

[68] 可参见 Jolley, 299 So. 2d at 649; McGuire。
[69] 可参见 *Daniels v. Evans*. 224 A. 2d 63. 64 (N. H. 1966); Dellwo. 107 N. W. 2d at 863。

的受害人通常能够采取更多的预防来防止任何与儿童的不完全行为能力有关的增加的危险。[70] 因此,降低从事儿童行为的儿童的注意标准与给予安全以很高的优先性相一致:当对别人造成的危险降低时,责任也随之降低。

相反,ARP 原则令专家负有较高的注意标准。[71] 专家可能会造成更大的危险,因为他们通常从事更具危险性的行为。而且,专家拥有更多的知识和技能,他们能够为保护可能的受害人而实施更高的注意。其责任随危险和注意能力的增加而增加。[72] 相反,初学者并不会因为具有较低的技能就造成较小的危险,他们甚至会造成更大的危险。因为,通过让专家负有较高的注意标准,让初学者负有与一般能力人相同的注意标准,侵权法偏重安全甚于行为自由。

通过对专家、儿童和初学者配置不同的注意标准,ARP 原则将某一行为造成危险程度视为一个双向的棘轮,将注意能力视为单向棘轮。当危险程度和注意能力都增加时,义务增加;当危险程度和注意能力都降低时,义务减少。但是当能力降低而造成的危险并未相应降低时,责任则保持不变。这一模式更进一步表明了 ARP 原则对安全配置的重大价值。因为专家有能力承受更大的注意义务,因此我们对他们的要求就不会太重,从而这种要求就是合理的。然而,尽管那些具有较小能力的人可能不能达到普通能力人的标准,但是我们对他们进行较高的要求仍是合理的,因为这些能力较小者对别人造成了更大而非更小的危险。

最后,那些"当这类能力丧失的情况的发生与充分的警告不相符合,或不应当被合理地预见时,如由于某个外力、晕倒、心脏病突

---

[70] 正像德尔沃法院陈述的那样:"一个观察正在玩耍的孩子的人……能够预测到一种未达到成年人的注意标准或谨慎的行为。然而,一个人不可能知道一个临近的汽车的驾驶者……是一个未成年人还是一个成年人,并且通常不能保护自己免遭年轻人的鲁莽所带来的结果,尽管已经被警示过了。"

[71] 参见 *Brillhart v. Edison Light & Power Co.*, 82A.2d 44.47(Pa. 1951); *Public Serv. Co. v. Elliot*, 123 F.2d 2.6 (1st Cir. 1941)。

[72] 参见 Keeton 1984, at 185 & nn. 14—20。

发、癫痫症发作或使汽车驾驶员突然丧失了能力的其他疾病导致意识丧失的例外情形"[73]的行为者的抗辩也与显示的安全价值相符合。对突然发生的、不可预见的能力丧失,无法采取有效的预防措施加以防止。让行为者对能力的丧失负责将会损害行为自由,并且也不会使安全获得相应的收益。总之,ARP原则强烈倾向于保护安全。

C. 合理性模式

至今我已经强调了普通合理人原则的"主要的、本质的"内容,即:比起行为自由,它对安全配置了相对较高的重视。但是社会契约论也注意到了ARP原则的方法论意义:它表明了合理性概念可以如何被用作确定可允许施加的危险和更合适的预防措施。ARP原则表明了合理性概念怎样被用来确定使基于公平条款的自由且平等的人们之间的社会合作成为可能的预防措施。通过对表现了合理性特征的具体目的和配置进行足够明确和充分的论述;利用可允许施加的危险和合适的预防问题存在于"持续互惠的实践"中这一事实;利用"使假设正常化",ARP原则成为了一个能够确定合理的预防措施的模型。[74]

然而,如果我们首先解决了如何衡量和比较加害人和受害人的负担和收益这一次要问题,然后再进行这项较大的任务将会是比较容易的。ARP原则以其具有客观性而著名,并且康德社会契约论坚持采取客观的人际比较标准。毫不奇怪,社会契约论对ARP原则的建设性的论述显示了一种客观的人际比较方法,并以其最好的方式力图表明了法律致力于采取客观标准。然而,为了给这种创设性理由铺平道路,我们首先必须解释为什么运用主观的人际比较标准是不合理的。

---

[73] *Breuning v. Anerican Family Ins. Co.*, 173 N.W. 2d 619.623(Wis. 1970).

[74] ARP原则的一个显著任务是在评价自然人行为的合理性时,确定何时和怎样考虑他们的能力,我将仅仅在它使评价问题清楚明白地显示出来的范围内对该原则的这个方面感兴趣。

1. 主观评价的不合理性。客观标准认可其重要性可以被持有不同且无法比较的善的观念的人们所承认的目标,而主观标准的依据则是人们对自身福利的体验和偏好(史卡龙,1975)。因为持有不同的善的观念的人们一致赞同根据一个人的目的进行生活是重要的这一观点,又因为基本的自由是从事这种活动的必要的"基本条件",所以基本自由是人际比较的客观标准(罗尔斯,1993,第178—190页)。本文采用的"自由"和"安全"的范畴同样是客观的。

ARP原则坚定地采用客观评价:它进行合理性评价不是通过调查实施危险行为的人们对至关重要的自由利益给予的价值,而是通过坚持认为法律赋予给自由的价值应当被那些受益者接受。[75] 实际上,ARP原则并不认为主观评价在原则上是完全无关的。设置的过失原则认为显著危险只有当为了客观上具有重要性的目的时才能被施加(克廷,1996,第36页)。例如,飞奔至一辆呼啸而来的列车前,营救面临即将来临的死亡危险的小孩的行为是无过失的,尽管其所涉及的危险很大且现实发生的可能性很高。[76] 因此,当警察和消防员为挽救遭受严重和显著的危险的生命和身体而超速时是无过失的(克廷,1996,第357页,注释[150]),但是,我仅仅为了在一个炎热的夏日在海滩上找到一个好位子而超速毫无疑问是有过失的。[77] 为在海边得到一个好位子而疯狂加速是不合理性的一个典型例子,因为其所追求的目的不甚重要但其造成的危险却是巨大的——不论我是多么强烈的在意它,不论可能的受害者对我施加的危险是多么不在乎。我早点到达海滩的偏好的强烈程度在判定过失的分析中一点都不重要。关键是我所追求的目的所具有的"客观"重要性。生命和肢体是根本的利益——它们是安全和人身完整的核心。早点到达海滩是一种普通利益,与其

---

[75] 第二次侵权法重述第283节cnt. E (1964)。
[76] *Eckert v. Long Island Railroad*. 43 N. Y. 502. 506(1871)。
[77] 一个人在"从事一般事务或纯粹财产保护"时故意地并主动地将他人置于危险之中是有过失的。

他无数的只有一般迫切性的利益相似。尽管从个人角度来讲,这些利益不会支持施加特别严重的危险,但从集体角度看,它们赞同施加一般的无过失风险。

慎重地采用主观判断要求法律把我提早到达海滩的偏好的强烈程度视为可能影响我造成的危险的大小的一个至关重要的因素。然而,这么做将会得出与我们的正义观非常不一致的结果。例如,在呼啸而来的火车经过的铁路桥上闲逛的未成年人,可能在火车到来的最后时刻跃入桥下的水里,几乎可以毫无疑问地说,他们对"逃脱死亡"的刺激给予了巨大价值。[78] 主观判断要求我们承认这些未成年人通过从架桥上跳下去而对逃脱死亡给予的至高无上的价值,并将此作为正确的价值,为的是使我们自己决定可允许施加的风险。因此它意味着,火车行驶的速度、火车对其乘务员和乘客造成的危险,都应当精确地符合为逃脱死亡而从架桥上跳下去的人的喜好。主观判断可能会要求火车加速从而将跳水者置于危险之中,然后在最后一分钟为避免这种危险的发生而紧急刹车,因此对乘务员、乘客和附近非常不幸的旁观者造成了身体伤害和死亡的危险。

然而过失侵权法会完全反对这一观点,即火车驾驶员应当为满足那些寻求逃脱死亡的刺激而从高架桥上跳下来的未成年人的喜好而不计后果地对乘客和旁观者实施鲁莽行为。这好像是普遍的,即过失法谴责那些为体验差点被呼啸而来的火车杀死的刺激而在铁路桥上闲荡人的行为是鲁莽的、不计后果的。这种行为是一种对自己的生命价值严重蔑视的表现。火车驾驶员为这些未成年人的利益而可能负有的采取预防措施的义务,并非源自于他们

---

[78] 从高架桥上跳下来的风尚将年轻人置于危险之中。(引用一位曾从高架桥上跳下来的年轻人所说的:"在最危险的时刻,你跳了下去,由此你避免了死亡。这是一种无与伦比的感觉。")在详细说明主观评价的缺点时,我将集中回答加害人提出的问题,其通常有一种强烈的偏爱,一种导致他们想对别人或他们自己造成很大的危险的偏爱。但是,进行合适的修改后,通过集中论述受害人通常对避免别人造成的危险具有的强烈偏爱,这些困难也可以得到解决。

给予置生命于危险中这一现象的"主观上"很高的价值。这种义务来自于人的生命"客观上"所具有的很高的价值,即使在生命处于危险中的人不珍视这种价值的情况下也存在。

将在铁路桥上闲荡作为具体的例子,对主观判断的强烈反对不是因为冒着生命危险寻求逃脱死亡的刺激是"不理性的",而是因为为了这样的行为而要求别人承受现实的危险是"不合理的"。这些是明显不同的目标。玩小鸡和火车的游戏的理性跟侵权法基本上是不相干的,但进行这种游戏的合理性恰是侵权法的本质:侵权法规定的不是关于"我们对我们自己施加"的危险,而主要是关于"我们被允许对别人施加"的危险。

具体来说并从上下文来看,为寻求逃脱死亡的刺激而使别人遭受现实的危险的不合理性取决于两个因素。第一,正像我们经常强调的那样,安全对人们在其完整的一生中追求善的观念的能力来说是必不可少的。因此,现实地威胁到他人的安全的行为对一项重要的利益造成了巨大的负担。第二,放弃为逃脱死亡而对他人造成显著危险的行为的负担并不大。无论逃脱死亡的刺激可能对一个人的善的观念是多么重要,总有体验这种刺激的其他方式——例如,不系绳子爬山和攀岩,在空中跳伞的最后时刻才打开降落伞,冒险潜入失事船中——这些都不会对别人造成现实的危险。

转回到法律权威上,它很难被 ARP 原则在多大程度上尊重对别人造成危险和自己承受风险之间的根本区别影响(这一区别对危险负担必须是合理的这一观点来说是基本的,而为危险负担必须是理性的这一观点所忽略)。不论我们的能力如何,当我们对别人造成危险时,我们被期望实施了合理的注意,但当我们保护自己免受别人由于疏忽造成的后果时,我们可以有自己的弱点和嗜性。例如,在某一年龄下的儿童通常被认为没有承担过失责任的能力[79],但是从事成年人活动的儿童却被认为要负有成年人的注意

---

[79] *Vusick v. Clark.* 360 N. E. 2d 160. 163 (Ill. App. Ct. 1977).

标准[80]；有着低于正常精神能力的人被认为只有当导致了主要过失时才负有正常能力人的标准，而当导致了间接的（分担的或比较的）过失时，通常会考虑到他们的限制能力。[81] 最后，当减轻损失要求他们从事与他们的道德或宗教信仰不一致的行为时，我们会免于受害者负有减轻损失的义务，尽管我们多数人会认为这些信仰是奇怪的，甚至会认为这些信仰是明显错误的。[82] 关键的问题既非信仰的客观合法性，也非其共性，而是良知在自由人们的生活中，在我们要求他人承担我们的信仰成本的情况下的核心作用。我们可能不会要求无辜的陌生人承担我们的特殊信念的成本，那些使我们受害的人也不会要求我们从事违背我们信仰的行为来减轻他们的负担。

总结和概括起来，ARP 原则和社会契约论之所以采用客观判断是因为主观判断存在三个严重的问题。主观判断的第一个问题是它严重地准许非相互性的危险施加，并使合理的人们为不合理的人们所支配。合理的人——那些对到达海滩或去足球比赛赛场有着不太强烈的喜好，或者对他们自己目的的重要性持有一种适度的感受的人——将会由于他们的合理性而放弃对他人施加严重危险的权利。相反，不合理的人——对他们自己的目的有着强烈的喜好，或对其重要性持有不适当的感觉的人——将由于他们的不合理性而有权对他人施加重大危险。这种不平衡造成了不公平。基于同一目的（到达海滩）从事同一行为的人（例如，驾车）可能会对彼此施加非常不同的危险。更不公平的是，那些降低了他们的要求的人赋予他人从他们对自己的限制中获得利益，但得到的回报却是要忍受他人过度的要求。合理的人施加较少的危险但

---

[80] *Dellwo v. Pearson* at 863.

[81] 参见 *De Martini v. Alexander Sanitarium. Inc.* 13 Cal. Rptr. 564. 567（Cal. Dist. Ct. App. 1961）。关于对非"一般的"受害者和加害人的侵权法调解的一般讨论，参见卡拉布雷西（1985，第 20—26 页）。

[82] *Lange v. Hoyt.* 159 A. 575. 577—578（Conn. 1932）；*Troppi v. Scarf.* 187 N. W. 2d511. 520（Mich. Ct. App. 1971）.

却承受较多的危险,而不合理的人施加了较多的危险却承受较少的危险。所以说,主观判断不符合危险的相互性理论,从而破坏了互益和平等自由制度。

主观判断存在的第二个问题是,它通过使偶然的和无法预测的危险施加合法化从而威胁到了安全。如果行为人被允许施加某种风险,且该危险的合理性根据是他们自己对施加风险的目的的主观判断,那么我们在追求任何具体行为过程中就不能可靠地预测我们可能会合法遭受的风险,例如,司机可能通过假设合理地遵守了道路交通规则而不再去估计在高速公路上驾驶会发生的合法危险。高速公路上驾驶的危险将随着不同司机对他们的行为的主观判断而改变。如果主观利益变化非常大,那么高速公路上驾驶的合法危险的变化就将非常大。[83]

第三,主观判断造成的不确定性会逐渐破坏公平的社会合作的基础。能否乐意地坚持一种社会合作制度很大程度上取决于(或者社会契约论认为如此)该制度本身的公平性和被认为具有公正性。通过使具体危险施加的合法性取决于稀有的,如果可能,可以公开得到的信息,即行为者实际上对他们追求的目的的主观判断,主观判断会倾向于阻止社会合作。在主观判断制度下,那些遵守社会合作条款的人,只要别人也遵守,他们将很难判断他们的善意是否正得到回报。为此,他们对该制度的公平性的信心将会减少,他们参与这一制度的乐意性也会减少。

更糟的是,主观上理性的危险施加原则会有力地刺激事后虚假陈述,即一个人对证明危险负担合理性的目标的主观判断可能是不真实的。在缺乏一种可靠的方法区别真诚和不真诚的情况下,这不是一个小缺陷。当欺诈是容易的、可获利的、且很难查出时,实施欺诈和背叛的刺激都很大。那些遵守社会合作条款的人

---

[83] 问题的一方面是在感情上过度敏感的原告的问题。如果只要加害人扰乱了他们情感上的安宁,可能的受害者就负有一种注意义务,那么这种不确定性将会破坏行动自由,因此社会契约论支持侵权法一般将纯粹感情伤害排除在调整范围之外。

只有当别人也遵守这些条款时才会有理由怀疑他们的善意未得到回报。因此他们就有理由进行背叛。

主观判断的失败之处正是客观判断的成功之处：它基于平等自由和互惠条款促进社会合作。ARP 原则的内容不像它们经常被认为的那样是实践技巧的练习，而是一种可选择的人际比较的一般方法的具体化。

2. 确认合理的预防措施。正像马克·格拉蒂（Mark Grady）已经表明的那样，过失的正当性起着一种过滤器的作用（格拉蒂，1989）。受伤害的原告会提出本来可以阻止伤害他们的意外事故发生的预防措施，并且将这些预防措施与被告的实际行为进行对比，目的是确定被告在未采取原告提出的一个或多个预防措施情况下是否合理地行为了。合理注意原则的任务是提供进行这种判断的方法。通过（1）利用合理性这一概念本身；（2）挖掘将某些预防措施作为合作的"自然焦点"的可能性；（3）利用"标准化假设"，ARP 原则完成了这一任务。

合理性概念本身提供了重要的指导，因为合理的人们认为合适的预防措施的确认与人们的性格和信念有关，他们对安全给予了相当的重视；他们基于公平条款同准备回报其合作的其他人进行合作；他们不将自己的利益置于他人的利益之上[84]；并且他们限制他们喜好的强烈度以致他们不对那些不准备尊重自己的其他人做任何要求。当这些信念和配置应用于产生合理的预防措施问题的情况，且与关于不同的利益种类的重要性的标准化假设相结合时，ARP 原则就成了一个过滤器，从而可以确认一些危险施加在法律上是合理的；谴责未采取某些预防措施在法律上是不合理的；减少处于这两极中间的大量情况中的合理争论。

而且，确认什么是合理的预防措施这个剩下的问题不会凭空

---

[84] 合理的人以"一种考虑过可能造成的伤害他人的利益当与可能发生在本人的利益相比较，不受行为人作为一方当事人，将自己的利益置于他人的利益之上的自然倾向"。

产生。它产生于从事互惠行为的自由且平等的人们之间。意外事故——即使在陌生人之间发生的意外事故——典型地作为互惠的合作行为的产物而发生,比如驾驶。尽管汽车事故是陌生人间的意外事故的一个范例,但是驾驶者仍然是一种复杂的和互惠的社会合作形式的参与者。行动能使参与者追求他们自己的目的并且要求每一个人为彼此的利益而采取预防措施(遵守道路规则,使他们的车保持随时刹车状态,减少酒精的摄入量等等)。汽车事故案件精确提出的合理性问题在上下文是高度一致的。具体的危险被比喻为可以消除危险的预防措施。

当合理的人们彼此间要持续合作时,他们可能能够选出某些预防措施作为互惠合作的"自然的焦点"〔谢林(Schelling),1980;约翰逊(Johnson),1976〕。考虑行为施加的具体的危险种类和提出的减少那些风险的具体的可能性背后的事实,以及合理性的安全及合理的人们的根本利益,足以说明某些预防措施经常是作用突出的。正像托马斯·谢林指出的那样,"绝大多数情况……为合作行为提供一种线索,为每个人对他人希望他自己去思考人们期待着他做什么的期望提供一个焦点"[85]。

考虑德莱尔诉麦克度(Delair v. McAdoo)一案提出的情形。[86]德莱尔认为根据法律,所有司机都必须意识到"破损的"车胎具有危险性(并且在这种情况下必须认为其对因使用这种车胎导致的意外事故是有过失的)(id. at 184)。法庭面对的是一个被限制了的选择——在要求人们知道磨损的车胎具有危险性的客观规则和认为那些努力了解相关知识但未成功的人们无过失的主观规则之间的选择。一旦根据驾驶的情况和法院可选择的规则作出了某个选择,那么对于基于公平条款维持互惠的社会合作形式的合理的人们来说,这是一个简单的选择,主观规则具有我们已经讨论过的

---

[85] 谢林(1980,第 57 页)。一些方法的显著性在文脉上是高度一致的。参见吉勃德(Gibbard,1991)。

[86] 188 A. 181 (Pa. 1936).

所有缺陷：它将其他司机的安全置于相当大的危险中；它增加了道路危险的不确定性；它削弱了基于公平条款的社会合作的基础。客观规则则具有所有与之相反的优点：它保护了其他司机的安全；它使道路危险更加可以预测；它保证了基于公平条款的社会合作。而且，它对可能的加害人提出的要求相当适度——检查自己的车胎以确定它们是否磨损，并且要意识到这种车胎会造成的危险，因此让司机对磨损的车胎造成的意外事故负责是对德莱尔案提出的问题的显著的解决方法。相似的理由可用于 ARP 原则的大部分规则，且正确规则大体上是类似地明确的。

认为所有行为人都要遵守普通合理人标准这个一般规则的例外情形是，进行互惠合作的合理的人们之间已经达成了明确一致的解释和辩解。例如，允许警察和消防人员在应对紧急情况时造成大于一般性的危险是合理的（克廷，1996，第 369 页）。甚至持有不同的善的观念的人们也可能一致认同保护生命和身体免受严重的和显著的伤害具有迫切性、重要性。而且，警察和消防人员可以就他们的危险性行为带来的增加的危险向可能的受害人发出警告（通过驾驶有特殊标记的车，使用闪光灯，发出鸣笛），从而允许可能的受害者为了他们自己的安全而采用更多的预防措施。最后，因为警察部门和消防部门可以密切监督和训练他们的成员，并且因为允许施加更大的危险的条件是客观上界定了的和众所周知的[87]，因此法院可以很容易地确定施加额外风险的权利是否被正确地行使了。

警察和消防人员的注意义务的减轻也清楚地表明了合适的解决方法是如何"取决于时间、地点和人物"的（谢林，1980，第 58 页）。我提出的减轻注意义务的最后三个理由运用了警察和消防人员所持有的事实并因此阐明了 ARP 原则怎样融合了具体的加害

---

[87] 关于可允许警察和消防人员造成更大风险的情形，通常在立法中或行政法规中具体规定。

人、制度和受害人所具有的不同特征。[88]

该困惑的第三点是 ARP 原则对标准化假设的运用。ARP 原则间接地,而社会契约论直接地运用了标准化假设。这些假设大量存在于我们的普通的道德论述中。〔因此,例如,我们为了道德辩论的目的而假设一个人穿什么、和谁生活在一起应当取决于他本人的选择是非常重要的,并且我们假设一个人能够选择别人穿什么,吃什么,怎样生活是不太重要的。并且尽管可能有一些人不同意这种价值安排,我们仍然这样假设。[89]〕如果我们要为人们基于公平条款追求他们不同的善的观念创造足够的空间,那么标准化假设就是必要的。

例如,德莱尔一案就完全依靠这种假设。像 ARP 原则一样,德莱尔案完全拒绝采纳经济学观点。经济学观点认为如果可能的话,我们应当计算个人在采取一项预防措施时面临的注意成本。法院完全运用了加害人从使用磨损的车胎中得到的利益对追求一种合理的善的观念来说是不重要的这一标准化假设。相反,这些收益是由于懒惰、不可免责的疏忽,或对他人福利不够重视所带来的。因为这些是人的品质上的缺点,而非善的观念的要素,因此,在计算危险时,根本不必给予其任何价值。

规定儿童义务的原则更清楚地表明了标准化假设的作用。从主观角度来讲,使从事成年人行为的儿童负有成年人的注意标准的成本好像很高。然而,如果我们赞同"从事成年人行为对孩子的正常发展和成熟不起作用"这一标准化假设,那么客观的注意成本就很低。相反,当小孩子参与适合其年龄的活动时,让他们负有与其年龄适应的标准所产生的标准化收益非常高,因为,与参与成年

---

[88] 我希望,相似的解释和理由一般可以用于 ARP 原则的其他规则,包括在本部分的稍后我基于其他目的而讨论的原则(孩子的注意义务)和情形(*Martin v. Herzog and Tedla v. Ellman*)。

[89] 史卡龙(1988,第 183 页);参见史卡龙(1991);诺兹克(1974,第 78—86 页);克里曼和利普斯坦(1995)。

人活动不同,参与适龄的活动是孩子健康成长的一个重要部分。[90]简言之,规定儿童义务的原则,如果基于个性化(和主观的)成本设计是不合适的,但是如果根据标准化(和客观的)成本进行设计则是正确的。

  这些例子根本不特殊,ARP原则正反复地运用标准化假设。为了划定我们的自由和责任之间的界线,该原则拒绝使用个性化的价值,因为在沃恩一案中给出的简单但有力的理由是:根据个人实施注意义务的能力衡量注意的适当性的规则"产生如此模糊的一个界限以至根本未提供任何规则"[91]。因此,ARP原则要求"在所有情况下尊重一个有着普通谨慎的人表现出的谨慎"(id)。这样,合理的合作条款和标准化的基础就密切联系起来了。

  这两个观点——标准化假设和合理的预防措施,与那些为在自由且平等的人们之间的公平合作形成的自然焦点一样——完成了社会契约论对合理注意概念的解释。有了这些概念,社会契约论解释以三种方式完成了它对公平的自由的构想。第一,通过对安全配置相对高的价值,该解释为人们在完整的一生中追求利益观提供了最有利的条件。第二,该解释通过坚持客观判断从而相对明确了在实践中如何确定注意义务。这种相对明确性本身就增加了我们的自由。第三,ARP原则和社会契约论构想通过判决——而不是通过立法——确立了合理的危险施加的条款,这既保护了自由,也保护了安全。它通过使加害人仅对他们不合理施加的而且本来能够在事前意识到的危险承担责任从而保护了加害人的自由。它通过确保受害者不会遭受不合理的危险施加从而保护了受害人的安全。ARP原则对我们的自由的保护的第三个方面

---

[90] 从事与年龄相适应行为的儿童的义务的减轻以另一种更加明确的方式依赖标准化假设。该原则假定与年龄相适应的行为应当比成年人的行为造成较少的风险,并能对更多的受害者采取预防措施。参见注释[69—71]及相对应的正文,正是因为规定儿童义务的规则尊重安全的不均衡的价值,并为儿童提供足够的空间追求善的观念,这些规则代表他们提出的问题的显著解决,和合理的自然焦点。

[91] *Vaughan v. Menlove*. 132 Eng. Rep. 490,493(C. P. 1837).

既是对第二个方面的阐释,其自身也需要进一步的解释。

在确立合理性标准问题上,ARP 原则可以由立法确定也可以通过判决确立:如果该原则规定了判断合理性的权威标准并要求人们遵守这些标准,那么它是立法上的;如果它承认和遵循由合理的人认可的已有标准,那么它是判决上的。因此,在适用 ARP 原则时,法院可以创制新的标准,从而"规定了"合理行为条款;法院也可以承认已有的标准,从而"描述"了从事实践活动的合理人自己应当达到的标准(约翰逊,1976,第 172—177 页)。

这里有一个关键的区别。免受有溯及力的法律刑罚和责任是我们的自由的一个重要方面,受法治本身的保护。如果 ARP 原则仅仅阐释了合理的人在处理手头事务时会得出的判断,那它就是在遵守已存在的权利,而不是有溯及力地创制权利。它因此实现了法治并保护了自己免受有溯及力的刑罚的自由。[92] 当合理的预防措施是显著的且法院是有能力的时,合理行为的人们会发现他们的责任范围是(合理地)明确的,甚至在缺乏司法先例、惯例或成文法规定的情况下也如此。合理地行为的人们不会让司法上创制的有溯及力的义务和责任使他们的自由受到侵犯。

两个成文法上的过失案例——马丁诉赫兹格(Martin v. Herzog)[93]和特德拉诉爱尔曼(Tedla v. Ellman)[94]——说明了合理性在立法上和司法上的所起的作用的差异,并显示了为什么说 ARP 原则在根本上是由司法判决确立的。马丁一案确立了一个规则,即"违反成文法的禁止性规定又无免责事由的行为本身是有过失的"[95]。特德拉一案创制了对这一规则的例外。特德拉一案的原告在一个天黑后的星期天晚上正骑着一辆装满垃圾的童车沿着公路的右边行走,在相反的方向是"星期天晚上非常拥挤的交通",

---

[92] 这包含了法治的两个方面——未来性和公开性。参见克廷(1993,第 16—21,27—29,35—36 页);德沃金(1978. 第 165—166 页)。

[93] 126 N. E. 814 (N. Y. 1920).

[94] 19 N. E. 2d 987 (N. Y. 1936).

[95] 参见 Martin, 126 N. E. at 815。

因此原告选择在交通压力较轻的公路的另一边推着车走。[96] 原告决定顺着而不是逆着车流步行本身好像是有过失的。因为,尽管这样做符合惯例,但却违反了一部最近颁布的成文法。但是法院支持了惯例,从而创制了在本案情况下的成文法的例外（see id. at 991）。法院判决意见背后的驱动力不是对立法本意的推论,而是与立法的禁止性规定相比惯例具有明显较大的合理性。在那种情况下,原告顺着车流行走明显比逆向行走安全得多。

特德拉一案因此支持这一观点,即:根据 ARP 原则做出的有关合理性的司法判决宣告了合理行为的标准,而不是通过立法规定合理行为的标准。如果行为者偶然发现并实施了合理的预防措施而立法机关却没有发现,那么视成文法为判断合理行为的权威标准的立法和司法先例就必须让步,这是应该的。关于注意义务的判决本身是并且也是运用了公共道德进行的推理,它也是对人们彼此负有的自然义务的推理（克廷,1996,第 320—321 页）。立法明确并具体规定了注意义务;但并非创造了这些义务。确定的是,ARP 原则并不纯粹是司法判决的;至少它要求人们合理地行为。这种要求可能看起来是立法所规定的,尽管合理性本身这一标准来自于我们的实践和被恰当重构的道德判断使我们具有的信念。[97] 然而,这一事实并不决定合理性判断的司法判决特征。这样的判断遵循合理行为的模型;但它们本身并不形成那种模型。正像在它们所做的那样,合理性标准确保责任不被有溯及力地施加;因此承认了一种与法治相联系的自由。

问题的一面是以司法判决方式确立义务所提供的对可能的受害者的安全的保护。当 ARP 原则和实践是司法判决确立的,那么作为合理人的受害者将处于一个更有利的地位去预测他们将承受的危险。

---

[96] 参见 Tedla. 19 N. E. 2d at 989。
[97] 但是为什么我们应当认为这种基于合理条款的合作是立法的呢？如果它是在多元化条件下产生于我们的生活经验？参见罗尔斯（1993,第 158—168 页）。

如果对合理注意原则的社会契约解释承认它从三个方面将意外事故法理解为是旨在规定互相的自由的法律,同样,它也从三个方面将意外事故法理解为是旨在规定公平的危险负担的法律。第一,它指出了相互的危险的含义:相互的危险是在大小上平等、在可能性上平等,和基于彼此都足够正确以致足以证明它们造成的危害是有理的和同样好的原因而被施加的危险。满足这些标准的危险施加是公平的,因为它们事前符合其侵害的人的长远利益。第二,这一解释通过寻求作为合作的"自然平衡点"的预防措施从而保证了互惠的社会合作。第三,它通过使合作条款相对更加明确,并通过可公开检验地遵守这些条款从而将社会合作有了坚实的基础。

D. 合理注意原则的从属原则

因为它的重要性,ARP 原则形成的合理性模型不会在众多案件中规定一个具体的预防水平。汉德公式和 ARP 原则共同提供了一般实质的和方法论上的合理性标准,但是这些标准通常不能单独确定合理的预防措施。这并不那么令人吃惊:社会契约论认为合理性标准经常为"合理的"不同的意见留下现实存在的空间(罗尔斯,1993,第 54—58 页)。

过失侵权法通过详细指明了注意义务的具体内容的从属原则从而解决了合理性的一般原则所具有的不确定性。为确定合理性的具体标准,我们必须查阅习惯、司法判决和成文法。每一个这样的从属原则之所以会取得支持不仅仅因为它能够详细指明精确的合理的预防条款的内容,也因为它本身包含特有的政治道德原则。当合理性标准不能确定一个最合理的具体预防措施时,合理性的一般标准就不能进行所有使具体预防措施合法化的工作。

例如,惯例从两个源泉获得支持——合理注意原则要求采取显著的预防措施,以及合理的信赖不应当令人失望这两个原则。惯常的预防措施是显著的;惯常的行为是"一般"行为;一般性是什么尽管不能解决一般性应当是什么的问题,但与这个问题是直接相关的。司法裁判也适用于在正当注意的一般标准不明确的情况下确定预防措施。这一从属原则得到的支持部分来自它对显著预防措施的识别,部分来自于独立的道德原则。显著性是前后相关的。它"取决于时间、地点和人物"(谢林,1980,第58页)。如果假定陪审团也许体现了他们所处的社会所具有的文化和信念,那么他们非常适合于选择前后一致的显著的预防措施,然而,显著性并不是问题的结束。陪审团的裁定实践也有独立的道德支撑,因为它是在运用社会的道德观来处理有争议的纠纷。由于陪审团裁定主张详细解释某一具体社会共有的正义观〔威尔斯(Wells),1990,第208—210页〕,所以即使存在长久争议,它也可以使有争议的结果合法化。最后,过失侵权法通过遵守成文法从而确立了合理注意的具体标准。如果在立法上具体规定了强制性预防措施,那么毫无疑问这些预防措施就是显著的。同样确定的是,立法的至高无上性原则和服从公正制度的义务[98]进一步为遵守成文法提供了独立的基础。

当然,这些论述仅仅包括了与合理注意的一般社会契约观念有关的合理注意原则的一些方面。然而,就这些简单的讨论也能够使我们理解过失侵权法中正当注意所起的基本作用及其正当性。它也澄清了社会契约论和合理注意原则之间的一种基本结构上的联系。正像社会契约论经历了"从整体的一般框架到对各部分越来越细的限定"一样(罗尔斯,1971,第566页),合理注意原则也经历了从合理性的一般标准到通过一系列有主次的原则具体指明基本义务。汉德公式和ARP原则具体指明了合理性的一般实在的和方法论的标准;陪审团裁定、习惯和成文法具体指明了具体的注意义务。在该次序上的每一阶段构架和限制了后来的阶段,并且权威性源自于合理性的一般观念和它本身特有的原则(罗尔斯,1993,第262页)。陪审团裁定、习惯和成文法可能只将注意义务限定在它们尊重的合理性的一般标准(方法论的和实质的)所确立

---

[98] 关于对这一义务的讨论,参见罗尔斯(1971,第350—355页)。

的界限范围内。在这些界限中,它们自己特有的制度的原则(如立法的至上性)增强了它们的权威。当它们逾越这些界线时,它们就会丧失它们的权威。

3 结果责任、风险与侵权行为法

史蒂芬·R.佩里*

一、绪 论

是否有某种道德理论在研究过失侵权法时是赞同非结果论的呢？或者更概括地说，是否能够根据某种赞同非结果论的道德理论来对非故意侵害行为施加侵权责任呢？大多数主张矫正正义的学者对此给出的回答是肯定的，但是这种回答的理论基础从表面上看却并非显而易见。因为，毕竟目前较有影响的学术观点认为关于合理注意的过失标准是从功利主义或者经济学角度来理解

---

* John J. O'Brien 是宾夕法尼亚州大学(University of Pennsylvania)的哲学教授和法学教授。这篇文章的早期译本——在某些场合,长时间以前,已经在下列法律学校的研究所被提出：伯克利大学(Berkeley University)、波士顿大学(Boston University)、希伯来大学(Hebrew University)、得克萨斯大学(Texas University)、多伦多大学(Toronto University)以及伦敦大学(University College London)。这篇文章的译本还曾经呈交给纽约大学(New York University)的哲学、法律及政治理论研讨会、普林斯顿大学(Princeton University)的道德和公共事务研究所以及斯坦福大学(Stanford University)人性和道德约束研究组。我尤其要感谢下列人员的有关评论：朱里斯·克里曼、梅·丹克亨(Meir DanCohen)、罗纳德·德沃金、克莱恩·弗克斯坦(Claire Finkelstein)、弗朗斯·卡姆(Frances Kamm)、安迪·克伯尔曼(Andy Koppelman)、乔迪·克劳斯(Jody Kraus)、本雷恩·雷特(Brian Leiter)、托马斯·尼格尔、阿瑟·利普斯坦、萨姆尔·斯科弗勒(Samuel Scheffler)、斯哥特·夏普诺(Scott Shapiro)、肯·西门(ken Simons)、杰瑞米·沃尔德伦和本·兹普斯蒂。

的,甚至有一些自称为道义论者的学者们也赞同这种观点〔参见赫德(Hurd),1996〕。而且,某些导致了非故意损害的行为也并不是一种典型的应当受到责备和谴责的行为,在有些情况下,这些行为从根本上说也不是非法行为。但是,应受责备、应受谴责以及侵害的观念是刑法上非结果道德论的核心,如果我们一般地把它们作为非结果论道德理论的核心则是不合理的。无可否认,过失在法律上被定性为"过错"的一种,但是很显然,它并不是指因应受责罚的心理状况而引起了非法行为的那种核心意义上的过错。而且,在很多情形下,侵权行为法对非故意侵害行为施加的是严格责任,在这些案件中法律甚至没有将导致了侵害的行为认定为有过错的行为。那么,我们能否用非结果论来解释所有非故意侵害行为的侵权责任呢?

为了回答前面提出的这个问题,我们有必要进行下列区分。有时我们说某个人应该对某个特定的行为负责,在一般情况下,这个行为由某种应当受到谴责的举动所组成,那么他就有可能会受到谴责或者惩罚;在另外一些情形下,我们说某个人应当对某种事实状态负责,这意味着他应当对已经发生的事件状态负责。正如我在本文中极力要论述的那样,如果我们关注的是积极主动的行为,那么在该事件中他应当负责的事件状态就是他的行为所造成的结果,而我们所说的行为结果不一定是坏的或者不被期望的,因为我们也有可能会说人们应当对发生的某个好的事件状态负责。在这里我采纳了托尼·赫诺里(Tony Honoré)[1]的说法,将这种形式的责任称为结果责任,而将对应当受到谴责的行为承担的责任则称为行为责任。

也许我们会认为结果责任与行为责任之间没有什么不同,或者说结果责任只是行为责任的一种特殊情形,因为对行为的描述

---

[1] 参见赫诺里(1998)。我对结果责任的理解在几个重要的方面不同于赫诺里的观点。参见佩里(1992b,第488—512页;1993,第38—47页)中的论述。有一点需要说明的是,在这些文章发表以后,我的观点在有些方面也发生了一些改变。

本身就包括了行为产生的某种影响——结果（例如杀害行为）。但是如果将结果责任等同于某人对其（特定的）行为负责的话，就回避了一些重要的问题。例如，如果杀害行为确实应当受到谴责的话，也许某人就应当对其杀害他人的行为负责。但是我们也许仍然会认为某个杀害了他人的人应该对其行为结果——死亡本身负责是适当的，即使他或者她并没有实施任何会带来该结果的应受谴责的行为。我们也不能排除这两种责任具有不同的法律后果的可能性（例如，其中一人应当受到惩罚而另一个人则是应当进行赔偿）。最后，在很多可能的情形下，看起来似乎应当由行为人负责的某个结果往往与行为人最初实施的行为关系不大，以至于我们不能将其作为该行为的一个部分。这里我所指的"结果"包括了行为的结果和后果两个方面，"结果"是指某行为所带来的效果，而"后果"与所描述的行为有区别但却是由该行为所引起的〔参见达夫（Duff），1990，第 42 页〕，所以死亡是谋杀行为的结果，但是对于射击行为来说，死亡只是一个后果而已。

在这一章的论述中，我的主张是，关于结果责任的一般概念肯定了存在一种关于非故意侵害之侵权责任的非结果论的可能性。我还阐述了一个特殊的结果责任观点，说明了这一观点无论是在解释侵权行为法的理论基础还是在解释其内容时都起着基本作用。我所提出的解释结果责任理论的核心，即我称之为基于可避免性的观点是指某个人行为的结果应该在他的控制之内。尤其是，结果责任所指的控制包括行为人有能力预见到其行为结果且有能力采取措施避免该结果的发生。因此，结果责任不是在一般意义上产生的道德上的赔偿责任，而是通过在法律上将行为人与某个特定的损害结果联系起来并使之成为赔偿责任的基础。更恰当地说，我们可以将结果责任理解为使负有结果责任的行为人成为潜在的损失承担者的一种归责机制。但是，在施加道德上的赔偿责任以及相应的法律责任之前，我们应当有一个更确切的标准。

从侵权行为法的立法本意来理解，非故意侵害可以被定义为与某个行为人的行为具有因果关系的损害，而该行为人并非是出于故意且他不能确定该损害会实际发生。[2] 因此,非故意侵害是因行为而产生的,但该行为所引起的只是风险而不是某个确定性的损害。我认为对风险的理解应该从可避免性意义上来进行,将它在概念上与结果责任联系起来,此外,这种理解除了从认识的角度定义风险之外,还应该对侵权行为法中风险的法律意义做出解释(参见佩里,1995,第321页)。其目标是,结果责任的概念不仅能有助于阐明法律上的赔偿责任的道德基础,而且也能阐明其实质和内容,尤其是,它将有助于阐明过失侵权法中注意标准的恰当表述以及解释为什么法律有时会依赖于过失责任标准,而有时又会依赖于严格责任标准。

大多数致力于研究过失标准之恰当表达的理论学家,至少大多数从矫正正义以及个人责任角度来研究这一点的理论家们都存在一个相对直接的、单纯的事实上的理解,即某个人对他人"施加"了风险,他们由此认为侵权行为法和侵权行为理论所面临的相关问题是:对他人施加的哪些风险是可以接受的,哪些又是不能接受的呢?但是,我认为引起这个问题的最初的假设是错误的,因为对某人"施加风险"不是某个事件简单的事实状态,例如把枪对准某个人。如果我们从单纯的事实来看待该事件,那么风险就应该被理解为一个客观的而不是认识上的问题了(参见佩里,1995,第322—329页),而且,风险也应该被理解为与该行为有关的双方的共同作用,而不是一方单方面地对另一方施加风险。当然,可以肯定某人可以单方面地对他人施加风险,我们也可以因此得出双方共同地产生风险与单方面地施加风险之间的区别,但是这个区别是以认知上的风险概念、而不是以客观的风险概念为基础的,更重要的是,这个区别是法律意义上的、而不是经验主义的区别。

为了进一步弄清共同产生的风险与单方面地施加风险之间的区别,并且阐明调整因共同施加的风险而产生的事故的规范,我认

---

[2]《侵权行为法(第二次)重述》§8A 中,将"故意"定义为某人期望发生某行为后果,或者确信通过实施该行为一定会发生这种后果。

为我们有必要引入大家已经接受的所谓"正常的"社会交往模式，司机与步行者之间的关系就是这种模式的一个典型例子，这个例子可以说明我们所关注的不仅是某一单个行为如驾驶所带来的风险，我们同时还应该关注由两个或者更多的相互作用的行为例如驾驶和步行这两个行为所产生的风险。概略地说，共同产生的风险是指与某种现有的社会交往模式相联系的在正常范围内所产生的风险，这类风险由过失规则来调整，我们可以通过利用强制的成本收益分析来理解过失规则。单方面施加的风险有两种类型：第一，一些风险确实是从已确立的社会交往模式中产生的，但是其程度超过了这些模式所产生的正常风险的限度；第二，不是从已有的社会交往模式中产生的风险。后一种风险很显然与本身就具有危险性的不正常行为如爆炸相联系，一般说来，参与了这些行为的人与可能与因这些行为受到损害的人相对立，只有他们才具有控制这些风险的能力，对这一类风险则应适用严格责任标准。

二、非结果论及对非故意侵害的责任

我们首先来讨论一下关于非故意侵害的侵权责任是否存在非结果论的可行性，海蒂·赫德最近在一篇十分有影响的文章中提出不能从道义论的角度来理解过失侵权法，她认为我们必须对过失侵权法做出一种结果论的解释（参见赫德，1996）。我认为，她最重要的观点在于基于风险的过失理论不能定性为一种道义上的理论。她首先提出所有的道义理论都反对结果论的主张，她并不认为侵害行为包括了未能尽力达到最好的结果。但是道义论者认为应该以遵守或者违反了某些行为准则为标准来界定合法行为和非法行为，该准则的作用是在类别上对行为进行禁止，因此也就不能以结果为依据来确定人们对该禁令的违反（参见赫德，1996，第253，267页）。道义论者赞同与结果论相对立的考虑，但是，如果在道义上得到允许的行为造成的坏的结果多于好的结果，那么从后果上来说，该行为仍然可能是非法的。赫德认为必须有证据证明被告确实实施了某个非法行为且被告应该对此承担责任,他才应当受到惩罚或者承担责任,由此她认为法律"运用了一种非法行为的概念,这种概念包含于与侵害有关的因果关系"(参见赫德,1996,第262页)。因此,根据赫德的观点,道义论认为法律将侵害行为定义为作为损害原因的复杂行为,该行为包含了某些损害结果,例如谋杀、绑架和纵火行为等(参见赫德,1994)(这里我使用了前面已经做出定义的"结果"这种说法),因此,法律应当将应受责罚性理解为它包含了某种意识状态(如故意导致了某种法律所明确禁止的损害),"或者是被告有证据证明其对某种法律禁止的损害所具有的主观意识(即过失)这一事实"(参见赫德,1996,第262页)。

赫德讨论了关于过失侵权法的四种非结果论,这四种理论都旨在使责任产生于不同种类的风险,即非相互性风险,不法得利风险,重大的风险,以及特别重要的利益风险。她认为,法律是根据损害的因果关系而不是根据风险的产生来确定责任的,尽管这几种理论的形式不同,但其本质相同。由此,赫德总结说,每一个理论都是针对可责性进行解释,而不是对非法行为进行解释,这也是因为风险不等于侵害,对某人施加风险不等于对他人造成了侵害,而且,如果将风险解释为侵害的话,就会导致概念上的问题:"施加风险不可能是侵害,因为施加风险指的是有证据证明某人在可能会造成侵害的情况下行为,在讨论恶性循环导致的痛苦时,我们不能在概念上将风险解释为侵害行为,因为施加风险是指施加了造成侵害的风险,因此,侵害行为不能等同于风险。"(参见赫德,1996,第264页)

最后,赫德主张,除了概念上的困难之外,认为风险在道义上是错误的或应受责罚的观点在道德上也是不能接受的,因为对道义准则的违反是一种不能从结果上来加以评价的明确禁止的行为。但是,现代社会却往往依赖于一些以极度的风险为代价来实现人们所追求的结果的行为,如建造摩天大楼,设定最高时速限制以及运输有毒物质等:"除非道义论者认为支撑我们现代生活方式的极度危险行为是非法的,或者从事这些行为的人应当承担责任,否则他们就必须承认生活并非是如此神圣,以至于不能为了追求某个良好的目标而对生活施加不对等的、重大的或者以某种不法得利的方式施加的风险"(参见赫德,1996,第265页)。在批判了关于过失侵权法的非以风险为基础的道义理论之后,赫德总结说过失侵权法只能从后果上进行解释。前面我们已经提到汉德对过失标准的明确表述是"明显的且不可原谅的后果",[3]赫德的结论是,侵害行为法"首先是致力于与造成了侵害结果的非法行为相联系的可责性概念,即过失"(参见赫德,1996,第272页)。

这种对以风险为基础的道义论的批判存在许多问题,[4]其中最基本的问题产生于行为责任与结果责任之间的区别,这一点我们将在后面进行讨论,这里我们首先讨论这种批判所面临的一些更具体的问题。第一个问题针对赫德提出的风险不能等于侵害的主张,她认为施加侵害风险并不等于侵害本身(参见佩里,1995)的主张是正确的,由此可以得出,从侵害行为有限的情形说,风险不是侵害,但这并不能说明在任何情况下风险都不能成为侵害。赫德认为将风险等同于侵害是一种恶性循环,但很显然这是一个误解。将侵害行为界定为一种导致了损害结果的行为,或者界定为以某种特殊的方式,其风险导致了侵害的行为,[5]这并不是循环。这意味着这种界定的第二个层次应当表述为"风险导致了过错行为"而不是"风险导致了损害",这种情形下,这种界定是一种形式

---

[3] 赫德(1996,第250页)。在 *United States v. Carroll Towing Co.*, 159 F.2d 169, 173(2d Cir. 1947)案中,汉德法官将过失定义为当 $B < P \times L$ 时(B 指预防措施的成本,P 指事件发生的可能性,L 指事件所导致的损失金额),行为人未能采取有关的预防措施。

[4] 除了我所提出的问题之外,西蒙(1996)还提出了更进一步的问题。

[5] 很显然,罗伯特·诺兹克(Robert Nozick)在讨论"施加侵犯某一权利的风险本身就是侵犯该权利"这个命题时,顺着这些思路提出了关于侵害行为的理论(参见诺兹克1974,第73—78页)。诺兹克的论述指向了这一命题中存在的许多不容忽视的潜在问题,虽然他的论述中最实质性的观点不太确定,但是他对这种从单纯的逻辑上以及概念上的基础来解决这一争论的恶性循环的看法并不是错误的。

上的归纳,如果暂且不谈这种界定在技术上的细节,无论哪种界定,都没有循环。我在这里的主要观点是,即使我们接受了侵害的主要情形是具有因果联系的、复杂的、有害行为的观点——在本文中我并不赞同这种观点,将侵害的观点延伸到仅仅只施加了损害风险的行为也并不存在概念上的障碍。

赫德在其他地方阐述到,由于风险是认识上的概念,所以对风险的判断只能是相关的道义上的判断,因为只有道义上的判断才能为行为的合法性或者非法性提出理由,因此风险应该属于应受责罚性的范畴,而不是属于侵害行为的范畴(参见赫德,1994,第200—201页)。但是,这种论述没有针对上一段中所提到的对侵害的延伸界定提出明显的反对,而是通过从一开始就假定侵害只能是导致了损害的行为从而回避了问题的实质。[6] 为什么应当根据风险是认识上的这个性质而认为至少在某些特定情形下,施加侵害风险本身并不是非法的呢?试想,例如,某行为人知道或应当知道某个行为极有可能会给他人带来死亡或者身体伤害,难道我们还应该认为实施这些行为不是非法行为吗?实施该行为应该被明令禁止(其受制于一些从伦理上可以接受的原因理由,如自卫),因为实施该行为剥夺了他人与生俱来的受到尊重的权利。一旦这种可能性在某个包含风险的案件中得到认可,这种概念上的争论也就解决了,那么这一争论则会转化为对如何划清具有侵害性以及无侵害性风险之间的界限的讨论。赫德对关于过失的四种理论的批判(过失包括了不对等风险、重大风险等),实质就是对划清这种界限的一种尝试,赫德没有对其中任何一个理论进行具体的批判,她反而以风险不是侵害这一概括性的观点为基础,将这些理论

---

[6] 赫德所提出的对侵害种类的基本划分实际上包括了构成对他人权利之破坏的行为,而不是包括所有那些与损害有因果关系的行为。当她认识到大多数破坏他人权利的情形都会带来损害结果时,她承认了存在无损害结果的侵害行为以及无侵害行为的损害结果,参见赫德,1994,第209—215页。有了这种让步,我们是否可以很显然地得出一点,即许多具有风险但却没有带来损害结果的行为不能被作为对权利的破坏行为而归属到无损害结果的侵害行为范畴之中呢?

作为关于侵害行为的可行理论而全部摒弃了。但是，正如我们所分析的那样，她并没有为这个概括性的观点提出足够的、独立的支撑。

无论如何，我们暂且先假设赫德所提出的风险不是侵害这一主张是正确的。那么她反对基于风险的过失理论的第二个理由是什么呢？这点前面已经提到，即无论是将风险作为道义论上的侵害行为或者作为道义论上的应受谴责的行为，这从道德上都是难以接受的，因为现代社会依赖于许多应当从其后果来证明其合理性的风险行为，对这一点，赫德在她的文章中尤其否认了那种认为这些理论可以被合理地理解为应受责罚的道义论的观点，因为她以我们刚才讨论的概念论述为基础，认为它们不能成为关于侵害行为的理论。赫德本人的观点是，最好根据应受责罚性来理解过失，由此惟一未决的问题是，这种应受责罚性在性质上是属于道义论还是结果论。我不同意将应受责罚性定义为过失或者如故意或已知之类的一种意识状态，因为应受责罚性只能根据意识状态来正确加以定性，而过失并不包括应受责罚性的核心情况所具备的"应受责罚的意识"，不过这里我们暂不考虑我的保留意见，我们应该如何以我们已经认可了许多通过结果而得到支持的风险行为为理由，来看待赫德所提出的无论是作为一个关于侵害行为或者是作为一个应受责罚性的问题，过失都不应该被赋予道义上的内容这个观点呢？

赫德所关注的四种风险理论无须否认风险有时也可以从结果上得到认可，这种理论应该被解析为：禁止施加某种特定的风险，从而使结果上的判断可以在道义允许的范围内得到支持，因此，指出风险有时可以通过它们达到良好后果而得到支持的事实并不足以完全否定这四种理论；反之，这里所需要的是，要么是只能从结果上来评价风险的主张，要么在可接受的以及不可接受的风险之间划清一个非道义上的适当的界限，但赫德没有推荐任何一个主张，她似乎只是简单的提出这四种理论都没有划清这个界限，但她也没有对此作具体评述。我认为她做出这个结论是正确的[7],尽管有的理论中观点并不是很清晰。但是,更重要的是,对这四种理论的具体辩驳不能说明从道义上来对待风险只能定性为结果论,否则就不可能有关于风险承担的道义理论了。

无法说明存在关于风险承担的道义论的不可能性当然并不等于承认了这个理论,我在第七部分将要讨论到对于风险承担的道义上的解释或者非结果论解释事实上都已经被提出来了。这些解释告诉我们,对过失的正确解释包含了对损失和收益的比较,这十分类似于对汉德标准的限制性叙述,尽管汉德没有对它们进行讨论,但前面已经提出了类似于对后果的非结果论解释的理论[8],很明显我们可以对汉德标准做出结果论上的解释,但这并不能说明这一标准就不能从非结果论的角度来理解且必须理解为汉德所说的"明显的且不可免责的后果",这是因为对过失标准的理解不仅仅只涉及它的实体内容,而且还涉及其论证的方式[9],尽管我们倾

---

[7] 这就是我认为在这里没有必要对这四种理论进行具体讨论的一个理由,赫德说她所讨论的其中一个理论是由于我的缘故,也就是我提出的过失包含了施加重大风险的观点,而且她认为我没有把这个观点与过失包含了施加不正当得利风险的观点相区别(参见赫德,1996,第257—261页),曾经有一段时间我也赞同类似前面的理论(参见佩里,1988),但后来我不再赞同了。这在第七部分会论述得很清楚。因为我对于不法得利的观点是,由于它关注的是非法的获益而不是非法的损失,因此不是侵权行为法的研究起点。但是,我认为理查德·爱普斯坦提出了一个在表面上类似于不法得利研究方法的观点,他所提出的不是包含了施加可接受的以及不可接受的风险的独立理论,而是对实在的自由主义理论的辩护,即人们应当对他们所造成的损失承担绝对责任,这种表面上类似于不法得利的观点实际上是主张人们在道义上应当对因其行为而对他人造成的损失负责,就如同人们有权获得他们的劳动成果一样,但某人不能因导致了他人受到损害而应当承担责任的行为而受益,这一观点类似于人们在道德上应该拥有他们的所得一样,他们在道德上也应该拥有其对他人造成的损失,这一观点我将主要在第三部分进行讨论,参见佩里(1997,第363—373页)。

[8] 参见德沃金(1978,第98—100页;1986,第276—312页),韦恩瑞布(1983,第49—54页)。

[9] 参照诺兹克否认了国家作为守夜人所具有的明显的重新分配功能,因为"重新分配"一词适用于分配的各种不同原因,而不是"分配本身"(参见诺兹克,1974,第27页)。这样,我们可以类似地认为如果我们采纳关于过失标准的结果论的理由本身是属于非结果论的,那么这种解释也根本不是结果论的解释了。

向于将过失理解为侵害行为,而不倾向于将其理解为应受责罚性。在本文中我将不会对这一争论进行展开,其中一个原因是,即使从汉德本人的理论来看,他也没有清楚地说明这个区别产生于哪里[10],但是我不进一步论述这个问题的主要原因并不在此。前面我已经讨论过,对于非故意侵害的非结果论的解释的道德基础最终依赖于结果责任的概念,非结果论的概念以及非结果道德论中过失标准的适当地位并不是一个主要争论点。

我的讨论直接针对赫德批判以风险为基础的道义论中存在的一般问题,她认为道义论是根据遵守或者违反了作为禁令的行为准则来定义合法或者非法行为,有了这个起点,赫德很自然地将她的质疑集中于过失规范是否是一种适当的行为准则的问题,但这种研究方法实质上是在暗示行为人对其行为负责,而不是对其行为造成的结果负责,这在过失侵权法上应该属于非结果论的范畴。[11] 赫德还假设,如果从道义论的角度来理解过失侵权法的话,那过失侵权法实质上必定具有与刑法相同的理论基础。这两种假设是可识别的,例如,赫德表达了应受责罚与侵害之间的区别"深深植根于侵权行为法和刑法之中,一般来说,在被告受到惩罚或者

---

[10] 假设汉德所主张的"过失在道义上并不构成侵害行为"这一观点是正确的,但他认为这不是一种道义上的应受责备性的观点却是错误的,那么我们从中可以得出什么理论上或实践上的结论呢?

[11] 赫德认为,关于侵害的理论主要涉及的是具有因果联系的且造成损害结果的复合行为,前面已经从技术上将"结果"定义为后果的一个种类,所以赫德对侵权行为法的理论研究方法是直接根据道义论上的要求来考虑结果责任的,这是我在文章一开始提到的观点。有一个变化的形式即将结果责任等同于或者从属于行为责任,我在前面提出的回应在这里也仍然适用。我还要进一步指出的是,赫德并没有清楚地阐述何种理论或实践上的区别可以将过失作为道义上的应受责罚性,而不是作为道义上的侵害行为。她似乎是在主张,只要她针对对这些解释所提出的概念以及道德上的反对意见可以得到驳斥,那么这种过失即应受责罚性的解释就能在道义论中占有合法地位。我认为,道义理论中的过失即应受责罚性解释主要集中于那些应该被责罚的行为,因为这些行为具有风险性但却不一定造成了损害结果(即它们没有造成损害结果或损害后果),我认为这种理论支持的是行为责任观念,而不是结果责任观念。

承担责任之前,必须证明被告实施了某个非法行为且应该对此承担责任"(参见赫德,1996,第262页)。

赫德主张道义论的观点受制于对行为的明确禁令,也许这个观点是正确的。如果这样的话,我认为这一点实质上只是一种语义上的表达;就实际的道德理论来说,赫德对非结果论的概念则过于狭隘了。从最一般的意义上来说,非结果论涉及托马斯·尼格尔所提出的所谓"以行为为核心的道德",他将这一观点与属于结果论范畴的"以结果为核心的道德"相对照:

> 以行为为核心的道德论的特征包括禁止以侵害他人权利的某些方式对待他人,以及应该留给每个人属于自己的生活空间,而不是要求人们在做每一件事情时为社会美德作出贡献,这些规定可以被描述为以行为为核心,因为它们适用于每一个人,它们对每个人的要求依赖于每个人特殊的立场,而不是取决于要求每个人在任何时候都尽力实现所有事件的最佳状态等那些与个人无关的结果论观点(参见尼格尔,1979,第85页)。

这里所说的"禁止以某些特定方式对待他人"就是赫德所指的道义上的明确禁令,但是,以行为为核心的道德也包括了个人自治,即每个人能够追求属于自己的生活而不被他人的需要所妨碍。也许有人会反驳说个人自治的范围仅仅只是根据禁止以某些特定的方式对待他人这一禁止性规定而存在,但这种说法是错误的,个人自治的范围是人类盛行的非结果论理解的一个重要的本质特征,而不只是"不能以某些特定方式对待他人"观念的产物,它是一种以行为为核心的道德观念,因为人们在生活中必须追求这个、而非另一个目标的众多原因本质上与行为相关,这些原因专属于该特定行为人,并不适用于他人,也并不总能达到期望的世界状态。

我认为除了对特定行为方式的绝对禁止以及个人自治的存在这两个特征之外,结果责任是非结果道德论的第三个特征,其中最基本的观念是,作为一个具有道德的行为人,我必须对我的行为所导致的结果负责,这仅仅是因为这些结果是我的行为造成的。尽管一种可能的结果责任观念将人们应该负责的结果限制为是那些由应受谴责的行为所造成的结果,但这种责任形式在概念上仍然与行为责任相区别。重要的是,我们不能因结果责任十分注重"结果"这一事实而误以为结果责任是尼格尔所说的与结果论有关的一种"以结果为中心的道德论"。结果责任并不依赖于任何追求最佳现实结果的观念,而且,它所涉及的结果不仅可以看做是社会的一种状态,而且还可以看做是某个具备道德的人实施的行为的结果,所以根据尼格尔的描述,这是一种以行为为中心的道德论,意味着它产生行为的原因,例如损害赔偿的义务或者赔礼道歉的义务等,在性质上是与行为人相关的而不是与行为人无关的,这些原因适用于某个特定的人而不是普遍适用,因为在过去的某个时刻他选择了实施导致该结果或后果的行为,那么现在他应当对这一结果或后果负责。虽然不同的结果责任观念对行为原因的本质和内容的表述各不相同,但它们都认为这些原因是与行为人相关的。

如果根据结果责任而不是行为责任来理解矫正正义和侵权行为法,那么一种可行的侵权行为法非结果论的核心就不是对行为的明确禁止了。但是赫德的观点与此完全相反。正如有些人所期望的那样,它的核心应该在于行为的结果。上一段中的论述可以说明,关于矫正正义以及侵权行为法的理论来自于对结果而不是对行为的关注,其在性质上必定属于结果论范畴。而且,前面也已经提到,注重结果的非结果论将过失标准在其中的地位视为一个次要的问题。尽管在本文中我没有对这一观点进行辩明,但我们仍然有可能要面对关于侵权行为的混合的结果论和非结果论,例如,关于结果责任的非结果论观念承认对非故意侵害承担责任的一般可能性,而根据结果论来确定过失标准的内容。但赫德却要求非结果论者将行为责任作为侵权行为理论的核心,因此要求将过失标准解释为道义上的明确禁止。但是,如果侵权行为法的非结果性质由结果责任而非行为责任来定义的话,那么赫德提出的关于过失的法律地位的观点就会陷入一种不利的窘境。

更重要的是,赫德对非结果论的有限理解似乎从一开始就排除了严格责任的非结果论。这一点十分重要,因为许多人在未形成理论之前都有一种强烈的直觉,认为可以根据非结果论来理解严格责任,赫德主张的"关于严格责任,如果只是单纯适用的话,那么应当根据道义论来理解它"(参见赫德,1996,第272页)这个论述实际上是有效地承认了这种直觉,但是因为严格责任并没有明确禁止人们行为,而只是要求他们在事实发生后履行赔偿义务,因此很明显这种解释超出了赫德提出的关于非结果论概念的有限范围。事实上,我们很难理解为什么在如此有限的范围内,赫德会认为能够对严格责任做出道义上的解释。[12] 另一方面,植根于结果责任的理论在确定某人应该对其行为造成的损害承担结果责任并因此有可能承担侵权责任之前,没有必要指出被告所实施的导致了损害结果的行为违反了哪一项行为准则。[13]

三、结果责任的一般理论

在本文后面的部分,我将通过详细论述一种关于结果责任一般理论的特殊观点——即可避免性观念,来论述在非结果道德论中,结果责任是独立于行为责任而存在的。根据可避免性理论,只有当行为人的行为与损害具有因果关系、具有预见该损害的能力并有机会在预见的基础上采取措施去避免该损失的发生时,行为人才须对损害结果承担结果责任。然而,在详细说明结果责任观

---

[12] 这意味着相关的道义准则是指在事实发生后承担赔偿义务,但是如果那是在严格责任之下的相关行为准则的话,就无法解释为什么在过失规则之下就不是如此了。

[13] 我之所以说"有可能"是因为有一种理论可能会使结果责任成为产生道德上的赔偿义务的一个必要但不充分条件,这就是我们将要涉及的可避免性的观念,还有,对行为准则的违反并不是结果责任在概念上的要件,许多理论如我们后面将要讨论到的归咎理论坚持认为除非某人在导致该损害结果的过程中违反了某个行为准则,否则就没有法律依据要求他对该损害结果承担结果责任。

点的具体细节之前,先弄清楚这个一般观念的轮廓是有帮助的,因此,我除了讨论可避免性的观念之外,还将讨论许多其他的关于结果责任的观点,并将由此论述结果责任如何与行为责任相关。

很明显,结果责任是责任的一种,它与其他大多数责任观念一样,包含一种控制的观念。[14] 在行为责任理论下,从某种适当的意义上来说,通常所说的控制是指,如果没有控制,行为人就可能已经行为了(当然,对于"如果没有控制,行为人就已经行为了"有着许多不同的哲学上的理解)。结果责任假定行为人已经控制了行为责任中涉及的某种行为,但是它同时也假设行为人控制了行为结果。关于结果责任一般概念的不同观点根源于有关何为"控制了某一结果"的不同观点,这里有多种可能性。一种极端的观点是,只有当某人为了实现某种结果,可能是作为某个目的、或者是作为实现目的的途径而实施了某行为,而且他成功地做到了,那么就可以认为他具备了道德上适当的控制能力,我们称之为结果责任的成就观念。另一种极端的观点是,只有当某人实行了某行为且由此导致了某结果时,我们才可以认为他具备了对结果的道德上适当的控制能力,由于这种对结果责任的解释与自由主义道德及法哲学相关,我们称之为自由意志论观点。

结果责任的成就观念既适用于好的结果也适用于坏的结果,它是一种重要的道德观念,不仅与我们要求承担责任和损害赔偿的实践相关,而且还与我们赞赏和给予荣誉相关。假设我为了实现某个结果而故意实施了某个行为,这意味着我在头脑中已经对我所希望实现的结果有了一个描述,而且我是根据这种描述来实施该行为的。现在进一步假设我成功地实现了我的目的,而且我或多或少是按照我设计的方式来行为的,那么很明显,这一结果可

---

[14] 刑法上的品格理论与选择理论相反,好像是这一命题的例外。传统的品格理论认为一个人应当对反映或体现了他属于哪一类人的良好的品质和气质负责,无论他是否有相应的能力来控制这些品质和气质。参见雷西(1988,第65—68页)。在本章的后面部分我们可看到,阿瑟·利普斯坦认为侵权行为法上所描述的对损害结果负责并不依赖于控制的观念。

以说是处于我的控制之下,至少只要对成功几率的认识处于一个特定的范围之内的情况下如此。[15] 我们说该结果处于我的控制之下显然并不意味它完完全全地在我的控制之中,换句话说,这并不意味着我注定会成功,因为我们知道在世界上总会有一些其他的因素在发生作用,因为我们通常在思维中认识到的成功几率考虑到了这些因素的存在。但是,只要成功几率不是太低,只要结果实现的方式离我所设计的或者正常期望的方式不是相差太远,那么我就能控制该结果。[16] 由于该后果归因于我的行为,所以我应该对该后果负责,我被认为是该结果的缔造者。

现在再次假设我意图实现某个结果并且我的行为也确实导致了该结果发生,但是该结果发生的方式既不是我所设计的,也不是我所正常期望的。例如,我在打桌球时,宣布我要把一个黑色的球击落到远处角落的一个袋子里。我完全是垂直地击中了该球,而且我有足够的技能知道成功的可能性不会太出乎我的意料,然而,这次我却严重射歪了,那个黑色的球反复撞击到桌子又反弹到了桌子的边缘和其他的球,但令人吃惊的是,它最终还是落到了那个袋子里。现在从某种意义上来说,我应该对该结果负责因为确实是我导致了该结果。从必然的意义上来说,或者从更严格的意义上说,"负责"这个词有时只意味着行为人的行为与某结果之间具有因果关系,责任一词的含义在这里并不是毫无意义,因为按照游戏规则我将为这次射击获得荣誉,但是从成就的意义上来说,该后果不能归因于我的行为,我不是该结果的缔造者,这只是一次侥幸而已,因此,因这次射击而获得赞赏和荣誉都是不适当的(当然,如

---

[15] 如果我认识到成功的几率十分渺茫,那么无论我的意图是什么,我都不能控制该结果,即使我碰巧"企图"成功而且事实上确实成功了,那也不能说我当时能够控制该结果。

[16] 这里所说的"我的正常期望"将根据可预见性理论来解释,这在第五部分中有论述。

果我是故意按照这种出现方式来射击的话,那就另当别论了)[17]。

我认为这种成就意义上的结果责任是我们在理解自身行为时的一个基本要素。我实施某个行为是为了实现特定的目标。如果我认识到成功的几率不是太低,那么我就有能力来实现我所期望的结果。如果我的行为或多或少是按照正常的方式来达到这个结果的,那么我应该对该结果的发生负责,因为该结果应当归因于我的行为,当然这是一种事后的判断,但是,这一判断十分符合我有能力实现该结果、我意图实现该结果而且我成功了这一事实,在这种情况下,应当认为我控制了该结果。应当再次着重强调的是,这种控制只是一种不完全的控制,因为我们知道,我们只能部分或不完全地控制自己与外部世界之间的相互作用,该认识本身就是我们对自身行为的一种基本理解。如同存在我会成功实现我的目标的可能性一样,也存在着我会失败的相反可能性。此外,该结果发生的方式也必须与我所计划的方式相差不是太大或者是在我正常期望的范围之内。那么,决定认识的可能性和正常的适当范围的问题部分地是一个法律问题,而且要解决这个问题部分取决于当时的环境。对于我们将自己作为行为人的理解来说,结果责任中的这个核心概念处于十分重要的地位。

结果责任中的成就概念假设,对结果的控制部分取决于行为人已经具有的某种意识状态。尤其是,它假设行为人意图通过某种特定方式来改变世界,而且他通过自己的努力获得了成功,这是控制了结果的一个典型例子。但是有一些结果责任理论它们不同于成就观点但却如同可避免性理论那样,只注重坏的或损害结果,它们认为行为人的精神状态十分重要。这些理论认为对判断结果

---

[17] 从成就的意义上说,我可能不会承担结果责任,但这并不能排除从可避免性的意义上说我可能会承担结果责任的可能性。假设存在桌球可能不进入口袋的适当理由如也许网已经破了,或者老板已经告诉我们不要使球滚入袋内而掉到地板上,现在我完全可以预见到,如果不去考虑实际上的桌球游戏,随意地使球在桌上滚动也可导致将球击入袋内这一不应欢迎的结果,所以从可预见性的意义上来说,我应当对球落入口袋承担结果责任,即使从成就意义上来说,我不应该对球落入远处角落的口袋承担结果责任。

责任产生重要影响的不是这种故意,而是对其行为可能会带来某个特定后果的"知晓",知晓以下面的方式与控制相关联:如果某个行为人知道其行为可能会导致某个特定后果的可能性,而且从行为责任的角度来说,如果他有能力不这样行为,那么他就可以避免该结果的发生。换言之,在这种情形下,控制就意味着可避免。我想对于知晓与可避免性相关这一点应该是不争的,但更有说服力且更有意思的主张是,知晓不仅仅与之相关,而且是"控制"的一个必要要件。如果这种观点是正确的,那么除非行为人在行为时意识到其行为可能会导致该结果,否则就不能认为他具有避免该结果发生的能力。

我们把提出刚才这种观点以及由此把认知作为对坏的或有害的结果承担结果责任的一个必要条件的理论称之为注意理论,这一理论主张的最重要的观点是,从表面上承担赔偿义务的角度来说,行为人只对她企图实现的最近因的损害结果负责或者对她知道的有可能出现、且她以应受谴责的方式行为而使之出现的损害结果负责。由于行为责任涉及判断行为的应受谴责性,因此这一理论拉近了结果责任与行为责任之间的距离。这种注意理论也有一些变化形式,例如,有人认为从表面地承担赔偿义务的角度来说,行为人应当对企图实现的最近因的损害结果负责或者对她所知晓的可能出现的损害结果负责,而不论其是否以应受谴责的方式行为。在这种注意理论的变化形式中,责任就会扩展到因可辩为正当之行为而导致的损害结果之上,尤其是包含了那些由自然必然性所证明的行为。[18]

任何一个注意基础理论都不能解释,至少它自身无法解释所有的我们认为人们应当对损害结果承担的责任,这是由于即使行为人并没有实际上期待该损害发生,行为人也往往要对损害结果承担责任(参见克里曼和爱普斯坦,1995,第 126—127 页)。侵权

---

[18] 参见 Vincent v. Lake Erie Transportation Co., 109 Minn. 456, 124 N. W. 221 (1910)。

行为法根据严格责任和过失责任标准,反映了这种对许多非故意侵害施加的责任。对损害结果承担责任的注意理论,其最有力的论点在于没有任何一种结果责任的观念给出了一种可以接受的解释来说明什么才意味着控制了损害结果,这种有力的观点认为知晓是控制的一个要件,而不仅仅只是认定某个行为人具有控制该后果能力的一个因素。我在第六部分会论述到这一观点是错误的,我认为,在损害结果情形下,可避免性观点为控制提出了一个在道德上更有说服力的解释。因此,即使某人在行为当时并不知道该结果可能发生,但我们仍然说他具有避免该结果的能力,这并不是说知晓不是我们判断控制的一个因素,也不是说结果责任理论不能把行为人的意识状态作为控制的核心,因此,我并不是主张我们不能利用成就观念;在故意造成某一结果的情况下,很显然控制就是我们对行为的理解的一个重要方面(在故意造成侵害后果的案件中,成就和可避免性观点大体上是重叠的)。

结果责任的自由意志观念对控制的理解与注意理论截然不同,其基本的观点是,我可以选择自己是否在世界上积极地行为。如果我选择了实施某个特定行为,那么就可以认为我已经能够控制因我的行为而导致的损害结果,毕竟只要我当时不那样行为就可以避免这些结果的发生,不管我是否预见到该后果以及无论这些结果是否是可预见的。自由意志解释将我对他人造成的损害(与我对自己带来的损害相反)所承担的结果责任等同于表面上承担赔偿受害人损失的道德义务。我在其他地方已经论述到,自由意志论将某人因其行为而造成的好结果和坏结果都视为是他自己权利的延伸,即他对自己的身体以及行为能力的主权(参见佩里,1997,第363—373页)。如果造成的良好结果包含获得了有价值的物品,那么其后果就是他对该物品产生了完全自由的财产权利,这是一个与每个人都有权获得自己的劳动成果相类似的自由意志主义命题,因此通过我自己的行为而产生的财富也不应该由国家来重新分配。如果造成的坏的结果包含了对他人造成的损失,那么其后果就是对遭受了损害的人承担赔偿义务,这就如同我对自己的劳动果实享有财产权一样,从更有力的道德意义上来说,我应该承担对他人造成的损失,侵权行为法对该结果适用的是绝对责任制度。

对结果责任的自由意志论解释会产生一系列的问题,我在其他论文里详细论述了这些问题(参见佩里,1988,1997;参见克里曼和爱普斯坦,1995,第101—108页),这里我只简要重复一下其中最主要的两个问题。第一个问题是,某个损害结果似乎很难说成是由某人的行为所单独造成的,从因果关系的概念上来讲,有一种可能会产生侵权责任的非故意侵害就是由双方当事人的行为所共同造成的,这种情形包含了人们之间所形成的有害的相互关系,而不是出于一方当事人的单方面行为而由此对另一方造成的损害。罗纳德·柯斯(Ronald Coase)在不久以前联系经济分析的表象指出了这一点(参见柯斯,1960),但这一点与侵权行为法的非结果论也同样相关。这一关于因果关系的事实指出了绝对责任理论具有严重的不确定性。理查德·爱普斯坦(Richard Epstein)在他早期的文章(爱普斯坦,1973)中对绝对责任提出了自由意志论者的辩护,在很大程度上避免了法律在分配损失上的不确定性,但这只是将几种道德责任观念偷换到因果关系分析之中,其结果是:除了使理论内部出现了许多自相矛盾之外,我们根本不能认为他合理地提出了一种对因果关系的解释。这是任何一个表面上对侵害责任采用以因果关系为基础的研究方法都会面临的两难局面。如果这一理论依赖于对因果关系的规范解释,那么这只会产生显著的不确定性;如果它依赖于侵权行为法所特有的某种非规范的解释,这种解释就会不可避免地超出因果关系范围而包括了其他的规范因素,在爱普斯坦提出的理论中,最有力的规范因素是一种认识上的风险观念,这种风险观念使这一理论比起因果关系基础解释来说更接近结果责任的可避免性观点(参见佩里,1988,第161—166页)。

结果责任的自由意志论观念所面临的第二个问题与第一个问题相关联。我们现在讨论的焦点是对"控制"的正确理解而不是对因果关系的正确理解。自由意志论者认为某个人即使不能预见其行为的后果,但她仍然有能力控制该行为所导致的损害结果,因为至少她可以选择不这么行为,这就是说,她在是否要成为一个主动的人这一点上有第二个选择,这意味着因果关系概念标志着在主动性和被动性之间具有一种道德上的有章可循的区别,其中一个区别是,主动的一方当事人单方面地对他人即被动的一方实施了行为并造成了损害。但问题是,不论是从概念的角度——由于它包含了对因果关系的错误理解,还是从道德观的角度来看,这种对人们之间的相互关系的描述都是不正确的。我们很难说清什么样的选择是具有道德意义的,即使某人选择了绝对地不实施任何行为——很显然,没有人能这样坚持多长时间,这也有可能会对他人造成某个损害结果,这说明了要在主动性和被动性之间简单地划分区别是十分武断的。我在前面已经说过,许多因人们之间的相互关系而引起的损害结果很明显是由双方当事人的共同行为所导致的,对损害所承担的责任并不是由其中某个行为在时间上晚于其他行为这一事实所决定的。从道德的角度来说,所有享有自主权利的自然人在任何时候都可以被视为是积极主动的人。

前面我们已经讨论过,自由意志论和注意理论关于对损害结果承担法律责任的解释都是有问题的,但它们都显著包括了对有害结果责任的理论化中的哲学传统。[19] 这种理论化在很大程度上没有明确提出结果责任的独立的一般观念,但我却认为哲学传统中的这种不明确观念正好就是它的概念。这一概念的核心思想是,对结果承担的责任依赖于对结果的控制,而控制又取决于有能力通过行为来避免该结果的发生;注意理论坚持认为只有当某人

---

[19] 提出这种观点的核心人物是霍姆斯,他批判了关于结果责任的注意理论和自由意志论,并赞同可避免性观点(参见霍姆斯,1963,第63—103页)。霍姆斯将我所谓的这种注意理论——他称为"刑法学者的理论"归因于奥斯丁(Austin)。霍姆斯对自由意志论进行了详细论述,但他没有将自由意志论归因于他人,我在佩里(1997,第392—394页)中针对霍姆斯提出的对自由意志论的批判进行了讨论。

在行为时知道该结果可能发生时,我们才能说行为人具有避免该结果发生的能力[20],因为他可以选择不这样行为来避免损害结果发生。

可避免性观念对控制和可避免性提出了另一种理解。与自由意志论相反,它认为在这些观念中都包含有一种认识的程度。很明显,一个小孩会关上水龙头以避免浴缸的水溢出来,即使他并不具备相应的认识能力来分辨其行为和行为后果之间的联系。[21] 如果他避免了该结果的发生,那么从某种意义上说,他必定具有避免该结果的能力。但这并不是结果责任中的可避免性的意思。同时,可避免性概念也不同于注意理论中的观点,它认为可避免性的认识状况包含了实际知道该结果可能会发生的可能性,避免的力量取决于避免的一般能力,这里所说的一般能力在性质上是指预见某一结果且在预见的基础上采取措施去避免该结果实际发生的能力。可避免性观念中包含的认识状况存在于采取预防措施的能力取决于预见能力这一事实之中,换句话说,它取决于关掉水龙头即是在防止浴缸的水溢出去这个理解能力之上。如果只是根据某个人仅仅能够以某种自然方式行为阻止该结果发生,那么就不能认为他具有避免该结果发生的必要能力。

结果责任和行为责任虽然是两个相互区别的概念,但是很明显,他们在概念又是相关的,因为它们都源于行为人实施了某个行为,但是他们之间更深层次的联系尤其是它们在规范上相联系的程度却取决于一个人具有的特殊的结果责任观。行为责任涉及由于行为人实施了某个应受谴责的行为而对其应受谴责性进行判断,一般来说,它同时要求非法行为以及错误的意识状态。注意理

---

[20] 克里曼和利普斯坦认为,单纯地从概念上来说,我们只能控制"故意的或者实际预见到的后果",因此侵权责任不能以控制为前提。参见克里曼和利普斯坦(1995,第127页),实际上,他们是在主张应该根据注意理论来理解结果责任,我在其他地方已经论述过,这会导致我们对控制某一结果的概念作出过于狭隘的解释。(参见佩里,1998a,第156—157页)。

[21] 我引用的是吉利米·沃德姆(Jeremy Waldron)所举的例子。

论则要求行为人的行为是应受责备的——我们称之为责备理论，很明显，它与行为责任具有十分密切的道德上的关系，根据这个理论，由某人承担责任的行为结果通常被包含在作为原因的相关行为之中，前面我们已经对结果的含义从技术角度下了定义。另一方面，结果责任的自由意志论观念却与行为责任之间没什么道德上的关系，因为自由意志论者认为一个人不仅应当对其实施的不应受谴责的行为所导致的结果负责，而且还应当对他当时不可能预见到的结果负责。

就其与行为责任在道德上的关系来说，结果责任的可避免性观念介于自由意志论和倾向于责备的注意理论之间。与自由意志论一样，可避免性观念承认结果责任不限于对那些由应受责备的行为而引起的结果。但是，它又与责备理论一样，包含了与应受责备性的规范联系，尽管这种联系更复杂。对这种联系进行定性的一种方式是通过哈特的能力/机会原则，该原则认为："关键的是那些受到惩罚的人在行为时应该具有正常的生理上和意识上的能力去履行法律的要求并避免法律所禁止的行为，而且他们还应该有公平的机会来实现这些能力"〔哈特(Hart)，1968，第152页〕，这一原则在现代社会被认为是对判断行为责任的一个间接约束。[22] 它说明，只有当行为人必须在行为当时具备预见该损害结果的能力且有机会和能力去避免该结果时，他才应当因其行为而受到谴责和惩罚，因此，可预见性和可避免性的标准限制了关于某行为是侵害行为以及行为人具有错误的主观意识状态这个基本判断。结果责任的可避免性观念采纳了这两个标准，即行为人有能力预见该损害且能够在预见的基础上去避免该损害，并将它们作为行为人对损害结果承担责任的必要条件和充分条件，这样一来，对判断行为责任的限制，也就成了判断结果责任的核心，而责备理论则与此

---

[22] 参见穆里(Moore，1990，第33页)。在这部著作中，他将我所称的行为责任作为一种关于责任的选择理论，这些选择理论与特性理论相对，特性理论认为责任和惩罚取决于某人所具有的某个坏的品性，而非其实施了某个非法行为这一错误的选择。参见注〔14〕。

不同,它认为这两个判断具有同一性,而自由意志论者则认为它们二者之间几乎没有什么联系。

就结果责任和行为责任之间的关系来说,那么,可避免性观念介于自由意志论和责备理论之间,但是从另一方面来说,后两种方法互相类似且与可避免性观念相区别,自由意志论和责备论事实上都将结果责任等同于一种表面上承担的道德赔偿义务。[23] 但可避免性观念却将结果责任作为产生赔偿义务的必要条件而不是充分条件,前面已经讨论过,根据这种观念,结果责任是一种与侵权行为法上的严格责任制度和过失责任制度相一致的责任形式,在后面我会论述到,这也是理解结果责任的最佳方式,即应当将结果责任理解为道德上赔偿义务的基础而不是将它等同于这种赔偿义务。这里我只是讨论霍姆斯在《普通法》(*The Common Law*)一书中有效地从这种居中的形式上证明了结果责任的可避免性观念(参见霍姆斯,1963)。霍姆斯既批判了责备理论也批判了自由意志论,他认为在施加侵权责任之前,必须证明该损害是可以被合理预见并避免的,但他并不像许多评论家那样主张用可预见性和可避免性来界定过失的内容,而是将它们作为施加侵权责任的道德上的前提,他主张侵权责任标准要么是严格责任要么是过失责任〔罗森伯里(Rosenbery),1995,第69—97页〕,而且应该基于其他的依据来对这两种责任制度进行选择。

最后,在更细致地讨论可避免性的概念之前,我们有必要先关注一下阿瑟·利普斯坦所提出的观点,该观点大意是作为侵权行为法基础的责任种类——即我所称的结果责任,没有也不能依赖于任何控制观念。利普斯坦认为"如果我们免除了(被告)对他所不能控制的结果承担责任,那么我们就是在强制(原告)对其不能控制的结果承担同等的责任,因此我们无法将责任与控制等同起

---

[23] 通过我定义的方式来看,这一点在责备理论中是正确的,但这种定义会产生哲学上的以及道德上的意义,因为我们可以很直观地认为,故意的或在知晓的情形下损害他人会产生道德上的赔偿义务。

来"(参见利普斯坦,1994,第13页)。换句话说,他主张责任不能依赖于控制观念,因为责任是无法避免的:如果一方当事人不负有责任,那么另一方当事人就会承担责任。利普斯坦实质上是将这个结论建立在一个隐含的假设之上,即"负责任"似乎有点类似于"承担损失"(参见利普斯坦,1994,第9页注31),因为同时他还提出了责任即是在回答"这是谁的坏运气?"这个问题(参见利普斯坦,1994,第7,10页),这是政治哲学的一个基本问题。他认为,应该在规范的基础上来分配由坏运气而造成的损失,在侵权行为法上,这一观念则取决于注意的标准。

但是,这种对责任的理解是有问题的。一般来说,我们并不认为在造成损害的相互作用中,一方或者另一方当事人必须对损害负有责任,它超出了法律所坚持认为的必须由一方当事人来对此承担责任的主张范围。如果被告不承担责任的话,我们也不能因此就由原告承担责任,而只能说是由原告承担损失,因为这个偶然发生的事件是降临在原告身上的,在这种情形下,任何一方当事人都没有责任。"负责"的逻辑不完全等同于"承担责任"的逻辑,因为很有可能是由遭受损失的人应对损失的发生负责,但这两个概念确有共同之处:我们不能认为某个人要么应当对损害负责,要么认为他要承担责任。

这里所讨论的是一个比如何正确使用"负责"这个词更深层次的问题[24],利普斯坦认为对损害结果承担责任是一种以平等观念为基础的政治理念,这意味着侵权行为法的核心在于在把双方当事人作为平等主体来对待这一准则的基础上,在原告与被告之间来分配损失。这个观点听起来似乎是分配正义的观点,而不是矫正正义的观点,而且利普斯坦认为同一种责任观念在这两个领域都适用。其面临的问题在于,分配正义似乎就可以完全解决这个问题,而没有给传统的矫正正义观念留出任何空间。因此,这很难

---

[24] 关于我在这一段和下一段中的观点,在佩里(1998a,第147—154页)中作了具体详尽的论述。

说清为什么我们在分配意外事故损失时,应该考虑到一个侵权行为法和矫正正义所认为的基本要件即因果关系要件,例如,它很难解释为什么不在整个社会上分担部分或全部损失呢?

利普斯坦承认他提出的关于责任的政治观念考虑到了损失的一般分担。问题是这种责任观念似乎无法解释我们所关注的对损害的个人责任,我们随后要讨论的个人责任问题所涉及的不是依靠平等的准则来分配损失,而是某人对他人"实施"了某个可能会从道义上承担责任的行为这个事实。关于结果责任的责备理论、自由意志论以及可避免性观念都从适当的道德角度,针对某人对他人实施了某个行为的问题做出了回答。在侵权行为法上,如果不能证明被告应当对损失承担责任,那么损失就仍然由原告承受,这是确定无疑的,也就是说,作为一个经验主义的问题,必须有人来真正承受这个损失,但这并不意味着原告必须对损失负责,刚才提到的这三个理论也都没有这样认为。某人可能应对损害结果承担结果责任,但他也有可能不应承担结果责任,但利普斯坦试图回避这个问题,他认为,我们对侵权行为的讨论不仅是针对"承担损失"而且是"承受某人行为的损失",但这个说法听起来似乎更像是一种个人责任概念,我们不禁会产生下面的想法:如果承受某人行为的损失这一观念不是来自于结果责任观念以及与之相关的控制观念,而是来自于根据平等准则分配损失的观念的话,那么这个观念就没有什么意义了,利普斯坦应该放弃要求人们承担"他人的行为损失"这个错误说法,而代之以根据分配正义的观念来分配损失的说法。

而且,利普斯坦不能把责任一概而论,我们通常认为对损害结果承担责任是一个道德上的而不是政治上的观念,如果想要根除这个观念的话,仅仅将"责任"定义为"承担损失"是远远不够的,而且,他还应该认识到责任不能包含控制,因为无论行为人是否能够控制这些损失,这些损失都是由某人的行为所导致。

四、作为结果责任基础的可避免性

在这一章以及下面的章节中,我将主要论述并进一步深入研究结果责任中的可避免性观念。在本文的第五和第六部分,我将分别讨论可预见性和预见能力的一些决定性要素。但是我首先还是要深入地阐述一下这个概念的一般特征和依据。我所要重复的基本观点是,只有当行为人的行为是造成该损害结果的原因、行为人在行为当时有能力预见该结果且有能力和机会在预见的基础之上采取措施避免该结果的发生时,行为人才应当对损害结果承担结果责任。[25] 当然我们所说的某人有能力预见某个损害结果,这与他实际上确实预见到了该结果或者没有预见到该结果这二者之间都并不矛盾,也就是说,这与知晓了某风险以及不知晓该风险之间也是相容的。我还要指出的是,我们所说的某人在行为当时能够采取措施避免该结果也并不意味着他应当这么做,说他本应当采取措施也就是说他在某种程度上具有了过错。从过失的意义上来看,过错是确认赔偿责任的一个合理标准,但是我们知道,严格责任同样也是一个合理标准,甚至当我们不能说明被告当时本应采取措施避免该损失时,我们仍然也可能适用严格责任。

支持上面这些观点的重要主张首先在于:第一,结果责任从自身角度看是一种重要的非结果论的道德观念;第二,应当根据可避免性概念来理解结果责任的重要的初步辩护是,这两个主张有助于我们从一般意义上更准确地理解我们对行为和责任的判定。这

---

[25] 严格地说,重要的不是避免该结果的能力,而是避免与该结果产生因果关系的能力,在处理因果关系过度的案件中就要求我们对结果责任的定义进行这种变更,例如两人之中的任何一个人独立地纵火都足以烧毁一座房屋。但是,在矫正主义和侵权行为法之中,这种变更没有什么区别,因为一般说来,只有在除非某人行为,否则就会发生该损失的情况下,某人才可能负有损害赔偿义务。如果某人即使他当时不这么行为也与某个无论如何都将出现的损失之间具有因果关系,那么一般说来,他就不负有这种赔偿义务。

样我们就会有一种强烈的直觉认识:结果责任不同于行为责任,它远远超出了行为责任的范围。但同时,我们也会很清楚地认识到我们关于责任的实践是相互联系的,也颇有意义,这个观点的关键之处在于可预见性和可避免性不仅仅是这种可避免性意义上的结果责任的基础,它同时也是哈特提出的能力或机会原则的基础。这意味着约束应受责备性判断的相同的道德要素是判定对损害结果承担结果责任的核心所在,这一事实将有助于支持并进一步说明行为责任观念与结果责任观念之间在根本上是相互联系的。

可避免性观念同样有助于我们说明结果责任的注意理论的吸引人之处,更一般地,它有助于我们理解为什么知晓某一损害结果与判定结果责任密切相关。知晓与判定结果责任具有密切关系,是因为它说明了行为人有能力避免该结果发生并且已经控制了该结果的发生。对结果的控制能力建立在知晓的基础之上,但这个能力只是可避免性概念中所固有的预见能力和避免结果发生能力的一个特殊情形。如果行为人知道该结果可能会发生而且他能够在知晓的基础上避免该结果发生的话,那么我们更加可以确定无疑地认为他具有预见该结果发生的能力且能够在预见的基础上避免该结果发生,在这里我们同样会发现,可预见性和可避免性这两个相互联系的概念对于我们总体上认识一个具有责任能力的、有道德的人来说自始至终都具有重要意义。

我的下一个论点是,结果责任是对导致的损害结果产生道德上的赔偿义务的必要条件但不是充分条件。对于这一点我的主要论据是,我们认为过错责任和严格责任都是我们判断和施加道德上的赔偿义务的合理标准,而它正好为这种认识提出了完全一致的非结果论上的解释。可避免性意义上的结果责任是这两个标准所共有的道德要素,同时也是这些标准得以建立的哲学基础。当然,这一观点的说服力在很大程度上取决于,在单一的矫正正义理论中,可避免性概念在定性和证明这两个标准中所起的作用。我将在第七部分对这些重要观点进行论述。

具体地从它对我们行为的理由产生的影响来说,结果责任是一个法律上的观念。根据可避免性观点,它以一种比自由意志论和责备理论更扩散的方式对我们的行为原因产生影响。责备理论将结果责任与对故意的或者已知的侵害行为承担赔偿的表面义务相等同,但自由意志理论将结果责任与仅仅对损害结果承担赔偿的表面义务相等同。由于可避免性观念是结果责任的基础,因此它有时可以成为基于过失的赔偿义务的依据,有时又可以成为基于以先见为基础的严格责任赔偿义务的依据,但有时它根本不成为任何赔偿义务的基础。在这些情形下,结果责任的作用已远远不止给行为人一个道歉、获得帮助、收回陈述以及避免在将来提起诉讼等等的理由了。

如果行为人能够预见并避免损害结果的话,我们就可以认定行为人的积极行为使她成为了该结果的造成者,也正是这种观念赋予了结果责任的法律效力。关于她是该结果的造成者这一点,他人会同意,而行为人自己也会同意,即使有时我们会发现甚至有一些另外的因素(其中有些是别人的行为)与该损害同样具有因果关系[26],只有当行为人在足以避免该结果的发生的情形之下仍然实施了该行为并造成了该损害结果时,她才应该对该结果负有一种特殊的责任而他人则没有。这种将结果责任视为影响行为原因的观点是我们对作为一个有能力在社会上行为并知道其行为责任的有道德的人所具有的含义最深刻的自我理解的一个方面。

在某个侵害事件中,单纯的因果关系的事实从多个方面微弱

---

[26] 应当指出的是,从可避免性的意义上来说,没有什么能比人的行为更能够避免结果责任的产生,两个人同时都应对发生在其中一个人身上的损害承担结果责任的案件也经常出现,详见我在第七部分中的讨论。

地对行为人行为的理由产生影响。[27] 因为非出于自愿的因果关系事实(如癫痫病人在突然发病的情形下由于剧烈的痛苦而殴打了某人)或者根本不具有因果关系的事实(突发事件)都会类似地影响一个人行为的理由。[28] 但是，与结果责任所不同的是，这些情形对行为理由的影响方式不是植根于具有道德的行为人这一概念。相反，它反映了这一观点：即当我们面对人类疾苦时，我们应当尽可能地减轻他们的痛苦。这些情形包含了一个并不重要的理由，但不包含任何义务。如果缺乏行为与行为当时本应控制的结果之间的因果关系这一关键要素，就不可能产生非结果论上的、由国家依法强制执行的损害赔偿义务。从作为赔偿义务基础的强烈的道

---

[27] 博纳德·威廉姆斯(Bernard Williams)提出的行为人悔过观念就是一个相关的因素。参见威廉姆斯(1981，第20页)。威廉姆斯举出了一个卡车司机在自身并无过错的情况下撞倒了一个小孩的例子，作为一个与该损害有因果关系的行为人，即使他对此不存在过错，他也许仍然十分后悔该结果的出现，威廉姆斯认为，作为其行为结果，这位司机可能要赔礼道歉，进行象征性的赔偿或者采取其他行为。但是我认为这个例子只能说明行为人悔过，而不是可避免性意义上的结果责任，当然它可能会成为其他行为的理由。但是，很明显，威廉姆斯没有想到，仅就行为人悔过而言它只能产生一些相对无力的理由，因此它不能成为道德上的(最终成为法律上的)损害赔偿义务的基础，而且，至少从这个例子来看，它也不能说明行为人悔过可归因于事件中包含的因果关系，因为该司机在损害小孩事件上没有过错，他也就不该对此承担结果责任。从他所实施的行为的一般特征即从驾驶行为来说，这一类事件是可预见的而且也是很容易避免的(只要不驾驶就行了)，但根据他所可能采取的特定注意来说，他当时不能控制这种情势，因此出于这个原因，他不应承担损害赔偿义务，在下面的讨论中我们可以得出这一点。但是从产生结果责任的意义上来说，他本应该控制而我们可以说他已经这样做了，也许是因为这个司机比旁观者有更多的忏悔。驾驶是一个可以接受的正常行为，但是我们知道它的高风险以及当这种风险物质化时，我们会感觉忏悔(基于判断可预见性的两个方面之间的区别，见注31，在第五和第七部分我进一步讨论了这种区别)，我认为，如果我们要确定行为人悔过的基础，就应该注意到有一类案件中包含了不可预见的损害，在这类情况下，行为人无法采取任何行为避免损害结果的发生，也许他们的态度与那种故意导致某个事件的行为人的态度不一样。我曾经也相信行为人悔过是结果责任的基础，参见佩里(1992b，第492—493页)以及佩里(1993，第40—43页)，但从前面讨论中可以看出，我现在认为这个观点是错误的。

[28] 肯·西门和阿瑟·利普斯坦都对我强调过这一点。

德意义上来说,只有当行为与可预见且可避免的损害结果之间具有道德上的近因时,才能使原告和被告相关。[29]

从事件的特性来说,除非他人对此负有强制赔偿义务,否则某个有害的相互关系的受害人就不得不承担事故的损失。如果该行为的另一方当事人对损害结果承担结果责任,那么他就有可能要承担赔偿义务。他恰好是事故损失的可能承担者,因为如果要求任何其他不具有类似控制该结果发生能力的人来承担这个损失都将是不公平的。[30] 但是这样的话,我们一定会质疑:在非故意侵害案件中,应该由谁来承担赔偿义务呢?在第七章中我会具体地论述这个问题,在这里我只简要地谈一下。在两种主要情形下我们判定赔偿义务。第一种情形是行为人明知这样行为是错误的,他不仅能够避免而且应当避免该损害结果的发生;第二种情形是根据我们目前正探讨的法律基础,行为人的结果责任包括了对他

---

[29] 在过失侵权法中,要根据注意义务的观念来(部分地)把握对近因的理解:"如果将你对邻近的人的热爱转化为法律,那就是你不得损害与你邻近的人,那么律师提出的问题是,谁是与我邻近的人?我们应该对此作出一个严谨的回答,那就是你必须予以合理的注意而不去实施某些你可以合理预见的、且可能会对你邻近的人造成侵害的行为,那么,在法律上谁是与我邻近的人呢?回答是——当我按照自己的意志行为时,那些与我十分接近而且会受到我的行为直接影响的人,且当时我能够合理预见到他会受到该影响。"参见 *Donoghue v. Stevenson*,[1932] A. C. 562, 580 (H. L.), per Lord Atkin. Cf. *Macpherson v. Buick Motor Co.*, 111 N. E. 1050 (N. Y. 1916)。

[30] 汤姆森(Judith Jarvis Thomson)认为因果关系关系到对赔偿义务的判定,"因为如果 B 没有导致 A 的损害,那么 B 所享有的行为自由可以作为其对 A 的损害承担责任的抗辩。"参见汤姆森(1986,第 202 页),因此,我们不能要求随机叫出一个自由的人赔偿 B 的损失,因为这样会在无正当理由的情况下干涉他人的自由权利,也就是说,只有当 B 的行为对 A 造成了损害结果时,他才应该对 A 的损害负责。但是我们不能从这个命题中得出无因果关系即无责任,有因果关系就有责任这个结论,如果这样认为的话,就支持了"从形式上讲,因果关系是责任的必要条件"这个观点,这与责任的不存在是相容的:这种观点并没有在责任和因果关系之间建立一种直接联系,汤姆森试图通过建立损害行为人与责任之间的联系,利用人们自由行为的权利来在未造成损害的行为人与无责任之间建立一种联系。我认为结果责任以某种纯因果关系所无法实现的方式建立了这种直接联系。

人施加了风险。这里所说的施加了风险并不说明该风险本不应施加,但是它包含了严格责任的一种形式。

从可避免性的意义上来说,如何认识对结果的控制是结果责任的一个决定性的方面。我们在前面的章节中所讨论的成就观念认为不存在完全的或者完美的控制。我们对结果责任的判定是在行为人本能够预见且采取措施避免该结果发生这个事实之后。这说明采取这些措施要确实能够避免该结果,否则行为人的行为就不是导致该事件的一个原因。[31] 但是对控制的正确理解并不要求行为人在行为当时已经确切知道采取这些措施就肯定能避免该结果发生,而只要求从行为人行为时的角度来看,存在一种超过结果可以被避免的最低限度的确定可能性。当然,对这种最低限度的判定是一个标准问题,我将在第七部分进行论述。

与此类似,对控制的理解并不必然要求从行为人在行为当时的眼光来看,如果不采取相关的预防性措施的话,该结果就会不可避免地出现,而只要求该损害结果是可以合理预见的。可预见性包含了一种认识上的可能性观念。当然,如何判定合理的可预见性也是一个标准问题,我将在第六部分对此进行论述。一般说来,支持法官认定合理的可预见性的这种认识上的可能性无须太高,其中最为典型的是在非故意侵害案件中,实际发生的损害结果往往不是像行为人所希望的那样,但是,只要行为人造成了该结果、该结果在行为当时是能够预见且能够避免的,那么我们就可以适

---

[31] 为了应对因果关系过多和某些其他有疑问的情形,这种表述应当受到限制,参见注[25]。此外,我们还应该了解可预见性以及结果责任发挥作用的两个角度,这些我们在第五和第七节会讨论到:第一是从行为本身的角度,第二是关于可以视为整个行为之一部分的预防措施,从行为的角度来看,惟一能够采取的避免结果发生的措施就是终止该行为(或者将其降低到不会导致损害结果的程度),在这种情况下,这个行为(或者至少是将该行为进行到某个程度)可以被认为是损害发生的原因,另一方面,行为人可以采取的避免损害结果发生的措施则可以作为正在实施的行为之一部分的预防措施,在这种情形下,行为或者行为程度不是损害发生的原因,损害发生的原因是未能采取相关的预防措施。

当地认定他对该结果的现实发生具有控制能力。

关于结果责任的成就观念和可避免性观念都包含了一种部分的或不完全的控制概念,这一点与道德机运(moral luck)是相关的,在这里我对此不做具体论述,只提出我的主要观点。现在假设我在没有任何正当理由的情况下,怀着杀害的目的向某人开枪射击,很明显,无论我是否成功地杀死了他,我的行为都是应当遭到谴责的,现在我们来比较一下谋杀成功和未能成功这两种情形。对于道德机运的第一个困惑在于,为什么与未能成功地实现谋杀相比,成功地实现了谋杀要承受更多的谴责、至少也要承担更多的道德上的责任呢?在这个假设中,在射击当时我尽量地要实现谋杀结果,但在我扣动了扳机之后,我就无法控制以后的局面了。

但是,刚才提出的这个困惑还不是观察这个问题的最佳途径。试想,如果在当时我能够控制自己的行为(在故意射击谋杀他人的案件中),这就是说我满足了承担结果责任的标准[32],不论这些标准是什么。如果我没有射中,那么只有我的行为应该受到谴责,因为我应对之承担责任的死亡结果并没有发生;但是,如果我射中而且杀死了我的意图杀害的对象,那么除了我的行为应该受到谴责之外,我还应该对受害人的死亡承担结果责任,因为受害人的死亡是我在行为当时本应该预见并采取措施避免的,所以即使一旦我扣动了扳机之后便无法控制局面了,仍然可以适当地说我能够控制该结果。因为关于责任和控制的一般观点同样考虑了许多在我

---

[32] 当然,我们不能完全控制自己的精神生活,这种精神生活包含了我们的意图,乔尔·费恩勃格(Joel Feinberg)已经指出,一个适时的喷嚏可以阻止我们形成谋杀的念头。(参见费恩勃格,1970,第25—37页)。穆里(1994,第270—280页)。也许那种认为行为人可以以其他方式行为的哲学论述已经考虑了这个事实,这种论述实际上是把握结果责任理论的一个组成部分。

个人力量之外的因素,因此我不能保证我一定会成功地实现该结果。[33] 这里面也包含了道德机运,但对这一点并不存在什么困惑和自相矛盾之处。从事件的发生来看,我承担了比结果没发生时更重的责任,这就是说,这种责任和应受谴责二者之间是有区别的。但是,由于我不仅在当时可以采取措施避免该结果,而且从行为的性质看,我也应当这么做,因此在这种情形下可以合理地认为结果责任的结果是增加了谴责性,如果要从行为上说明这一点的话,那就是故意杀死他人的行为天然就应该比出于谋杀目的射击他人遭受更多的谴责。

在做出下一步的论述之前,关于侵权行为法与结果责任中的可避免性概念之间关系的两个要点在这里一定要提出来。第一个要点涉及侵权行为中的近因要件(在英国认为这无关紧要)。结果责任具有事前性的特征——可预见性,也具有事后性的特征——因果关系,尤其是在过失侵权法中,可预见性首先意味着原告应该是在被告所能预见的承受损害风险的人的范围之内;第二,至少原告一开始遭受的损害是属于可预见的损害类型。第一点是一个有关注意义务的问题[34],但第二点则被认为是近因的基本原则

---

[33] 托马斯·尼格尔在最初分析道德机运问题时,对控制的作用是这样描述的:"某个人实施行为的一个重要方面取决于许多超出了其控制范围的因素,但我们仍然将这一方面作为道德评价的客体,这便称为道德机运",参见尼格尔(1979,第26页)。正如许多学者们的观点一样,尼格尔自己似乎把握了一个全面控制所有相关行为或结果的标准,但米歇尔·穆里却劝导说,由于控制不可能是完全的并且普通人的道德观念也不希望控制是完全的,这两点说明了对尼格尔的这种设想应该没有什么疑惑(穆里1994,第253—258页)。沃克(Walker,1992,第19页)中也提出了一种对道德机运的类似探究方法,沃克认为,由于控制不可能是完全的——因为人们的行为并不是完全单纯的——因此"责任会超出控制的范围"。

[34] 卡多佐在对 Palsgraf v. Long Island Railroad Co. 一案的判决中尤其谈到了这一点(参见248 N. Y. 339,162. N. E. 99 [1928]),也可参见 Donoghue,[1932] A. C. 562,以及 Macpherson,111 N. E. 1050。对可预见的损害类型的观念将在第五部分中进行讨论。要注意到结果责任不仅仅只是注意义务理论的要素中所涉及的一个法律问题,还有一些其他的考虑包含了以下的内容:第一,结果责任适用于所有类型的损害,但侵害行为法只保护某些特定的利益,注

问题。[35]在阐述可避免性概念时，我不赞同"在过失侵权法中，被告只对他能够合理预见和避免的损害负责"（参见哈特和赫诺里，1985，第255页）这个观点，除了基本的可预见性原则之外，法律上所说的近因还有许多其他方面的问题，而且其中的很多方面已经被吸收到结果责任的概念中去了，例如，在前面我们就对结果责任的成就观念中涉及的控制的含义进行了讨论，在这一观念下，行为人应当承担责任的结果不仅是故意造成的，而且还要与行为人的行为之间具有"充分的近因"，由此我不必对中了彩票承担结果责任，也不必对侥幸将桌球击入口袋的结果负责。关于结果责任的成就概念和可避免性概念在这种研究思路上都受到一种相似的、在法律上得到决定的限制。如果某个可预见的损害结果以某种不可能的或者太不可思议的方式发生的话，那么我们就没有足够的依据认为行为人能够充分控制该结果而应承担结果责任；如果损害是非故意造成的，那也不会产生侵权行为责任。

有许多研究近因问题的法律学说对侵权责任甚至对可预见损害结果的责任都进行了限制，而另一些学说又对侵权责任进行了扩展，有时已经超出了可预见的损害的范畴，我们在上一段中所讨论的学说就属于限制性的学说。另一个学说是介入的第三人实施的应受谴责的致害行为将免除过失侵权行为人（非故意侵权行为人）的责任。（行为人应受责罚的因果关系要件可以免除过失侵权行为人责任的规则也属于这种限制性学说。）扩展性学说的一个例子是被告既应该对具有侵害性也应该对不具有侵害性的加重性医

意义务将受保护的利益从那些不受保护的利益中分离出来；第二，在进行分析时，我们仍然要将一方当事人对另一方负有积极义务的情形考虑进去，在后面我会讨论到，对积极义务的违反会引起无因果关系的责任，因此，它不应该被作为结果责任的事例；第三，在现代美国侵权行为法中采用了以政策为基础的考虑——即基本的结果论上的考虑，这是为了限制或者扩展注意义务，以为这种注意义务的道德基础要么是结果的可预见性（即结果责任），要么是基于某种积极的义务即一种特殊的关系。格尔德勃格和兹普斯蒂（Goldberg and Zipursky, 1998）中说明了这种注意义务要件对于我们从非结果论来理解侵权行为法的重要性。

[35] 参见 The Wagon Mound(No.1), [1961] A.C. 338(P.C)。

疗承担责任原则,只要这种加重不是太不正常或者太离谱;第二个例子是脆弱的颅骨原则(thin-skull rule),它认为只要原告最初遭受的损害是可预见的,那么被告就应当对受害人因该最初的损害所带来的进一步的损害负责,而无论其进一步的损害是否是可预见的;另外,"没有任何一个故意造成的结果是无关的"这句古老的法律谚语也是扩展性学说的体现。

刚才列举的几个例子说明,研究这个问题的许多学者已经逐渐接受了这个观点,即关于近因的法律概念不是一个简单的道德原则,而是许多不同法律思考的结合。前面我谈到过,在许多案件中因事故的某些环节太不可思议或者可能性太小而对责任进行限制就是结果责任观念本身所固有的。如果将研究近因的各种不同理论视为一个整体的话,我们就不能认为它们都是结果责任的各个方面了,有些学说来源于侵权行为法中的许多具有法律意义的独立的原则或者政策。例如,在介入的第三人应受谴责的情形中,这个独立的原则就是:法律在分配损失时,应受责备的行为比不应受责备的行为更为严重。在这里我们不可能说清结果责任与近因之间的复杂关系,但是我一定要指出下面的一点。我们会很容易地想到关于近因的许多扩展性学说会导致被告对许多不应承担结果责任的损害承担责任[36],这似乎并不是一个错误的结论,因为侵权行为法是一个综合了许多法律思考的道德上的复杂实践,有时法律要求被告对某结果承担侵权责任,而被告却不仅不应该对该结果承担结果责任,而且该结果根本不是——或者至少可能不是被告所造成的,市场份额责任就是一个例子。[37] 所以,我的主张是,在侵权行为法中,并不是在任何情况下都要适用结果责任,但是在侵权责任的主要案件中,一定要提出结果责任,而且在任何有望从非结果论角度来解释侵权行为法的基本原则的理论中,结果

---

[36] 在脆弱的颅骨原则的案件中,某种可预见的损害导致了其他类型的不可预见的侵害,例如,纵火行为导致某人以后患上了癌症。如参见 *Smith v. Leech Brain & Co.*,[1962]2 Q. B. 405。

[37] 如参见 *Hymowitz v. Eli lilly & Co.*,73 N. Y. 2d 487,539 N. E. 2d 1069(1989)。

责任必定要起到举足轻重的作用。

我在这里要提到的关于侵权行为法与结果责任之间关系的第二个一般观点涉及懈怠的概念。大多数情况下,依据侵权行为法理论,只有在行为人实施了某行为且该行为导致了损害结果的情形下,才会产生对非故意造成的损害施加侵权责任的情形。一般来说,仅仅因为未能阻止损害发生还不足以引起侵权责任。根据普通法的描述,侵权责任只针对违法行为而不针对不履行义务而施加,这与我所阐述的结果责任的观念是一致的,即它以行为人不仅能够避免可预见的损害结果而且实际上通过自己的行为导致了这个损害结果为要件。[38] 在这里我们不可能全面地分析这些要件的根据,但是我们必须了解它们与这样一个事实相关联,即结果责任是行为人自我理解的一个方面,而且从后果上说,只有通过实施行为才能引起结果责任。还有一种相关的观点认为,从广义上来说,非结果论包括了人们在一定范围内的自由和自治,允许人们不受他人需求的干扰而自由地行为。当然,人们也可以通过某些特殊的关系以及自愿的承诺而对他人产生一些积极的义务,侵权行为法则是对因违反了这些义务而造成的损害施加侵权责任[39],但

---

[38] 这样表述可能过于严格了,因为对积极的行为人的理解并不是与行为/疏忽之间的区别完全一致的。如参见奎恩(Quinn,1993,第149页)。这不是一个能够在这里讨论的问题。

[39] 如果在当事人之间有约定或者其他关系,损害是由一方当事人的懈怠所引起的,那么未能采取措施避免该损害结果发生的当事人应当对损害结果承担结果责任吗?我认为对此应当作出有条件的肯定回答,因为这包含了对结果责任的核心观念的一种延伸,在本文中我对这种核心概念已经进行了论述。一般说来,在以承诺或者其他特殊关系为基础的侵权行为中,包含了在先的因果关系内容,例如,由于我承诺当你游泳遇到危险时我会施救,而导致了你去游泳,但是,我没有成功施救的事实则应理解为在溺水事件中并非起到因果关系的作用,参见穆里(1999,第31—34页)。在这个例子中,是由于我的懈怠(过失)而引起了法律责任,而且当懈怠既非行为也非溺水的原因时,由于其中包含了致使你去游泳的在先的因果关系内容,那么应当将懈怠视为我的行为结果,因此也就对结果责任观念进行了延伸,那么能否将这种观念作进一步延伸,以便在不存在在先的因果关系内容时适用结果责任呢?试想,如果这种情形是发生在具有救助溺水者这个一般义务的职业救生员身上呢?

是我认为这些责任只是例外而已,从性质上说它们甚至不具有因果联系;懈怠不应当被认为是一种原因(参见穆里,1999,第31—34页),当然,这并不意味着我们不负有根据分配正义等观点所产生的积极义务,但是这些义务不可能归于特定的个人,因此也不可能成为对他人蒙受的特定损失承担赔偿义务的基础。

在下面的论述中,除了特别指出以外,我所使用的"结果责任"这个词专指可预见性观念。在第七部分我将详细论述在标准违法行为案件中,结果责任在哪些情形下会转化为强制性的赔偿义务。但是,我们首先要讨论两种针对我所提出的结果责任理论的反对观点,第一个观点针对的是可预见性观念,第二个则针对能力观念。

五、可预见性的一致性

结果责任的一个关键组成部分是由可预见性观念提出的,可预见性又建立在认识上的可能性上。为了更清晰地解释认识上的可能性,我们首先要正确理解客观几率。[40]要全面地解释客观几率就一定要注意到与之相类似的某种事件或者客体(如限速30英里的这一类事例)所具有的特性的相对频率(例如,汽车碰撞的特性)。可预见性是这种认识上的可能性的一个函数,它不是简单地指相对频率,而是指我们对这种相对频率的知识和信念的状态。

那么,当他未能救助某个溺水者,而该溺水者又不知道岸上有救生员时,即其游泳行为不是由救生员的承诺所引起时,能否适用结果责任呢?弗朗斯·卡姆对此进行了进一步的探讨,她认为,当某人事实上有义务控制某个积极力量,而该力量的产生又不是由其行为所引起也不应由他负责时,就会产生法律上的责任,参见卡姆(1996,第95—96页)。我赞同卡姆的主张,从道德上说,处于这种情形下的当事人应该实施控制行为,就如同与导致溺水者下水游泳不具有因果联系的非职业救生员从道德上说也应该实施简单的救助,但这并不是说如果不考虑法律规定的话,在任何案件中对任何损害结果都会产生结果责任。

[40] 我在佩里(1995,第322—329页)中详细地论述了客观几率与认知上的可能性之间的区别。

对认识上的可能性最好的解释认为这种可能性包括我们根据普遍接受的归纳推理和理性认识标准已经做出的与证据相关联的对相对频率的估计。[41] 如果这些标准从主观上是正确的,那么我们就认为对认识上的可能性的判断就是客观的,这与包括侵权行为法的可预见性理解是一致的,通常被称为合理预见性,即如果某个事件是一个合理的或者普通的人能够预见的,那么就可以说这类事件是可以合理预见的。一个合理的或者普通的人所能够预见的范围尤其要参考那些适当的、非正式的、普遍采用的、人们的期望值以及判断相对频率的主观标准来予以界定。

但是,按照上面的思路来理解认识上的可能性或者可预见性就会招致下面的反对。假设我在一座正在修建的建筑物旁的人行道上行走,突然有一个建筑工将一块砖头掉到了我的头上,这个事件属于可预见的事件吗?显然这取决于对该事件的认识上的可能性,而认识上的可能性又取决于客观几率。现在最棘手的问题是,任何事件都不可能有一个客观的几率,对事件产生影响的不确定几率很多,它们取决于事件的类型及其特质。在这个事件中,我们应当考虑站在很高的建筑物旁这个事件所属的类型吗?要考虑在建筑地点工作吗?考虑在一个有砖头的建筑地点工作吗?考虑在一个接近30英尺高的有砖头的建筑地点穿着格子花纹的夹克工作吗?我们可能会认为,这起特别的事故发生在这些相关因素之中,而且此外还有许多其他的相关因素,如果要试图阐明这些因素的特质就会出现类似的问题,这些相对的频率也就体现了客观上的可能性。将一个物体掉在某人的头上是一个特质吗?砖头掉落在一个法学教授的头上呢?砖头的掉落在教授的头脑中产生了某种细微的特殊模式的印象呢?我们所讨论的事件具有所有这些特

---

[41] 现在我们可以简单地将客观风险与认知上的风险这两个概念之间的关系公式化。首先,我们将"风险"定义为 P×L(对损害的数学表达),L 代表可能发生的损害大小,P 代表损害发生的几率。当我们按照本文中对客观几率的解释来理解 P 时,客观风险就正好是损害的数学表达数。我们也可以这样来定义认知上的风险。

质,也具有许多其他的特质。客观几率以至认识上的可能性,甚至于法官对事故是否可预见的判断与我们所采信的因素及其特质相关联,但是对于我们应当选择哪些参考因素和特质来进行考虑却没有一个确切的或者公认的回答,因此,可预见性的概念也就显得完全不确定了。[42]

注意至今我们一直在谈论客观几率。因此我们所关注的实际上就是某个参考因素所具有的特质实际发生的相对几率,不论这个相对几率可能会是多少。假设这是一个确定了的问题,无论我们是否知道相对几率是什么,甚至不论我们是否能够描述这些相关因素及其特质,几率是从这些因素中得出的。我们经常说几率主要是一个认知的问题,任何事件"真正的"几率要么是零要么是一,但这种说法是错误的,因为很明显,从某个意义上来说,由于我们可以界定包含了该事故的参考因素,所以任何已经发生事故的几率都是一。也许从决定论的角度看,这只是在说任何事故"将要"发生的几率为一,而一个事故没有实际发生或者不会发生的几率则为零。上面所提到的事故分类非常复杂,但是由于我们所讨论的事件尚未发生,因此我们不能以某个固定的尺度标准为依据来划分,尽管我们可能挑选出一些经过适当规范以及恰当界定的事故来,但是这与我们日常的实践差距太大。我们的日常实践所涉及的是事故的类型,采用的是可以确定不同参考因素的一般描述,至少对将来可能发生的事故来说是如此。前面已经说过,没有一个确切的或者公认的回答来回应我们在预见将来时应当对这个问题采用哪种描述,而且不同的参考因素又会形成不同的相对频率,而这些相对几率总是处于零和一之间。因此,无论我们是否知道相对几率,它们都是客观存在的,而不仅仅是一种认识上的可能性。

从上一段的讨论中可以得出以下两点。第一,除了零和一之

---

[42] 克拉里恩斯·莫里斯(Clarence Morris)在研究侵权行为法时首先注意到了这个问题,参见莫里斯(1952)。本文中的例子就是建立在莫里斯的假设之上。

外的客观几率是存在的；第二，存在许多这样的客观几率，它们与每个特定事故（过去、现在或者将来）相关联。也许理解这两点的最好方法是认为客观几率仅仅是一种相对几率，且相对几率不是某个特殊个体所具有的，而是某一类（可能的）个体所具有的，[43]从逻辑上讲，几率的判断应该是适用于某一类型的事故，而不是适用于某个特殊事故。由于任何事故都是多个事故类型的体现，因此会存在许多与它相联系的客观几率，由此而产生的不确定性已经形成在事物本身之中，而不只是我们在认识上的局限性的体现[44]，但是由于认识上的可能性是客观几率的一个方面，所以这些不确定性留给了可预见性概念。

根据与上面的讨论相类似的考虑，米歇尔·穆里主张，作为近因和合理注意义务之标准的可预见性，不仅是不确定的，而且还是一个前后不一致的观念（参见穆里，1993）。穆里不是根据参考因素而是根据描述来对这个问题进行定性的，但基本的观点还是相同的。如穆里所指出的那样，损害结果只有处于某种描述之下时才是可预见的，而对任何损害的描述都不可能是惟一正确的，描述越具有一般性，我们认为该损害可预见的可能性就越大；描述越具有局限性，那么可预见的可能性就越小。在阐述这一点时，穆里认识到可预见性应该被理解为与某一类型的损害相联系，而不是与特别的损害相联系，这是因为可预见性所针对的是未来的事故而不是过去或者现在的事故，而且我们很难假设可预见性取决于某种精神状态与特定的未来事故之间的关系（参见穆里，1993，第142,147页），毕竟我们所讨论的事件还没有发生。这也更清楚地说明了，在预见将来可能发生的损害时，我们不应该以特定的损害事故为参考，而应该通过利用一般描述来确定损害事故的种类或

---

[43] 参见佩里（1995,第335页）。应该指出的是，从本质上讲，"可能的"实体与其在本体论中的地位并不一致，他们只是主张对现实物的不同形态——即除了我们想要衡量的相对频率之外的财产，留出一定的空间。

[44] 从这个结论可以得出，风险从本质上讲不应被视为损害的一种形式，参见佩里（1995,第330—336页）。

者类型。

穆里认为,为了使可预见性概念摆脱不确定性和不一致性,这需要引入事故类型学,不过这绝不是说我们没有掌握这种类型学或者成熟的类型学,至少我们能够做出在特定场合下成为可预见性基础的类似描述。哈特和赫诺里认为,为了解决可预见性问题和多重描述的问题,"首要的问题不是'该损害是可预见的吗',而是'经验告诉我们应该依据哪种适合该损害的特定描述来预见该损害'"[45]。如果在另一个背景中来处理这个问题的话,类似地,他们也坚持可以通过参照普通人的一般知识水平来适用这种适当描述的标准以及该事故发生的可能性(即在多个事故类型之内的某个特定类型事故的相对频率)。[46] 他们认为,如果承认一定程度的不确定性是不可避免的话,那么一般知识水平和普通人的范畴

---

[45] 参见哈特和赫诺里(1985,第258页)。哈特和赫诺里举了这样一个例子:"如果我们看到了乌云,根据经验,我能够预见到暴风雨的来临,那么暴风雨就是可预见的,尽管每次暴风雨都有我们所不能预见到的特质(如持续两小时之久,覆盖了40里的地区等)。反之,不能因为暴风雨和冰雹都属于某种共同的一般描述即'风暴',就认为我们只要能预见暴风雨就由此应当预见到冰雹。"

[46] 参见哈特和赫诺里,1985,第80页。在《法律的因果关系》(Causation in the Law)一文中,哈特和赫诺里提出了一致性的观念。概略地说,一致性是指独立事故之间的不大可能的结合。在对一致性进行定性时,也会像对可预见性进行判定一样,会产生多重描述的问题,哈特和赫诺里采用了与之完全相同的解决方式:他们参照普通人的知识水平和经验来判断对事故的正确描述和发生几率,这种"普通事故的类型学"因此也就被纳入到对因果关系的"直接"解释之中,它与"某个故意行为或者事故的结合就等于一致性,当后来发生的事故并非因为前面的事故或行为时,它就是适用结果责任的一个限制,甚至当若非在前的行为或事件即无在后的事件时也是如此"是一致的。值得注意的是,穆里似乎赞同哈特和赫诺里所提出的以直接观念为基础的近因理论,因为如同哈特和赫诺里所建立的公式那样,穆里实际上否定了双重描述问题及其解决,即否定了普通事故的类型学。

已经足以使可预见性标准在很多情形中发挥作用了。[47] 这也是克拉里恩斯·莫里斯(1952)得出来的结论。

因此,哈特和赫诺里解决多重描述问题的方法表明,在侵权行为法中判断合理预见时应当以普通人预见该损害的能力为标准。[48] 在适用这个标准的过程中,应当考虑以下事实:(1) 普通人对相关的事故类型进行描述和分类所能达到的概括水平以及普通人在考虑这些事故的发生几率时所能具有的一般知识水平。这种方法与现代侵权行为学说是完全一致的,而且它也的确是一个合理的观点。很明显,普通的自然人或者说在特定社会中的普通人对他们所处的社会进行概念化的方式都是大致类似的,就像 J. L. 奥斯丁所指出的那样,我们是根据普通人的眼光来领悟世界,而不是要将世界分割成更大或者更小的、更遥远的、更不稳定的或者更抽象的实体,因此我们可以认为人们在概念认知上的相似性要远远大于差异性,而且这个事实也肯定会反映到我们对将来事故的预见之中。

我们应当认同的是,我们确实十分关注如何描述这个世界以及在描述时应利用哪个范畴,这是不足为奇的,因为从个人的角度

---

[47] 尤其困扰穆里的一个与近因有关的问题是,哈特和赫诺里提倡一种"风险范围之内的损害"解决方式,这一方式来源于他们并不赞同的可预见性理论,即"必定能够预见的事件或者损害类型可以参考对于享有追索权的过失行为的一般描述来判定"(哈特和赫诺里,1985,第258页)。(我认为对损害类型的描述也应当适用于对义务及近因的分析。)穆里反对"风险范围之内的损害"的理由在于"这种分析的支持者通常没有寻求解决可预见性的问题反而试图完全忽略它"(穆里,1993,第153页)。但是,至少在过失问题上,"风险范围之内的损害"必须考虑到认知上的风险,而且从目前的目的来看,可预见性和认知上的风险是两个相近的可替换概念。

[48] 普通人和合理人的标准在侵权行为法中处于不同的地位,参见注[53]。

以及从社会的角度来看，共同的概念体系都是一个十分有用的工具[49]，这一体系促进了合作，使行为之间的协调更容易，而且有助于我们调整对他人之行为所抱的相互的期望。这几点可以用来回应穆里提出的第二个观点，即他认为即使我们掌握了关于损害的一般类型学，但该概念体系产生于一些与标准不相关的因素，如识别某个特殊事故是属于此范畴而非彼范畴需要反应时间（参见穆里，1993，第151页），这些因素从法律上来说确实是不相关的，但那并不能说明它自身也与类型学无关。无论一个共同的概念体系是如何产生的，只要它存在那么它就具有道德上的含义，而且由于这个体系严重地影响了我们对他人行为的期望，所以这种道德上的含义也就延伸到了对可预见的损害类型的定性。

哈特和赫诺里所采用的考虑并不意味着人们应该总是对事故作同一种分类，以致彻底消除了可预见性判定中的不确定性，因为这本身与案件的关系不大，而且哈特和赫诺里也没有提出这一点。但是不确定性是可以解决的，因为大家早已在使可预见性成为一个法律上的有用概念的问题上达成了共识。需要指出的是，把握这一概念并不是依赖于我们所提出的这一点，即对某个特定情形下可能发生的行为来说，对其可能出现的损害结果只能有一个划分方式的说法。一般说来，可以从许多方面来提出可预见性问题，其中"普通事故的类型学"将有助于我们思考将来可能发生的事情。矫正正义和侵权行为法中包含有两个方面的意义：第一是行

---

[49] 参见德恩特（Dennett，1985）："例如，故意行为人的一种特殊类型与行为人获取信息的特殊方式是相匹配的，他们有自己认知世界的方式以便能有效地作用于世界，这在一定程度上延伸了希勒（Seller）的观念，我们称这种'概念上的制度'为'对世界的明确反映'……这种明确反映具有持续性，而且其中许多反映是事物的可能状态。而事物的可能状态有些是自然地不能预见的，有些可以根据其预兆被预见，有些则间接地受制于故意行为人的行为（效果），还有许多行为自身则直接受控制于行为人……所有这些谨慎地处理信息的目的在于促使行为人作出好的（可信赖的、有用的）控制决定…这些决定必须既以故意行为人的目标为基础，还要以几种类型的明确期望为基础"（前面就强调了这一点）。

为方面,如果我确实实施了某个行为,那么该行为对他人的损害结果是可预见的吗?另一个方面包含了我实施该行为的特殊行为方式,即如果我以这样的方式行为,那么该损害结果是可预见的吗?还有,如果我采取了这种预防措施,那么这种风险会降低或者消除吗?我们所关注的"未采取的预防措施"也包含在普通事故的类型学中。我们把这两个方面称为行为方面和特殊的预防措施方面。[50] 我们在第七部分中会看到,他们对最终解释由结果责任产生赔偿义务这一点是非常有用的。

六、预见能力的含义

根据我对结果责任的定性,只有当行为人有能力预见其行为结果并能够采取适当的措施避免该结果发生时,她才应当对因其行为所产生的特定结果或者后果承担结果责任。但是我们现在又面临着一个潜在的棘手问题,即我们所说的某个人有能力尤其是有预见能力时,这意味着什么呢?对此存在两种看法。第一,结果责任包括了对侵权行为法的理论上的解释,那么我们就应该沿着在第五部分中提出的思路,将对预见能力的理解与合理预见的客观解释相结合起来;但是,第二个看法是,如果把可预见性作为一个道德上的概念,它必须考虑到行为人避免该损害的主观能力和主观上的预见能力,毕竟是霍姆斯提出的控制尺度将可避免性概念赋予了道德力量,而且如果我们不采纳关于预见和避免损害的主观性观点的话,那么就会导致许多行为人在并不能控制该结果的情况下仍然要承担结果责任。如果可能的话,这两种观点怎样才能协调呢?

---

[50] 斯蒂文·萨维尔(Steven Shavell)出于与此完全不同的意图,在其提出的区别公式中粗略地界定了这个区别,它与对侵权行为法的经济学理解相联系。史蒂芬所提出的是行为水平与预防措施水平之间的区别,前者应该被理解为行为人参与该行为的程度,而后者应该被理解为采取的预防措施的程度(参见斯蒂文,1987,第21—30页)。

回答我们刚才所提出的问题的第一个论点是,在这里我们所要解决的并不是简单的关于主观和客观之间的区别,而是与这些区别相关的一系列问题。由于可预见性概念包括了侵权行为法以及一种对结果责任的可接受的解释,所以其在内容上是客观的。法律关于行为人必须预见某个风险的判断建立在对主观标准的正确理解(尤其是,对判断普通人或者合理人的理解)之上,这种主观标准是判断认知上的可能性的主要支撑等。与此类似,过失侵权法中的合理注意标准在内容上也是客观的:在某种风险状态下,法律所要求采取的预防措施是根据合理人的标准、而不是根据被告个人认为的应该如何行为来确定。但是法律规范的内容是客观的,当然这不是说要由行为人来决定行为如谋杀行为的构成要件。从二者都无须以"注意"为要件上来说,合理预见性和合理注意的观念也是客观的。在特定的场合下,行为人无须知道其正在制造风险还是在采取足够的预防措施以避免该风险物质化,这就是主观和客观之间的区别在刑法上的一个重要形式。我们在第三部分中可以看到,关于结果责任的注意理论主张知晓该结果发生的风险是已经控制了结果发生的一个必要条件,其基本的观点是,除非行为人在行为当时实际知道其行为可能会带来该结果,否则就不能认为她具有避免该结果发生的能力。

这里我将对注意理论的直接挑战作出回应。第一,我们应该注意到,除了内容及注意这两点之外,主观和客观之间还存在第三种区别,这与结果责任是相关的。这里所说的第三个区别是关于能力自身的区别,对预见及避免损害能力的客观解释只是参照于一个普通人或者合理人是否有能力预见这种损害并因此采取措施,避免该损害发生,但是,有一种对能力的主观解释却不要求行为人实际知道其行为可能会导致某种相关类型的结果的可能性,也不要求损害行为人能够在该特定场合下以其他方式行为;还有一种主观解释认为预见并避免特定损害的能力应该被适当理解为损害行为人在其他类似场合成功行为的一般能力。[51] 无论行为人在某个特定场合下是否具有预见并避免损害结果发生的能力这一点是否有意义,但是就道德上的责任来说,无论在哪种情况下,是否具备这种一般能力都是十分重要的。也正是从这种意义上来说,关于结果责任的可避免性理论将预见和避免损害的能力视为主观上的能力。

要指出的是,到目前为止我们只是在如何理解行为人预见和避免损害的能力问题上建立了一种概念上的可能性,这并不是在回应对注意理论的挑战,而只是在主张只要我们按照上一段的描述来理解预见和避免能力,那么在判断对损害结果承担结果责任时,其内容和注意的客观性就可以与预见和避免损害能力的主观性相协调。甚至在我们回应对注意理论的挑战之前,这种对能力的理解可能遭到以下的反对意见:即确切地说,某个人具有一般能力的含义是什么?仅仅根据特定行为人在其他类似场合避免了这种损害结果的成功率而认为它是一个单纯的统计学上的概念似乎是不合理的。首先,不可能存在一个判断多大的成功率足以确定行为人具备的一般能力的确定标准,如果不能单纯地从统计学来理解一般能力的概念的话,那么至少应该从法律上来理解它,这是毋庸置疑的。但是如果一般能力概念在本质上被理解为法律概念的话,那么就会产生一些担忧,因为在判定结果责任时,我们必须要根据追索权来判断行为人在当时应该怎么做或者不应该怎么做,换句话说,我们就必须以包含了合理注意中的过失标准内容的行为指引规范为依据,但是如果这样的话,那结果责任似乎就完全可以被过错概念所吸收,可避免性概念所包含独立的、首要的结果责任判断了似乎就没有空间了。[52]

对这种反对观点的回应是,尽管我们在某种程度上依据法律来对预见并避免损害结果的一般能力进行定性,但是这种定性并

---

[51] 参见 Cf. Tony Honoré(1964,第 463 页);赫诺里(1988);德恩特(1985, ch. 6)。
[52] 阿瑟·利普斯坦依据这些一般思路针对我的观点提出了反对意见。

不需要参照任何行为规范。我们可以认为每个人都具有与生俱来的能力,只不过在拥有能力的程度上有差异而已,有的人比其他人更能预见将来可能会发生的结果,有些人因远离现实而只具有极其微薄的预见其行为后果的能力。我们必须首先确定一个人所具有的能力程度之后才能判定他或者她是否应当承担结果责任,我们应当从法律上来划定这种能力程度,同时也要注意到具有法律意义的行为的构成要件,而这似乎不可避免地要注意到作为一个能够实施有意义行为的普通人的能力程度,而不是以行为准则为依据。从一定意义上来说,这是一种统计学上的做法,但却受到产生于"一个人作为行为人的含义是什么"的法律思想的引导,这种法律思想并不是外界所强加的。这个论点似乎有些类似于约翰·罗尔斯所提出的对平等道德人格的定性,罗尔斯认为其基础在于人类具备正义感以及美德观念的与生俱来的能力(参见罗尔斯,1971,第504—512页),与这些与生俱来的能力一样,罗尔斯把这种预见结果的能力称之为一定范围内的所有权,在罗尔斯提出的道德观念中,只要一个人符合了最低的标准,那么他就有权利实现平等和正义,与此类似,只要一个人符合了最低的标准,那么他就应该被视为具有预见和避免损害结果的能力,因此,从平等的角度来说,他们也应该被要求对其行为造成的结果承担结果责任。

因此,判断某个人是否具有预见和避免损害的一般能力要求有助于对于"普通人"的理想化观念(在某个特定的行为背景下被相对化的且确定无疑的),但这并不是说这个判断在本质上是客观的而非主观的。关于一般能力的客观理解认为,如果一个普通人在行为当时能够预见并采取措施避免该损害结果的话,那么该行为人就应当对损害结果承担结果责任,也就是说,这时应当视为该特定的行为人具有普通人所具有的一般能力,但是按照我们这里主张的对一般能力的理解来看,理想化的普通人仅仅只是衡量特定人能力的一个标准而已,如果其符合这个标准所设置的最低门槛的话,那么就不能认为他具有一般能力,而他实际上具有该能力。也不会有人在每时每刻都一直行使这个能力,因此考虑在某个特定场合下没有行使该能力的行为人在其他场合下也许会怎样行为也是毫无意义的。这个一般能力包括能够在多种不同的环境下正常地预见和避免损害结果的能力，而正常成功的程度则取决于对于普通人的理想化观念，程度上的差异又是由该门槛之上的不同的成功率所决定的，所以当某个人在特定场合没有预见该结果时，我们仍然可以认为他具有预见和避免这种损害结果的能力，即使当其他人预见该结果的成功率比他更高时也不例外，这一点具有十分重要的意义。

很明显，以上针对一般能力的含义所做出的解释也对人类的某些自然属性给出了一种法律上的诠释。首先，它对普通人具有的理想化的能力注入了法律上的思考；其次，它还涉及平等地对待所有符合其设置的理想化门槛的人，其中任何一个阶段都无须援引行为准则。[53] 也许有的学者会认为后一个主张是错误的，他们的理由是，假设某个生产者正在考虑是否将某个新开发的产品投放市场，那么该公司要决定是否进行进一步的安全测试。根据汉德法官提出的过失标准公式[54]，它会在成本收益分析的基础之上来做出这个决定，它必须以更多地了解了产品的风险为基础来判断产品的研究开发成本是否能从产品的收益中得到抵消。事实上，如果仅仅根据成本收益分析来判断某种损害是否可以合理预见，这种争论就会持续，因而，合理预见性的观念就不止包含了我所描述的预见的一般能力，它同样包含了汉德标准[55]中所包含的行为准则。

上一段中所谈到的行为准则确实可以影响行为人应当预见的

---

[53] 这就是我为什么在这个阶段的分析中，称为"普通人"而非"合理人"的原因。"合理"这个词暗示着关于合理注意的法律规范，我在后一阶段的分析中才会引入这个词。在讨论过错的判定时，我们会问为什么采用的是"合理人"而非"普通人"说法。普通人和合理人都是法律上的术语，但后者与前者相比，其包含了行为指引规范。

[54] 参见注[3]。

[55] 这种反对观点是罗纳德·德沃金提出来的。阿瑟·利普斯坦沿着这个思路进行了讨论。参见利普斯坦(1994，第11—12页)。

范围,同时,如果我们有能力遵守行为准则的话,那么这只是一个适用行为准则的问题,预见行为结果的一般能力则似乎是包含于遵守行为准则的一般能力之中了。[56] 这似乎要求至少有些在行为准则范围之内产生的行为结果是可预见的,而且这种预见独立于行为准则的适用,因此,至少有些损害、而且是那些结果责任分析所直接针对的损害在要求进行成本收益分析的准则之前就是可以被独立预见的。为了从侵权行为法原理来阐述这一点,我们要分辨合理的可预见性与合理行为之间的区别,前者是属于注意义务的问题,后者则是属于注意标准的问题。那种认为合理的可预见性必定包含了行为准则的说法其实是主张将这两种观念合并起来。在认为某个新产品的风险有待进一步研究即实施合理的行为之前,他一定能够预见该损害,这是一个独立的问题,认为需要进一步的研究实际上就说明了行为人当时能够预见任何在进一步的研究中可能会发现的潜在损害,它还说明了这种研究的结果可能会影响到任何在将来才可能合理预见到的损害。但是,这两点都没有对合理预见性和合理行为之间的区别提出异议,也没有质疑合理行为的构成要件部分决定于预见特定结果的独立能力这个观点。

在刚才举出的这个例子中,由于过失而没有开展进一步研究的公司应该对将该产品投放市场而引起的损害结果承担结果责任吗?回答是肯定的。正如我们刚才所看到的,以某个公平的一般描述为参照,只有当这些损害结果是可预见的,那么该公司才是有过失的。如果进一步研究的结果能够让公众知晓,那么这种研究无疑会使普通人对今后使用该产品可能会带来的某种可以具体描述的损害变得可以预见,但是由于该公司决定不开展进一步的研究,而使普通人(公司)所了解的一般描述止步于此,因此,根据那种描述来判定结果责任是最恰当的。

我对一般能力的含义所作的解释是关于结果责任一般观念的

---

[56] 这个观点来自于保罗·里顿(Paul Litton)。

一个组成部分,当然,侵权行为法对这些问题的分析与此不同。但是,一种自然的理论研究方法建立了一种可撤销的假设,即除非被告能够证明其不具备预见并避免该损害结果发生的能力,否则便可推定他具有这些一般能力,如果这种假设被驳斥,那么被告就要证明其不应对损害结果承担结果责任,因此他应当免于承担侵权责任。霍姆斯认为,法律以这种方式来发挥作用:"我们可以这样认为⋯除非有明确的证据证明被告不具备这些能力,否则法律就假设或者要求被告具备不去侵害其周围人的一般能力"(参见霍姆斯,1963,第 88 页)。重要的是,对于那些涉及严重精神障碍者的案件,现代法律把这个问题单独划分出来了。[57] 出于目前的论述,我只是简单的提出侵权行为法的非结果论必须假定因严重精神障碍而丧失了预见和避免损害结果的能力的被告应该免于承担责任。

最后,我们来应对关于结果责任的注意理论的挑战,其中最有力的挑战来自于拉利·亚历山大(Larry Alexander)。亚历山大集中论述了过失尤其是刑法上的过失的作用,但是他提出的问题在侵权行为法中也同样会涉及。亚历山大不赞同我对能力的主观性与注意的主观性之间的区别进行划分,他认为,能够预见行为结果

---

[57] 许多法院接受了这个观点,认为如果被告因患有严重的精神障碍而影响了其预见损害结果的能力(或者影响了其认知注意义务的能力)时,他就可以免责。例如,可参见 *Canada*(*Attorney-General*) *v. Connolly*, 64 D. L. R. (4th) 84 (B. C. S. C. 198); *Breunig v. American Family Insurance Co.*, 173 N. W. 2d 619 (Wis. 1970)。另外一些法院则对此持有不同的看法,而这实际上是现代侵权行为法的主要趋势。例如,参见 *Wenden v. Trikha*, 8C. C. L. T. (2d) 138(Alberta Q. B. 1991); *Roberts v. Ramsbottom*, [1980] 1 All E. R. 7(Q. B. 1979)。最典型的是驾驶案件,法院确定原告从被告司机的责任保险中获得赔偿,很明显,这不是非结果论的观点,而是一种结果论的观点,而且是一种十分偏激的结果论:因为如果损失的分散如此重要,那么就应该对汽车驾驶者适用严格责任标准了,而且即使在非过失案件中,对能力的客观要求也应如此。有关行为的法律在侵权行为法中占有一席之地,甚至在对侵权行为法的非结果论理解中,它也有自己的位置,但是,在这种理解中,如果用这种相对表面的基础来取代结果责任要件的话,那就肯定是错误的。

的行为人必定在行为当时实际注意到了该结果：

如果我们考虑被告在"过失"选择当时的意识、留意程度以及信仰等等的话，那么其错误在于，从法律上来说，被告当时"本应"做出其他选择，从与自由意志／决定论相关的意义上来说，被告当时也确实可以做出其他选择，错误的是，在当时情形下，被告本应出于内在的理由选择不同于他当时的行为方式……有了这些理由，被告就能留意到他当时没有留意的事项。但是一个人在当时不可能控制其留意的事项以及意识，试想他当时并没有想到但是应当想到的东西（亚历山大，1990，第99—101页）。

我有许多论点来回应这种观点。首先，判断某人当时应当考虑而没有考虑到的事项并不存在什么逻辑上和实践上的障碍。例如，假设我发现自己在驾驶时做白日梦，我提醒自己要注意行驶速度、路况、车距以及所有可能会产生风险的情形。选择（或者维持）起初的这种精神状态就是一个实施一系列控制的问题；在这个方面，"考虑（注意、留意）"不同于"相信"，因为一个人不可能如此轻易地相信某事。当然，一个人不可能完全控制其思想的对象，但这是不中肯的；相对客观世界来说，我们不可能完全控制我们精神生活的任何方面、实践推理过程或者行为结果。[58] 哈特认为大多数人能够控制自己的思维过程，并以此来说明对疏忽大意过失归责的适当性（参见哈特，1970，第151页）。当然，这似乎是大多数普通人的看法，他们认为自己应当对疏忽大意或者过失承担责任，而不是简单地说："我对此无能为力，这确实超出了我的控制"等等。当然，主张某人应当对某个结果承担责任或者对自己负责并不是等于主张行为人的精神状态是有罪的或者其行为应当受到谴责，只要涉及后一个判断，留意或者疏忽都因此是非常相关的，这意味着疏忽大意过失不应当构成犯罪，但我提出这一点仅仅只是为了强调应受谴责与结果责任这两个观念，虽然存在交叠之处，但二者仍然是相区别的。

---

[58] 参见第四部分中对道德机运的讨论。

我针对亚历山大的主张要指出的第二点是,其在驳斥与自由意志/决定论相关的含义时,所建立的"本可以做出其他选择"的含义并不清晰。他认为,只有后一种含义具有法律意义。首先,假设某人在自由意志问题上是一个非相容论者,那么在他必定会认为与自由意志/决定论相关的"本可以做出其他选择"的含义就必须以行为人甚至在特殊的场合下也能做出其他选择为要件,但只要是涉及疏忽大意,这个结论就肯定具有法律意义;另一方面,假设某人是一个相容论者,那么在判断行为人的选择时,他所能采用的"本应做出其他选择"的惟一含义就是指行为人在类似的环境中有能力以其他方式行为,因为我们假设决定论是正确的:即在特殊的场合下,行为人在当时不可能做出其他选择(假定所有的前提条件,包括行为人的谨慎状态都是不变的)。正如哈特所认可的那样,只要涉及行为人在特殊场合是否本应做出其他选择的问题,那么如果在行为人留意之前不存在任何亚历山大所说的"内在的原因",这种情形就与故意谋杀的情形截然不同:"[一个疏忽大意的人]可能会说'我的头脑一片空白'或者'我只是忘记了'或者'我只是没有考虑到,我无法想到',而冷酷的谋杀者可能会说'我确实决定谋杀,我非要这样决定'。"(参见哈特,1968,第156页)哈特还进一步提出,以便确定行为人对行为(和结果)的责任,在疏忽大意的行为人和冷酷的行为人案件中,必须具有证明行为人具有一般能力的相关证据,在每一个案件中,这些证据将会分析行为人以及像他一样的其他人的一般经历。

可避免性意义上的结果责任概念并不认为这种强烈自由的观念与非相容论相联系,也就是说,它并不认为对于行为人来说,在行为当时存在可替换的可能性,以便他能在该特殊的场合下作出其他的选择;出于同样的原因,可避免性意义上的结果责任概念并不认为不存在强烈的自由。依托于一般能力的概念是相容论的一个由来已久的手法,但是我并不赞同这种相容论,我只是利用这种同样的手法来说明即使行为人在行为当时可能并不知晓可能出现的结果,我们仍然可以认为其当时能够控制该结果。

七、行为,相互关系以及合理注意的含义

在这一部分我将更深入、更有针对性地探讨结果责任与侵权行为法之间的关系。我在对结果责任所作的解释中最核心的问题是:行为人是否有能力预见该损害结果,以及他有能力在预见的基础上采取相关措施来避免该损害结果发生吗?如果对这个问题的回答是肯定的,那么行为人就应该对该损害结果的发生承担结果责任。结果责任本身并不产生道德上的赔偿义务,但我认为它是产生这一义务的基础。如果这种观点是正确的话,那么结果责任就会在矫正正义和侵权行为法的道德基础中处于核心地位(当然,这首先要假设对侵权行为法的矫正正义解释是正确的,我在本文中并不会直接涉及这个问题)。

我在前面已经提到,可以通过两个主要方面来判断可预见性。从第一个方面也就是我所称的行为方面来看,我们质疑如果一个普通人参与了某个行为或者在一定程度上参与了该行为,是否就可以认为他能够预见一种或者多种类型的损害;我们质疑行为人是否应当采取措施避免损害发生,首先即是质疑如果行为人不参与该行为或者在更小的程度上参与该行为,那么该损害是否可以避免的问题。我们必须从这个角度来提出这个问题,因为如果该损害结果在当时是无法避免的,那么损害结果就不是由该行为所导致的,也就不会产生行为人对此承担结果责任的问题了。从这个意义上来说,对结果责任的判断必须具有追溯性,但这并不意味着在行为当时从行为人的角度来看,不参与该行为或者在更小的程度上参与该行为,就必定会避免损害结果的发生,因为从事前方面来说,我们不可能完全控制我们自己的行为结果,行为人所应当意识到的(无论他是否实际认识到了)只是在于如果其不参与该行为或者在更小的程度上参与该行为,就会降低对损害的认知上的可能性,至于多大的认知上的风险可以作为认定行为人承担结果责任的标准,这就要参照前面所讨论过的普通人的认知观念了。

应该注意的是,我们目前还没有解决如何判断行为人是否可以降低或者消除该风险的问题(无论从该风险的属性上看是否属于应当适用严格责任的情形)。

我把前面谈到的第二个方面称之为特定的事前预防措施。除了我们刚才讨论的行为的实施方式之外,这种分析与第一方面有相似之处,尤其是,对于一个普通人来说,在行为过程中,他应该采取什么样的特定的预防措施呢?如果他本应预见到的这种损害最终物质化了,而且在事后看来,如果采取一项或者几项预防措施可以在事前降低损害风险,那么就可以确定该损害就是本可避免的(即未能采取事前预防措施是损害发生的一个原因),那么他就应当对损害结果的出现承担结果责任;还有,这并不意味着他当时本应采取我们所讨论的这个预防措施,这个问题在我们分析的后一阶段才会出现。

在适用严格责任的案件中,一般可以根据行为方面来判断可预见性,在适用过失责任的案件中,行为方面以及特定的预防措施方面都会在其中发挥作用。在过失侵权法上,可以通过注意义务观念来从理论上理解这两个事前特征,用阿肯勋爵(Lord Atkin)的名言来表达,则是:在法律上与我"相邻的人",也就是指——"那些与我十分接近而且会直接受到我的行为所影响的人,以至于当我按照自己的意志行为或者不作为时,我应当合理地考虑到他们因此会受到的影响"[59]。

在第五部分中已经提到,可预见性是认知上的可能性的一个函数,在侵权行为情形中,由于出现良好的或者糟糕的结果都是可能的,这说明可预见性是认知上的风险的一个函数,这就自然会引出为什么我们应当将结果责任理解为一种责任的基础,而不能理解为表面的赔偿义务这个问题。我们可以做下面的假设:如果 A 应当知道她的行为会与对 B 的损害联系在一起,那么我们实际上是认为 A 在实施其行为即是对 B 施加风险,如果这一点是正确的,

---

[59] 参见 Donoghue,[1932] A. C. 562, at 580。

那么似乎无论是从行为角度、还是从特定的预防措施角度、或者同时从两个角度来看,该损害都是可预见的,但是,如果 A 确实对 B 施加了风险而且该风险也最终成为对 B 的实际损害,那么正确的结论似乎应该是说 A 对 B 强加了损失,那么,为什么 A 不应该赔偿 B 所承受的损失呢?换句话说,在侵权行为法上,以一般预见为基础的严格责任是一个相关的制度,为什么结果责任不能等同于表面承担赔偿义务呢?

除了用风险之施加取代因果关系作为判断的基础之外,刚才所谈到的这种观点类似于自由意志论者对侵权行为责任的阐述,对这种观点的回应也就类似于对自由意志论的回应。这种主张所面临的一个问题在于,我们不能同样地从 A 能够预见对 B 的损害这个前提而得出 A 对 B 施加了风险的结论[60],其中的一个原因是,许多风险是双方共同制造的,而不能说是由一方强加给另一方的,对于我们所称公认的社会交往模式来说尤其如此,驾驶就是一个很好的例子。至少当司机在交通规则允许的范围内驾驶时,他不是单方面地对他人施加风险,而是双方当事人在共同制造风险,双方当事人在面对该风险时都是脆弱的。在这种社会关系模式中仍然存在个人的结果责任,因为大多数司机都清楚驾驶的风险,从行为的角度来看,每个司机都能预见到他可能会被卷入到会对自己或者他人造成损害的事故中去,但是当事故发生时,正如没有人造成了损害结果一样,也没有人施加了风险(以因果关系观点为依据,参见第三部分中对自由意志论的讨论)。而且正如当双方当事人共同导致了损害结果时,单纯的因果关系事实尚不足以成为分配损失的基础一样,当双方当事人共同制造了导致损害的风险时,单纯的承担结果责任的事实也不足以成为分配损失的基础,在这种情形下,双方当事人都应当对发生的事件承担结果责任,而似乎有更多的其他因素成为赔偿义务的基础,等一下我们会对它进行

---

[60] 关于在这一节的余下部分大致谈到的这种观点,我在《风险以及过失的含义》(尚未发表)一文中进行了详尽的论述。

讨论。

首先，我们会问，共同制造风险的含义是什么呢？我们说客观风险是双方共同制造的，这具有法律意义吗？假设我们现在讨论因双方当事人共同制造风险而造成了损害的案件（这是柯斯主义者的基本观点），最复杂的问题在于我们不可能指出一个惟一的参照体系来说明包含了"这种"客观风险的相对频率（无论我们知道与否），事实上存在许多不确定的这种参照体系，但其中的大多数我们都不知道或者至少无法描述。现在我们假设在保罗和乔治之间存在某种可能的有害关系，无论我们对事件及其损害性质的参照体系的说明和描述多么详尽，对于乔治来说也总会存在其所能采取的将客观风险降低至零的行为，对于保罗也是如此，当然也许他们并不知道，但只要涉及客观风险，那就不涉及这一点了。假设在他们之间出现了一种实际有害的相互关系：保罗对其飞机失去了控制，且在属于乔治的地方S着陆，乔治可以决定不再继续飞行或者飞离S处，保罗可以决定不在S处而在T处进行野餐，那么，除了极其异常的情形之外，我们可以说处于（可能的）有害关系中的双方当事人都制造了该客观风险，这是从柯斯主义者基本观点中得出的必然结论。[61]

因此，因有害的相互关系而产生的客观风险几乎总是双方共同制造的。但是从道德上讲，这并不是一个十分重要的观点，当然，从道德的角度来看，认知上的风险才是最重要的。在什么情形下我们应当将认知上的风险视为双方共同制造的而非单方面强加的，这在性质上是一个法律问题，对风险的施加因此也就不是像用枪对准某人那样只是一个简单的事实状态。为了分辨共同制造风险和单方面施加风险的情形，我们有必要回到前面所介绍的公认

---

[61] 柯斯主义者的观点不支持那些非由双方当事人共同制造客观风险而导致损害结果的情形。例如，乔治将整个地方都灌注了毒气且最终导致了保罗的中毒死亡（与很多其他人一道）。当然，在保罗的死亡原因中包含了他本人的一些特性如对毒气的敏感程度，但是这其中并不包含保罗所实施的与死亡结果具有因果关系的行为（除非我们将他在地球上生活视为一种行为）。

的社会交往模式的观念上来。直观地说,在这种公认的社会交往模式中,因相互关系而产生的风险应该被理解为是双方共同制造的,而不是某个人单方面施加的。我给出的是一个关于驾驶的例子,但是公认的社会交往模式不应该局限于单个的行为,因此现代社会中司机与行人之间的相互关系为公认的模式又提供了另一个例证,甚至有时候我们所讨论的风险更大程度上是由行人而不是司机来承受的。这些风险的产生不是司机向行人"施加"的,而是出于这种社会关系模式所具有的一般特征,这些一般特征在生活中太普遍、太基础了,以至于我们很容易无视它的存在。但是,如果行人走的是人行天桥或者走的是由地下通道所连接的防护道,那么风险就不会产生(尽管可能会产生其他风险);如果允许司机们在公众场合(如公园、人行道等)而不只是在指定的道路上(如公路或者高速公路等)驾驶的话,所产生的风险又会截然不同。公认的社会交往模式中包含了非常广泛的而且被稳固确立的社会习惯,这些习惯实际上是社会行为的基本组成部分,只不过由于它们的普遍性,以至于并不总是能够上升到侵权行为法所研究的高度而已。在这一点上,它不同于以存在于一般社会交往模式之中的普通预防实践为内容的特殊习惯,在法院判定注意标准问题时通常会考虑到后者。[62]

至于什么样的社会关系模式才能称得上是社会公认的模式,这是一个极其复杂的问题,也不是我在这里所能讨论的。我认为,它首先包含了相互关系的含义,这种相互关系建立在每个人都有权参加任何一种双边行为这个一般理解之上;第二,参与了这种双边行为的行人知道其行为的风险且有能力在一定限度内作用于这种风险对自己以及他人的影响程度。通常说来,就如前面所举出的驾驶的例子一样,公共调整制度从立法上认可了一部分或者

---

[62] 汉德在 The T. J. Hooper, 60 F. 2d 737(2d Cir. 1932)的判决就是这种主张的最好论述(否认了被告所主张的在远洋航行中船上没有收音机这个惯例的观点)。

一系列构成性规则,这其中显然包含了协调多人之间行为的相关观念,也许同时还包括了对于利益和效率的社会判断机制,但无论如何,公认的社会交往模式指向的是一种现存的、具有重要意义的而且十分普遍的法律现象,我希望这个观念能够得到认可。

我们接下来讨论社会关系模式与判定承担赔偿义务之间的关系。我们首先从讨论过失侵权法上的注意标准开始。通常的观点认为过失侵权法上的过错指的是某人对他人强加了某种可预见的实际风险,人们经常援引的里德勋爵(Lord Reid)对波特诉斯通(Bolton v. Stone)一案[63]的判决就是持这种观点,这说明过错包含了(1)一方当事人单方面地施加给另一方的风险,以及(2)该风险的合理与否取决于它是否超出了某种不确定的(但确是"实际的")严重程度。我认为至少可以从以下三个方面来说明这种观点是有问题的。首先,实际风险的发生频率是过失的构成要件之一,但是在法律上似乎并不存在某个可以适用于任何案件的实际风险发生频率的标准,风险的合理性是随着不同的环境而变化的;第二,它并没有清楚地说明,为什么在以正义和个人责任观为土壤的侵权行为法理论中,单方面地施加何种程度的风险是可接受的,这种将风险划分为可接受风险和不可接受风险的观点似乎是在主张某种结果论;第三,关于合理注意的判定至少应该包含成本—收益上的根据,而这却不是根据实际风险的程度来判断的。我的观点是,如果我们在大多案件中将实际风险首先理解为一种附随着现有的社会交往模式而产生的正常风险的话,这些问题也就消失了,至少也不会这么咄咄逼人了。

我的一个基本观点是,在大多数情形中,风险是双方共同行为的产物,单个行为人通常可以对特定环境中的风险采取一定程度的或者说通常是许多的控制措施。由此我们可以进一步研究在鲁

---

[63] 参见 *Bolton v. Stone*[1951] A. C. 850(H. L.)。我曾经接受了认为风险水平观念是关于过失标准的适当表达的这种观点。参见佩里(1988,第168—171页)。现在仍然有许多理论学者接受该观点。参见韦恩瑞布(Weinrib,1995,第148—152页)和瑞特(Wright,1995,第261—263页)。

莽驾驶的司机与行人之间的关系中所包含的风险,也就是说,如果我是一个司机,或者我是一个习惯性地在路上散步的行人,那么判断"实际"风险的构成要件时应该以与我们所讨论的这种社会关系相联系的正常风险为基础,这种基础在不同的情形中亦有所不同,而且在如同驾驶之类的许多社会交往模式中,这种正常风险有可能会很高(这是对上一段中所谈到的第一个问题的回答),因为风险是双方共同制造的,而不是由一方单方面地施加给另一方的,同时该风险也是在公认的社会交往模式范围之内所产生的,即使当双方当事人的正常风险为零时也是如此(这里我们至少已经开始回答第二个问题了);最后,即使在正常的风险范围之内,一方当事人也可能以极小的成本有效地降低他人的风险,这是一种有条件的成本收益分析,也是对前面提出的这三个问题进行回应的出发点。

下面我更深入一步地发展成本收益观念。也许在公认的社会交往模式范围之内,应该认为在关于过错的过失标准中包含了符合汉德标准的直接的成本收益分析。根据这个标准,当 B＜PL 时,也就是当采取预防措施的成本或者负担小于预计的损失时,如果行为人未能采取预防措施的话,那么他就具有过失。[64] 其基本的观念是,只有当 PL 的值处于与我们所讨论的社会交往模式相联系的正常的可接受的风险范围之内时,才能适用汉德标准,其理由是,根据标准的经济模式,(在该模式范围之内行为的)所有人都会将运用该标准来衡量他们自己的利益以及他人的利益。这样来理解汉德标准的地位也不会受到一种批评观点的影响,这种批评观点认为这样做的结果实际上是允许被告以自己的利益来对抗自己施加给他人的实际风险[65],因为根据现有的解释,这个标准只能适用于双方共同制造的(非由一方单方面施加的)、而且是已经被判定为可接受的那一部分风险。

---

[64] 参见 Carroll Towing,159F.2d 169,173。
[65] 例如,可参见爱普斯坦(1985a,第 40 页)。

实际上我们可以将对汉德标准的有限适用视为人们之间的一种合作形式[66]，这种看法与认为成本收益分析包含了单方面地施加风险这一点无关，因为即使在其他的可接受风险的范围之内，也会存在降低他人损失风险的机会。如果你所支付的成本小于他人的预期损失，那么你就应该帮助他人避免损失并采取降低损失的预防措施，在类似的情形中你同样也会希望他人这样地对待你。但是，这种完全的边际成本收益分析太过于理想化了，在实践中，行为人所能做的只是采取一般人所能想到的预防措施，在不给自己带来太多麻烦的前提下降低他人所面临的风险[67]，但是无论怎样进行边际收益成本分析（在特定的风险范围之内），或者仅仅只考虑普通人所能想到的预防措施，只要行为人未能以适当的方式降低风险就会构成过错，而且其结果是导致在表面证据案件中承担责任。

这种分析提出了一种与有关过失的实在法相一致的、公平的正确论调。在普通法的所有司法裁判中，这个过失标准公式似乎都要求进行某种形式的成本收益分析，但同时法院并不将它适用

---

[66] 罗纳德·德沃金沿着有几分类似于德沃金（1986，第302—308页）中提出的思路来思考侵权行为法中的成本收益分析。德沃金明确指出应该从几条不同的途径来限制适用成本收益分析，例如通过权利或者基本的利益来进行限制，但是他并没有十分清晰地说明应该如何操作，他还认为，从长远来看，关于比较成本的分析对每个人来说都是公平的。我在这里的解释是，成本收益分析不能适用于非正常风险的案件，实际上也是借用了这个观点。需要指出的是，德沃金所提出的关于侵权行为法的理论与我提出的理论有所不同，因为他是以分配正义而非矫正正义作为研究的出发点，我在佩里（2000）中批判了他的观点。

[67] 卡多佐在 Adams v. Bullock 案，227 N.Y. 208, 125 N.E. 93 (1919) 的判决中有这样一段话："损害的几率可能会预示着过失，尽管这种预示是间接的，保护的便利也会施加保护的义务"。也可参见王格蒙得二号（Wagon Mound [No.2]），1967 A.C. 617，第643—644页，其中里德勋爵提出"如果消除这个风险没有什么困难，没有任何不利，也无须成本"的话，一个有合理的人不会忽略"真正的"风险（即虽然处于被告地位的合理人会想到非实际风险）。根据这个观点，过失包含了没有采取特定的预防措施，而不包括完全的成本收益分析。参见卡迪（Grady，1989）。

于因人们之间相互关系而引起的所有风险。英国的法律提出了一个良好的适用基础,而且在法律规定由法官而不是由陪审团来进行有关的过失判定,即必须由法官来辨明陪审团的决定之后尤其如此。在普里·康希尔(Privy Council)对王格蒙得二号一案的判决中,里德勋爵认为在除了非实际风险之外的有关可预见的案件中,一个合理的人"会将风险与消除该风险的困难进行衡量"〔参见 Wagon Mound(NO.2),642〕。但是这个案件实际上是对波特诉斯通一案所作出的一个更早的解释,对此里德勋爵谈道:

> 施加实际风险应该是每个人所应当被禁止实施的行为,而且我认为这也是一个谨慎的人所应尽力避免的行为。在考虑这个问题时,我认为我们不仅应当考虑某人受到撞击的机会有多大,而且还应当考虑如果某人受到撞击的话,其后果会有多么严重,但我们无须考虑采取补救措施的困难有多大。如果为了避免产生实际风险而不在地面上打板球的话,那么板球根本就不应该是一种在地面上打的游戏。(波特,867)

在这段话中,里德勋爵认为,根据汉德公式,法院应当考虑 PL,而不用考虑 B,也就是说,它不对成本和收益进行衡量,但是其限定是,在被告施加了实际风险的案件中不能采用成本收益分析。我在关于侵权行为法的著作中,将实际风险定义为与社会交往模式相联系的超出了正常范围的风险,而且该风险的产生尤其是源于被告的行为,如在市区的一小片地上建板球场,通常情况下,板球场都是建在农村或者是位于市区的一大片土地上。[68] 从法律上讲,我们可以把这种情形认为是单方面地施加风险的情形,而且,甚至当该风险的产生得到了不受限定的成本收益分析证明时也是如此。

---

[68] 在实际案件中,上议院认为被告不应负责,但是所有的法官都认为,尽管绝对地说,被板球击中的风险相当低,但是这个案件十分接近这个界限。这说明风险的水平并不重要,重要的是与公认的社会交往模式相联系的风险是否正常。

当然,不是所有产生于公认的社会交往模式中的风险都属于背离了这种模式的非法风险,当被告的行为极其不正常,或者当可能的受害人只是没有能力知晓该风险或者即使他知晓了该风险也仍然不能避免风险发生时,就会出现非模式性的案件,爆破就是前一种情形的例子,[69]飞机坠落的危险则是第二种情形的例子。[70]在这些案件中,风险仍然是双方共同制造的,但通常只有一方当事人知晓或者有能力控制这种认识上的风险,因此在这些案件中,我们说是具有控制能力的一方当事人施加了该风险,而且我们希望仅仅由参加了该行为而且导致了损害的人来承担责任,所以,这也可以说是一种单方面施加了风险的法律情形。在这些案件中,我们是以作为一个整体的行为为根据来判断结果责任,而不是以可能采取的特定预防措施方面为根据来判断,但这并不是说这以被告非法地参与了该行为且该风险事实上并不是太高为要件,其关键在于可以认为被告单方面地对他人施加了风险。正如我们所期望的那样,这些行为通常适用的是从属于非正常的危险行为规则之下的严格责任[71],即在瑞兰德诉弗莱彻一案[72]中所确立的规则,或者是某些类似的学说分类。[73]

刚才提出的关于侵权责任的理论分析似乎已经把握了乔治·

---

[69] 参见 *Spano v. Perini Corp.*, 25 N.Y.2d 11, 250 N.E.2d 31 (1969)。

[70] 侵权行为法(第二次)重述,§520A。

[71] 侵权行为法(第二次)重述,§519,520。

[72] 参见 *Ryland v. Fletcher*, L.R. 330 (1868)。最近上议院已经明确在兰德案中应该以原告的损失在当时是可预见的为要件,这意味着这个规则适用的是以预见为基础的严格责任,而不是以因果关系为基础的绝对责任。这个理解与结果责任的可避免性观念是一致的。参见 *Cambridge Water Co. v. Eastern Counties Leather PLC*, [1994] 2 A.C. 264。

[73] 克赖里·芬克尔斯坦(Claire Finkelstein)针对我以前对结果责任理论的解释进行了批判,其理由是应该允许在某些情形下,单独地对结果责任施加义务,甚至当没有过错时亦可。参见芬克尔斯坦(1992,第956—962页),批判佩里(1993)。我认为这个观点基本上是正确的,尽管在没有过错的情形下对结果责任施加义务的案件例子并没有芬克尔斯坦所认为的那么多。这是因为在公认的社会交往模式中所产生的结果责任并不会引起赔偿义务,只有在单方面地施加风险的案件中它才会引起这种赔偿义务。

弗莱彻原则的核心,弗莱彻认为"人们之间相互关系的典型模式要求我们能够承受我们互相施加给对方的风险而无须补偿"(弗莱彻,1972,第543页)。弗莱彻在这篇文章中提出,相互性是指原告和被告双方相互之间独立地施加给对方的风险,但是这种研究方法缺乏道德上的保证,而且与实际的侵权行为法学说也没有什么关系。因此,弗莱彻将相互施加风险描述为在某种特定行为之内或者贯穿于整个社会的基础性风险,即"应该联系社会中无害风险的基础来分析严格责任中的相互性,而我们应该参照在驾车、滑雪等类的特定行为中所产生的风险的基础来衡量过失案件中的相互性"(参见弗莱彻,1972,第549页),这也就不足为奇了。但是,只有当我们根据在特定的社会交往模式之内所共同制造的认知上的风险来理解基础风险时才能对这种观点提出质疑,而不是像弗莱彻自己所提出的那样,以有意义的、明显的、客观的风险——即我们在不同的环境中通常会相互施加的风险为依据时,才能对这种观点提出质疑。如果这是正确的,那么弗莱彻所说的从属于过失分析的风险其实就是那些在公认的社会交往模式中所产生的风险,而引起严格责任的风险就是那些在这些模式之外所产生的风险。因此,不应该对如驾驶或者滑雪之类的行为适用过失侵权法——例如,这些解释不能说明汽车和行人之间的事故,但却可以解释处于这些行为之内或者体现于这些行为之中的社会交往模式。

八、结果责任是多余的吗?

我在前面已经阐述过,确定被告承担道德上的赔偿义务有两个步骤,判定其应当对某个已经发生的损害结果承担结果责任是第一个步骤,在第二个步骤中要么包含了被告具有过错的结论,要么则是在被告所承担的结果责任中包括了其单方面地对原告施加了风险这一结论,但是我的观点在面临以下的反对意见时似乎显得有些无力[74]：如果过错或者某些类似于过错的行为如单方面地施加了风险是产生责任的必要条件的话，那么为什么这个条件不能是惟一的呢？为什么我们同时还要坚持被告能够预见并避免该损害也应该作为一个要件呢？换句话说，为什么仅仅证明了被告具有过错并因此对原告造成了损害是不够的呢？这是对安德鲁（Andrew）法官在帕斯加夫诉长岛铁路（*Palsgraf v. Long Island Railroad*）一案[75]所持异议的一个挑战。安德鲁认为，只要能证明被告没有达到其应尽的注意义务标准（即具有过错），且其行为的结果是使原告蒙受了与之具有近因关系的（即直接的）损害结果，那么这就足以引起侵权责任。根据安德鲁的观点，即使原告不属于被告所能预见的可能的受害人之列也无关紧要。这个观点只在一定程度上阐明了注意义务，即被告不是仅仅只对其所能预见的受害人负有注意义务，而是对所有人都负有相应的注意义务。这种观点存在的问题是什么呢？

安德鲁的主要挑战性观点在于只要被告具有过错就足以引起道德上的赔偿义务。对这种观点的回应首先在于，如果没有结果责任，那么过错指的就是对行为准则的违反，就目前而言，相关的准则指的是应尽之注意义务的过失标准，但是，如果它不是系统地与结果责任（包含在被告的注意义务之内）相联系并受到结果责任制约的话，那么就没办法可以区别这种特殊的行为准则与其他的准则了。如果赔偿义务在这里指的是适当的道德上的以及法律上的补偿，那么为什么它不包括那些因违反了其他准则而导致损害的案件中所涉及的适当补偿呢？我们不妨以瓦伦·希维（Warren Seavey）举出的例子（参见希维，1939，第33页）来做一个假设。被告绑架了某个人，但是在其邪恶的行为过程中，他在没有预见且在没有过失的情形下对第三方造成了损害，那么受到损害的第三方

---

[74] 前面所讨论的观点认为结果责任应该是侵权责任的一个必要要件和充分要件，而不仅仅是必要要件。从某种意义上来说，这个观点是该观点的一个逆命题。

[75] 参见 248 N.Y.339,162 N.E.99(1928)。

有权对被告主张因侵权而致的道德上的义务吗？如果答案是肯定的话，难道这仅仅是因为如果被告不违反关于绑架的道德和法律义务，侵害就不会发生吗？我相信无论是律师或者不是律师，人们的直觉回答都是否定的。

反过来，如果把关于注意义务的过失标准作为一个具有独立地位的准则，那么为什么我们会认为一旦被告的过失导致了损害结果，他就应当承担法律上的赔偿义务呢？为什么我们不选择惩罚或者其他的损失分配途径来对此做出回应呢？至少当我们以侵权行为法的威慑理论为根据，不将惩罚视为一种再分配途径时，惩罚就自然地成了一种适当的补救途径。这也许是安德鲁在对帕斯加夫一案的判决中最直接的观点，我们会很自然地把他作为波斯纳的前导，但是，很明显，如果采取威慑思路的话，那就会彻底地背离矫正正义基础，背离侵权行为法意图确立责任的观念。另一方面，威廉·普鲁塞(William Prosser)也阐述了其对安德鲁的判决所持的观点："实质上是在无辜的原告和被认定具有过错的被告之间进行选择。如果损失与被告的过错并不相称的话，那么它也就与原告的无辜程度不相称"(参见普鲁塞，1953，第17页)，这说明应当把过错作为在处理有害关系之中的双方当事人之间分配损失的一个标准，这实际上是把责任的判定当作了一个针对局部的分配正义的问题[76]，即只要被告具有过错且损害了无辜的原告即可，而无论被告是否能够预见实际发生的损害类型，在双方当事人之中，应当由具有过错的被告方来承担损失。

刚才谈到的这种分配正义观点至少在两个方面具有严重缺陷。[77] 首先，我们既不能专断地从过失的意义上来界定过错，也不能仅仅从被告一方的过错来对过错进行界定，因为这种研究方法会很快把我们引入对当事人相对道德价值的比较性评价之中[78]，

---

[76] 关于矫正正义和分配正义之间的一般关系，参见佩里(2000)。
[77] 关于我在这一段中所概括的对分配正义研究方法的批判，我在佩里(1992b，第467—474页)中有详细论述。
[78] 参见克顿(1963，第21页)。

例如,在前面讨论的绑架案中,如果我们假设受害的原告比绑架者在道德上更无辜,那么这种比较性评价就会要求引发相应的责任;第二,我们不能将分配正义限定于在有害关系中具有因果关系的双方当事人,与此相关,我们也就没有理由认为损害事件中的因果关系是产生责任的一个必要要件了。这个观点通过过错共担得到了说明,朱里斯·克里曼将这个观点作为他坚持了多年的废除矫正正义观点的一个例证(但此后他逐渐认识到,废除的观点应当被理解为分配正义理论而非矫正正义理论)。[79] 过错共担要求所有具有过错的人如过错驾驶的人支付与其过错程度相当的费用,而无论她是否实际上的确造成了损害结果;在高速公路上受到伤害的人就可以直接向该团体主张权利(参见克里曼,1974,第484—488页)。过错共担说明了这种分配论的观点不可避免地会背离侵权行为法及其由特定行为人向特定损害承担责任的基本原则,走向了某种更一般意义上的分配制度。

乔治·弗莱彻在我们前面所提到的那篇文章中主张改变这种分配论的观点。弗莱彻认为,由罗尔斯的观点所得出的平等地享有安全权利的原则是矫正正义的道德基础,即:"我们每个人都如同其他人一样,应该最大化地享有安全的权利"(参见弗莱彻,1972,第550页)。与罗尔斯的观点类似,这种观点也应该被理解为是一种分配正义的观点(分配安全的利益),如果某人对他人施加了额外的风险——如同前面所讨论的相互性原则所确定的那样,就会因此产生对由此所造成损失的赔偿义务,因为"赔偿是如其他人同样拥有的个人安全权利的替代品"(参见弗莱彻,1972,第550页)。因此,弗莱彻实质上是在主张一种辅助性的损失再分配原则,以便维持由最初的安全分配所保证的福利水平。因此弗莱彻认为损失的承担只能被分配给特定的造成了该额外损失的风险

---

[79] 参见克里曼(1992a,第306—318页)。克里曼在《风险与侵害》(*Risks and Wrongs*)中所阐述的矫正正义的"混合"观念在很多方面类似于我提出的以结果责任为基础的侵权行为法解释,参见佩里(1992a)。

施加者,他其实是在主张一种局部的分配正义观念,但是这种分配论观点并不能从逻辑上为这种约束提出基础。就像过错共担,从分配正义的角度看来,如果要求由所有参加了额外风险行为的所有人来分担受害人的损失,而不论他们是否实际造成了损害(也就更加无须讨论他们是否造成了"这个"损害)则似乎更公平、也更合理。弗莱彻的观点部分体现出来的逻辑实质上在于主张甚至当风险施加者的行为可以得到免责时,受害人仍然享有获得救济的权利,而风险施加者也就因此被免除了赔偿义务,弗莱彻认为,这些受害人可能享有某种优于社会保险制度的权利(弗莱彻,1972,第553—554页)。

我所要阐明的观点是,侵权行为法中的结果责任从法律上将行为人与行为的结果联系在一起,它们之间联系的纽带成为赔偿义务的基础,这种法律联系在于行为人应当承担结果责任:即他在行为当时能够预见并避免该损害结果发生,而且如果他当时本应该避免该损害——也就是说,如果他当时有过错的话,或者其结果责任可以认为是由于他单方面地施加了风险的话,那么从道德上讲,他应该通过支付与此相当的费用或者其他的方法来消除该损害结果。有一点十分重要,即在以过错为基础的案件中,赔偿义务并不仅仅只是取决于结果责任、过错以及近因关系的同时存在。现在我们重新来回顾希维所举出的关于绑架的例子。假设当绑架者在谨慎地将被绑架者驾车送往隐蔽地点的过程中,第三方受到了绑架者的侵害,我们在前面已经解释过,这一类汽车事故似乎只包含了司机这一方的结果责任,但是即使在这里同时具备了结果责任、过错以及与损害结果的因果关系,我们也会坚持认为在这里被告无须承担责任,因为过错要素并不是以某种适当的方式与结果责任的前提相联系。

结果责任中包含了风险的观念,在这里风险应该被理解为认知上的风险而非客观风险。正如卡多佐在对帕斯加夫一案的判决中(第100页)指出:"风险界定了当事人所要遵守的义务;风险包含了当事人之间的关系,它是指理解范围之内的对另一个人或者多人造成的风险"。如果我们在绑架的例子中要避免这种关于责任的直观结论,那么就应该根据引起被告承担结果责任(由此产生注意义务)的风险来界定支撑赔偿责任的过错判断。换句话说,过错必定是产生于被告的结果责任。赔偿义务的强加是因为他未能采取其本应采取的避免某种损害结果发生的措施而引起。

九、结　　论

在本文中,我提出了一种结果责任的观念,这种观念与行为责任观念既相区别又有联系。根据我所阐明的关于结果责任的可避免性理论,除非某个行为人具有预见并采取措施避免损害结果发生的一般能力,否则她就不必对其行为造成的结果承担结果责任。这种结果责任概念对于何为控制了结果的理解,不同于自由意志论和注意理论,我认为,基于能力对控制进行理解,这是我们将自己视为一个具有道德的人这一自我理解的一个基本方面。因此,它与其他类型的责任判断之间具有重要联系,如关于行为人成功地实现了其预期结果的判断、关于归咎责任的判断等。因为可避免性观念并不把结果责任完全等同于表面上的赔偿义务,所以它有别于自由意志论和责备理论。而且,它构成了我们在理解自己的行为时所普遍贯穿的关于道德来源的一般观念。[80] 尽管如此,可避免性意义上的结果责任仍然是产生道德上的赔偿义务的一个必要条件,而且,在大多数重要案件中,它也是对侵权行为施加法

---

[80] 如同我主张的那样,朱里斯·克里曼和阿瑟·利普斯坦最近共同提出,侵权行为法中关于责任的基础形式并不是我们对道德行为基本理解的一个方面,而是一个独立的、而且最终根本不包含控制的政治概念。参见利普斯坦(1994)、克里曼和利普斯坦(1995)。我在第三部分对利普斯坦的观点进行了回应,并在佩里(1998)中对克里曼和利普斯坦的共同观点进行了回应。我希望在以后的著作中能对他们最近的著作进行回应,尤其是针对他们对我的研究方法所进行的批判。参见利普斯坦(1999,第 97—104 页)、克里曼(1998b,第 310—316 页)以及克里曼的《对研究方法的初步思考》一文(本卷中)。

律上的赔偿义务的一个必要条件。

从认知的角度来说,行为人对某个损害结果承担结果责任必须以行为人在行为当时,具备了知晓该风险可能会导致损害结果的能力为要件。对风险的适当定性则是以处于被告地位的普通人所拥有的评价该几率的知识水平和能力水平为基础。从法律的角度来看,有些风险是由一方当事人单方面施加的,而有些风险是双方当事人共同制造的。在单方面施加风险的案件中,仅仅依据结果责任就足以引起道德上的赔偿义务,当这种道德上的赔偿义务转化为法律上的义务时,其结果是产生以预见为基础的严格责任标准。与此相比较,只有当我们认定行为人不仅能够避免、而且本应避免该损害结果发生时,因双方共同制造的风险物质化而产生的结果责任才产生赔偿义务,这里面包含了过错的概念。在法律上,过失侵权法上的注意标准就是这种过错观念的体现。当过失成为责任的适当标准时,仅仅只有该风险的产生是归因于行为人的单个事实并不意味着行为人就实施了过错行为;因此,在公认的社会交往模式中不可避免的正常风险的物质化并不会产生责任,而只有在那些因被告为了增加实际风险而实施了某个行为,或者被告本应以自己相对较低的成本来减少或者消除该风险而导致了损害结果的情形下,才会产生责任。

因此,可避免性意义上的结果责任通过这种方式解释并纠正了侵权行为法几个核心学说的某些观点,它构成了以矫正正义为基础的对侵权行为解释的核心。也正是出于这个理由,它不仅仅只是道德理论中的一个重要观念,而且也是法学理论中的一个重要观念,它在法学理论的其他领域中也处于十分重要的地位。例如,它通过阐明为什么对谋杀者的惩罚应当重于对具有谋杀企图的人的惩罚来说明了为什么刑法理论不能只采取单纯的主观形式,不过这是一个应该由其他理论来研究的复杂问题。

4 侵害与受害的意义

马丁·斯通*

一、引言：理解侵权行为法

我们不能对所有案件的解释都提出同样的要求,但是,在许多案件中我们只需说明"那样做"的正确性就足矣,因此,我们就以"那样做"作为首要事情和讨论的出发点。
——亚里士多德:《尼各马科伦理学》(Nicomachean Ethics),1098b1

过失案件在国内民事审判实务中是一个最大的分支,但是我们还没有一个适当的理论来解释过失概念的社会功能。
——波斯纳:《过失理论》(A Theory of Negligence)

现代侵权行为法面临着一种在人类事务中普遍存在的并可能是人类行为事实所固有的情形,即一个人的行为可能与他人所蒙受的不幸之间具有某种联系,法律也没有相应地对这种情形中的公平赋予充分的含义。但是通观当今世界,侵权行为法不禁要问:

---

* 我要感谢与韦恩瑞布的交谈以及克里曼、吉姆斯·科那特(James Conant)、爱伦·海尔(Alon Harrel)、里爱姆·莫菲(Liam Murphy)、吉瑞·波斯特姆(Jerry Postema)、史蒂芬·佩里、阿瑟·利普斯坦、斯哥特·夏普诺(Scott Shapiro)、瑞尔弗·瑞吉姆德(Ralph Wedgwood)、爱得沃·威泽普恩(Edward Witherspoon)、本·兹普斯蒂在其早期文稿中的评论。我还要感谢爱瑞克·贝姆(Eric Baim)为我的研究提供了有益的协助。

原告遭受的损害是被告的不当行为造成的,还是只能说成是一种不幸,一种坏运气呢?[1] 如果只是一种单纯的"不幸"的话,那么对原告来说,其遭受的损失或痛苦就像遭遇了破坏性的天气等某个自然事件一样,不具有任何法律上的意义。但是如果存在不当行为——例如原告的损失可能是因被告实施的"过失"行为所引起,这样原告就有获得赔偿的权利,而被告则负有赔偿损失的义务。

本章的论述围绕着对侵权行为法的理解而展开,即通过分析其中的原因来理解侵权行为法的含义。[2] 我的主张是:(1)现代机能主义理论不能解释侵权行为法的核心特征;(2)亚里士多德所谓的"矫正正义"的含义可以使机能主义理论对侵权行为法的研究方法中存在的问题根源凸现出来。[3] 要把握机能主义理论所存在的问题的根源,就需要在特定的侵害事故中(即当一个人"实施"了侵害,而另一个人"遭受"了侵害时)了解对该双方当事人之间的关系赋予直接的法律意义的侵权行为法解释的要求所在。实施侵害和遭受侵害是矫正正义发挥作用的关键因素。

更进一步说,这些关于如何理解侵权行为法的争论是一个方法论的问题,涉及我们关于对法律的合理解释(不妨称为"理论")与法律自身包含的实体概念二者之间关系的理解。近代侵权行为法理论提出了许多关于矫正正义的观点,这些观点的有些部分也相互重复,我之所以对亚里士多德的观点予以了特别的注意,原因之一在于他的论述中尤其缓解了有关方法论(涉及法律及其理论的关系)的争论。[4]

可以说,出现这一问题的原因在于侵权行为法不只是在特定

---

[1] 参见克里曼和利普斯坦(1995),其中提出了这个公式。
[2] 引言的余下部分中概述了我在后面将要论述到的主要观点。
[3] 在这两个观点上,我要感谢朱里斯·克里曼和欧内斯特·韦恩瑞布提出的类似观点,可参见克里曼(1992a 和 1988);韦恩瑞布(1989c 和 1995)。
[4] 许多法学家们发现亚里士多德对于正义的观点是空洞的。例如可参见凯尔森(Kelsen,1957);波斯纳(1990,第313—334页)。在本文的第五部分,我认为亚里士多德提出的可效仿的观点部分在于其引起这种回应的能力。

的案件中决定谁输谁赢的结果,它同时也是一种以追求结果之正当为目的的推理和包含某种观念的实践,正如波斯纳所说的,这是与理论需要有关的"过失概念"。这意味着我们对侵权行为法的理解也必须是对特定法律含义的理解,即通过对概念的理解从而理解如何使法律自觉地成为一个有机体并运用于日常实践。无论如何,从目前的意义上来说,如果我们要理解侵权行为法,很明显我们不能仅仅只认为目前的法律就是如此这般,不能(也不应该)满足于对法律条文的简单重复以及对普鲁塞著名的入门教材(参照克顿,1984)的顺从。如果像亚里士多德的主张一样,即使从伦理上足以证明"那样做"是完全正确的,我们仍然必须强调(这是同一种思想的一部分)证明"那样做"是正确的。问题是,当我们对如过失这样的概念缺乏理论上的正确理解时,我们缺乏的是什么呢?还有,根据这些质疑,我们对此(要求对曲解了我们所缺乏的东西进行解释)的倾向理解是否存在误解呢?

我认为,对于任何一个寻求理解侵权行为法的人来说,普鲁塞式的论断中至少有两件事情是不够明确的。首先,如果这种说法成立的话,实践涉及哪些善德;第二,它具有何种统一性——即是否有一条可以把握使所有实例和各分支与之保持一致并能避免任何误解的途径呢?理解侵权行为法的这两个方面是相互关联的。根据普鲁塞的观点,我们仅用一种有用的社会学方法涉及所有法学家对法律的构建。[5] 但是,如果我们分析这些司法上的"措施",或者它们的主要核心以及涉及的善德,我们就可以抵制实践中那些背离了这些措施或者善德的案例(错误的措施或者错误的解释)——也就是那些不能促进善德的东西。理解侵权行为法就是为了通过清楚的实践方式

---

[5] 在复杂的法律文化中,这些理解自身典型地得到了关于善德以及实践统一性思考的参与,因此,如普鲁塞的主要观点反映了一种试图理解在实践中发挥作用的因素的努力;它不仅仅只是列举某个法官在侵权案件的判决中所谈到的内容,这并不影响目前的观点。

(不仅仅是社会学方法)来把握它们之间的一致性。[6]

机能主义者是如何从这种意义上深化对侵权行为法的理解呢？从实质上看,机能主义者试图将侵权行为法看做是一种促进一种或多种可以独立定义的目标的途径——如"威慑"或者"赔偿"——这些目标都包含于减少事故损失这一总的目标之中。[7] 承认这一总的目标是非常值得的,[8] 因为这种主张的其中一个吸引力在于它为我们评价法律提供了一个独立于法律自身之外的立足点,也就是说,符合机能主义者的理论意图的目标是:(1) 如何全面地理解这些目标的实现而不必借助于那些使法律自觉地成为一个有机体的概念;(2)(因此)它们可以作为对某些善德(或者其他)或者法律学说的一部分诠释而发挥作用,而不必依赖于那种包括了日常法律适用的实践思考。[9] 为了提出能满足这些要求的目标,机能主义理论与那种将法律与理论研究进行分工的设想是一致的,根据这种论述,理论处于"基础"的地位,如果能提出真正正确的理由的话,那么我们就需要提出一个法律所能遵从的独立的衡量标准。

如果赋予了这些目标以独立地位的话,那么当法律实际上不是促进而是抑制了这些目标的实现时,机能主义者很显然会产生一个倾向性的结论,认为"如果以这种理论来衡量的话,法律存在这么多的弊端,它根本就不符合标准",事实上有许多机能主义者

---

[6] 当然,有可能侵权行为法根本不涉及任何善德。在那个案件中,除了通过"运用"社会学和心理学之外,不存在对它的"理解"——以我们理解迷信的某种方式。这种对"理解"的一般性描述类似于德沃金关于"法律实践的建构性解释"的观念,不过(适于我的意旨)它没有这么具体,参见德沃金(1986,第225页)。

[7] 卡拉布雷西(1970)中进行了这种典型的分析。

[8] 大多数机能主义者对此都是想当然的。我认为进一步的论述在于,在其他条件同等的情形下,较小的事故损失是一个值得的目标。从那些没有以"损失"为依据来进行描述的某些价值的观点看来,很明显,甚至许多在成本上得到证明了的预防事故的有效途径也仍然没有什么吸引力。也可参见注[27]。

[9] 与此相关联,如果这些目标要求法律来明确指出其具体内容的话——例如,"侵权行为责任的功能在于保护某人的计划不受到侵害性干预"(要么如此规定,要么将侵害性干预与公平、自由或者自治等抽象的价值联系起来),那么机能主义者的目标可能就会遭到挫败。

也接受了这一结论。他们认为,侵权行为法应该被废止或者被其他支持威慑侵权行为和对受害人进行赔偿的法律手段所取代。他们认为:"有许多社会舆论都有助于威慑侵权行为和对受害人进行赔偿,但……很难认为侵权行为法是为这些目标服务的,如果意外事故侵权法被废止的话,整个社会仍然会受益。"[10]我的观点得出的是另一个与此截然不同的至少看似正确的结论。通过分析机能主义者倾向于废止侵权行为法的理由,我们可以将侵权行为法视为一种对伦理观念(矫正正义)的表达,这种伦理观念是侵权行为法的起源,但如果以满足机能主义者主张的独立标准所提出的要求为方式的话,那么其内容将是无法被完全把握的。

我认为,矫正正义为确定侵权行为法所要实现的目标服务,并为侵权行为法在实践中的统一提供了途径。也许有人会认为侵权行为法是促进矫正正义的手段,只要他在这个基本问题上是清楚的,即不会有一个在这里被提及的目标或者目的能够满足上述的(1)和(2)要求,那么依据这种解释,对侵权行为法的理论反而会形成循环论证,因为法律的目标在于表达矫正正义的要求;但全面地理解矫正正义又需要个案中详尽的法律学说所体现出来的同种类型法学上的思维。如果这样分析的话,我们就会反对那种认为矫正正义并不真正包含机能主义者在侵权行为理论中提出的降低事故损失目标的解释。但是这个观点也是一半正确、一半错误的,因为如果这样认为的话,矫正正义就包含了机能主义者对于侵权行为法的理论解释观念的选择。

为了进一步说明这一主张,并考虑到相关的反对意见,我们首先对侵权行为法的主要概念做一个概述,这样做很自然地会被误认为是在回避问题的实质,但如果我们因此不能描述侵权行为法的话,那么它能够阐述清楚其理论基础,而不只是去问我们为什么应该废止它呢(参见克里曼,1998,第 1251—1253 页)? 通过以下

---

[10] 参见萨格尔曼(1985,第 616—617 页),也可参见富兰克林(1967)和艾森(1967)。

的概述我们可以理解侵权行为法的要点,即某个人实施了侵害行为(因此他负有赔偿义务),当且只有当他人受到了侵害(因此他有权获得赔偿)时。作为一种对法律的早期理论说明,这看起来似乎只是老生常谈,即侵权行为法通过对责任的判决而将特定的双方当事人联系起来。但是,如果那些关于侵害行为的正确观念不包含这种双边性质的话,这一老生常谈的重要意义就体现出来了。机能主义并未对该双边性质留有空间,而且,该双边性质是侵权行为法的基本内容(我们这里所理解的侵权行为法都离不开这一基本的理解),但在机能主义者的解释中,它却与侵权行为法无关。

那么,当我们试图解释侵权行为法时,哪些才是我们最基本的法律理解呢?

二、基本规则

从人们之间的相互关系之中可以导出另一个论题。如果我们断言某人实施的行为是正当的或者正确的,那么我们也应同样地断言他人对该行为的承受是正当的。这类似于命令与执行命令的关系,就如同税收承包人德尔弥顿对税收的论述:"如果出售它们对你来说并不可耻的话,那么我们购买他们也同样不可耻。"同样,如果我们断言受害者是正确的话,那么我们也应同样地断言加害人是正确的,反之亦然。〔参见亚里士多德,《语艺》(Rhetoric)1937a23—7〕[11]

2.1

在侵权行为法中,原告控诉她受到了被告的侵害,这一侵害行为可能以被告有侵害故意之行为,或者是鲁莽行为,或者是过失行为,也或者只是简单地参与了侵权行为,甚至只是在谨慎行事时为他人带来了高度的侵害风险等等为主要内容。实际上,大多数侵

---

[11] 引自韦恩瑞布(1994,第284页,注15)。

权行为案件中都包含有过失内容,这也正是我在这里所要讨论的一类案件。[12]

在美国,每逢对案件的判决有合理异议时,通常是由陪审团而不是由法官来最终决定被告的行为是否是过失行为,这种职能上的分离显示出了法律的自我理解特征,它标志着一般法律标准的适用与在特定案件中作出判决(法律未对此作出适当规定,而是将案件留给了陪审团)二者之间的区别。[13] 这说明了法律所提供的适用标准往往是一般的和抽象的。下面是一段供陪审团阅读的有代表性的指南:

> 过失就是指在类似于由该证据所证明的情形下,某人做了一个有理智的谨慎的人所不会做的事情或者未能去做一个有理智的谨慎的人所应做的事情。
> 这是指未尽到普通、合理的注意。
> 普通、合理的注意是指在类似于由该证据所证明的情形下,一个普通的、谨慎的人所采取的注意,目的是为了避免对他们自己或者对他人造成侵害。[14]

在解释这一指南时,法官尤其强调两点:

> 第一,过失是实施了某种行为,它是对被告实施的行为的定性,而不是针对他的思想、目的、动机或者性格,一个人对他的行为后果采取怠慢和漠不关心的态度很容易导致危险结

---

[12] 对侵权行为的完整解释要求对侵害行为的其他基础(如故意侵害和严格责任)以及行为的特殊原因(如侵入或者妨害)进行讨论。对于我目前的观点来说,亦即矫正正义作为一个对法律特性的(内在的)原因揭示是如何发挥作用的论述来说,注意到过失就足够了。关于与矫正正义相关的侵权行为的其他方面,可参见韦恩瑞布(1995,第171—203页)。

[13] 一般说来,合理的争论无论何时都是有空间的,法律指示陪审团其应适用的观念且承受陪审团的决定,见 Illinois Pattern Jury Instructions Civil § 10.01(3rd ed. 1990),其中有:"法律并不会说出一个有理性的、谨慎的人在当时情形下会怎么做。这应该是由你来决定的。"

[14] 参见 California Model Jury Instructions § 3.10(8th ed.,1994)。

果,但过失行为并不以某种心理上的缺点为要件(当然也不是充分条件)。过失与对原告的关心以及对周围环境的不安是并存的。

第二,过失是实施了一个有理智的、谨慎的人所不会实施的行为。被告的行为是以一个处于类似或者相同环境下且至少知道被告所知道的事情(如一个特殊的杯子里盛满了毒药)的正常人的行为为参照来衡量的。这个一般的、非个性化的标准很显然不会考虑被告实施的一些不会对他人产生危险的行为的能力——如他的智力、识别力、生理反应力或者其鉴别风险的能力等。[15]

综合以上两个关于过失标准的特征,一般的说法都认为过失是一种客观的行为标准。

以过错为基础也是判断过失的一个标准。一般来说,这意味着若某人损害了他人,但如果从相关意义上说该行为是合理的,那么该行为则不具有法律上的意义。由于标准的客观性,将过失视为一种"过错"与我们所认为的道德上的过错不是相对应的。道德观念意义上的过错通常不仅仅是针对他们的行为,还针对了行为人本身,例如,他们因没有做得更好而受到责备,而且这意味着针对行为人的能力、意图或者动机所说的责备倾向或者借口,过失标准的客观性用不着这些因素而只对这些借口进行十分狭隘的考虑。所以如果说过失包含了某种过错的话,那它仅仅是指行为自身的过错,而不是行为人的过错。

这里面暗含了侵权行为诉讼中原告提出控诉所具有的一个更深层次的特征。被告的侵害行为以及原告的受害具有法律上的意义,它们二者不是作为两个相互分离的共存事物,而是因为他们之间具有原因与结果的关系。这意味着如果有两个行为人具有同样的疏忽,但如果只有一个人不幸导致了损失,那么他们可能会承担不同的法律义务;同样地,如果有两个受害人,如果只有其中一个人幸运地

---

[15] 参见 *Vaughan v. Menlove*, 2 Bing. (N.C.)468,133 Eng. Rep. 490(1837)。

未受到侵害,那他们也将被赋予不同的获赔权,这说明我们必须要确认在事故发生过程中,是由于侵害行为导致了受害人受到损害。

事实上,在侵害与受害之间存在的这种必需的责任产生关系甚至更严格,我们先举出一个著名的例子来说明其理由。有一个在长岛铁路(Long Island Railroad)工作的雇工为了帮助一个乘客躲避一列已经启动的火车[16],将这个乘客推了一把,在行为时,该雇工推落了该乘客携带的一个棕色布袋,这个布袋上没有标注里面的内容物——火药,当布袋着地时火药被引爆,使得一架梯子剧烈翻倒,在翻倒时砸到了站在站台另一端的一个妇女身上。现在假设该雇工做了一个"理性的人"所不会做的事情[17],这样的故事显示了该行为的(悲剧)属性[18],这个行为属性提出了下面的思考:如果说民事责任不能被过分地扩大到所有过错行为的后果,而且如果民事责任也不能被过分严格地限定到只适于故意的或者能预见的行为(如果如此严格的话,则背离了过失标准的客观性),那么如果仅仅通过举出一个关于侵害行为和受害处于同一事件链条上的例证的话,民法就肯定会出现一个尚未得到回答的问题。对于律师来说,这就是被告对原告的侵害是否是出于"近因"的问题。

试图准确地说明"近因"所寻求的关系会引起许多论争——当然,这并不是说对此没有清晰的、得到认可的案例,但是比得出一个专门的公式更重要的事情却在于更精确地看这个概念要解决什么问题。一个普通司法的解释认为,实际上,对于侵害类型(如冲动)、出现方式(一个倒下的梯子)以及承受它的人(站在站台上的妇女)的详细说明都必须说明某个造成了损害的风险行为是侵害行为。简言之,原告所受侵害的风险应当成为对被告为什么要冒不合理之风险、实施该行为的解释的一个部分。

---

[16] *Palsgraf v. Long Island Railroad*, 162 N. E. 99(NY 1926).
[17] 或者假设一个有理性的人本应该做那一类事情,至少这是一个合理的问题(对陪审团来说是一个适当的问题,见第 2.1 部分)。
[18] 根据亚里士多德的意思(Poetics,第 11 章),"悲剧"包含了因人的行为而导致的后果超出了意图或者预料的一种思考。

我们可以通过分析法院如何处理具体案件来明确学者们对此开展争论的焦点所在。大多数人认为原告根本没有受到侵害——因为根本不存在侵权行为。因为根据他们的判断,至多只能说是该雇工侵犯了该乘客及其财产,而认为该雇工的行为是具有侵害性的,该雇工并未对原告即站在站台上的妇女造成侵害。用前述的术语来表达就是:站在站台上的人因在火药的爆炸中被倒下的梯子砸伤并不能成为将被告的行为定性为不理性行为的适当理由,尽管被告的行为也许确实是不理性的。[19]

为了完整地阐明侵权行为法的基本概念,我们还应该增加一点,即一般说来,除非被告以导致了侵害的方式行为,否则就不是法律意义上的侵权行为,仅仅因为他没有使原告受益是不足以认定侵权行为的。这也就是传统所称的懈怠与不法行为之间的区别,学者们有时根据合同法的价值取向来对它进行论述,它超出了侵权行为法上的义务(因为他人的原因而限制某人的行为)所涉及的范围,所以产生使某人的事务获得他人帮助的法定权利只能通过合意的方式实现(参见爱普斯坦,1973,第 199 页)。不去救助一个偶遇的游泳溺水者就是典型的懈怠情形;但是若你撞上了甚至是无辜地撞了一辆汽车,而你不去救助受伤的司机,这则会被认为是一种违法行为,因为这一行为会加重司机的伤势。这二者之间区别何在呢?它们之间的区别不是来自于作为与不作为二者在文法上的区别(我在前面已经引用了陪审团对过失判断的依据);与

---

[19] 持有不同意见的法官可能会认为,由于被告的行为给他人带来了风险说明了被告的行为是不合理的,因此被告对最终受到了损害的原告实施了侵害,原告有权提起诉讼。根据这种观念,近因则是一个以司法"政策"为基础的限制,它关系到谁能为侵害获得赔偿,参见帕斯加夫(第 103 页)。根据大多数人的观点,这种观念代表了不同的侵权行为原告针对对他人实施了侵害行为的替代受益人提起诉讼,即"过失,如风险…是相关联的术语,离开了相关联的事故,如果抽象意义上的过失真正可以得到理解的话,那么它肯定不是侵权行为"(第 101 页)。这种想法(即侵权行为以在被告不合理风险行为范围内所发生的侵害为要件)所具有的意义在后面会体现出来,我在注 79 中简要地谈到了这种不同意见。

它们相关的观念也不是简单地在于使他人境况愈发糟糕的作为与不作为(在这两个案件中,都是因为某人没有实施某个行为而导致该结果)。显然,这里所需要讨论的是与施加风险并最终使风险物质化为实际侵害具有因果关系的作为或者不作为概念。在这一基础上,我们就理解了之所以将未救助游泳溺水者视为一种懈怠行为,是因为该侵害风险已经独立于仅仅是不去阻止该风险发生的人而客观存在。[20]这种解释代表了将侵害行为视为通过过失及近因概念而体现出来的侵权行为法核心观念的一个部分,即根据该行为对他人所施加的侵害风险的性质而认定该行为是侵权行为。

2.2

现在我们可以归纳出构建基本规则的几个要素如下:

关于过失责任的基本规则:如果 D(1)实施了某行为(2)具有过失(没有尽到一个理性的人在同样环境下应尽的注意义务)而且因此(3)造成(4),所以最近因地(5),P 受到侵害,这样,P 有从 D 处获得赔偿的权利,而 D 负有向 P 支付赔偿的义务。[21]

根据这个规则,我们可以推测出侵权行为责任具有的两个与事情表面现象紧密联系的基本特征。

1. 关联性。侵权行为责任正好包括了通过在先的事件而联系到一起的两个人(两极分化),并建立了下面的关系:其中一个人实施了侵害行为,而且另一个人因承受了前一个人的行为后果而受到损害。证实一个人受到了非法侵害因此也就证实了另一个人实施了侵害行为(反之亦然);他们中的每一个人——无论是加害人

---

[20] 很明显,施加风险与仅仅未能阻止事故发生之间的区别依赖于某种法律期望,这种法律期望关系到他人应在何时合理地依赖于我们对他们的关注,但是这不应该给我们带来麻烦。如果法律期望对后者内容的赋予仅仅取决于实在法的话,那么依据风险的施加来对行为观念进行解释就会变得十分空洞,这种法律期望有时是由法律所决定的,但是它也可以产生于对法律之回应的基本社会理解。

[21] 出于简洁的需要,我省略了许多内容,如关于特定种类侵害的责任限制、举证责任、否定或者减轻责任的辩护等等。

还是受害人——二者互为必要条件。

如果侵害和受害在侵权行为法上具有关联性,那么很明显,它们并非是没有任何意义的事实。还有,我们所说的许多人的行为,甚至是侵害行为,都不一定适用这一模式。我们说的 A 侮辱了 B,并不是要去说或者根本无须去说,B 就已经从 A 那里承受了侮辱,如果 A 在饮料中投了毒,很明显这并不意味着有人的确中了毒。而且,如果超出民法的调整范围,关于"实施侵害行为"这一表达也并不总是适用这个模式,例如,即使没有侵害他人(如鲁莽驾车)或者不会特别地侵害任何人(如逃避税收)都有可能违反了刑法上的义务。再者,所谓的广泛的义务——如恩惠或者慈善,或者效劳公共机构(为公众谋利)等也突破了这个模式,因为这是每个人义务,除了特殊情况外,这类义务不专属于某个人,所以对这一类义务的违反代表了我们所说的某人实施了非法行为,而没有任何他人受到侵害的情形。[22]

而且,侵害和受害不是侵权行为法上关联性的惟一体现。在诉讼中的救济阶段,只有当原告有权获得赔偿时,被告才负有赔偿义务。[23] 这一关联性在民法上是如此熟悉以至我们在长时间的实践中对它熟视无睹,只有当我们开始将法律理论化时,它的重要意义才凸现出来。

2. 合乎理性。侵权行为法的第二个基本特征在于它对有关理性规范的适用,这不仅体现在陪审团对过失的解释(以一个理性的人为标准)上,而且体现在对行为的适当说明上(行为的合理的可预见性)。后者经常会引起律师和法官在特定案件中关于适用近因的争论,我将在后面对此进行论述(在第 4.4 部分)。

---

[22] 义务的扩展实际上是地方政府或者州政府的部分侵权行为豁免的标准理由之一,可参见 *Riss v. City of New York*, 22 N.Y.2d 579(1968)。这其中也包含了那种认为在懈怠案件中,原告所主张的责任至多只是一种对于善行的道德责任、而不是对于由法律所强制实施的责任的司法思考。

[23] 还有,这是关于侵权行为的一个特别的但也是显而易见的事实。在社会安全制度体系之下,某人负有支付义务的相关条件独立于某人应该获得利益的相关条件。

总而言之,看起来似乎是关联性描述了侵权行为责任的形式,而理性,则至少是在一些涉及基本规则的有影响的案件中,描述了侵权行为责任的内容。如果要把它概括为一个简单的公式,那就是:侵权行为法是有理性的,因为它针对的是当事人双方之间的事务,在后面我会论述到(在第三和第四部分),将侵权行为法视为对矫正正义的一种具体化也就是将侵权行为法的内容视为对一种形式上的要求的表达,即如果有任何理由认为某人实施的行为是侵害行为的话,那该理由也必定是认定某人受到了侵害的理由;要求被告承担责任的理由也必定是原告有权获得赔偿的理由。它的意义已不仅仅在于描述了一种人与人之间的责任规则,而机能主义者在理解这个基本规则时对这种形式上的要求非常不以为然,机能主义的理解会使法律的内容背离其形式。

三、侵权行为理论:机能主义论

法律是为了实现某些特定的目标而设计的人类构想。
——圭多·卡拉布雷西:《原因和侵权行为法》(*Concerning Cause and the Law of Torts*)

3.1

我们在第一部分提出的关于如何理解基本规则的问题是怎样产生的呢?这里我们只需要进行简短的论述就足以激发侵权行为理论的最大力量。

在任何包含了过失法的法律文化里(正好也是包含了侵权行为法的法律文化里),这个基本规则都被视为一种合理的理由,至少法律官员在官方活动中是如此。对于"为什么一个人要向另外一个人支付赔偿"这个问题,一种适当的官方答案可能是:"因为他的过失行为是另一个人受到侵害的近因"。但是甚至在官方场合,对于在这种回答中所引用的有关法律规则是否囊括了其真正的原因也仍然存在不少质疑。

这一质疑引发了一系列疑问。第一个问题也是最重要的问题是,为什么会存在关于人与人之间关系的责任体系?为什么不允许因非故意行为造成的损失由遭受损失的人承担或者通过社会保险机制来进行重新分配呢?第二,如果存在人与人之间关系的责任体系,为什么这种责任要满足该基本规则所描述的条件呢?为什么我们需要能证明它们之间因果联系的证据呢?如果这些证据难以取得,那么被告是一个侵害行为人,而且受害人无辜地受到了侵害,这难道还不足以在他们之间产生责任关系吗?[24] 如果不是这样的话,那么我们应该怎样对那些显然会出现的道德上的双重运气来进行辩护呢?因为很明显的事实是,许多侵害行为人受益于(而受害人则是承受痛苦)意外事故,而许多非理性行为没有(某些理性行为却会)导致侵害。或者,我们暂且不考虑因果关系,来看基本规则对侵害行为的定义。一方面,关于合理注意的标准过于宽容,难道造成了侵害的人不应对侵害负责吗?(参见爱普斯坦,1973,第158—160页)。尽管标准是客观的,但又显得过于苛刻。用一个被告并不适合的标准来审理被告公平吗?也许我们这样做是基于原告需要获得赔偿的基础之上的[25],难道不应当用更严格的责任标准来限定合理之注意吗?也许我们拒绝更严格的责任标准是因为我们认为无过错责任从道德上看是不公平的,但是这不也是对一个人所具有的特殊的行为能力加以考虑的理由之一吗?[26]

---

[24] 参见 *Sindell v. Abbott Laboratories*, 607 P. 2d 924(1980)。

[25] 这种(错误的)原理可参见霍姆斯(1963,第86页)。

[26] 参见 *Breunig v. American Family Isurance Company*, 173 N. S. 2d 619(1970)。我们除了质疑为什么每一个被告都必须符合社会上的普通人标准,而且还会质疑为什么符合了这个标准一般说来就可以避免产生责任。难道法律不应该反映更高的理想吗?难道不应该要求人们采取注意、且不允许他们任意地对他人冷漠地实施损害行为吗?参见本德尔(Bender,1988)。而且,如果我们假设如合理注意以及近因之类的观念真正决定着在某个特定案件中当事人行为的地位,难道这不是一个十分天真的假设吗?难道这些观念所具有的法律力量仅仅产生了对它们的解释,因此从它们对何为合理的理解上来说,法律还必须依赖于隐藏在其背后的政治考虑吗?在本文的第4.4部分,我将阐述如何将侵权行为法理解为矫正正义的一种表达,从而为回答这些问题以及本文中所提出的一些其他问题指明方向。

在谈到"侵权行为法是有理性的,因为它针对的是当事人双方之间的事务"时,听起来似乎侵权行为法是最合理的,前面所提出的诸多问题却说明并非如此。因此,这也是许多理论家提倡对侵权行为法的理解以及对其目标和一致性进行解释的理由(参见第一部分)。

3.2

我在第一部分中已经论述过,机能主义所代表的不仅是一种侵权行为法的理论,而且是一种特别的理论方案。与前述几个问题的基础相反,这个方案的主张可以如下表示:在回应这些问题时,对判决的推理并非正好是我们发现的侵权行为法所缺乏的东西。但是,一般说来,作出这种判决的司法程序——例如,通过将疑难的案件与清晰的或者已经解决的类似案件进行比较而对抽象概念("公平"、"正义")进行详细说明——当作似乎法律已经把握了尽管是不完美地把握了行为的理由,当作似乎侵权行为法表达了(而非试图表达)公平或者正义的真正要求,机能主义者认为这种司法程序是其次最理性的。在波斯纳所提倡的过失理论中(参见第一部分),应当通过两条相关的途径将理论与实践进行比较。第一,通过参考一些已经界定的独立目标,而建立一种能将法律与我们所采取的真正具有法律意义的措施(至少这比理解法律更为直观和简单)联系起来的理论[27];第二,一旦我们认同法律的目标在于促进这些目标的实现,那么,从原则上说,只有经验主义的问题(要求仅仅根据不同法律规则的效果来进行解决)而非法学研究的传统问题(需要放弃那种司法上的思考)才会阻碍我们确信制定法律规范或者司法审判的正确性。以这种佩里认为的我们所缺乏的理论为基础,这个基本规则的正确性就成为了一个结论性的主

---

[27] 这里可能存在一个质疑的空间(不是这里所要讨论的问题),即关于福利最大化以及卡多—希克斯(Kaldor-Hicks)的效益衡量方式是否为"毋庸置疑的法律现实"的地位提供了正确的项目类型。当经济上划算的事故预防措施被采用的话,波斯纳所说的"社会福利"是什么意思呢?参见波斯纳(1972)。如果社会福利仅仅被定义为社会共同财富越多越好的一种事务状态的话,那么人们也许会问我们是否应该认为这种事务状态是一种绝对的好事,参见德沃金(1980)。

张,它包括:(1)可独立成立的法律前提以及(能够获得足够的信息),(2)只有这种关于推理的进一步举措为了具有说服力而并不要求法律的特殊实践程序。

在开始涉及侵权行为法的机能主义论的具体细节之前,我们还应该质疑:在法律的适当性中,为什么理性的判决需要一些与关于日常法律适用的思考如此有差别的东西呢?机能主义者自身并没有意识到这个问题,但是他们可能会说,关于法律功能的解释绝不仅仅只限于对它习惯性的或者完全迷信的接受,例如,下面一段话是圭多·卡拉布雷西针对其所谓的侵权行为法中的"因果关系语言的功能"的目的所提出的著名论断:

> 因果关系要件,如同所有其他的法律要件一样,必须最终从功能上来证明它们自己。法律是为了实现特定目标而设计的人类构想。在很多时候——也许是在大多数时候,这些目标极其复杂,我们也很难对它作出很清晰的分析,人们往往会对那些抛弃了历史悠久的法律术语的分析和规定产生怀疑,因为人们很难为它们找到直接的、清楚的证明手段。还有,法律的目标是服务于人的需要,因此,法律术语(在其他的语境中可能有更深的含义)迟早必须与服务于人的需要联系起来。(参见卡拉布雷西,1975,第105页)

听起来这只是老生常谈罢了。当然不会有人否认法律的目标或者否认我们试图通过法律而实现的目标在于服务于人的需要![28]但如果以此作为我们来生硬地接受机能主义者观点的理由,似乎

---

[28] 我们通过提出这个质疑:如果"法律的制定是为了服务于人类需要"这个命题是不可否认的话,那么为什么卡拉布雷西会认为它是可断言的呢?这样就会出现一种认为某种实质的假设在这里被伪装为一种陈词滥调了的猜疑。为什么在"理想主义"的旗帜下,他事实上(从霍姆斯所经常重复的"法律不是凭空产生的"这句名言开始)对于断言法律与"我们的目标"之间的联系持有一些批判态度呢?这暗示着机能主义分析反对法律超验来源的幻想,参见富兰克林(1963,第277页)。当然,对这种暗示的理解要求我们至少能够理解其所反对的(超验)概念。"烹饪和穿衣是人类构想",这里所用的"人类"一词是有益的且非形而上学的,我们应当将它与那些非人类的、但却不超越世界的事物相对比。

又显得过于武断了。

1. 法律是一种人的构想,这是确定无疑的。但这里我们首先要在概念上明确一个不同之处。许多我们所称之为人的构想的东西都是为了将人的生活方式区别于其他非人类的生活方式甚至非生活方式的东西:如计算、绘图、说明理由、关于纠正用词方式的教育、对作为其他思想之体现的某种特定事物的认知、或者对于他人所受的损害应当得到承认的主张等等。[29] 但是我们所说的人的构想是为了将特定时期特定社会的生活相区别:以物物交换为基础的经济、死刑、电视等等。这二者在实质上并不是互相排斥的,如果更具体说明的话,则是前者通过后者而体现出来。[30] 但是我们自然不希望前者中所描述的事物仅仅被作为一种工具来理解,原因很简单,因为没有任何一个人类目标会比这些事物更基础;如果我们停止对它们的分析和理解,又会使我们再不能更好地理解人们生活的现实——人们所说的以及所做的任何事情等等。[31] 所以很明显,这一种类的事物没有关于法律方面的描述,甚至认可哈特所主张的将包括第二层次的规则的法律体系理解为一种特殊的构想,在缺乏规则的前法律社会,这种构想则是为了弥补不足(与人们之间共同相处的需要相关联),(参见哈特,1961,第89—96页),那么在法律体系中所有处于第一层次的规范(如制止故意损害他人的规范,或者关于相互关系以及赔偿的规范)是否可以被类似地解释为仅仅只是一种服务于人类基本需要的工具(同时也可能有

---

[29] 我的意思并不是说将它们称之为"人类构想"的含义超出了它们所包含的特定人类活动形式。我的观点在于将这个术语适用于法律的某些方面时会出现同样的不确定。

[30] 这为我们理解亚里士多德在对正义进行讨论时所说的一句名言指出了一条途径,即"对于我们来说,尽管世界上的事物可能根本不是由上帝创造的,但是仍然存在一些自然的事物,但是所有的事物都是可变化的;尽管存在变化,但是仍然存在自然的以及非自然的事物"(NE,1134b29)。

[31] "人们可能会说——应该被接受的是生活方式。"路德维格·维特根斯坦(Ludwig Wittgenstein,1958,第226页)。我现在对"人类构想"的讨论应该感谢斯坦利·卡维尔(Stanley Cavell)针对维特根斯坦所说的"生活方式"所开展的讨论,可参见卡维尔(1989,第40—52页)。

其他的工具)呢?[32] 但这并不意味着在任何情况下,后一种人类构想都可以被视为工具。卡拉布雷西必须要设法忽略所有那些不能明显地根据其功能而得到解释的所有人类文化(这当然也是"由我们所构想的"),这不及对它们的核心概念的意思进行还原性的解释。

2. "法律的目标是为了服务于人的需要",这也是毫无疑问的。但是如果法律并不是从这个目标中分离出来的话,我们为什么会假设需要机能主义的分析呢?在具有哲学倾向的环境中说"即使地球将毁灭,也应坚持正义"时,我们可能会强调卡拉布雷西提出的一个有用的观点:如果法律因其在社会制度中的永恒性而受到我们的欢迎,那么我们应该会看到法律使人们的生活愈来愈好而不是每况愈下。但是在这一点上,我们无须对如此广泛的社会福利主义约束产生疑问,以便弄清卡拉布雷西没有为服从更进一步的要求提出理由,即他要求我们总是能够不参考法律观念自身而说明人们的生活愈来愈好,例如不参考表达正确或者错误观念的方式等。甚至像康德这样被称之为道义论者的学者也通过下面这段论述说明了他比较注重社会福利主义之约束(而不是对上面提到的哲学倾向的表达):

> 一个国家的福利不能被理解为公民的福利和幸福;因为他们可能会很容易感受到幸福,而且在自然状态下(如卢梭所说的)甚至在专制政府的统治下,他们也会得到幸福,相反,国家的福利应该被理解为宪法与权利原则最大限度的一致。[33]

这说明了市民社会的目标是福利,只不过不是那种已经进入了自然状态的福利(即安全和幸福)。市民社会带来的是一种新型的而不仅仅在于以执行(如最佳化、平等化等)基本善德为内容的社会善德;它使人们可以以一种新的方式——即遵从权利原则进

---

[32] 人们可能会认为这些规范是道德规范,而且只有当它们通过法律制度得到实施时才是法律规范,从而将这个问题与法律手段相区别。我在本文第四和第一部分中的论述可能会淡化这种倾向。

[33] 参见康德(1991,第129页[318],也可见第123页[311])。

行生活成为可能。在前面的章节中,机能主义者武断地提出要维持人们的常识就要表明后一种善德比前一种善德更优。因此,具有讽刺意义的是,他以现代法律"理想主义"的名义提出了一个新的哲学上的要件,即解释法律就是要看法律独立于发达的法律和道德形式而将这些基本善德运用于人类社会,因此善德并不要求具体考虑法律的特殊概念(当然,这种善德就符合机能主义者认为我们所缺乏的理论观点的一部分前提)。[34]

3.3

认为最基本的善德是"最大限度地减少损失"是卡拉布雷西提出的主要主张。波斯纳提出的过失理论中主张侵权行为法的主要目标是——有效威慑,这实际上也是这个观点的组成部分。现在我们要证明的主要问题在于没有任何一个理论能将对侵权行为法的理解从仅包含这一总观念之组成部分的集合中分离出去(参见第 3.4—3.8 部分)。我们首要讨论的是,减少事件损失确定地包含了哪些内容呢?[35]

首先大家会很自然地想到损失起因于事故本身即人为的灾难,但仅仅只有促使这些损失最小化的方案会麻痹人的行为,而且这种代价太高了。安全是第一位的,但它却绝不是对任何行为的绝对性要求,人们所需要的是一种关于行为安全的理念,或者说是一种理智的安全行为——从损失最小化的观点来看,一种行为要么是存在风险的要么是安全的。当人们实施该行为是以能最大限度地减少事故损失以及预防成本的方式行为时(其中预防成本包括采取特定的事前警告措施费用及其成本),或者有益于彻底地消除前述的行为时,那么该行为就可以被理解为一种理智的安全行为。

---

[34] 在将矫正正义考虑为另一种可能的适当物之后,我们可以看出侵权行为法机能主义分析中的要件是错误的要件。我在第五部分回到了这种主张上。

[35] 我对于事故损失的这两种简要讨论是从卡拉布雷西(1970)中得出的,更全面的分类法还应该包括(如卡拉布雷西所指出的)对通过威慑和赔偿来寻求减少这两种损失的所有体系进行管理的成本。

如果法律的目标在于减少事故损失,那么它其中的一个主要任务则是阻止不够安全的且不会导致过度威慑的行为(即防止损失发生的费用不应高于弥补该事故损失的费用)。现代机能主义者否认多种法律规范具有促进这些目标的功能,但是在过失责任(基本规则)案件中,大体情况就是如此。通过强制性地要求不合理行为的行为人赔偿侵害事故带来的全部损失,从而使法律建立了一种自利的机制,以促使行为人按照社会认可的方式行事,即无论何时当预防成本少于该事故的预期损失时,行为人都应采取相应的预防措施防止损失发生[36],这样,过失理论便将理性这一法律术语转换成了一种经济上的理性行为,合理之注意则代表了这一要求,即人们在行为时应采取划算的措施避免侵害事故发生,以求社会资源最大化。

但是,实现了关于意外事故与安全在观念上的结合仍然是不够的,因为最大限度地减少事故损失是一个十分宽泛的目标。出于某些现有的经济学上的基本要求(即减少金钱的边际效用或者增加事件损失的边际效用),甚至是在意外事故发生后通过广泛地分配损失或者资产,才能减少事故损失(参见卡拉布雷西,1970,第39页),因此许多机能主义者认为除了威慑目标外,侵权行为法还应该有赔偿(或者损失分配)功能——其目标在于通过价格体系或者责任保险来分散损失,使事故损失能够更容易得到承担。[37] 通过这种方式,对于侵权行为法的两个司法上的常识即其目的是阻

---

[36] 参见波斯纳(1972)。事故的预期损失是指通过其出现的可能性而折算出来的损失。

[37] 参见詹姆斯(1948,第547页),其中论述道:"由于在单纯的损失转移中不会产生社会善德,因此社会也不会从广泛的、规则的损失的分配中受益",卡拉布雷西称之为"第二位的"减少损失,他对于事故责任的理论比波斯纳的观点更加多元化,因为波斯纳仅仅只关注减少"首要的"损失(即事故损失与预防成本之和)。认为赔偿是通过减少事故损失而使整个社会受益的一种途径的观点与那种认为赔偿的数额应当根据其对紧急所需之回应而确定的观点是不一致的,前者只要求对紧急所需的回应来自于对社会损失的广义考虑,对赔偿目标观点的批判(参见第3.4部分)都适用于这两个观点。

止事件发生以及赔偿受害人的损失来说,机能主义者至少针对其中一个提出了法律支撑。

3.4

关于减少事故损失的一般观念就谈这么多。对这一点的思考首先来自于机能主义者之间所争论的问题之一,也就是:除了威慑目标之外,侵权行为法是否还具有赔偿或者损失分配的目标。没有人会认为侵权行为法仅仅只是一个赔偿体系,如果其所有的目标仅在于减少事故损失的话,那么在没有尽量防止损失发生的情形下将很难对重新分配损失进行解释。但是如果认为重新分配事故损失是减少事故损失的一个途径,那么大家为什么会否认侵权行为法至少是为实现损失赔偿目标而设计的呢?

找出问题的答案并不困难。与其说侵权行为法促进了对事故受害者进行赔偿这一目标的实现。倒不如说是侵权行为法阻止了这个目标的实现。因为基本规则将损失赔偿限制在与他人侵害行为具有近因关系的损失范围内。当然,进行赔偿和重新分配事故损失是减少事故损失的途径之一,但这一严格的限制不仅对机能主义者之间的分歧(关于侵权行为法是否具有赔偿目标)有影响,而且对机能主义者提出的主要观点(根据减少事故损失目标来解释侵权行为法)也会产生影响。简而言之,侵权行为法通过分散个别受害人的损失而有计划地放弃了减少事故损失的机会,从而否认了赔偿功能。[38]

这样可能会遗漏了这个问题更深层次的部分,机能主义者可

---

[38] 人们可能会认为这不是关于过失的基本规则,而是对于缺陷产品的严格责任规则,它最清楚地反映了赔偿或者损失再分配目标的有关观念,例如,可参见 *Escola v. Coca-Cola Bottling Co.*, 150 P. 2d 136, 440(拉依诺法官的赞同意见),但是对产品责任法的这种(机能主义者的自觉)改革不会影响目前的观点,甚至可以说这种责任也不会将因果关系要件排除出去,而且法律在面对将损失转移给那些为损失投保或者通过市场价格来分散损失的人的类似机会时,一般都会坚持这个基本规则,例如可参见 *Hammontree v. Jenner*, 20 Cal. App. 3d 528(1971)。

能认为,相对于法律(严格限定侵害损失的范围)而言,他们所主张的侵权行为法的基础(减少事故损失)提出了更多的损失再分配要求。但是他们会说,那并不妨碍我们认为减少损失是侵权行为法处理这一类损失的一个正确根据,因为侵权行为法并未涉及如何处理其他的各种损失,也不会影响赔偿的实现,它将自身范围之外的其他损失留给了如社会保险之类的其他机制来加以解决。

但是试图进行这种回应的人需要解释当承受损失(可修正的社会损失)的重要意义与这样的限定相反时,为什么要为"侵权损失"设定一个特定的法律范围呢?[39] 而且,设定法律范围的任务不仅仅只是严格限定这种可赔偿损失的类型,它是为了在对可赔偿损失的类型进行限定时解释法律对这种限定的适用,因此,它也限定了那些损失的赔偿资源。对"侵害"的限定将原告获得赔偿的权利与特定被告承担赔偿的义务联系到了一起,在侵权行为法中,没有任何一项主张针对的是一般的自由社会成员,但是,这种认为侵害损失的可赔偿性在于其法律地位是一种可修正的社会损失的观点并没有因此说明为什么法律有必要对其多种修正途径进行限制。[40] 总的来说,通过重新分配损失来减少事故损失的目标会为太多的不确定因素提供理由,甚至是限定侵害损失的范围都可以为导致某些特定的可修正结果提供理由,而不是对为什么某个特定的人即被正确确定的被告应该成为导致该结果的人提供理由。[41]

---

[39] 某个对于侵权行为法的机能主义批判指出:"如果我们将过错放在一边,仅仅只考虑赔偿需求的话,那么获得巨额赔偿的受害人与那些病人、先天残疾人、老人、因工受伤的人、受伤的战士以及失业者相比,他们并不是更应获得赔偿,而后者则应该通过其他的社会机制获得补偿"(萨格尔曼,1985,第595—596页)。

[40] 事实上,根据这种解释,由于当赔偿的来源十分富足或者能够进入保险资金时,赔偿就是最应得的,所以我们应该有理由认为不应将赔偿资源仅限于通过侵害行为而确定的被告。

[41] 如朱里斯·克里曼所指出的,它看起来是对被告义务的解释,我们需要的是针对特定行为人的理由,这类似于认为某人应该遵守其承诺而做某事的单独理由,参见克里曼(1992a,第309—326页)。

这些考虑使我们可以理解为什么许多机能主义者认为侵权行为法只是一个单纯的威慑体系,在解释被告负有的赔偿损失义务时,威慑也可以解释为什么通过限定"侵害"范围从而来限制可赔偿损失的类型:可以得到赔偿的那一类损失正好是那些应当受到威慑的行为所带来的损失——从安全的角度来看,则是那些不划算的行为,但如果将法律归属于赔偿目标的话,那么这种关于侵权行为义务的解释只会被削弱,它要么抑制了、要么偶尔促进了这个目标的实现。重新分配事故损失是社会福利制度中的一个重要部分,但是如果福利制度不去帮助那些非处于基本规则调整之下的损失的话,那就是不正常的了(参见波斯纳,1975,第 31 页)。

3.5

从表面上看,威慑功能似乎在侵权行为法的解释中具有重要地位,特定行为人负有赔偿损失的义务看起来似乎是威慑功能自身一个必不可少的要件。如果赔偿义务不是针对特定行为人而产生的话,那么,试图激励行为人采取正确的事前预防措施——即威慑这一特别的机制也就没有用武之地了。

但是,事实上,将侵权行为法单纯地解释为威慑的观点并不是十分有前途的,因为威慑功能所要解释的特定行为人的义务并不仅仅在于支付一笔费用,即在某些特定条件下承担一笔足以鼓励经济上的理性行为的费用,促使其在面临将来可能会承担赔偿义务的条件下采取措施以保证该条件无法得到满足,这才是威慑功能的核心观点。但是,依据上面的叙述,严格地说,威慑所要求的是一种法律强制性地要求行为人承担一系列适当处罚(如罚款或者税款)的义务,而不是对他人进行赔偿的义务,也不是对特定人所遭受的特定损失的费用进行赔偿。当该条件得到满足时,特定行为人承担处罚的义务实质上是威慑制度的一个必不可少的要素,但是侵权行为法所设定的赔偿损失义务却并不是如此。事实上,在这两种义务之间存在着许多重要的不对应之处。[42]

第一点,也是最明显的一点,施加威慑性处罚的理由不能成为向任何特定人支付经济利益的理由。实际上,如果我们在经济上假设事故损失的大小取决于其如何进行分配的话(参见第 3.4 部分),那么看起来似乎应该认为威慑性的处罚应当由国家来收取(如刑法上的罚金)并将其分配给最需要它们的人。无论如何,这里都会存在一个解释学上的空缺。如果将为什么侵权行为法包含了特定行为人负有赔偿损失的义务解释为威慑的话,那么我们现在面临的问题是,如何解释侵权行为法同时还设定了特定的受害者获得这一经济利益的权利。

这个空缺会促使我们认为侵权行为法必定具有赔偿目标。但是,对此予以否认的机能主义者(出于前述的理由:参见第 3.4 部分)认为,对原告的损失进行赔偿应该被解释为这些损失是"支持原告及其律师参加到这个体系中来的费用"(参见波斯纳,1972,第 33 页)——简而言之,它们是一种贿赂。这里所预想的"体系"则是一个以效益规范为基础的社会行为调整体系,但是它是一个私人的、非公共的调整体系;它不是一种法律规范的执行或者管理行为,其目的在于促进私人识别不合乎规范的行为并对这种行为实施必要的处罚,如果某人胜诉的话,那么他将承担上述职责(代替检察官)并将获得从被告那里收取的罚款收益。威慑在这里处于一个独立的解释上的地位,著名的律师以及他们的委托人经济上的利益最大化并不是侵权行为法的目标,而是国家实施威慑体系的一个途径(还有另外一条仅仅只促进律师经济收入的途径,下面有具体论述)。因此波斯纳论述道:"从经济学的观点看来,支付给原告的损失赔偿只是一点小事"(参见波斯纳,1977,第 143 页)。这是对侵权行为法的正确描述吗?这样能够弥补承担威慑性处罚义务以及损害赔偿义务之间的空缺吗?

---

[42] 对于其大体观点,可参见韦恩瑞布(1989c,第 503—510 页)以及克里曼(1992a,第 374—384 页)。

首先,有一点需要指出,即从这种"私人体系"的论述来看,无论如何侵权行为原告并未受到"侵害",我们可以将他法定的获赔权视为维护在先的权利,也就是说,某人由于其与被告在先的关系而获得救济,这比他获得赔偿的权利具有更深厚更坚实的基础:即为了引导原告扮演一个调整型的角色,国家有条件地给予他一定的金钱,原告通过寻求有效地逮捕被告而满足了得到这种给予的条件,从而获得这笔奖金。[43] 根据这种叙述,我们是否应该认为原告及其律师更像是一个旁观者呢?或者说,在陪审团做出指示之前,对于双方当事人来说,如果原告有权获得赔偿,那是由于原告与被告之间已经发生的侵害事件,而不仅仅在于原告是执行有关效益规则的辅助者。[44] 我们无须否认波斯纳提出的观点的可能性,即作为一种调整途径,社会可能需要创设私人的权利。我们只是需要放弃这种主要参与者的理解,从而对这种观点是否是对侵权行为法最好的解释产生质疑。[45] 但是即使我们将这种观点置之不理且忽略这种完全误解了参与者行为观点所存在的缺陷,至少还有两个理由可以说明这种描述不能填补威慑性处罚和侵权行为法中赔偿义务或者权利之间的间隙。

1. 第一个理由涉及侵权之诉的一个限制条件,即必须有一个处于原告即起诉人地位的人,如果他们是出于获得报酬或者服务于公共目的的动机,那么可能会有很多人可以处于这个地位,一般说来,应该认为起诉人是最体现效益的人。也许通过赋予私人当事人起诉违法行为人并向他们支付报酬的确可能会使威慑功能更好地得以实现,但是为什么这个地位仅仅限于因被告之行为而受到侵害的人呢?这里我们必须假设主管机关已经决定贿赂其他人

---

[43] 关于"奖金"的相关观点,可参见韦恩瑞布(1989c)。

[44] 这并不是说其原因在于受害人是执行效益规范的有益辅助者这个事实,这至多只是说这个事实具有认识上的重要意义,即它使受害人相对地更有能力知道效益规则的违反(见克里曼在本书中的论述),但是有些理解赋予了这个事实以法律上的意义,而不仅仅只是认识上的意义。

[45] 我认为韦恩瑞布对此进行了错误的否定,参见斯通(1996)。

都是无效的——就好像在一部西部影片中,当局对逮捕坏人的人给予奖酬,但将获得赔偿的权利人进行限制(限于受害人的直系亲属),可能是出于某种可能的经验主义的原因,(在现代社会中)这已经成为一件合理的但却很难说得上是显而易见的事情。不可否认,相对来说,受害人能够更清楚地知道被告违反了效益规范,但是,难道其他人就不能很好地知道或者发现被告吗(从效益的观点来看,由专业的有偿搜索者来发现被告岂不是更有利吗)?而且由于律师往往会参加到执行法律规范的活动中去(而且处于最合适的地位),为什么国家不是首先为律师提供这种相关的激励机制,由律师来雇佣受害的原告就如同他们现在雇佣专门的证人呢?[46]这种论述不仅切断了侵权行为法理论与实践之间的联系,而且将侵权行为责任的合理性系于一种肤浅的经验主义观念之上。

2. 这种论述面临的更深层次的困难并不是在于侵权之诉的原告拥有的排他性的获得报酬的权利,而是在于原告拥有排他性的获得损害赔偿的权利。向原告支付报酬的目的似乎是为了鼓励原告提起诉讼,但是我们可能会问:(A)充分地鼓励原告提起诉讼与适当的威慑性处罚这两种观念之间有什么关系?(B)它们之中是否有一种观念能为支付损害赔偿提出足够的理由?这三个观念是这样体现在目前的观点之中的:对没有采取成本合理的预防措施的被告来说,他所面临的处罚是向抓获他的人支付报酬,报酬的价值取决于受害人的实际损失。但是,考虑到:(A)充分地鼓励提起诉讼的观念(或者说鼓励出于公共目的提起诉讼)仅仅只是在表面上与对违法者实施适当处罚的观念相关(这也是支付报酬的实践所暗示的),因为充分的鼓励提起诉讼当然无须提供实现威慑目的所要求的全部数额,一半也许就足以实现激励目的了;考虑到(B)看起来适当的处罚与充分的激励这两种观念自身与侵权行为法所采用的损失计算标准没有实质联系,而这个标准对于计算赔

---

[46] 关于这种观点,我要感谢阿瑟·利普斯坦,他认为这实际上是针对私人调整描述的一种归谬法。

偿或者补偿即受害人的实际损失却是自然的。[47] 因此,波斯纳对这个问题的论述只有一半是正确的,我们不能认为从私人调整的角度来看,"支付给原告的损害赔偿""只是一点小事"(参见波斯纳,1977,第143页),事实上,"支付给原告的损害赔偿"具有同样的重要意义。

现在我们可以这样假设波斯纳所论述的私人调整体系:在这个体系之中,可以成为准公共起诉者的人不必包括受到侵害的人,或者处于与被告具有因果关系的事故之中的人,在这个体系中,根据已经建立的其他规则,得到认可的原告或者律师在胜诉后有获得报酬的权利,这项报酬的数额应足以保证不断地有类似的人愿意处于这种公共的地位,而且这种报酬的资金应独立于对被告实施的威慑性处罚,也不同于由国家收取的用于公共目的的费用。现代侵权之诉中的原告及其律师一般认为法律赋予其对侵害损失有获得赔偿的权利从某种更重要的意义上来说,比上面所述的观点具有更重要的意义,至少是更易于理解的。只要对这一点进行思考的话,那么无论该观点多么有价值,也可能不会有人在理解侵权行为法时被它迷惑了。

3.6

上面的论述驳斥了侵权行为法具有威慑目标这一观点,因为它忽略了侵权行为法赋予原告对其损失获得损害赔偿权利重要意义,使我们无法正确认识侵权行为法。尽管如此,我们仍然可以认为威慑观念至少可以解决该等式的一半,即如果对侵权行为法的

---

[47] 对于这个观点可参见韦恩瑞布(1989c,第506—509页)。只要被告受到惩罚的成本(即根据他对其支付的可能性所折算出来的费用)高于采取划算的预防措施的成本,那么适当的激励目的也就达到了。波斯纳否认了这种认为适当的惩罚不同于原告损失的说法,这可能会以事故预防过度或者预防不足为代价。但是这却很难说明理由。假设B(预防成本)为5,L(受害人的实际损失)为100,P(事故发生的几率)为十分之一,由于B小于LP,那么被告就应当对过失负责,但是对他进行的惩罚应当是多少呢?难道任何超过50的成本不能激励被告采取价值为5的预防措施吗?

解释仍然归因于受害人获得赔偿的权利,那么我们至少可以很好地理解加害人的赔偿责任,但事实上却并非如此。如果不能解释侵权行为法对受害人进行补偿的方式,那就会否定我们目前对加害人实施侵害行为的利益上的解释,因为如果将威慑观念作为一个根本的观念(由于在特定的情形下会产生侵权责任,因此侵权责任通过创设一种通过防止这些特定情形转化为现实的激励机制,从而使侵权行为责任实现威慑目标的话),那么加害人的范畴(与参加了具有侵害性行为的人相对)则属于一种溯及既往的范畴,当与受害人(受到侵害的人)相应的观念看起来只是一个细小环节时,那么加害人范畴所具有的显著特点也就逐渐消退了。

这一点可以这样解释。对因人的行为造成的侵害进行赔偿自然是加害人的义务,该加害人由于已经发生的侵害而溯及既往地得到确认。但是由于支付威慑性处罚的义务无须借助于在侵害行为中遭受特定行为侵害的人,那么出于同样的原因,产生这一义务的情形也就无须借助于溯及既往的加害人范畴。原则上说,威慑性处罚针对的目标是所有不合法的具有侵害性的行为,而无论该行为是否实际造成了侵害。实际上,从性质上看,减少事故损失的基本观念是预期性的、全局性的(所有未来发生的事故以及所有预防性的措施都会涉及相关的损失),而威慑性处罚则是针对能够通过修正他们自己的行为、以最低的成本避免特定损失发生的人(参见卡拉布雷西,1970),我们没有理由习惯性地认为这个人就是导致了侵害事故的加害人,因为除了机能主义者的观点之外,最佳的事故避免者也许根本不可能是事件中的当事人。[48]

3.7

现在我们来梳理一下前面的论述。无论是赔偿功能或者威慑功能(关于减少事件损失的主要观点在第 3.3 中有论述)都不能清

---

[48] 很自然,这种约束会冒着将这个目标理论化的风险,侵权行为法就会完全消失,可参见克里曼(1988,第 1250—1253 页)。

楚地阐明为什么侵权行为法将加害人与受害人相匹配，而且这些功能在对称性方式上都是失败的。赔偿观念不能阐明为什么赔偿受害人的损失应该是某个特定加害人的义务；威慑观念不能阐明为什么获得赔偿应当是某个特定受害人的权利。对于主张赔偿功能的人来说，其面临的问题是要解释为什么仅仅只有当损失与特定的加害人联系起来时才会涉及损害赔偿，对于主张威慑功能的人来说，其面临的问题是要解释为什么仅仅只有当追溯某个特定人的损失时才会涉及加害人。赔偿观念不能解释为什么基本规则中选择由该被告来承担责任；威慑功能则不能解释为什么选择由该原告来获得赔偿。它们二者的共同问题是：如何通过将法律上的意义直接与损失以及与法律仅仅只起到引导作用的双方当事人之间的事务联系起来，从而得出一个能约束一方当事人对另一方当事人进行赔偿的回应性规则。这是它们共同的问题，也就是侵权行为法的两极分化问题（参见第2.2部分）。

然而，也许会有人认为，这种对称性上的失败为成功地解释侵权行为法提供了纽带，因为不会有人认为赔偿是侵权行为法的惟一目标，只能说是前面的论述建立了一个不仅限于单纯威慑功能的理论体系，更进一步地说，为什么要假定至多只有一种功能才可以解释侵权行为法的所有特征呢？这实际上是忽略了一个显而易见的可取之道，即威慑功能为对被告施加赔偿义务提供了理由；而赔偿功能为向原告支付赔偿提供了理由，难道我们不应该摒弃这种单一功能的假设，而认为这些目标不能单独地解释侵权行为法，但却可以恰当地互相弥补对方的缺陷吗？

事实上，回答是否定的，尽管这种误解是可以理解的。如果说孤立地考虑某一种功能不能很好地解释侵权行为法，那么目前的这种主张（多元论）似乎是在主张每一种功能所提出的理由却是不充分的，例如，仅仅说明厨房的功能——烹调的需求，还不足以说明整个房屋中其他设计的功能，如果要完整地对房屋进行解释，我们还需要相对其他的房间来解释厨房的最佳结构，而无须再提出特别的问题，因为它完整地说明了为什么这些房间及其功能应该设计到同一个房屋之内,毕竟,这是我们所设计的房子。当然,侵权行为法并不是如此。在目前的论述中,侵权行为法被认为只是一个结构,在这个结构中,仅仅只有当它同时服务于威慑需求时,才会出现赔偿(反之亦然)。但是为什么要将这些功能集合到同一个结构体系之中,而在这个体系之中每一个功能的要件又抑制了其他的功能呢?很明显,这种观点只说明了侵权行为责任代表了要求同时追求这些目标的一种最优性,显然回避了问题的实质,因为侵权行为法需要以更准确的方式理性地促进这些目标之间的结合。

如果缺乏了这种促进力量,将被告的责任解释为某一种功能,而又将原告的权利解释为另一种功能,这将很难形成一种实用主义的多元论,也很难摆脱这种混合性解释所面临的危机。实际上不难看出,多元论观点只是以侵权行为法两极分化结构为起点,从而解释如何将这些社会福利功能结合起来,概略地重新勾画出侵权行为法的轮廓,但是这种两极分化的结构不能因此被分离出去,因为赔偿的合理性并不是随着威慑可能性的出现而变化的(并非反之亦然)。似乎很难相信会有人从这些目标出发,将侵权责任的两极分化结构视为一种实现这些目标的有效途径,会认为当赔偿责任和获赔权利各自所独立促进的目标之间没有联系时,我们会认同这种将责任和获赔权置于同一基础的法律结构。如果要将侵权行为法的两极分化结构分离出去的话,那么该结构就必定是从一开始就处于这个体系之中。这意味着关于侵权行为理论的首要问题——即为什么将双方当事人结合在一起的问题,仍然没有得到解决(参见第3.1部分)。

3.8

如果侵权行为法制度拒绝了功能性分析学者所提出的这种独立存在的基础的话,那么我们从中可以得出什么结论呢?如果,我们像卡拉布雷西那样,放弃了"所有的法律要件必须最终从功能上来证明自己"(参见第3.2部分)这个观点,那么这似乎说明了侵权行为法是站不住脚的、不合理的,事实上这也是现在许多机能主义批评家针对侵权行为法所得出的结论。他们认为,侵权行为法抑制了赔偿目标以及威慑目标的实现,或者说是通过将它们联系起来而抑制了这些功能的理性追求。[49] 所以,这些批评家们主张,侵权行为法应当被废除,应当被其他的以赔偿(如社会保险)和威慑(如管理规则)功能为直接目标的制度所取代。其中有一位批评家指出,"改革的关键"在于"将赔偿功能从威慑功能中分离出来"(参见萨格尔曼,1985,第664页)。

但是在这里我们要区分主张机能主义的分析不适合于侵权行为法的两种不同观点。机能主义者可能会认同其中的一种观点(他们认为是对侵权行为法的正确理解),因为对理论研究客体的独特认识方式是机能主义理论(参见第3.2部分)所固有的,其研究客体不是侵权行为法(或者至少不是第一位的),而是所谓的"对意外事故问题的法律回应",该事故的事实(要求法律回应)则被认为是影响了用基本善德执行理论上的解释工作——例如意外事故往往包括了可避免的对社会共同财富的浪费。有了对基本善德的认识,机能主义者解释意外事故法时也就有了一个正确的开端[50],因此证实(或者证明)侵权行为法也就有了一个适当的形式上的起点,这种证明最终会引出关于侵权行为法是否是(或者何时、在何种情形下)对意外事故的适当回应这个经验主义的问题。当答案是否定时,侵权行为法的机能主义批评家们所主张的所谓对侵权

---

[49] 参见富兰克林(1967,第784页)。侵权行为法对这些目标的抑制不会比目前要求放松因果关系要件的理论压力更明显,因为放松因果关系要件使我们为贫穷的原告集体构建一个赔偿制度成为可能(例如,可参见 *Hymowitz v. Eli Lilly & Co.*, 73 N.Y.2d 487,1989);或者趋于以某种鼓励考虑哪一方当事人能成为更好的损失分散渠道的方式来适用因果关系要件(例如,可参见 Petition of Kinsman Transit Co., 338 F.2d 708, 2d Cir., 1964)。但是很显然,在侵权判决的两极分化结构中,实现这些目标的范围会受到限制,而且,如富兰克所指出的那样,它们的实现成本也是偶然的。

[50] 这样,对于卡拉布雷西来说,"意外事故法的原则功能在于减少事故损失"(卡拉布雷西,1970,第26页)是不言自明的。

行为法正确的解释,最终也被证明是不适当的。[51]

但是,即使我们赞同机能主义者所提出的目标,即使有关的经验主义看法反对将侵权行为法认为是促进这些目标实现的一条有效途径时,我们仍然不能采纳这种主张,或者说无论如何我们要问,在这种理论基础上,为何当我们没有迷失概念时,不仅是侵权责任而且关于侵权责任的正确观念像幻觉一样消失了呢(参见依恩兹维格,1953,第869,871—872页)?难道我们不应该质疑为什么侵权行为法是在对原因保密的情形下作出判断吗?也许会有人认为,这种保密是司法公正的一种表象[52],那么难道我们不应质疑赋予了侵权行为法如此多内涵的法律的传统术语甚至于也是合法性的表象吗?如果甚至连"历史悠久的法律术语"(参见卡拉布雷西,1975,第105页)最终都被解释为福利功能,难道我们至少不应该质疑为什么机能主义者不能回答为何这些法律术语能够经得住时间的考验和认可呢?机能主义者对侵权行为法的主张会出现一个类似的问题。如果侵权行为法的两极分化结构已经被列入理论者的范畴(侵权行为法就像一座房屋一样,是一个统一体;参见第3.7部分),这难道不意味着应当对侵权行为法作出一个更基本的解释、一个能为其限定的内容说明明确理由的解释吗?

根据上面的论争,我们还可以得出另一个结论、一条可以解释为什么机能主义不适用于侵权行为法的不同途径。如果把对意外事故的法律回应作为理论的客体,那么(我们认为)机能主义者根

---

[51] 应该指出的是,根据减少事故损失的观点,在需要采取哪些法律手段这个经验主义问题上,卡拉布雷西自己也倾向于不可知论者,例如可参见卡拉布雷西(1970,第14—15页)。

[52] 参见卡拉布雷西(1975,第107页),其中论述道:"具有历史悠久的普通法光彩的术语允许我们对目标进行考虑……我们不需要清楚地说明或者过于明显地指定司法制度。"

本不可能正确地理解侵权行为法。[53]对于第一个结论,一方面依据对赔偿和威慑功能的考虑,另一方面依据对侵权行为法基本特征的思考,我们可以找到很好的工具上的理由来主张用不包含任何私人之间关系的法定权利和义务制度来取代侵权行为法。对于第二个结论,侵权行为法的基本特征暗示着我们不能将私人之间的责任实践仅仅理解为一种保证威慑和赔偿目标的工具,甚至是一个糟糕的工具,当然,机能主义者认为这些结论之间互不相关。[54]但是为了说明机能主义者曲解了其试图加以支持或者修正的侵权行为法实践,我们有必要论述应该如何理解侵权法。

在本文的余下部分,我的观点是,尽管亚里士多德对现代过失侵权法并不熟悉,但他关于矫正正义的论述既激活了历史悠久的法律术语,也针对机能主义者关于侵权行为法的错误理解提出了相关的审察。

四、矫 正 正 义

由于法官是中间人,所以公正是居中的。

——亚里士多德:《尼各马科伦理学》(Nicomachean Ethics)

4.1

对于目前的争论来说,亚里士多德的论述最关键的思想在于

---

[53] 考虑到一种类似的说法:将侵权行为法视为通过减少处于该特定关系中的当事人的反复谈判成本,而对事故损失进行回应的观点就类似于将诚实、可信赖以及爱视为"加强使其满意度最大化的个人能力"的一种方式,参见波斯纳(1977,第185—186页)。可能会有人说这些价值在这里已经迷失,而且那些完全根据这些条件来考虑这些价值的要求的人根本没有将相关价值考虑进去。

[54] 对于其他的制度来说,关于威慑和赔偿的考虑可以为我们修订那些被证明抑制了这些目标的法律实践提出理由(结论一),即使对于哪些实践因此需要修订的适当理解并不完全产生于同一个理由(结论二),参见第5.3和5.4部分。

其认为有两种不同的正义观。这两种观念都包含了平等或者公平的规范。但是亚里士多德认为,司法上的涉及处理侵害事故的公平观念(属于矫正正义范畴)不同于一般的涉及分配利益和负担的公平观念(属于分配正义范畴):

如果一个高尚的人从一个卑贱的人那里获得利益,或者一个卑贱的人从一个高尚的人那里获得利益,或者一个高尚的或是卑贱的人进行通奸,在这里(在矫正正义情况下)都无关紧要。当一个人实施了不公正行为,而另一个人承受了该行为时以及当一个人造成了损害而另一个人承受了该损害时,法律只关注其不同的危害(已经造成的),而且法律会平等地对待他们每个人。因为这是一种不平等的现象,因此法官要设法将这种不平等状态恢复到平等状态(亚里士多德,《尼各马科伦理学》,1132a)。

亚里士多德的观点可以这样展开。在分配正义中,两个或者更多的人之间只通过一些功利标准——如"高尚或卑贱"而具有间接的联系并以此决定物品的分配。[55] 因此他们通过这种联系而实现的平等是一种通过"根据他的品质而给予或者索取"公式所表达的比率或者比例。矫正正义的目标也是给予每个人应得的权利,但是在这种情形下的应得权利是一种双方当事人之间的直接联系,这种联系即使离开了在分配制度下将人们与社会利益和责任联系起来(所以他们互相联系)的功过标准,也仍然具有法律上的重要意义。因此,正如亚里士多德所说的,法律并不关注这些标准所适用的情形及其特征,而是"只关注其已经造成的不同的危害",即这里所违反的平等涉及的只是实施侵害行为和蒙受侵害的区别问题——即某人在侵害事故之前和之后所拥有的东西之间的区别——这与某人所拥有的与他根据可以独立于人们之间的联系而运行的该标准而应该得到的东西二者之间的区别相对。

看到了机能主义面临的问题之后(参见第三部分),其重要意

---

[55] 我对它的理解是,在引用的这段话中,高贵/卑贱是贵族社会所适合的分配标准的一个例子,参见亚里士多德,《尼各马科伦理学》,1131a25。

义也就显现出来了。机能主义者认为加害人与受害人之间的关系是间接的,他们与特定的社会目标相联系而不是加害人与受害人互相联系。因此,他们从本质上将侵权行为法解释为一种旨在根据与特定目标相关联的标准来分配利益与负担的制度,他们认为分配事故损失的目的是为了(1)使损失更易于承受或者是为了(2)形成鼓励采取经济上划算的预防措施的激励机制。但问题是:根据这种与特定目标相关联的标准所选择的利益或者负担的承担者远比事故受害人和加害人的范围要宽泛,而且当法律实际上根据某个特定事故的线索来决定利益以及负担承受者时,他们又会因此受到许多武断的限制。但是如果像亚里士多德提出的那样,假设人类事务中涉及在特定的事故中实现平等或者正义、且我们可以说明侵权行为法表达了这种利害关系,那么我们就可以根据矫正正义的观念,对侵权行为法定性并充实这一观念的内容——充实第3.8部分作出的第二个结论的内容,即当对侵权行为法的理解局限于机能主义者所提出的某些目标时,就会遗漏掉解释侵权行为法的一个明显理由。我们可以认为,赔偿和威慑功能有助于回答"如何将社会合作的成本分配到政治社会的成员中去?"[56]这个问题,当这些目标得以实现、而且提出的理由被赋予了足够的实践意义时,那么随时都可以通过特定的方式分配社会的资源;而且其所提出的理由不仅只适用于互相作用的双方当事人而且也适用于每一个社会成员。侵权行为法作为对矫正正义的一种表达,提出了一种与机能主义目标相对的理由。[57]

---

[56] 需要注意的是,如果根据社会通过分散损失而受益的思路来理解的话,那么我们通常要为机能主义者所提出的赔偿目标给出另外一个、而且是更明确的分配原理,这种观点认为,某个得利行为的成本应该在其所有的受益人之间进行分配,参见詹姆斯(1948,第550页)。

[57] 将行为人中立的理由作为与矫正正义相对立的分配正义的一个标志,可参见波斯纳(1992a,第355页)。当侵权行为法要求某人赔偿他人之损失时,难道它不也是同时在要求以某种特定方式来分配社会资源吗?对这个问题的回答是否定的,例如,侵权行为法并不关注那些关于被告是否参加了对这种可能的责任进行保险的合同。

我将来进一步说明侵权行为法从三个层次表达了矫正正义。(1)通过思考应该如何理解矫正正义中的"平等"(参见第4.2—4.3部分);(2)通过提出基本规则来阐明在特定类型的案件中,"平等"的要求是什么(第4.4部分);(3)我将对机能主义者提出的一种反对观点作出回应:即由于并不是矫正正义的全部内容都可以采用,那因此除了对矫正正义进行表达的法律实践之外,讨论矫正正义无异于是在指出这样那样的法律实践,而不是对法律实践进行理性的思考和解释(参见第五部分)。

4.2 矫正正义中的平等(A)

我们在文章的4.1部分引用了亚里士多德的论述,他从两条看起来不同的途径来呼吁平等的观念:第一,许多发生在双方当事人之间的平等通过实现正义所要求的物质上的移转而得到恢复;第二,法律将当事人都作为平等主体来对待。第一种平等涉及执行国家事务,其中每个人都应得到其应得的东西;第二种平等观念涉及对法律裁判的有效约束。这意味着本文中的两种不同见解取决于我们将哪种平等观念置于首要地位。若将"把平等作为基本条件"的观念置于首位,那么我们就会很自然地将法官所修复的平等理解为与分配份额相适应的平等。对于第一种理解,亚里士多德在谈到法官将当事人作为平等主体对待时,认为法官将他们最初的平等作为前提性的限定,他认为应当通过将他们的合法所有作为法官判断非法行为的基础来考虑当事人之间的平等——因此应当将他们视为平等主体来对待。在4.3部分我将首先批判这种观点,然后对第二种见解进行进一步的展开。

第一种见解出于两个可以理解的动机。第一,他们认为除了与公平的分配制度保持一致以外,没有任何真正的获得损害赔偿的权利处于第一位,关于赔偿的正义取决于当事人在先的对其财产所有的公平;第二,这种观点根据一种独立的关于财产所有的公平理论来评价特定案件中赔偿的合理性。这似乎会使我们感觉到这是在指控非法交易的案件中实现正义的要求——事实上,许多的判断标准独立于法院可能作出的判决,独立于法官何时实现正义,也就是说,这会使我们认为,根据尊重当事人之间平等的判决而得到定义的正义制度需要一些在先的制度,它能够作为一个包含了平等内容的外在支点而发挥作用。

但是无论出于何种动机[58],我们不难看出,这种见解对亚里士多德的论述提出了一系列无法解决的问题。首先,在上面对《尼各马科伦理学》1132a 的引用中,亚里士多德认为法律并不关心某种有关的分配标准(高尚或者卑贱),因此,他将对这种标准的利用与对损失的关注以及对平等规范的适用相对比("但是,法律…平等地对待有关的人"),除非我们将非法交易所破坏的平等关系视为分配份额平等之外的某种关系,否则我们如何理解这篇文章中最重要的观点——即存在两种不同的正义制度的观点呢?[59]

为了支持这个观点,我们有必要指出亚里士多德所提出的关于法律所认为的有限的重点的观点仍然是完全正确的。例如,法律决不会允许一个侵害行为人提出罗宾·胡德(Robin Hood)式的理由,说她的行为实际上带来了一种更公平的分配来为自己进行辩护。如果要把矫正正义的法律基础独立地定义为一种占有的平等,我们其实很难说明其理由。

最后,除了简单的财产占有案件即某人确实受益于他人损失的案件之外,这种见解是十分晦涩的。如果 X 非法地取得了 Y 的财产,那么,假设双方当事人先前对财产的所有是合法的,法律则可以通过强制性地归还财产而在当事人之间实现平等。但是,我们如何将这种观念适用于那种 X 没有占有 Y 的财产、但却对 Y 的财产造成了非法损失的案件呢?假设 X 必须对 Y 进行损害赔偿,如果 Y 的损失却未得到赔偿的话,为什么这并不亚于对先前合法财产状态的破坏呢?为了回答这个问题,我们要么认为亚里士多

---

[58] 应该有一个能够说明矫正正义中平等之要求的标准来检验判决的正确性,这里我回到了这个观点上。

[59] 参见《尼各马科伦理学》,1130b31—1131a1,1131b25。

德提出的是每一个侵害行为人应该明白其在物质上的获益相当于受害者的损失这一不切实际的假设,要么就必须解释 X 的侵害行为如何能变更其在分配上的权利?但是很明显,后者其实是在要求我们放弃那种以目前提出的线索来理解矫正正义中平等观念的尝试。如果一件由 X 的侵害行为和 Y 的损失所组成的事实能够变更 X 在分配上的权利,那么这只能说明该事故的重要意义并不能完全根据其在先的财产所有来加以理解。[60]

关于这些问题的一些清晰观点无疑被亚里士多德所描述的事实复杂化了。亚里士多德描述的事实是:(1)侵害行为人明白其获得的"利益"或者"收益"与受害人的损失相等;(2)法官通过移转一方的获益以及另一方的损失来恢复"平等"状态(参见亚里士多德,《尼各马科伦理学》,1132a5—1132b20)。这会促使我们认为法官所恢复的平等可以根据当事人先前的财产所有来独立地界定,尽管这种观点会导出一种令人无法接受的结论,即矫正正义的范围要么应该被限制于财产占有案件中,要么其他所有的侵害行为应该以某种方式来参照这一类案件,显然这种同化是无望的。因为即使过失行为会产生收益(这是有疑问的),但无论其是否导致了损失,这一收益都会产生;而且由于任何损失的出现都取决于多种偶然性的因素,因此,在特定案件中损失的价值与行为人的收益相等只能是一种巧合。幸好亚里士多德自己指出了一条理解这里所质疑的这种"相等"的途径——即他将财产占有案件作为一种违反了平等原则的特殊交易情形,而不是作为典型范例:在侵害案件中,受害人拥有的"太少"、而加害人拥有的"太多"只能说明了加害人占有了本属于受害人的财产,因此,这就是一个涉及正义的问

---

[60] 这个观点还存在一些更深层次的问题。矫正正义对于侵害事件的关注相当有限,因为分配模式还可以被那些非因侵害行为引起的事件,以及与人类行为无关的自然事件而改变。有关目前这种见解的反对意见的讨论,可参见韦恩瑞布(1995,第 79 页)以及本森(1992,第 530—531 页)。这些反对意见与那种认为矫正正义实践可能会放松其对于反对严重分配不公的道德力量的观点是不一致的,该观点并不要求"矫正正义"中的正义存在于对分配原状的恢复之中。

题。在加害于人身权利的案件中,受害人的损失则应该由加害人来承担。[61] 基于这种理解,我们当然应该摒弃那种认为亚里士多德试图提出一种确认侵害的独立法律评价标准的想法,有关的损失及获益的存在并没有背离阐明了相关侵权行为观念的整个法律权利体系。认为损失和受益应该相等的说法只是从法律提出的救济观点的角度出发,代表了侵权事件的一种倾向,它的主要效果在于它标志着这种救济所证明的平等(参见第 4.3 部分)与包含了分配正义的、与财产所有相称的平等之间的区别。[62]

这种对于获益以及损失上的平等的理解为在侵权事件中适用矫正正义(亚里士多德主张这种适用,参见《尼各马科伦理学》,

---

[61] 参见《尼各马科伦理学》,1132a10—14(我们谈到的收益……即使在许多案件中这并不是一个适当的措辞),其中指出了在人身侵害案件中,受害人的损失被用于衡量加害人的收益,阿奎那的解释指出"损失就是某人所得到的少于其所应得到的",参见托马斯·阿奎那《神学总论》(Summa Theologiae) Ⅱ—Ⅱ. A. 62, Art. 5(阿奎那,1975)。对于现在所讨论的"收益",我们同样地可以认为:由于加害人拥有了属于受害人的合法财产,所以加害人所得到的超过了其所应得到的。欧内斯特·韦恩瑞布有帮助地说明了这种结构在不当得利案件中约束了一种对等的方式,因为在这一类案件中法律要求被告的收益是"以原告的损失为代价",正像在人身侵害案件中,我们说被告获益即是以某种方式表现了被告因侵害行为而造成了损失的事实,因此在某个案件中,在被告因未经许可使用了原告的财产而获益的案件中,我们说原告遭受了损失即是以某种方式表现了被告的收益是对原告的侵害这个事实,参见韦恩瑞布(1995,第 140—142 页)。在非法损害案件中,被告获得了本属于原告的财产,这种状态通过利普斯坦和克里曼所解释的矫正正义而得到逆转:他们认为,受害人所遭受的损失应当由加害人来承担,参见克里曼和利斯斯坦(1995)和利普斯坦(1999,第 24—58 页),这等同于在侵害事故案件中以某种方式代表了某人占有了他人的财产的事实,只不过在人身伤害案件中,其困难在于损失和收益相等的事实只是一种巧合,参见弗莱彻(1993,第 1668 页)以及佩里(1992b,第 457—461 页)。但是提出了亚里士多德所赞同的选择性的观点之后,这一点会被误解为一种反对观点。

[62] 我认为,针对这种见解的反对意见与克里曼的观点(参见他在本书中的论文)是不一致的,克里曼主张矫正正义和分配正义共同关系到损失的分配,也可参见利普斯坦(1999)。目前的这种见解只是主张在侵害事故案件中,与损失分配相关的规范并不是建立在其地位应该优于案件中正义之要求的分配权利的基础之上,这个观点并没有遭到以上这些作者的反对。

1131a—b)留下了适当的空间。但是,这当然也要求我们在矫正正义案件中,将裁判要么解释为恢复平等状态,要么解释为平等地对待双方当事人。

4.3 矫正正义中的平等(B)

第二种见解完全逆转了将平等视为恢复国家事务的以及视为对判决的一种形式约束的倾向。因此亚里士多德认为法官是在"试图将不公平状态恢复到平等状态",这意味着他认为判决与将双方当事人作为平等主体来对待是一致的;公正的平衡以及其所追求的结果并不优于符合这种形式约束的判决。因此,根据这种观点,正如亚里士多德所指出的,矫正正义有它自己的关于平等的规则,它包含了变更双方当事人之间关系的理由,而这种双方当事人之间的关系并不是植根于分配上的平等和公平。

如果我们接受了第一种见解的话,当法律实现正义时,当事人之间的平等则是一个独立的判断标准,法律实现正义(平等地对待当事人)只是为了支持分配正义中反对非法侵害的要求。但是如果离开了这些要求,难道不会使平等地对待当事人看起来似乎只是一种形式主义了吗(根据第二种见解)?这是我们都很熟悉的一个问题。当 Y 占有了 X 的财产时,X 有权从 Y 那里获得赔偿,法律会平等地对待双方当事人即无论何时对法律的适用都是公平无私的,X 和 Y 的任何特征(如他们的社会地位、个性)都不能改变法律的适用而偏袒任何一方。但是平等地对待双方当事人的观念在这里起到的并不是解释当事人权利的作用,而是解释了以当事人的权利为前提的法律的适用。[63] 问题是:如果矫正正义目的是为了一般地寻求对侵害行为的法律适用,而不仅仅是为了解决财产的占有问题,那么平等对待双方当事人的观念自身应如何包含与法律上的判断保持(或者不保持)一致的内容呢?这是一个需要弄清

---

[63] 参见凯尔森(1957)以及波斯纳(1981)。在第五部分中我更明确地吸收了凯尔森和波斯纳针对亚里士多德的讨论所提出的观点。

的问题。

我们引用的这一段文章提出了两种解决渠道。第一,亚里士多德将相关类别的法律判断与有关的侵害以及受害的情形结合起来:"当某人实施了不公正行为,而他人承受了该行为以及当一个人造成了损害,而另一个人承受了该损害时,法律…会平等地对待他们每个人。"第二,他将法律对侵害以及受害的关注作为放弃考虑任意一方当事人个性的另一个选择:"如果一个高尚的人占有了一个卑贱的人的财产,在这里是无关紧要的。"我赞同这种见解的主要观点是,当法律认定当事人之间的事务对他们双方来说具有重要的法律上的意义时,法律会平等地对待他们,而不是依据他们的品质(如高尚或者卑贱)根据分配制度来选择适合他们的关系(他们互相的关系以及与他人的关系)。

这里我们有必要回顾一下亚里士多德对于相互关系的解释:如果某件事情"能为受害人所预见,那它同样地也能为加害人所预见,如果它能为加害人所预见,那它同样地也能为受害人所预见"[64]。这种认为平等地对待当事人包含了一种相互关系(预见的平等)观点的重要意义很容易被忽略,因为当事人之间的相互关系往往只被解释为人们之间关于责任的一般制度。假设 φ 是对某种事务性质的描述,即当它被运用时就会产生责任,如果某个责任规则认为 φ 是违法的,那么,当我们谈到人们之间的责任时,从责任产生的意义上来说,无论何人于何时,那么必定会有人受到了侵害;因此通过在实体上对侵害行为进行界定来满足这种相互关系的要件似乎显得并不重要了。[65] 但是,相互关系的概念并不要求太多形式上的见解,为何关于 φ 的具体例证以及许多责任规则比其他形式能更恰当地说明一般的责任形式呢?我们说 φ "如果能为受害人所预见,那它同样也能为加害人所预见"(反之亦然)并不

---

[64] 参见上面的论述。
[65] 我认为这把握了波斯纳在波斯纳(1981)中对亚里士多德的观点进行解释的方式,尤其是其中的第 190—192,193,203 页。

能说明根据某些规则,无论何时实施了 φ,一方当事人都负有责任而另一方当事人都可以获得赔偿,它只能说明该责任规则通过使责任和获赔成为 φ 事务,而使一方获得赔偿与另一方承担责任有着同样的适当理由。从单纯形式上的认识来看,我们只能认为一个规则(无论其内容如何)如果能适用于一方当事人(加害人),那么它也同样适用于另一方当事人(受害人),显然,即使是不公正的规则也同样如此。如果不从形式上的认识来看,我们就会认为这一类特别的规则找到了一些特殊的理由,即支持一方当事人获得赔偿的考虑同样也是支持另一方承担责任的考虑,换言之,关于相互关系以及平等预见的观点选择出了一般种类的公平的或者不公平的规则。[66]

为了更清楚地说明这一点,我们应当考虑一个最基本的问题,一个当法律评价某个被起诉的行为是否是侵害行为时必然会出现的问题:即他做了什么?仍然以第 2.1 中的例子为例,这个问题则是:他确实对站在站台上的人造成了损害吗?或者说他仅仅只是将乘客推了一把、而发生的其他事故则是一个独立的过程呢?现在我们将人的行为理解其个性的表现,所以在回答这个问题时我们很自然地会注意其行为是故意的、过失的或者是可以预见等方面,这些方面通过揭示(即要么肯定为其目的要么否定地认为他并未违背这些考虑)其行为的原因而体现行为人的个性,亚里士多德在专门论述了正义之后,转而论述关于故意行为与正义的关系时,也是沿着这条思路进行思考的(参见《尼各马科伦理学》,第 5.8 部分)。在这里,关于何为"故意"的道德上的意义对我们描述所谓的侵害行为时设定了压力,因为亚里士多德指出,只有行为人明知该实际情形——即被加害人、侵害手段、侵害的类型或者性质时,才能被定义为故意行为(参见《尼各马科伦理学》,1135a15—30)。但

---

[66] 如果不从形式上的认识来说,人们可能会认为公平交易的问题与"公正表达"的问题相关联,这里所说的"公正表达"适用于以他人也是一个表达者这个事实为依据来描述某人与他人之间责任产生关系的断言。

是现在出现了一个很有意思的结果：亚里士多德指出，如果这样界定故意行为的话，就会在"不公平的"与"存在不公平的行为"之间形成一个空缺（参见《尼各马科伦理学》,1135a15—25），如果该行为应当以行为人是否知道为依据来界定为侵害行为的话，对于不知道在该情形下自己的行为会成为侵害行为的人来说，则是没有实施侵害，因为严格地说，他根本没有实施"侵害"，根据亚里士多德的观点，其行为（最终被证明是侵害行为）则不能视为侵害行为，"除非是巧合"[67]。

我们还是回到这个问题上来，即他做了什么的问题。如果赞同那种认为行为是某人道德品质的外在表现的观点，那就否定了对侵害和受害之间的相互关系。因为如果某事可以在未实施"不公平行为"的前提下被认定为"不公平的"，那么就会在没有任何人实施了不公平行为或者侵害行为的情况下，仍然存在了不公平行为或者侵害行为，这样，在侵害与受害之间就会产生空缺。当然，如果我们从目前限制的意义（包括知晓等等）上来说[68]，赞同除非有人实施了侵害行为否则就不会有人受害的说法，这个空缺很会容易地弥补了。这是通过使被动的一方（侵害承受者）成为某种主动行为的简单反映，然后通过这种方式将这种主动行为限制到归咎适当的案件之中，从而弥补了这个空缺。但这样似乎是不公平的，因为它将该事故的性质取决于只属于一方当事人的情形特征，为什么受害人应当查明行为人的自我意识与此相关呢？受害人自身也是一个自我意识者，他与该行为的关系在于他所承受的侵害。

---

[67] 我这是从阿克里尔（1980）中所得出的，尤其是第95—97页。
[68] 《尼各马科伦理学》1134a中论述到："由于在不存在不公平行为的情况下也仍然有可能成为侵害行为……，而在其他的案件中，会出现尽管某人实施了偷窃，[但是他并没有成为]偷窃犯……，尽管某人实施了通奸行为，[但是他并没有]被认定为奸夫等等情形"。我认为这似乎记载了一个事实，即我们不能以目前的这种方式来填补这个空缺。我的理解是，亚里士多德选择"如果不是出于自愿的话，在不存在不公平行为的情况下也仍然有可能成为侵害行为"（1135a）这个观点指的并不仅仅是故意侵害这一种侵害类型，而是指的以应受谴责的行为中所具有的特殊道德利益出发来看的那种侵害行为。

而且我们可以同样容易地从另外一个角度来弥补这个空缺。对于受害人来说,最重要的并不是行为人是否有意地实施了侵害行为,而在于从受害人的角度来说,他所实施的行为是否是侵害行为。反对认为行为人应当明白其行为的观点认为应该或多或少地根据因果关系的线索来决定责任,但很明显这是十分片面的,它通过使这种主动行为成为被动地"遭受侵害"的反映从而弥补了侵害与受害之间的潜在空缺。但是为什么行为人应当查明受害人的自我意识与此相关呢?他也是一个自我意识者,他与该行为的关系中并没有包含侵害。

这些思考得出的结论是,作为矫正正义的问题,对侵害行为的认定不能被限于行为人明知其行为可能会造成侵害的情形中;出于同样的理由,对遭受侵害的认定不能延伸到所有与其他人行为相联系的其不该受的不幸事件中(这使我们更清楚地明白了侵害和受害的法律意义;它们不仅仅是形式上的意义)。在这些不合法理的观念之下,有关侵害以及受害的案件则可以被描述成源于同一个"错误",即只有在受害是侵害行为的反映或者反之时才是如此。正义是一种与他人相关的善德(参见《尼各马科伦理学》,1129b32),它反对人们之间关系的这些单方面的可能性,实际上,它要求站在中立的第三方的立场来对某一事件做出评价,中立的第三方则是法律的象征,即亚里士多德所说的:"由于法官是中间人,所以公正是居中的"(参见1132a)。

总而言之,从对矫正正义中平等的第二种理解来看,法官的任务在于决定何时(在何种情况下)双方当事人因同一个侵害行为而处于侵害与受害的关系之中。[69] 法官的目的是追求正义之实现,他在对于侵害的两种描述——即侵害是受害的反映以及受害也是侵害的反映之间居中地寻求解决,这即是根据双方当事人在行为

---

[69] 正如亚里士多德所指出的,"当某人受到伤害而另一个人实施了伤害、或者当某人实施了谋杀而另一个人被谋杀时,侵害和受害就被不公平地分隔开了"(参见《尼各马科伦理学》,1132a5—10),也就是说,从目前的意义上来说,将双方当事人作为平等主体对待的法律评价是以侵害的形式出现的。

利益上的平等地位(包括了他们免受非法侵扰的利益)来平等地对待他们。这种情形下对平等的违反是指实施了侵害行为,这不是因为他们扰乱了在先的公平分配,也不是因为他们威胁到了公共目标的实现,而是因为他们与另一个具有平等地位的当事人的利益产生了矛盾。这里所说的侵害和受害包含了对等的获益和损失,即受害人所承受的不该受的损失应该是由加害人的行为所产生的,因此,这是一个有关正义的问题。这个"对等"所表达的意义并不是指无论如何损失和获益应当在物质上完全相等,它为法官实施矫正性行为提供了依据,其基本理由在于,其认为某个人的所有少于其应得份额的理由同样也是另一个人的所有多于其应得份额的理由、任何对某人给予的理由同样也是应当对另一个人进行剥夺的理由,在这一点上它不同于分配制度有关的分配正义或者目标。因此,司法上对平等的恢复不包括给予当事人其先前拥有的份额(尽管其可能也会导致拿走财产的结果),也不包括根据分配正义(或者出于公共目标)给予他们其应得的份额,而是通过将损失转移给非法导致该损失的人从而消除那种破坏平等的侵害状态。受害人所承受的损失是侵害行为的一个组成部分;而加害人所造成的损害,至多是形成了受害人的不幸。

理解了这一点,矫正正义还可以被描述为关于某一个人应当对其行为所造成的侵害性后果负责的一个抽象的框架体系。但需要强调的是,这里所说的责任观念比起那些应当受到谴责的行为来说具有更多的实践内容,它与某人的责任能力、对他人潜在的漠不关心以及处于与公民的交往之中等有关。[70] 有一种哲学上的思潮认为对责任的判断与独立地考虑每一个人有关,我们可以想像当一个人在神也就是最完美的法官面前,她不会去指责他人实施了未能表达其愿望的行为,但这是一个没有涉及另一方当事人的

---

[70] 我并不认为这与亚里士多德对于责任的早期论述不相一致(开始于 NE, BK. Ⅲ. 第 1 章)。也就是说,行为人应当负责的行为容易以体现其性格的方式受到赞扬或者责备,参见斯通(1996,第 248—249 页)。

不平而需要得到偿还的场景。而与矫正正义有关的责任观念则与此相反,只有当考虑相互关联的双方、而双方都具有平等的行为利益以及免受他人侵扰的安全利益时它才会体现出来。以这种方式来对人们进行考虑(即作为双方当事人)反映了一种区别于其他的针对行为的道德评价标准的道德观念,它的根源——即产生它的实践情形,是原告与被告在法律面前所争议的侵害行为。

4.4

那么,基本规则(2.2)的要件是如何表达矫正正义观念的呢?

4.4.1 损害。如果按照机能主义者的思路,将支付损害赔偿视为一种威慑性惩罚,或者视为一种重新分配(因此减少)事故损失的方式,那么支付损害赔偿就很费解了(参见第三部分)。如何解释为什么这种赔偿是来自于被告即加害人与原告即受害人之间在此前所发生的事故呢?还有,如何解释为什么原告所遭受的损失正好是确定被告必须赔偿而原告应当获得赔偿多少的标准呢?如果将损害赔偿理解为一种消除侵害(由于平等遭到了破坏)的途径,那么关于侵权赔偿的这些特征就不难理解了。[71] 如果损害赔偿来自于被告之外的话,它可以满足对原告的要求但却不会触及被告的侵害行为;如果损害赔偿的标准不是建立在原告的损失基础之上,它也许会涉及被告的侵害行为或者可能会促进分配正义的观念,但它却不能弥补原告所受的以损失形式体现出来的伤害。所以矫正正义可以加深我们对侵权赔偿的基本特征的理解,以及掌握损害赔偿金数额的司法标准,也就是说,他们的目标是"如果受到了伤害或者蒙受了损失的当事人不能承受该侵害,那么就使

---

[71] "没有特别的困难"——也许除了这种理解之外,加害人所支付的赔偿不仅仅是对损失的补偿,而且(因此)也是取消或者废止某个侵害行为。我试图大胆提出的观点是,尽管对侵害的某些特定思维方式可能会使我们认为这事实上是不可能的,但这有可能确实是一个关于赔偿的基本社会意义的问题,我在斯通(1996)中谈到了这个问题。

他恢复到其本应属于的状态"[72]，这一原则当然也可以表达为侵权行为法的目标是为了给非法侵害提供赔偿，但是如果我们离开了侵害与受害之间的联系，试图从如此理解的损失的法律含义中得出损害赔偿的含义，那么就连这个常识都会很容易被误解。

4.4.2 行为、因果关系以及损害。被告是否应当对该损失负责是解决损害赔偿问题的前提，这应以始自被告的行为终至侵害这一具有因果关系的次序为条件，基本规则保证了某个人的行为只有在造成了对他人侵害时才具有法律上的意义（作为责任的基础）以及某个人的受害只有当它来自于他人的侵害行为时才具有法律上的意义（作为赔偿的基础）。因此，基本规则只将产生责任的可能性限于"一方实施了侵害而另一方承受了该侵害"的这一类案件，从而产生了矫正正义的问题。而且，行为的构成要件（不法行为与懈怠之间的区别，第 2.1 部分中有相应论述）反映了不同情形中的平等观念，因为，如果被告没有实施任何危及原告的行为，作为一个准则，民事被告仍然可能要对原告所受的侵害负责，那么被告所追求的按照自己的意志自由行为的权利（可能对他人之利益漠不关心）则取决于——也有可能是从属于原告对幸福的要求。尽管从形式上来说，被告承担责任的基础同样也是原告获得赔偿的基础，但从更实质的意义上来说，这个规则忽略了人们之间的相互关系（预见的平等）（参见第 4.3 部分），因为根据前面的论述，在这种情形下，只能通过使被告的侵害行为成为对原告受害的一个抽象的反映，从而将原告对权利的主张解释为侵害与受害是源于"同一个"错误。[73]

4.4.3 合理人标准。侵权行为法中关于合理行为的客观标准同时包括以下两个要件(1) 因他人行为而产生的不应受的不幸不

---

[72] 参见 *Livingstone v. Rawyards Coal Co.*, 5 A.C. 25, 39(1980, Lord Blackburn)。
[73] 可以肯定的是，侵权行为法承认形成一般规则之例外的特殊情形，除了不侵害他人的义务之外，每个人都不负有为他人利益而行为的义务。这些特殊情形具有特殊的理由，在这里不能对此进行充分讨论，当然，相反的情形——即除了受害之外的行为上的义务，在刑法（但不是民法）中十分常见。

仅在其自身、而且在法律上具有重要意义(2)尽管被告尽了其最大的努力避免侵害发生,但他仍然对他人造成了侵害。通过下面的结论可以看出这一标准的重要意义在于它是对矫正正义中平等观念的表达。不应受的不幸可能会要求从某人的角度来转移社会资源,但是如果该不幸与他人行为之间的联系可以单独地成为产生责任的足够理由,那么关于正当行为的界限则仅仅取决于某个行为对他人的影响;同样地,如果某个人尽了其最大的努力避免侵害他人,这也可能只与他道德上的过错有关,但是如果这能够使其行为的结果不受他人诉讼权利的主张,那么关于正当行为的界限则仅仅取决于行为人自身与他自己的行为之间的关系。当然,一个行为可以从不同的角度来进行评价,合理人的标准旨在为法官做出适当的判决提供依据,在诉讼中加害人与受害人是作为平等主体来对待的。根据上述对责任的理解,我们可以说该标准回答了什么样的诉讼对于参与者来说是公平的问题,那就是既不片面地倾向行为人对其行为的自我观念,也不片面地倾向他人所受的侵害。

在早期,为了激发对侵权行为法的理论要求,这一问题主要在于法律对客观标准的适用,即它对有关能力辩解的否认如何与以侵害或者过错为基础的责任保持一致。[74] 现在我们可以这样回答:这个客观标准说明了侵害或者过错的观念,该观念适合于从正义的角度出发(即与他人的关系)来评价行为,我们不能把这个标准说成是人的个性或者意愿的表达。同样地,我们也可以解决客观标准和因果关系要件所困扰着侵权行为法的道德机运问题。如果认同那种认为道德评价的目标在于独立地考虑每一个人的观点,那么一个行为可能会造成不同结果,这个讨厌的问题也就出现了。但是如果我们进一步扩展这个框架——即以"与他人的关系"

---

[74] 这里也是特定例外的理由——原则上产生于包括了身体残疾、幼稚、神经错乱以及突发事件(在这一点上争议较多)的案件中,在这里对此不能进行充分的讨论。

来考虑人的话,我们就会处于另一种道德上的思考之中。如果根据第一种观点,无论这种终将自相矛盾的观点多么容易使我们误入歧途,我们都不能把纯意志性的自我关系作为任何一个行为的核心所在(参见尼格尔,1979,第31页),如果要告诉某个行为的受害者说应该根据她的受害来对该行为进行定性,其理由在于从道义上来说,我们所关心的只是行为人的意愿,因此该行为不具有法律上的意义,很显然我们不能接受这种说法。当然,通过另外的方式对受害人的控诉进行回应也并非不是一个权宜之计,因为无论何处人们之间是需要协力的[75],但这决不能成为我们否认它与正义问题密不可分的理由。

4.4.4 近因。无论在特定案件中会出现何种适用上的困难,关于近因的基本观点都是十分清楚的:从与侵权责任相关的意义上来说,并不是所有承受了他人非法行为后果的人都受到了非法侵害。在前面举出的例子中(参见第2.1部分),卡多佐认为原告所受侵害的可合理预见性(从被告行为的角度来看)是产生责任的一个必要要件。矫正正义的观念为我们正确理解这一司法上的常用规则提供了途径。

问题的关键在于原告所受的侵害是否是可合理预见的,这一点使得关于责任的问题与对侵害的不同描述以及因此对被告所导致的风险的不同描述密切相关。[76] 从一个角度来说,可以说成是如果按照被告的行为去做,那么该行为会带来一定的风险,从而使某个侵害以一种或者它种方式发生在某人或者他人身上。依据这种描述,我们就应该认为原告所受的侵害是被告的行为所导致的可预见的结果(因为任何行为都会带来这种一般的可描述的风险);从另一个角度来说,则可以说成是如果被告的行为产生的只是一种以某某方式出现在某某人身上的某个非显而易见的风险,

---

[75] 霍姆斯(1963,第89页)中提出便利性是客观标准的基础。
[76] 对原告所受侵害(以某种方式出现的某种类型的损害)进行描述时,这在一定程度上也是对因被告行为(即物质化为原告所受损害的行为)所导致的风险所具有的一般特性进行说明。

在这种严密的描述下,我们就会很自然地认为原告所受的侵害不是被告实施的行为所导致的可预见的结果。有了这种认识,作为一个合理预见的问题,关于近因问题的实质便是:关于对被告的行为是否是侵害行为的适当描述——即根据任何实践情形的特性(即以何种方式、发生在何人身上的何种风险)对其行为产生的风险进行描述,也就是对发生在原告身上的损害(的类型)进行描述,如果原告所受的损害是被告行为产生的风险的物质化,而根据该风险又可将被告的行为认定为侵害行为,那么,原告就是受到了非法侵害(换言之,也就是说她被某个行为所侵害,而该行为不是从一般意义上,而是根据她所受损害的情形而被确定为侵害行为)。所以,近因这一要件使受害人的受害以及他人的侵害具有了法律上的意义——即它构成了责任和赔偿的基础——此时侵害与受害源于同一个错误。

当然,根据这种解释,在特定案件中责任的适当与否取决于对被告所导致的风险的适当描述,合理预见性则独立于这种描述之外,它并不是作为一个认定责任的决定程序来发挥作用,[77]而只体现了判决的类型,这是一个正义的问题:法律必须根据在案件中处于"被作为"的另一人的控诉而对某人行为的适当描述作出判断。在对特定案件的讨论中,我们很自然地希望原告用最概括的、能使被告的行为一直被认为是侵害行为的语言来描述被告所导致的风险;而我们也希望被告能强调该特定情形中的一些不寻常的细节。[78]就实现公正而言,法律寻求的是一个在既不偏向原告观点也不偏向被告观点的判决,描述该已发生事实的判决既不能太一般化(根据其造成的一些偶然性结果来认定侵权行为)也不能太具体(像全知者一样根据其造成的所有结果来认定侵权行为),因此,

---

[77] 普鲁塞(1953)中提出了它应当作为一个决定程序而发挥作用的错误观点。
[78] 参见莫里斯(1952,第196—198页)。

从相关的事实来说,法官的裁判应当是平等地对待当事人。[79]

五、理论与实践

我们只能概括地、而不是精确地对任何行为进行解释,在这一

---

[79] 在帕斯加夫一案中,持有不同意见的法官提出了一个关于因果关系要件的不同公式,这个公式在现在被广泛运用:即原告所受的侵害必须是被告侵害行为的直接结果,二者不能相去甚远。我认为,卡多佐选择了"可预见性"这个用语的基础在于这样一个事实,即当我们对侵害行为进行定性时,"可预见性"这个术语很自然地会对该风险或者行为的描述类型十分敏感(以一种"相近"或者"遥远"这两个词所不能实现的方式)。卡多佐试图将法律上关于限定责任的判决描述为不仅仅是对侵权行为提起诉讼的受害人的一种有利限制;而且,出于这个目的,他利用了该限制已经暗示在法律对"过失"的说明之中这个事实,对此可参见 Brett, M. R. in Heaven v. Pender, 11Q. B. D. 503(1883), p.509,其中以可预见性为依据对过失进行了解释。卡多佐意识到,如果将"对侵害的合理预见性"作为应该予以注意的基本侵权责任的外在范围,就无须提出因果关系中对"近因"的进一步争论;近因的问题是关于被告之侵权行为的内在问题。

说到因果关系中的"邻近"或者"遥远",这很容易将对行为的不适当反映表达为穿越无限空间的一支箭,一旦被告实施了侵害行为,问题就在于要将该空间划分为一个邻近的部分(行为的适当结果)和一个遥远的部分(行为的偶然结果)。作为法律判决类型的一种表达,这并不是错误的,但是这很容易使我们认为在对侵害行为的确定问题上,我们还没有提出关于在该领域中、而不是在其他领域划分这两个空间的任何理由,所以这也很容易使我们质疑这是否是一个好主意或者说好策略,它是扩大了还是减少了侵害行为的"适当结果"的空间,也就是说:"通过'邻近'一词,我们的理由是在于便利性、公共政策还是正义的大致含义呢,法律不能超出某个要点而追溯许多事件,这是不符合逻辑的,只是一种政治实践"(帕斯加夫,第103页,安德鲁法官所持反对意见),我们必须承认,每个案件并不是要求作出一个取决于某个近因公式的判决(因此这不是一个"逻辑性"的问题),但是安德鲁认为这种判决是"武断的"或者"政治的"观点似乎是使该争论变得混乱的"直接"这个用语所导致的结果,这个用语很容易使我们认为除了被告实施的侵害行为以及原告的损害结果之外,还有一些其他的原因来支持被告承担责任以及原告获得赔偿。人们可能会认为,卡多佐将近因描述为被告侵害行为的内在问题实际上是说明了被告是否应当对原告的不幸承担责任的问题,然而安德鲁却认为这个问题变成了一个关于这是否是要求被告承担责任的正确理由的问题(这里所说的"承担责任"指的仅仅是"要求被告承担责任")。

——亚里士多德,《尼各马科伦理学》,1140a

5.1

在前面的解释中,矫正正义的概念支撑了关于侵权责任的基本规则(1)因为基本规则支撑了如"合理注意"以及"合理预见性"等司法上的阐述以及(2)因为这些阐述支撑了法官的判断,而法官的判断又在具体案件中进一步诠释了法律或者决定了责任(如"合理的注意要求某某人在这样那样的情形下"或者"被告未能尽到合理之注意")。简言之,在不同(种类)的情形中,适用的判决说明了矫正正义的要求,我们可以从关于责任的判决中得出矫正正义的真谛。因为基本规则清楚地说明了在某种情形下(人身伤害)矫正正义的要求[80],而且因为司法上对这个规则的详尽阐述又进一步说明了这种类型的特定案件中矫正正义的要求,因此我们可以说法官对基本规则适用则是试图正确地把握正义的要求,从而弄清特定案件中的该事实的法律意义。但除了指导特定案件中司法审判的实践思想之外,正义的要求应当是可把握的,上面的论述中还没有涉及这个问题,因此,我们所需要的不是矫正正义的"原则",矫正正义的原则应该得到充分的诠释,以使我们在确认法律要件时无须依赖于法律理论而理解它的要求。

当代学者倾向于将效率和矫正正义作为侵权行为法理论的核心概念,从一般的"理论"的意义上来说,这是正确的。每一种解释都试图提出侵权行为法统一的目标所在,因此将它们称为理论也未尝不可,在涉及这些理论上的目标与法律的日常运用之间的关系问题上也不会造成什么损害。但是从更具体的意义上来说,效率属于对理论的一种要求即它是法律理解的一个外部基础(参见

---

[80] 在讨论矫正正义时对"过失"的关注不能使我们忽略了这一点,即法律对其他情形的处理(如合同和不当得利)也同样可以被理解为对矫正正义的表达,关于合同的论述,可参见本森(1989)。

第一部分及第3.2部分),所以这些解释(作为某个普通理论范围之内的选择)现在都一致倾向于使我们认为矫正正义也应当处于类似的基础地位[81],这会使法律的自我理解与其目标相联系的方式变得模糊不清。

在本文中,亚里士多德的论述十分引人注目,因为他所思考的关于矫正正义与日常法律思维之间的抽象关系并不是一种诡辩:他认为,法律对矫正正义的促进不是为实现某种已经被理解的目标设计具体途径,而是在于在不同的情形下如何理解正义的目标所在,对此不断的努力(例如对合理注意以及合理预见等概念的适用)要求实践上的思维,而适当的实践思维不能被简单地说成是一种合理的推理。[82] 所以,如果我们把矫正正义描述为机能主义者在侵权行为法理论中对于效益观念的一种解释上的选择,那么这必然会曲解矫正正义,如果这样的话,矫正正义也一定不会是机能主义者所选择的对侵权行为法最适当的理论解释。

如果仔细分析一下,我们会发现主张机能主义的学者们大体上都放弃了这样理解侵权行为法的可能性,这也不足为奇。有两种反对观点是这种倾向的基础。第一种观点是我们无权基于这种理解认为法律规则和法律上的判断都应当受到矫正正义的约束,法律条款可以(也可以不)与矫正正义保持一致;第二种反对观点

---

[81] 这样,将以经济效益作为法律之基础的机能主义理论与试图将某些矫正正义原则作为法律之基础的理论进行比较就十分普通了,可参见克里曼(1982,第421页)。克里曼在这里只是叙述了一句老生常谈,但是我想他目前的观点——即在说明矫正正义时强调实践的地位却事实上并不是根据这句老生常谈来进行说明的。史蒂芬·佩里的观点——即将侵权行为法描述为"对结果承担责任"这个具有独立地位的道德原则的表达,却可以更好地说成是对提出矫正正义基础的尝试,参见佩里(1992b)。在其他的案件中,谈到建立在矫正正义"基础"之上的侵权法"理论"只是运用了这些词语,而没有利用他们对机能主义的特征描述。

[82] 显然,前面对于基本规则的解释(参见第4.4部分)并不是矫正正义原则对它的推论。这个观点依赖于这种认识之上,即对于基本规则的相关选择(例如将损失留在它最初降临的地方,无论过失或者可预见性而转移损失,或者在被告行为意图的基础之上原谅被告)之中包含了不公平交易的形式。

是认为对侵权行为法的这种理解不能在任何案件中都能给予我们需要从理论中所得到的东西,即在面临其他的分配事故损失的有诱惑力的途径时仍然坚持侵权行为法的制度,我们应当在其他地方对这些反对观点进行充分的考虑,但是由于目前的讨论没有对他们进行至少是简单的考虑,所以仍然是不完善的。

5.2 第一种异议:缺乏约束

围绕着亚里士多德提出的认为平等是在非法获益(以另一个人承受了非法侵害为代价)与非法损失(因另一人的侵害行为所引起)之间处于居中地位的观点,汉斯·凯尔森利用这一点主张把握了矫正正义的法官通过一个裁判程序来决定一方当事人应当对另一方当事人负有什么义务,就如同(延伸了亚里士多德自己的类比)几何学者通过某个规程来决定线条的中点一样(参见凯尔森,1957,第130页;《尼各马科伦理学》,1132a)。凯尔森正确地看到了亚里士多德没有为这一程序提出实质性的内容。在适用非法获益以及损失的概念之前,我们有必要对当事人的权利(如侵害的构成要件,谁对谁负有什么义务等等)作进一步的说明,尽管一旦这些权利得到阐明,那么与解决案件有关的事情也就基本解决了。凯尔森由此推论,对以违反了平等为内容的事故的进一步定性也就成了一种不受约束的形式主义而不存在了(参见凯尔森,1957,第132—167页),根据这种观点,亚里士多德只提出了一种"重复的同义语"(凯尔森,1957,第132页),即在任何案件中,正义要求无须借助于实体规范来决定哪些是应有权利时,就能够给予每个人其应得的权利。

波斯纳最近也提出了一种类似的抱怨:"对侵害的界定应在决定矫正正义的义务之前进行,(因此),至少作为一个矫正正义的问题,社会总是可以随意变更对侵害行为的界定。"[83]这意味着对矫正正义的有关考虑自身并不会约束社会的选择权,如果我们认为

---

[83] 参见波斯纳(1990,第322页),还可参见波斯纳(1981,第190,193,203页)。

某个关于侵害行为的法律上的界定比其他的界定标准更好的话，我们也需要另外一些法律上的考虑，这说明亚里士多德的观点对理解侵权行为法是毫无用处的。如果在缺乏必要的规范补充时，某个法律制度又没有比符合矫正正义更好的主张，涉及矫正正义的义务时只能考虑现行法的制度，而不是去参考任何可以正确解释它的东西：

> 亚里士多德没有解释他认为存在矫正正义上的责任的理由，而仅仅只解释了这个责任是什么。（波斯纳的脚注是：'事实上…亚里士多德除了对他当时社会所普遍流行的法律概念进行描述之外，他的思想到了哪个程度尚不清楚'）。经济分析学（即如果某个制度的目标在于促进福利或者减少损失，对法律责任制度应该怎样所做的分析——我的注解）说明了为什么责任的目的在于纠正错误的理由…是矫正正义概念的一个组成部分（取决于纠正的成本）。矫正正义是促进福利最大化的一个手段且在国家的法律经济学理论中…我赞成福利最大化是公正社会的最终目标。（波斯纳，1981，第 206 页）

这样的抱怨，像凯尔森的一样，包括了两个针锋相对的观点。第一，亚里士多德没有提出一个能够从中得出所有关于侵害的法律概念的原则（"对于侵害行为的界定应先于…"）；第二，他的观点（因此）从解释上来说是空洞的：这至多只是说明了这些概念是有效法律责任的论述——而不是在回答为什么的问题。这种观点认为，波斯纳通过提出法律干预应当促进福利最大化这一原则而对亚里士多德的观点中所缺乏的实质性内容进行了补充。[84] 通过这个原则，我们可以无须依赖于司法上的特别程序和理解就可以推导出适当的法律责任，我们所需要的只是对各种法律干预效果进

---

[84] 凯尔森自己也没有提出一个明确的安排；但是他认为如果缺乏一个决定程序来具体地决定每个人所拥有的权利的话，那么亚里士多德所讨论的任何实践内容都似乎必须来自于其对实在法的固有依赖，参见凯尔森（1957，第 128—136 页）。

行经验上的运用。

这种抱怨是否有说服力呢？第一个观点中还包含了一些正确的理解,但是我们必须真正接受第二个观点中提出的解释上的选择吗？为什么我们应当认为矫正正义在解释上的作用依赖于我们能否将它解释为对"为什么"的回答呢？为什么应当将矫正正义看成是对法律依据的要求、而这些要求又可以与使这些依据发挥作用的某些情形(即不合理行为、可预见的损害等)在司法上的概念相分离呢？为什么我们应当假设除非(如福利最大化)矫正正义能对法律适用(通过这些概念挑选出特定案件的方式)是否正确提出一个独立的检验标准,否则就说明矫正正义不能约束司法上的概念呢？

也许有人会认为这些假定只是将矫正正义视为法律可能(或者可能不)实现的某个目标的前提条件。这种观念的适用要求在我们所认为的法律实践的目标与我们所确认的促进这个目标的实践中的实例之间存在某种概念上的区别。[85] 如果我们对于矫正正义的概念是,只有通过这种思维即在特定案件的环境中,加入如理性人、近因之类的司法观念,这些特定的要求才能被掌握,那么——这种思考就前进了——使实践的正确性观念发挥作用所要求的距离也就不存在了。试图通过利用由实践决定的矫正正义的概念来解释侵权行为法因此也就成了根据法律自身来解释法律,这样只是一种毫无意义的重复——即法律就是法律。[86]

---

[85] 可以参见朱里斯·克里曼在本卷中的论文。
[86] 参见凯尔森(1957,第131,132,139页)以及波斯纳(1990,第322页),其中有他们对重复的同义词的抱怨。韦恩瑞布(1995,第21页)中论述有:"私法的目的仅仅只在于成为私人事务的法律",尽管这种表达似乎(违背了韦恩瑞布的意图)更好地被认为其表达了波斯纳和凯尔森对亚里士多德的观点的误解,而不是在排斥这些误解,但是这种表达并不是强制性地将甚至"法律就是法律"这样的表述理解为"重复"。我们可以将它与"战争就是战争"这个表述进行比较。$Ax(Fx \rightarrow Fx)$(概念的同一性)这个形式或者"$a = a$"(对象的同一性)这个形式意味着什么呢？但是通常只要有 $Ax(Fx \rightarrow Gx)$ 这个形式就足够了,如果将它们视为重复的话就会曲解这些表达式。

但是这种观点也未免太过于偏激了。无论那种认为侵权行为法只是一个工具的想法其根源在哪里,这个根源都不能是:只有当实践目标能够独立于不同情形下促进该目标的特定行为而得到详细说明时,这些实践目标才是无关的(以要求他们承担解释学任务的方式),否则,除了工具主义者的说法之外,我们便不能合理地对行为进行解释。我们在这里所要主张的仅仅在于矫正正义并不是从工具上来说与法律很遥远,而是从另外的方面来说与法律很遥远。工具上的距离存在于许多方面之中,但在认为法律应当实现既定目标这一点上并不存在特别的问题,提出这些目标(如赔偿、威慑或者更一般地说是减少事故损失)也不会分离出任何可以被作为可行的手段所采纳的不同标准(如责任规则、刑罚、税收、保险制度等)。这里,关于法律恢复事件正常的观念基本上也是对于我们所采纳的实现相关目标的手段所产生的预期功效的观念,那么我们所提出的矫正正义的观念也就不再无关了。提出这些目标并不会分离出适当的法律标准,因为(一旦)提出了需要回答的进一步的问题——这不是关于实现这些目标的不同标准的功效问题,而是关于在这个案件中,在这样或者那样的情形下,我们需要实现的目标是什么的问题,法律不是当它从功效上产生矫正正义时(这里没有用到这个观点)、而是当它以特定的裁决表达并阐明了矫正正义的要求时[87],才使事物恢复原来状态。

目前这种反对意见(认为矫正正义缺乏约束)似乎只是建立在一个没有支撑的假设之上,也就是说,除非矫正正义具备了充分的条件(如利用福利最大化原则)以便为在这些决定之中作出判决提出(对案件事实有了更多的认识)一个独立的程序,否则我们就不

---

[87] 黑格尔(1991,§211),其中有这样的论述:"当正义的原则被提出时,……即当法律思维能使人们确定地认识到该正义原则并知道了正义和正当所在时,正义的原则就会变为法律;而且在获得这种确定的定性之后,正义就会变为一般意义上的实在法"。

能认为矫正正义比任何其他理念都更适合于法律决定。[88] 质疑这种假设(因此需要支撑)的一种途径是对法律的基本概念——如近因和合理注意等进行思考,这些概念自身都不能为在特定案件中作出判决提出这样的程序,因此,在目前这种假设的基础上,认为矫正正义面临着空洞的窘境是不公平的,除了单称判决——这种裁决既不制定法律,也不产生类似惯例的效力(参见第 3.1 部分),矫正正义关系到在某个特定案件中某一方当事人的责任,因此无论如何都会对法律产生影响。如果我们不对这个假设提出质疑,那么我们要么就必须否认我们所认同的许多司法上的认识以及对近因和合理注意的适用与这些观念是基本保持一致的主张,要么就应该找到一些实用的或者其他规范性的补充来提供这些必要的有效程序。

有了这些选择,人们可能会将目前的这种假设(即必须存在一个决定程序)看成是认为"所有的……法律规定最终必须从功能上来证明它们自己"思潮的一个部分(参见卡拉布雷西,1975,第 105 页)。机能主义者并没有质疑这些假设,而且他们还正确地把法律视为是直接针对"恢复正常状态"的一种法律实践,他们认为我们只有通过分析的方式来运用这种观念,而这种分析至少能从原则上(1)将法律上历史悠久的术语描述成独立推理(如最大化地实现福利)的结果,而且通过同样的方式(2)在特定的案件中有效的

---

[88] 这个假设似乎在凯尔森的以下论述所涉及的几个观点中尤其明显:"除了一般的规则之外,还有什么其他的道德'理论'能够指明在特定情形下应该发生某个特定的行为呢? 而且,如果一个行为人不知道一般规则所指明的在某个明确的、与其行为条件完全相同的情形下其所应实施的明确行为的话,那么在具体的情形下他如何知道其在道德上应如何行为呢? 行为人自己所要作出决定的只是一般规则所确定的情形在当时是否存在——他所要决定的是客观事实,而不是法律事实"(凯尔森 1957,第 382 页,注[37])。这似乎暗示者道德思想从一般而转为具体必须采取运用规则的形式,这些规则能够联系到具体的情形而得到充分阐述,因此一旦行为人看到了事实的情形之后,他就能从该规则中推导出其行为的正确性(如果在该规则中,是否"由规则的存在而决定情形"的问题要求实践的识别力超出单纯的事实辨认的话,那么客观事实与法律事实之间的区别就不那么严格了)。

运用它们。[89] 但是机能主义者所面临的困难(参见第三部分)表明了这一争论应向着相反的方向发展,法律的规范性以及其对功能性分析的抵制应该使我们有理由来质疑这种倾向于将这一分析看做是不加批判地接受法律的惟一选择的基本假设。如果不考虑这种假设,我们也就不必被迫在一方面单纯地接受"那样做"(无须承认法律总是恢复正常状态的观点)和另一方面回答"为什么"的问题(机能主义者的主张)之间进行选择(当然,由于它包含了这种对比,因而接受"那样做"并不是一个很严重的选择)。

我们说机能主义分析不是必不可少的,但当然这并不是说希

---

[89] "至少在原则上":对不同法律规则的效果缺乏经验主义的信息可能会阻碍我们实际上执行这种分析。在这一点上,要注意到波斯纳对卡拉布雷西所著的《事故的成本》(The Costs of Accidents)一书的评论:"这本书……对事故控制问题提出了一个有用的观点,但它不是在几个相互对抗的解决方案之间进行决定"(波斯纳,1970,第646页)。这里体现了两个思想:第一,作为一个理论应该提出一个决定程序;第二,即使该理论不能实际上(由于信息上的制约)帮助实践决定,它也应该提出一个"有用的观点"。前不久,在反对将陪审团对于"合理"的判断取代为从其自己的过失理论中而得出判断时,波斯纳进行了如下评述:

> 一般说来,当事人没有给予陪审团汉德公式所需要的相关的确定变量(即采取预防措施的成本以及事故的预期损失),在这里也是如此,这就是为什么该公式相对于操作上的意义来说更多地具有分析上的意义的原因所在。对人身伤害货币化所存在的概念上以及实践上的困难会继续阻碍我们将预期的事故损失与等式的另一端——即采取预防措施的准确成本进行衡量,至少在原则上是如此。……多年以来,陪审团都不得不对合理进行粗略的判断,他们的判断更多的是依据直觉,而不是对汉德公式中的因素进行测算;而且只要陪审团的判断是合理的,审判法官就无权取消这个判断,而不论这是否取代了法官自己的判断,参见 McCarty v. Pheasant Run, Inc., 826F.2d 1554 (7th Cir.1987)。

波斯纳指出,对于通过经济学分析而作出的决定来说,"关于合理的判断"是其次最好的。但是由于法律还是必须依赖于后者,所以说关于过失的经济学理论"相对于操作上的意义来说更多地具有分析上的意义"。我引用这个论述是要说明,它独立地描述了使这些判断正确的依据是什么(正确的判断是指以完美的信息为基础且以法律干预的目标在于促进福利最大化为前提而得出的判断)。批判家们总是惊诧于机能主义者并没有更多地关注到经验上的问题,但这里所描述的机能主义所具有的投机动机可能会有助于缓解这种看法。

望得到法律的外部基础——由此认为矫正正义因不能满足这种希望而应当被放弃——是可理解的。(法律强制性地构建了我们的日常生活,所以从更令人信服的原则中推导出其外部基础是一件很好的事情,无论在哪个理论领域这都是可能的)。我现在的观点只是说,这种武断的假设使机能主义者对另一种可能性视而不见:正义的观念在解释上的地位不是在于引导而只是在于支持——通过一种更抽象的方式——在日常的法律运用中所蕴涵的实践思维。一旦赋予了这种支持地位,矫正正义就会为法律实践的结构提出一种反思意识,且在该法律实践结构中某种特定的案件是主要的(包括侵害与受害以及对权利的主张),而且某种有特色的伦理上的考虑也在其中发挥作用。对描述这些情形(如行为、侵害、因果关系等)的法律理解进行思考会使相关的伦理上的考虑凸现出来,而且这是通过把握我们所能理解的相关考虑(这不同于其他的考虑如分配正义或者对行为或个性的道德评价)[90]——即把握实践的目标及其统一性(参见第一部分)来实现的[91],这种理解不会使旨在特定案件中进一步明确矫正正义内容的法学努力变得漫无目的,因此只有通过不断地进行深层次的思考(这是法律发展的一个重要源泉)这条途径,才能增强我们对于特定案件中正确理解法律要求的确信力。但是我们没有理由说矫正正义没有提出任何

---

[90] 亚里士多德首先区别了正义的特殊含义(与正义作为一个整体所具有的价值),然后在这种特殊含义的范围之内,将矫正正义与分配正义相区别,从而找到了矫正正义的特殊性。如果单出于这个理由,要将他对于矫正正义的论述定性为是对每个人都应该拥有自己的权利这一说法的"重复"是错误的(凯尔森1957,第131页),因为一般说来,矫正正义和分配正义都针对着每个人所应当拥有的权利,亚里士多德的论述一部分存在于这些概念上的比较之中。

[91] 这句话得益于迈克道威尔(1998,第10页)中对相关问题的论述。以这种方式来理解某个法律实践的可能性暗示了对法理学家所说的法律的"自治"进行解释的一种途径,其观点并不在于主张法律超出了人类的创设和评论,而只是说明法律的理性发展是以正义的观念为根据而进行的(参见卡拉科雷西,第3.2部分),这里所说的正义观念其中的一部分已经得以表达,而且其在所处理的不同情形中会区别对待。

理解,或者说"所有的法律要求都应该从功能上加以分析",这种可以感觉到的必要性只是让我们想起一位古老的哲学家,想起认真地对待这位哲学家我们能够获得的自由,尽管他不持我们已经想当然接受的假设,因此也不能帮助我们理解这些假设。[92]

5.3 第二种异议:与之分庭抗礼的观点

主张矫正正义能够约束法律责任规范的人并不认为这种观念会使我们无法回答为什么会存在这些法律责任的问题。从另外一种意义上来说,这并不是一个关于为什么矫正正义的要求应该这样来理解(合理注意、可预见性等)的问题,而是关于为什么在出现事故损失的情形下,我们应当关注与矫正正义相关的正义问题。(波斯纳在第5.2部分中的论述可以理解为同时提出了这两个问题。[93])

第二个问题是当代的学者们所积极关注的,他们认为如果一个社会将一些在现代社会中会产生侵权责任的自然事故作为分配正义的问题——并由此引发(如构建或者崩溃)社会保险制度的问题,那么这也就无所谓正义或者罪恶的价值判断了。因此如果将侵权行为法定性为一种对矫正正义的表达,那么持这种反对意见的人尽管没有赞同侵权行为法的制度,但也为侵权行为法更优于其他的损失分配制度提出了一个很好的理由。

---

[92] 这句话反映了一个事实,即在亚里士多德的著作中,我们本应当将对决定程序的要求视为特别有疑问,因为它回避了伦理学上"准确"的类型以及对外部基础的要求这两个问题,关于亚里士多德对这种要求的叙述,可参见迈克道威尔(1998)。我在本节中的讨论要尤其感谢迈克道威尔对这些问题的探索。

[93] 由于韦恩瑞布利用其提出的经济之功利主义来同时回答这两个问题,所以他没有很清楚地对它们进行区别,因此:"以社会利益为基础来进行考虑,如果有正确的理由来废除过失侵害行为(赞同无过错的赔偿计划)的话,那么对这种损害不能进行赔偿并不等于对非法侵害不能进行赔偿,……矫正正义是一个程序上的原则,关于侵害行为的意思要到别的地方去探索"(波斯纳,1981,第203页)。韦恩瑞布将矫正正义说成是"程序上的原则",他似乎是认为矫正正义只描述了私人之间责任规则的一般形式(参见4.3部分)。

第二种意见展现了机能主义论者的动机的另一个来源。机能主义分析将侵权行为法定性为一个减少事故损失的有效途径,从而通过解决第二个问题(为什么将双方当事人之间的公平作为制度上的问题)的途径来回答了第一个"为什么"的问题(为什么双方当事人之间的正义应当这样规范),这里只涉及其他与之分庭抗礼的实践考虑,而不包括任何特别的实践法学的目的。这样,从以决定是否应当由矫正正义或者其他考虑来支配法律对事故损失的回应程序的需要之中,出现了决定"法律对矫正正义的理解是否是为了恢复原来状态"的程序。

这个反对意见中的有些观点是正确的,但是如果把它作为机能主义者的一个动机就变得很混乱了。首先,特定的调整性的以及赔偿的制度(不包括双方责任)可以被正确地描述为侵权行为法的"选择",而且即使把侵权行为法理解为对矫正正义的表达、而不仅仅是实现威慑和赔偿功能的一个工具(许多工具中的一个)时也是如此,因为侵权责任会对分配事故损失产生影响,而且,在社会资源缺乏的条件下,人们对于事故损失所享有的福利是十分脆弱的。[94] 如果没有其他的分配损失的社会机制的话,可以说侵权行为法对平等规范的适用为它提出了一个充分理由,但是实际上侵权行为法只被认为是诸多事故损失分配机制中的一个,而且由于这些损失会涉及福利的问题(与疾病、灾难等非行为性不幸一样),所以目前的这种争论仍然提出了一个未解决的问题:根据这种观点,许多归因于人们行为的损失其自身就说明了适当的制度上的考虑只关心该行为的合法性,而不是像在许多其他案件中一样关注损失出现的事实。

还有,为什么对这个问题的坚持会如韦恩瑞布所主张的那样,导致我们脱离对福利问题的基本考虑来创制矫正正义的规则,或

---

[94] 参见利普斯坦(1999)。根据这种观点,我们就不难理解为什么说其受益人放弃了提起侵权诉讼的权利是无过错的社会保险制度(如工人获得的赔偿)的一个普通特征了。

者证明侵权行为法的价值与其他损失分配制度的价值相当呢?这种还原性努力来源于那种认为必须有一个中立的决定程序来对这些制度进行选择的观点,但是为什么要这样认为呢?而且,如果我们赞同矫正正义才是我们真正应当考虑的(有约束力且不是空洞的,参见第5.2部分),同时也认为侵权行为法表达了这种考虑,也不能简单地假设我们自己能够找到这种(使其与其他制度价值相当)理由且吸收这种考虑。在本文的引用中,波斯纳将"矫正正义"说成是一种制度形式上(两极分化)的结构,如果将这个问题暂且搁到一边,无论其理由是什么,为什么存在具有"那种"结构的制度呢?[95] 但是那只是假设"矫正正义"说明了一个事实,即某个特定制度的基本规则只是私人之间的责任规则("X必须对因其非法行为而对Y造成的损害进行赔偿"),显然这样会遗漏掉侵权行为法表达了矫正正义的要求这一点。熟悉侵权行为法的人都知道,在这个制度的基本规则之下,X必须对因其非法行为而对Y造成的损害进行赔偿,它要求X必须这么做因为他非法地对Y造成了损害。[96] 这是一个权利主张,不仅仅只是制度的规则本身如此,而是在这些规则中包含了一种特殊的理由。这种要求并不是来源于那种认为应该设定一个包含了这些规则的法律制度的主张(其他的考虑可以与之分庭抗礼),如果不是这样的话,那么在人们之间产生责任的原因就不仅仅是来自于损失的意义,它也源于人们在交往中对平等的要求这一点就可以独立地得到理解了。

5.4

因此,将侵权行为法理解为亚里士多德所主张的对矫正正义

---

[95] 我怀疑在描述侵权行为法时所使用的像"直觉"和"实践"这样的术语本身的不明确性会使我们很难清楚地理解目前的这个问题,在没有理解侵权行为法的目标以及实践的统一性时,我们可能可以确定我们的直觉,但是对于我们所说的"实践"来说就不一样了,这个问题需要在其他的场合进行探索。

[96] 实际上,这个主张在于,这里所说的"X必须赔偿其对Y造成的损害结果"不仅仅只是一个规则,它也是X进行赔偿的一个理由,参见4.3,这与彼德·温奇在温奇(1972,第218页)中关于惩罚的观点相联系。

的表达并不是要迫使我们认为侵权行为法不应当被废除,即使我们有理由认为应当废除侵权行为法,但是我们的理论目标仅仅在于正确地理解(这不仅仅是法律规则的社会学或者历史,参见第一部分)侵权行为法(根据机能主义者的观点,主张废除侵权行为法的提议首先是主张废除侵权行为法实践——根本没有任何适当的理由这么做——这只是迷信而已)。另一方面,在前面的论述中也没有排除这种可能性,即亚里士多德关于矫正正义的观念可以通过那种积极支持侵权行为法的方式来得到解释,而无须将侵权行为法弱化为一种实现最低损失标准的操作方式,同时这种解释方式也排除了分配事故损失的其他途径。我的主张不是要对侵权行为法进行积极的辩护(或者反对),而是要使有关如何理解侵权行为法的各种论争更加集中和尖锐(在侵权行为理论中,由于将效益和矫正正义作为理论选择进行对比,从而使有些争论变得模糊了),为了实现这种主张,我的研究方法是从矫正正义观念的起源及其最弱化的形式出发,进而证明即使在这种最弱化的形式下,提出其相对于侵权行为法的机能主义目标的优点所在,这对于与随后的理解相结合起来具有特别重要的意义。

维特根斯坦曾经说过:"在伦理学上,我们不能假定理由和理由所呈现出来的表象必须属于不同的类型。"[97] 通过"伦理学",维特根斯坦的意思是要尽力找到实践的理由,他认为尝试这种努力的困难在于,我们首先会看我们的理由是什么,然后我们会通过思考认为哪些将不可能简单地成为我们的理由,从而对我们所看到的理由大打折扣,即我们的理由应该属于"不同的类型"。这暗示着我们对于我们在伦理上所寻找的理由有一种预想的观念,而当我们的发现与我们的预想观念不相符合的时候,我们便会十分失望,那么这种预想是什么类型呢?我从《尼各马科伦理学》的第一册中所引用的论述提出了一种可能的答案,即"我们不能对所有案件的解释都提出同样的要求,但是,在许多案件中我们可以说明

---

[97] 引自瑞赫斯(1970,第103页)。

'那样做'的正确性,因此,我们就以'那样做'作为首要事情和讨论的出发点"(参见《尼各马科伦理学》,1098b1)。在研究伦理学时,亚里士多德提醒我们注意到要求某种解释的诱惑力。由于我们看到了"这样做"是实践的理由,他暗示这很容易使我们要求对为什么实践会以此为基础作出解释,乍一看这似乎不同于维特根斯坦的观点,但是当我们发现这种对解释的要求就等于要求找出更深层次的理由或者基础时——即许多在先的或者更基本的起点时,这两种观点就集合到一起了。如果我们提出这样的要求,那么我们就会认为实践的真正基础已经超出了我们形成的观点而存在于其他的某处,而且从那些能成为实践之充分解释的理由与不能成为实践之充分解释的理由之间的区别这个意义上来说,这还包含了不同类型理由的观念。我们可以对维特根斯坦与亚里士多德观点的近似性进行表达,通过说明针对亚里士多德之告诫的解释要求已经包含在内了——这是我们所认为的"理由和理由所呈现出来的表象必须属于不同的类型"的源泉所在。这两位理论创始者都暗示到,我们思考这一点的障碍在于我们没有看到展现在我们面前的这个基础的含义所在。

当代试图理解侵权行为法的努力是否有时会被维特根斯坦与亚里士多德所留意到了的一种问题形式所阻碍呢?如果回答是肯定的话,亚里士多德所提出的矫正正义就是值得效仿的,无论是在其包含了法律理论的有限意义的相对清晰度上,还是在其体现令人失望的空洞的能力上,甚至可能还有些许神秘:这种"多余的、陈腐的正义概念是如何在若干个世纪中被思考、发展并得到共鸣呢?"(参见波斯纳,1990,第316页)。对于那些认为自己对这种神秘的产生持有自由假设的人来说,亚里士多德的观点可能在某种更深层次的程度上是可效仿的。主张矫正正义的理论家们不是假设该观点可能与对矫正正义的"概略性说明没有什么差别"[98],而是受到了亚里士多德是否实际上抓住了矫正正义的核心点的挑战,也就是说,矫正正义就是当某人看到了法律对侵害和受害的合理处理时,他把握到了什么的问题。当然,亚里士多德的解释肯定只是一个轮廓(参见《尼各马科伦理学》,1104a),但是人们也许会问:我们真的能设想哲学家们在上一两个年代已经开始了充实其具体内容的工作,而法理学家们若干个世纪以来还没有进行这项工作吗?

---

[98] 参见欧文(1995,第1页)。这篇论文中并没有说亚里士多德关于矫正正义的讨论没有为有益的详细阐述留出空间,但是我们也不能假定这种详细阐述必须探寻"更具体的内容",参见欧文(1995,第1页),因为根据目前的观点,法律自身已经这样做了,所以这种详细阐述更应该将亚里士多德的观念与其他的抽象观念如人格的观念等联系起来(参见韦恩瑞布,1995),或者与自由主义的观念联系起来(参见克里曼和利普斯坦,1996)。

5 侵权行为法和侵权行为理论

——关于研究方法的初步思考

朱里斯·克里曼[*]

尽管我们并不总是很确切地理解解释和证明之间的区别,但它们之间的区别是很明显的,也是大家很熟悉的。解释的目的在于说明或者加深我们的理解,但证明的目的在于证明行为、规则、制度、习惯等的合法性或者为其辩解。这会引起认为解释是一种说明行为、而证明是一种法律行为的错误判断。实际上,这二者都是受规范调整、制约的行为,只是调整它们的准则有所不同。调整解释的准则是理论上的,如简明、一致性、雅致等,但调整证明的准则是道德上的,如公平、善良、美德等等。

---

[*] 这篇文章是对我在克莱尔顿(Clarendon)学院演讲的第一部分的简短叙述,该演讲稿已经以《原则的实践:对法学理论的实用主义研究方法的辩护》(In Defense of a Pragmatist Approach to Legal Theory)为名出版(牛津大学出版社 2001),但是本文的着重点却有所不同。有关本文的更早的、更粗略的叙述已经作为该次演讲的一个部分而在牛津大学提出。阿瑟·利普斯坦、本杰明·兹普斯蒂、斯哥特·夏普诺、爱瑞克·卡文莱罗(Eric Cavallero)、爱恩·爱瑞斯(Ian Ayres)、史蒂芬·佩里和乔迪·克劳斯阅读了本文的草稿,也阅读了本文早期的草稿,他们都提出了有价值的批评并使本文变得更加有意义。但是,我要尤其感谢爱瑞克·卡文莱罗,他除了对我提出有价值的实质建议之外,还对我提出了许多重要的编辑建议。我还要感谢兹普斯蒂,我相信他对于侵权行为理论有着许多重要的哲学上的精妙见解,在他的帮助下,我上升到了一个我此前没有完全到达的研究途径。

许多像罗纳德·德沃金和史蒂芬·佩里[1]这样的法学家,尤其是一些普通律师都认为,在判例法中,解释和证明是相互依存的:如果不借助于至少是某些道德规范的话,那我们就不能解释法律概念。我不同意这一观点,但这并不意味着我认为对法律概念的哲学解释无须回应任何类型的准则,这一争论可以根据下面所述的两种主张之间的区别来构建:(1)我们对 X 的概念部分依赖于我们对 X 的概念应当是什么[2];(2)我们对 X 的概念部分依赖于 X 应当是什么。我认为我们关于法律的概念依赖于这一概念之应然;换言之,它必须对理论准则作出回应。这并不意味着我们对法律的概念依赖于"法律"应该是什么,换言之,我并不认为法律的概念必须对正义、公平、美德等等准则作出回应。

尽管这两种观点之间的冲突存在于目前关于法哲学的规范性的方法论和描述性方法论之间的核心区别之中,但他们之间的冲突却很容易被误解。[3] 在开始我的论述之前,澄清这一点十分重要,否则我在本文中的主要观点——我们对侵权行为法概念的解释应求诸于矫正正义的基本原则,就可能会很自然地引起一些混淆。根据矫正正义的概念可以更好地理解和表达侵权行为法,但这一主张并不是停留在对这一概念的道德认可之上,支撑法院的法律考虑(首先)是认识上和理论上的考虑,而非道德上的考虑。[4]

构成了我们这里所作解释之核心的矫正正义原则认为"应当

---

[1] 参见德沃金(1986)及佩里(1998b)。
[2] 斯科特·夏普诺提出了这个有意义的区别。
[3] 我赞同这种说明性的方法论并批判在克里曼(1998b)中的德沃金式的选择。
[4] 另外,我探讨了矫正正义所表达的正义的要求——它独立于分配正义,但与分配正义的要求相联系,这与我在这里提出的矫正正义原则解释了侵权行为法及其实践的观点相区别。也许矫正正义是一个在道德上具有吸引力的理念,但却无法解释侵权行为法,或许矫正正义可以解释侵权行为法,但却没有形成一种具有特别吸引力的道德理念。事实上,我认为矫正正义既解释了侵权行为法,而且它自身也是一个有吸引力的道德理念,参见克里曼(1992a and 1998b)。

对侵害损失负责的人有义务补救该损失"。我认为,这一原则的实体要件在侵权行为法的制度中有具体体现。这里我并不打算彻底地解释矫正正义,我只准备就其主要构成要件加以说明。

除此之外,本文的第二个目的在于说明一种法律分析学的研究方法。在传统的法哲学中,我们首先要确定当某个人侵害了他人时,正义的要求是什么?这样我们才能进一步审视侵权行为法律制度,并决定是否能够实现独立于法律之外的正义所要求达到的结果,以及以何种方式来实现该结果,从而实现侵权行为法的主要目的,我把这称为"自上而下"法学理论(参见克里曼,1992a),它代表了法律分析学的流行模式,尽管这并不是我的研究方法。

我所采用的分析学的方法从以下三个关于矫正正义和侵权行为之间关系的主张中可以得到印证:(1) 矫正正义的内容部分取自于侵权行为法中的制度:矫正正义的要求取决于矫正正义的实践,包括侵权行为法[5];(2) 当缺乏矫正正义实践时,则谈不上矫正正义的道德义务[6];(3) 关于矫正正义的证明部分取决于对其

---

[5] 这种观点在克里曼(1995)中有所暗示,而且在本文中得到了进一步的阐明。
[6] 新西兰一案说明了依据矫正正义所确定的责任范围是一个偶然的问题,而且在不同的法律体系之间也不尽相同,在新西兰,曾经有一段时间根本没有对意外事故伤害提起的侵权诉讼——不论是有过失的或是无辜的,这些事故所造成的损失是通过一般的税收保险箱来进行分配的,我们可以想像在一个截然不同的社会里,不仅没有在意外事故案件中执行私人赔偿责任的侵权法体系,而且也根本没有执行任何私人赔偿责任的侵权法体系,由此我们假设他们也根本不存在私人赔偿实践,所有因人的行为而导致的不幸都是由大家来共同承担,那么,我们如何评价矫正正义原则在这个社会里的地位呢?

我要说的一点是,在这种空想的社会里,那些非法侵害了他人的人仍然会产生赔偿责任,但那些矫正正义的责任是由集体而不是由私人来履行的,我认为这可以说成是,如果不存在对于侵害损失的私人赔偿实践(无论是正式的社会实践或是法律实践),就不存在矫正正义上的责任。

这并不意味着在这个社会中的人没有矫正正义的概念或者说他们不理解这个概念,他们能够理解当事人对他们实施了非法侵害时,加害人就负有赔偿责任这个主张的含义,他们也理解矫正正义的概念,但是他们的生活不是由矫正正义来调整,因此也就不存在矫正正义上的责任,当然,这尚有一个未决的问题,即由于人们并不是运用矫正正义原则来调整人们之间的事务,那么,他们的道德和社会生活是否应该不被考虑呢?

进行表达或者阐述的各项制度所具有的吸引力。

第一个主张否定了矫正正义的要件可以独立于实现矫正正义的社会实践而得到充分说明的观点,从而否定了自上而下的研究方法。第二个主张认为即使矫正正义可以被独立地表示为"真实"、"公平"、"有效"等道德原则,但这些原则仍然需要实践化的例证来施加道德上的补救义务。第三个主张强调矫正正义作为一项道德原则的吸引力(尚须进一步的澄清和深化)取决于其在得以实现的实践过程中所具有的道德上的吸引力。

本文说明并进一步发展了这些主张。矫正正义清楚地说明了某些特定范围内的人的行为中有关公平的观念,也就是说,它明确了因人的行为所造成的损失和不幸事故中的公平的概念[7],它根据其他的如"侵害"、"损失"、"责任"、"赔偿"等概念来阐明了公平的含义,侵权行为法充实了这些概念的内容从而使矫正正义更加明晰。我的目标不仅在于阐明侵权行为法和矫正正义之间具有一致关系的观点,而且提出了关于法学理论和实践之间关系的一般观念。

认为侵权行为法的力量来自于为矫正正义的促进这一理解允许我们从一个特殊的方式来看待侵权行为法:如果我们根据其体现和实现的价值来解释侵权行为法的话,那么对于侵权行为法的证明问题则转变为了这些价值在我们的公共生活中的地位问题。即使矫正正义是一项独立的、且可以独立地得到证明的正义原则,其他的出于公平、庄重、仁慈等方面的考虑可能会规定人类的不幸——那些归咎于人的行为以及非人为的不幸应当由大家共同承担,这些损失应该在所有人之间进行分担,例如,通过税收体系来

---

[7] "因人的行为"的含义在这里仍然是模糊的,在下面的论述中我们可以看出,侵权行为法自身对另一种相区别的个人行为责任进行了说明和具体化,参见第五部分。

分担。[8] 因此,对矫正正义进行解释的一个主要目的就是使对于这些问题的争论更加清晰。

一

主张侵权行为法体现了某些理念和原则的人应当提出侵权行为法以及这些相关理念、原则的概念,并根据这些理念和原则来理解侵权行为法所达到的效果。侵权行为法的核心由结构要素和实体要素组成,实体核心以其基本的责任规则即过错责任和严格责任为代表。[9] 几乎所有看似合理的侵权行为法理论都对这两种责任形式进行了解释并说明了它们之间的区别,有的理论还解释了为什么在有些案件中适用过错责任是合适的,但在另外一些案件

---

[8] 事实上,无过错或者新西兰制度与目前的侵权法制度相比,它在分配汽车事故损失时可能更好地满足效益和正义的要求,即使目前的侵权法制度体现了矫正正义原则也是如此。

[9] 通过侵权行为法的一个核心,我指的是在某种一般性程度上所反映出来的一系列特征,这些特征构成了我们对于实践的前理论概念,这种将某些特征作为核心之一部分,而将另外一些特征不视为其核心之组成部分的主张在很大程度上是经验主义的,即大多数熟悉侵权行为法的人会认可这些特征而不是另一些特征,但哪些人是这样认为的呢?侵权法学者、法官还是律师?我不能肯定,我将我自己对于侵权行为法核心的观念摆出来,也许在关于哪些能作为侵权行为法核心的问题上我是错误的,但我把它作为一种可修订的假设来供大家讨论。

与此相关,有两位法哲学家与我在对侵权行为法最佳解释的观点上是一致的,他们也讨论了我对侵权行为法核心的定性。阿瑟·利普斯坦认为故意侵权行为占据了侵权行为法核心的一大部分,对此我并不否认,我只是认为应将故意侵权行为归入过错责任规则中去。我理解的过错有三种形式:故意、鲁莽和过失。兹普斯蒂认为侵权行为法的实质核心应该根据侵害的各个不同种类来定性,其基本的种类是严格责任和过错责任均适用的侵害种类。

关于侵害的观念对于私法的完整性来说是很基本的,以至于它不能充分地辨析侵权行为法的实质与其他部门法的实质核心之间的区别。即使侵权行为法都是关于侵害的法律,但我们仍然要辨析由严格责任规则所调整的侵害与由过错责任规则所调整的侵害之间的区别。

中应当适用严格责任。[10]

侵权行为法的结构核心以判例为代表,在这些案件中,特定的受害人对那些他们认为应当对损失负责的人提起诉讼并要求赔偿。如果受害人要求获得赔偿的主张得到支持的话,那么她得到补偿的权利采取向被告提起主张(要求被告直接履行或者通过某些契约关系如保险等来履行)的形式。相反,受害人无权对整个社会或者整个过错共担团体主张权利;而且,如果法院判令被告承担责任的话,她也不必向过错共担团体支付赔偿金或者随意选择受害人支付赔偿,而是必须向她自己的受害人赔偿损失。对侵权行为法进行解释的理论必须针对为什么在这些判例中她们的主张应当得到支持进行解释,尤其要解释这些诉讼的双边性特征。[11]

经济学分析为侵权行为法提出了一种具有前瞻性的解释。[12]任何特定侵权行为造成的损失已经发生,对于这些损失我们无能为力,也没有办法取消它们,我们所能做的只是决定损失的负担者,即这一损失应当从受害人转移到其他人(如加害人)身上吗?过去的事情已无法复原,我们做出是转移损失还是将损失留在原处这一决定应当考虑该选择可能会导致的后果。这样,我们会问,通过将损失施加给某人而不是其他人可以实现什么样的社会美德呢?有了一部处理意外事故及其损失的法律,那么,人们就应当考

---

[10] 当然,有可能对侵权行为法最好的理论告诉我们对于责任的两个原则是不一致的或者说代表了相互冲突的观念,因此,现存的侵权行为法应该以某种方式进行改革,抛弃其中某一个责任原则,而赞同另一个责任原则。

[11] 即使在我提出的构成侵权行为法核心要素的问题上存在争议,但对有一点却是不存争议的,即试图对侵权行为法的基本要素进行解释的人都会忽略一些重要的东西,遗漏掉这些结构上的以及实质上的特征。任何关于侵权法"核心"的观点肯定都是有争议的,侵权法学者以及其他的法学学者们在关于侵权法的基本要素上可能都是互不认同的。

[12] 我使用了"经济学分析"、"法律和经济学"以及"对法律的经济学分析"这三个术语,并取代了采取那些将效益作为一种评估标准的一系列理论,效益分析具有包括采用边际主义在内的其他特征,而且关于效率也存在许多不同的观念,可参见克里曼(1980),其中对经济学分析的这些其他特征进行了讨论。

虑到有关的损失转移规则对事故损失所产生的效力这个自然后果。经济分析学家认为相关的社会美德在于降低事故损失,因此,他们认为正确的责任规则应当是那些可以实现最大限度地减少损失的规则。

当然,任何忽视了事故损失和降低损失要求的侵权行为法理论都会遗漏掉侵权行为法中的一些显而易见的且十分重要的东西。但经济学解释必须要能够说明意外事故法的这个重要特征,其同时也是对意外事故法的存在、持久性及轮廓的解释,经济分析学以及其他具有前瞻性的侵权行为法理论所面临的问题是:它们忽视了双方当事人是因一方认为另一方对其造成了非法侵害而引起诉讼这一点,诉讼当事人并非到法院来为法官提供一个追求最大限度地减少损失政策的机会,更确切地说,诉讼当事人到法院来是要证明自己的权利主张,试图通过官方的力量来声明谁有权对谁做什么。从某种意义上来说,法官是为他们服务的——在他们之间实现正义;而不是他们为了帮助法官体现政策执行能力而提起诉讼,也许没有谁会首先考虑到侵权行为法的理论化。

根据经济学分析,在侵权之诉中,诉讼当事人之间并不存在什么重要的法律关系,重要的只是双方的关系对侵权行为法的目标尤其是最大限度地减少损失目标的作用。按照这种观点,就会出现一系列重要的问题:加害人(或者侵害集体)为减少这类事故损失起到了什么积极作用,成本是多少?受害人(或者受害集体)为减少这类事故损失成本是多少?这样,就应当对双方设定新的激励机制以期达到最佳的威慑效果,那怎样才能作到这一点呢?相反,从侵权行为法的结构来看,其中的最重要的问题在于受害人和加害人双方之间的关系,而并非一方或者双方与实现侵权行为法目标之间的关系。

经济学分析无法提出原则性的理由来说明为什么要将原告和被告(集体)限定为加害人及其各自的受害人。确定加害人和受害人完全是以某些后视性(已经发生的有害事故)的特征为依据,但确定那些最有能力减少损失的人却是以他们与减少损失这一前瞻性目标的关系为依据。一方当事人参与、或者更多情形下是双方（即加害人和受害人）参与的事件——这当然不包括双方以某种特定方式参与的事件，最佳的损失降低者并不是可以选择的。加害人和最佳损失降低者可能会交迭，但这种交迭是偶然的。简单地说，在一件 A 殴打了 B 的案件中，也许 A、B、C、D 或者 E 能够以最低的成本最大限度地减少损失，而这是经济学解释所未能解决的问题。[13]

那么经济学家如何解释在典型的侵权之诉中，受害人是向加害人而非最佳的损失避免者主张权利这一事实呢？如何将侵权行为法中具有前瞻性的目标（按照经济学模式）与侵权行为法具有后视性的结构一致起来呢？答案是非常明显的，即受害人相信是加害人对其造成了侵害，因此加害人负有赔偿受害人损失的义务，因此受害人是向加害人而非最佳的损失减少者主张权利。但经济学家却不赞同这个简单的答案，他们的解释是，受害人对加害人提起诉讼是因为寻找最有能力降低未来事故损失的人成本太高。

接下来的问题是，如果受害人证明了加害人的侵害事实，那么他有权要求加害人对其赔偿损失，经济学家如何解释这一事实呢？还有，由于经济学家不认同是由于加害人的非法侵害而导致其负有赔偿受害人损失的义务这一事实，那是否有更好的经济学理由来解释为什么加害人应该对特定的损失负责呢？另一个问题是，类似的经济学如何解释受害人只能就该损失获得赔偿呢？还有一个问题是，假设加害人应该负责、而且受害人应当得到赔偿，那么是否应该由加害人来对受害人进行赔偿呢？

经济学解释不能利用这些自然的答案；相反，它根据各方当事人（分开考虑）可能采取的预防措施的预期效果来决定责任和赔偿问题。只要让加害人承担一笔足以促使其采取经济上划算的预防措施的费用，就足以阻止加害人实施侵害行为，这笔费用最终可能会多于或者少于受害人蒙受的实际损失。而且，采取这一激励措

---

[13] 参见克里曼(1988)，其中对这种思路的观点进行了全面的发展。

施并不要求加害人向受害人支付费用——他只需要向某人支付一笔足以促使其服从最佳的损失减少策略的费用即可。

是否应该在每一个案件中都鼓励受害人以及应该鼓励哪些受害人采取预防措施也是一个应该讨论的问题，这将决定他是否能依据经济论的解释获得赔偿或者获得多少赔偿。因此，受害人是否有权获得赔偿以及获赔的数额并不取决于他是否受到了非法侵害以及受侵害程度，而是取决于对他进行赔偿是否会防止"过度威慑"（即避免促使受害人以及处于受害人境况下的人采取过度高昂的预防措施），或者取决于对他进行完全赔偿是否会导致"威慑不足"（即未能激励受害人以及处于受害人境况下的人采取最经济的预防措施）。

对受害人进行赔偿——至少为受害人提供赔偿的希望还有其他经济上的理由。在每一个侵权诉讼中，受害人作为一个私法意义上的起诉人提起诉讼不仅代表他自己，同时也是国家的"代理人"。国家的利益体现在劝阻经济上无效益的行为，但毕竟资源有限，因此国家设置了一项"私人法律实施"制度，赋予受害人向侵害行为人行使追索权利。这种关于赔偿的期望（或希望）可以引发私法诉讼，也是实现私人法律实施以及公共法律实施之最佳结合的必要条件。但是根据经济分析理论，如果受害人承受了因他人侵害行为而导致的损失，则不会引起受害人的侵权赔偿之诉。经济学分析将对受害人进行赔偿解释为这是促使受害人提起诉讼以及促使受害人和加害人双方都采取最佳的预防措施这两个目的相结合的结果。

我们接下来更进一步讨论经济学分析对于在典型的侵权之诉中，受害人对其认定的加害人提起诉讼这一事实所作的解释。因为侵权行为法的目的在于（前瞻性的）避免损失，那么我们就要解释为什么受害人是对加害人而不是对事实上能够以最低的成本减少意外事故的人提起诉讼呢？这个能够以最低的成本减少意外的人是否就是加害人或是其他人呢？经济学分析论的解释是，在具体个案中寻找这个最佳损失避免者的成本过高，因此，根据通常的办法,由受害人对加害人提起诉讼的一般规则成为就其次的最佳选择。[14]

这个观点是错误的,因为有效的因果关系解释支撑的正好是与之相反的事实,认为受害人对加害人提起诉讼仅仅是因为寻找最佳损失避免者的成本太高而使他们做出其次的选择,这意味着在没有寻找成本的情况下,意图提起诉讼的受害人有义务找出这个最节约的损失减少者。换言之,如果找到这个最有能力减少损失的人无需成本或者成本极低,那么找出这个人将成为意图提起诉讼的受害人的义务。

事实上,如果寻找成本确实极低或者侵权行为法的目标就是为了鼓励那些最有能力的人来尽量减少损失的话,那么不仅是那些意图提起诉讼的受害人甚至就连一般的受害人——无论他们个人是否打算提起诉讼,都应当负有找到最佳损失减少者的义务。[15]但是侵权行为法旨在授予受害人追索的权利以及寻求救济的力量——如果他们想这样的话,但这并不是他们的义务,其要点在于授予权利而非施加义务,当然是否行使这一权利取决于权利主体的决定,这个事实与经济学解释完全相反。[16]

我们可以将经济学解释的特征概括如下:解释侵权行为法结构的核心特征时首先要分割受害人和加害人的关系,加害人和受害人共同参加诉讼与在他们之间所发生的某一事件没有任何联系,该事件对于诉讼结构来说只是"偶然的"(双关语),受害人参加诉讼是为了实现侵权行为法的多个目标(依经济学观点),对加害人来说也是如此。加害人对受害人实施了侵害行为这个事实(倘若能称为事实)的重要性只是认识上的,而不是法律上的,我们可

---

[14] 这种"规则——功利主义"型的策略可以被一般的适用于我所讨论的侵权法的所有特征,但是这种策略并不总是有用的,尤其在这里所说的情形下如此。

[15] 实际上,侵害行为自身的意义并不明显,这一点我在下面的讨论中会谈到。

[16] 而且,我们质疑的这种力量不是找出成本最低的损失避免者的力量,而是要找出受害人所认为的对其造成了侵害的人,对于为什么受害人是最有能力找到成本最低的损失避免者的人这一点没有什么合理根据(当然,他在找到其加害人时处于相对有利的地位)。

以因此认为加害人可能是一个很好的损失避免者,除此之外她则与该事件无关了。经济学的解释使侵权行为法彻底地神秘化了。[17]

我认为侵权行为法不是一种神秘的社会实践。侵权行为法具有双面性的结构,即我们所理解的责任规则和程序规则,这是众所周知的也是毫无疑问的。为了更好地解释侵权行为法,我们无须提出和运用一些对于我们来说很神秘或者很难掌握的社会实践,正好相反,我们试图通过一些我们已经掌握的东西来加深对侵害行为法的理解。

在建立侵权行为法理论之前,我们首先要确认下面几点:(1)受害人是对加害人提起诉讼,而不是针对其他人;(2)受害人提出主张和证据证明加害人对其实施了侵害行为而且他(受害人)因此受到了损害;(3)非法侵害行为、受损事实以及他们之间的因果关系都与诉讼结果紧密相关;(4)由陪审团决定受害人所提供的证据是否能证明其主张,陪审团的决定与法官所作出的关于加害人对受害人负何种责任及与该责任相一致的相关标准的指令是一致的;(5)如果受害人成功地证明了自己的主张,那么法院将会判决他有权要求加害人赔偿其损失。

如果不考虑理论价值的话,侵权行为法的这些特征似乎是很简单的,根据我们对矫正正义的直观认识,这些特征的目的似乎也是显而易见的。经济学分析的症结在于它使侵权行为法所具有的这些最直观最明显的特征变得神秘化和令人难以捉摸。如果不考

---

[17] 如果寻找成本足够低的话,我们就很难理解为什么我们甚至应当等到侵权行为的出现。根据经济学分析,侵权行为自身的意义仅仅只是认识上的,而不是可以被证明的,这是因为侵权行为涉及某些已经出现的事情,但是实践的要旨在于某些具有未来指向的目标,只有当加害人对受害人造成了侵害的事实使我们有理由相信加害人或者受害人有足够的能力减少未来发生的这种事故时,该事实才具有利害关系。在加害人和受害人之间发生的事故不能证明责任和赔偿,责任和赔偿只能通过它们对未来行为的影响得到证明。当寻找成本足够低时,侵权行为在认识上的价值就不存在了,没有这种价值,侵权行为就会变得根本毫无意义。

虑解释学理论的话,我们最直观的认识是:受害人有权提起诉讼是因为他认为加害人对其实施了非法侵害行为;受害人必须举证证明这一结果,因为法律认为损害以及非法侵害与诉讼结果紧密相关;如果受害人的主张得到了证实,他可以从加害人那里获得赔偿,因为法律将非法侵害视为赔偿的基础。但是经济学理论却告诉我们,所有的这些直观认识都是错误的;侵权行为法的这些显而易见的目的其实并不是其真正的目的;其真正的目的是效益,而这与加害人对受害人实施了非法侵害这一事实毫无关系,即使侵害事实具有重要意义,那也只是认识上的意义罢了。[18] 尽管根据人们熟悉的并且广泛接受的正义原则[19],矫正正义对侵权行为法的解释说明了侵权行为法的这些结构组成彼此独立却又相互一致,但经济学分析却认为如果缺乏寻找最佳损失降低者的费用、管理上的以及其他的处理费用的话,侵权行为法的这些结构特征将是不可理解的。[20]

二

我们不难看出,对侵权行为制度的经济学分析会得出这样一个结论,即侵权行为制度中所有的参与者——包括所有那些长时

---

[18] 也许该事实与其他的归纳相结合,它提出了一些理由使我们相信加害人和受害人具有相对有力的能力来减少未来事故的损失。

[19] 在这里我不再重复我认为矫正正义是对侵权行为法解释的理由,有关的论述可参见克里曼(1992a),而在我在克里曼(1988)中发展了这些观点,在本文中,我更着重于对我的方法论找到在哲学上有争议的特征,而不是重复关于侵权行为法的一般实在理论。

[20] 也许矫正正义的许多支持者试图主张在侵权行为法的双边特征中所反映出来的加害人和受害人之间的关系对于侵权行为法十分必要而且十分基本,因此,经济学分析的问题在于它认为这种关系是偶然的,那么,经济学分析的缺陷在于它形而上学的认为侵权行为法的一个基本组成部分是偶然的,但是这并不是我的反对观点,在侵权行为法的本质上我没有提出形而上学的主张,以便论证加害人和受害人之间关系的法律意义是对侵权行为制度最佳解释的一个部分。

间以来致力于发展侵权行为制度、结构和概念构成的人都错误地理解了他们的实践。[21] 这种解释会带来一种特殊的负担,如果这些制度的确服务于某些参与者并非有意识地追求的目标,那么似乎隐含的目标才是这些制度真正的目标,而对这一点尚需做进一步的解释,只有这样,这些制度的效果才能成为在形式上充分的功能性解释的一部分。[22]

为了说明为什么经济学分析不能为侵权行为法作出一个适当的功能上的解释,我们首先把它和对社会实践最直观的功能性解释做一个比较,即根据发展或者设计这一实践的人所要达到的目标来解释该实践。并不是每一个使用时钟的人都明白为什么每年秋天要将时钟往回拨一个小时,但是假设对夏令时进行立法的人心中明白它的目的,而且从理论上的意义来说这些目的可以很好地解释实践。很显然,这不是经济学解释的特征,因为没有人会认为那些为侵权行为制度发展作出贡献的人是为了追求经济效益的目标。

当然,许多功能性的解释与我们对使用时钟所作的解释有所不同。在许多情况下,尽管实践是不断发展的而且不断地会有许多人参加到实践中来,也许这些人并未将该结果作为他们实践的目的,但是该结果仍然可以用来解释实践。当该结果并不是那些设计者或者参与者有意识的目标时,除非这一结果确认了能够支持一系列具有理论意义的相反事实的因果关系机制时,我们才能认为对该结果的解释是适当的,即当结果有实质区别时,该实践则不复存在或者实践的核心要件也不相同。除了借助于行为人的目标或者意图之外,只有因果关系才能支持这些相反事实,从而保证

---

[21] 这是对文化人类学中的某些功能性解释的一种怀旧,这些解释寻求说明制度或者实践的理由并不是本国人所信仰的理由,而是与此完全不同的某些东西。对于这个观点以及本文中的一般思路,我要感谢爱瑞克·卡文莱罗的帮助。

[22] 参见埃拉斯特(1985),其中发展了社会科学领域中对功能性解释所进行的批判。但无论对法律的经济学分析的实力何在,其支持者们都没有专门思考对社会科学的方法论问题。

了该结果即是实践目标或功能的主张。

这一观点可以从我们熟悉的美洲豹的巢穴的例子中得到说明。这些巢穴要达到的效果是伪装美洲豹,因此也提高了捕获猎物的成功率。我们可以假设根据其效果来解释巢穴的存在,也就是说,我们可以认为伪装的效果是该巢穴的目的或者功能所在。但是就此来说,这只是一种假设,还不是一种真正的功能上的解释,但如果没有这种因果关系机制或者有目的的行为,这种假设就会支撑相反的事实即"如果不是出于伪装的目的,那巢穴就不成其为巢穴了,或者说,就不是这样的巢穴了"。随机的变化和自然选择(共同)似乎也是支持这种相反事实的因果关系机制,而且如果行为人祈祷这一目的的话,神的意旨也许会发挥作用。无论是这种发展的机制或是神的计划,都足以将这种假设变成形式上充分的功能上的解释。

经济学分析存在的问题是很明显的。它首先否认了侵权法制度的推动者和参与者在实践中的自我理解,即它在一开始就否认了那些可能会支持违反现存事实的主张的行为人,这个反事实主张是"如果结果不是效益,那侵权行为制度就不应当适用",但侵权行为法(或者任何一个部门法)的经济学分析没有提出任何因果关系的机制——也不类似于随机的变化和自然选择,它自身反而成了一种最典型的假设。

我们并不是说任何经济学解释都无法满足因果关系机制这一要件,普里斯特和克雷恩(Priest and Klein)提出的具有改革基础的诉讼和调解模式便是其中一个关于法律的功能性经济解释较好的例证(参见普里斯特和克雷恩,1984)。经济学解释认为,在普通法中,效益是从理性诉讼等之中不经意地产生的副产品,但诉讼和调解因素提供了一种能够支持有关相反事实主张的因果关系机制(尽管这种机制影响了行为动机)。如果这种解释的某些方面是正确的,那么效益所产生的结果则可以解释法律的某些特征,即使其参与者的行为并不是为了追求经济效益这个目标。

尽管这些解释可以用来解释法律的某些组成部分,但它们并不能作为对侵权行为法核心的功能性解释,诉讼和调解模式的目的在于通过强调效益可以引导诉讼参与人采取某些诉讼和调解策略来发挥其作用,这也许可以解释诉讼当事人在面对普通法制度时所采取的行为(如果在事实上可以得到支持的话),但它不能解释这些制度的构成,不能解释为什么侵权行为法不同于私法的其他组成部分,也不能解释为什么私法的这些组成部分都拥有各自不同的特点和核心概念。

如果可以用经济效益来解释这些特征(不仅只是诉讼当事人的行为)的话,那么主张诉讼和调解模式的学者们就应当阐明效益和这些特征之间的因果联系,但他们不仅没有做到这一点,而且事实上他们也很难证明他们所主张的认为一代代的法官和立法机关长期以来制定、完善普通法是为了鼓励采取有经济效益的诉讼和调解策略这一目标。这样,当诉讼和调解模式为对诉讼当事人的行为进行真正功能性解释提供了其所要求的因果关系机制时,遗憾的是,他们仅仅只对包括侵权行为法的核心要素在内的其他的普通法要素提出了一种假设。

直至现在,我们只是简单地认同经济学家提出的侵权行为法的目的在于实现最大限度地降低事故损失这一观点。我们所关注的是,在何种条件下这一目的才可以作为对侵权行为法的功能性解释,但是,侵权行为法具有如最佳威慑等功能却并非显而易见的,我们会毫不犹豫地认为相对于没有设定法定追索权来补偿损失的状况来说,侵权行为法可以减少事故损失。[23] 虽然,相对于没有侵权行为法的情况来说,这一损失是较低的,但它仍然很难达到甚至很难接近最低的损失程度。经济学分析首先应该阐明侵权行为法长期以来是通过不断接近最有效地减少事故损失这个目标而得到发展的,只有这样,寻找因果关系机制似乎才有初步理由来说明为什么效益可以解释法律制度的结构形式。简言之,如果不对

---

[23] 甚至这些也并不是很明显,因为侵权行为法的许多批判者们认为严格的产品责任会鼓励过度威慑。

效益进行初步论证以及缺乏看似正确的因果关系机制的话,经济分析学家将很难为侵权行为法提出一个即使是在形式上充分的功能性解释,更谈不上提出令人信服的解释了。

相反,矫正正义对侵权行为法的解释并不是要试图从我们所考虑的意义上提出一种功能性的解释,侵权行为法并不激励如效益之类的模糊的或隐藏的目标。实际上,无论如何,侵权行为法和矫正正义之间的关系都不是工具上的,矫正正义本身可能就是实践的目的,但它并不是脱离实践的目标,也不是侵权法实践所追求的目标。但是,侵权行为法表达、具体体现并说明了矫正正义,侵权行为法是对有关原则的一种制度上的实现,而不是追求外部目标和隐藏目标的一个工具。[24]

仅此而已吗?也许回答是否定的,我们已经讨论了经济学分析对于侵权行为解释的一些观点,但是除了解释之外,经济学分析也在寻求进一步发展侵权行为法的方法。也许法律的规范性特征和经济学分析可以阐明侵权行为法所具有的其他一些令人费解的特征。

根据经济学分析,我们应该根据经济分析目标,从工具主义角度来理解侵权行为法的存在、持久性以及它的形式。无论利用那种研究方法,我们都可以用效益这一点来评价侵权行为法是否很好地服务于其功能。海瑞恩(Herein)认为经济学分析的优势在于它对法学理论的改革性思维,它使我们不只是理解和接近法律,还倡导了对法律制度的改革,引导我们对侵权行为法的每一个规则,包括实体的、结构上的以及程序上的规则做进一步的思考,用经济效益来衡量这些规则,并根据它们服务于这一目标的效果来肯定

---

[24] 对于这一点,指的是下面的情形,经济学分析为侵权行为法提供了一种功能性解释,问题是它提供的解释不能满足功能性解释的充分条件(本节中的观点);而且,即使它能满足这些条件,它也无法解释侵权行为法,因为它不仅没有阐明和解决难懂之处,反而使其更加模糊(这是第一节中的观点),相反,矫正正义提出了一种非工具主义的、非功能主义的解释,而其中侵权行为法说明了矫正正义且由此展示了其各个组成部分之间的一致性。

或者批判这些规则。倡导法律制度改革——包括大的改革或小的改革,重要的改革或者微不足道的改革的法学论文也不断出版。

当然,什么样的制度才能最有效降低事故以及事故损失,或者说,在我们目前现存的侵权行为法体系下,我们应该如何对它进行修正才能最佳地服务于该目标呢?这些问题并不是不切实际的。但是,认为英美普通法系中的侵权行为法应该达到某种特定的结果、甚至是追求某一种结果的观点却并不是在主张该结果即是对侵权行为法的存在及其形式最好的解释,这也并不是说任何描述性的或者解释性的说明不能具有规范性的含义;只不过,如果作为一种解释的话,那它就要符合解释所应具备的充分条件——很明显,我们已经看出,经济学分析不可能做到这一点。具有讽刺意义的是,大多数法律经济学学者声称要解释我们现存的法律制度,但他们提出的却是从深层意义上来说无法简化的评价性或规范性方案。[25]

如果说经济学分析不能为对侵权行为法的一种功能性解释,那它是否属于一种其他类别的理论呢?功能的概念在某些特定形式的合理改革中处于核心地位,德沃金将这种合理改革称为"建设性解释"(constructive interpretation)。根据德沃金的描述,对社会实践和法律部门(或者整个法律)的解释可以根据两个尺度来分类并评价:契合性和价值。解释必须通过充分说明该实践各个组成部分之间是如何契合的来对实践进行说明(即契合性要件),但是许多解释学都能满足这一要件;最合适的解释应该既能符合该制度及其实践的形式,又能充分阐明它所要实现的目标(即价值要件)。

要提出这种意义上的解释,首先要明确待解释的制度及其实践的目的或者功能,其各个组成部分必须为实现该功能而紧密结合,这样,通过这些功能我们可以看到该实践的各组成部分之间紧密结合且相互支撑,同时,这些制度和实践又是这些功能的最好体现,所有的功能都可以根据其统一实践的能力和独立的合理性来

---

[25] 实际上,首要的方案似乎就是说明性的,因此我认为经济分析学者所认为的最好解释就是将解释性的说明以某种熟悉的方式并入规范性的说明。

进行评价。[26]

我认为,与其将经济学分析视为我们上面所定性的一种标准意义上的功能性解释,不如按照德沃金的观点,将它看做对侵权行为法的一种建设性解释:从解释的角度来说,什么样的解释才能作为功能性的解释呢?通过这种方式,提出最佳地减少事故损失的功能使我们弄清楚了侵权行为法在结构上以及实体上的各个独立组成部分相互结合的方式,这同时也是具有法律上吸引力的方式,换句话说,它使我从最具吸引力的角度来研究侵权行为法。

这样,根据典型的经济学解释,侵权行为法的不同组成部分——无论是过失规则、关于合理的定义、如若不是的因果关系要件等等,它们都共同地或者单独地服务于促进经济效益这一目标,因此效益就是对它们最恰当的解释,这里无须包含原因上的主张。效益目标为侵权行为法的各要素相互结合提供了条件,而各要素之间的结合本身又为解释奠定了充分的基础。如果这些条件要求变革侵权行为法的话,那也应该得到效益目标的证明,因为很明显,它所追求的是更少的意外事故和最低限度的损失。

这可能是我们对其方案所能提出的最慷慨的解释了。毕竟,经济学分析要为标准的功能性解释提出两种基本的组分:侵权行为法的目的是为了有效减少损失,以及可以反作用于该目的,使其成为可以对侵权行为法的存在及其形式进行解释的一种因果关系机制。而且,对侵权行为法的典型经济学解释中所提出的将描述性的目标和规范性的目标相结合的方式也适用于对社会科学的功能性解释,描述性的要素和规范性的要素相结合也是解释学重构的一个重要特点。

---

[26] 记得在《法律帝国》(*Law's Empire*)一书中,否认了将法律实证主义作为致命的文字游戏的牺牲品,德沃金重新将它表述为对法律的一种解释学理论,并称之为"传统主义"。德沃金对作为一种法学的传统主义进行了批判——除此之外,传统主义认为法律的目的在于执行和维持一个早已存在的体系,因为它完全无法解释法律上不一致的地方而且其以在当事人之间实现正义为代价来执行该体系并不如其他的法律"目的、目标或者功能"更有吸引力。

尽管经济学分析违反了某些学者主张的实证主义社会科学的考虑,但它最终被证明是一种解释学理论,而不是自身没有任何内容的传统机能主义理论。这是一个需要解决的问题,而不是一个令人厌烦的问题,尽管存在一些令人烦恼的东西,甚至是一些令人感到尴尬的东西。其中有两点尤为重要,首先,如果经济学分析是德沃金所主张的那种解释学理论,那么它在契合性上是非常糟糕的。作为一种解释学,它应当能够有助于我们了解某一制度的各组成部分是如何密切配合、相互结合并相互支撑的。经济学分析似乎正好相反,它割裂了侵权行为法的各结构特征,它认为受害人和加害人之间没有联系,侵权行为本身也只具有认识上的含义,契合性已经为了服从该功能之实现而不复存在了,而是由该功能来担负起将各个相互分离的部分结合起来的任务,其结果是它似乎已不是对某一现实制度的解释,而是对该制度强加了某种外部目标——如同将圣诞节解释为每年度对零售业的一种促进一样。

经济学分析对侵权行为法价值所作的解释也是十分失败的,对这一点还需要进一步论证。法律经济学家对效益的法律吸引力总是避而不谈,它们对这一课题的论述不仅太少而且也缺乏说服力。如果对侵权行为法(或者其他部门法)的经济学分析是一种德沃金所主张的解释学理论,那么我们首先要认同效益的吸引力在于其道德价值,而且认为效益事实上是一种比矫正正义所包含的任何一种价值都更有吸引力的道德价值,这样才能认为效益是对侵权行为法最好的解释。[27]

与前面提出的问题相比,恐怕我们对经济学分析提出了更深层次的问题,尽管我们已有所进步。除非经济学家能够说明效益

---

[27] 当然,还有一些其他的选择,例如进行以主张功能不具有任何法律作用为内容的重新构建。但是,如果对于一个部门法来说其所有的解释都是某种类型的法律实践显然是很莫名其妙的,而且,如果说某种解释对某个部门法进行了解释却只提出了该部门法的次要特征即它不是法律实践,这也会显得十分荒唐。也许经济分析学者现在应该停止对哲学的摒弃,开始进行有关的哲学思考,或者至少是利用哲学来思考处于其研究方法核心的基本的方法论问题——如果说这不是实质问题的话。

目标和侵权行为法之间的因果联系,我们才能将经济学分析作为规范性解释或者改革的一种形式,而这却似乎很难实现。为了使经济学分析看起来更合理,经济分析学者不仅要阐明效益和侵权行为法的实体以及结构之间的契合性,而且要比关于这一点的其他主张更有力地阐明效益所具有的道德价值。

三

许多经济学分析者主张我们无须讨论应该以效益还是矫正正义为基础来理解侵权行为法,而应该讨论其中哪一个可以更好地解释风险规则的一系列制度和实践。他们认为,即使矫正正义可以将侵权行为法理解为一个独立、自治的法律部门而对其进行更好的解释,却远不如经济学分析将其作为对风险规则的一般实践的解释。事实上,这些经济分析论学者认为,侵权行为法并不是法律中一个自主的部分,而是属于有关风险处理的法律的一个组成部分。经济学分析是对侵权行为法最好的解释,因为侵权行为法是有效的风险调整制度中的一个完整部分,而且这样看待侵权行为法还可以更好地揭示它和其他的法律组成部分之间的重要联系。[28]

许多学者在面对质疑时往往会偷换主题,甚至最具有同情心的批判家在对经济学分析进行批判时,也可能会被经济学分析抛弃其长期以来宣扬的分支——侵权行为私法的速度之快所迷惑。毕竟变换主题应该有合理理由。事实上,如果将侵权行为法看做是对与经济学分析相对应的风险调整的一种研究方法的话,我想

---

[28] 我不能准确肯定这种主张的观点是部分的,因为我不知道风险处理规则的内容是什么,其目的是什么,因此,我们可能会将我们的法律实践作为风险处理实践,在这里,我不对这些问题展开讨论,而只是提出这些问题,我在这里更感兴趣的是方法论问题,而不是实体问题。我想知道为什么经济学分析与矫正正义相比能更好地解释风险处理这个事实(从解释的意义上说)就能作为证明其为侵权行为法提供了更好的解释的一个理由。

这至多也只是其偷换受质疑的主题而回避问题实质的一个理由。

即使考虑到从某种意义上来说法律的各个部门之间的界限是很武断的,结论也是如此。有一点需要指出的是,目前对于法律部门的分类并不是某些自然秩序的混合或者反映,而且这些分类往往很武断,甚至从"传统的"、既非"自然的"也非"基本的"意义上来说,这些分类也是十分武断的,但这并不能成为我们抛弃这些分类的理由,更不能成为因此而采用经济分类方法的理由,我们只能抛弃和忽略那些因缺乏充分的说服力而显得武断的研究方法。

认为不同法律部门之间的界限十分武断的主张可能会误导我们提出另外一种有趣的观点。[29] 我们没有适当的理由假设(尽管我们对此未作论述)法律的各部门所体现出来的思想和道德观范畴是那些在道德上和观念上必不可少的范畴的例证。例如,"导致损害"和"未能阻止损害发生"这二者在侵权行为法上有着根本性的区别,但我们不能误认为这一区别标志着一种独立的道德上的区别。

例如,按照功利主义道德论,"导致损害"、"未能阻止损害发生"和"未受益"之间的区别并不是本质上的区别,而且出于一些正确的功利主义理由,这些区别分别在不同的部门法中得以体现。[30] 尽管这些法律思想的范畴之间的界限并不标志着在道德上固有的区别,但是他们仍然是可以得到证明的。

现在的问题变成了这些界限是否真正地可以得到证明——无论是从道德上还是从理论上。如果有更简单或者更完美的选择,或者如果这些范畴相互之间不能以某种固有的方式与其他的重要

---

[29] 这不亚于罗纳德·德沃金所主张的各个法律部门之间的界限没有什么意义或者并不处于基础地位的著名观点,这甚至可能会使我们在得出重要观点时误入歧途。

[30] 即使导致损害和未能阻止损害发生之间的区别是双重判决激励特征的副产品,或者对其他种类的私人排序的预想的自然结果,也是如此。一般说来,无论它对于侵权行为法事实上甚至是对于在道德上得到了证明的侵权行为法来说处于多么基础的地位,无论在什么案件中,这种区别在道德上都不是基本的区别。

概念结合在一起的话,我们也许会期望对这些分类作出修订,而且,即使它们符合这些理论准则,我们仍然可能会发现这些分类会使某些案件中重要的道德特征变得十分模糊。无论哪种情况,我们都有理由修订或者抛弃这些分类。

但是,我们并不能仅仅因为我们能够做到或者因为这样做适应了现在普遍流行的理论而对法律部门之间的界限进行修改,我们也不能仅仅因为这将有利于经济分析学者用"风险处理的实践"分类来取代这种分类,就将侵权行为法的分类视为没有意义的或者无关紧要的。任何一种修订都必须能够解决目前的分类中所存在的无法解决的顽疾——即目前学者们所不能把握的或者这种分类所无法清楚说明的现象,我们不能以我们最赞同的理论不能运作为由来证明修订的合理性。

此外,还有关于修订标准的问题——修订是一项很理性的工作。典型地,我们首先只能作最细节的修订,彻底地抛弃我们以前所认为的这些区别、范畴以及信念的核心只能作为最后的手段。这样,我们首先从修订这些法律部门之间的不同区别开始着手——侵权行为法、合同法、刑法等。在修订时我们无须证明或者假设这些区别是不可避免的,或者假设它们曾经有某些独立的道德排序,而只需认可它们并在它们的范围内来考虑相关问题。除非我们有理由怀疑它们的价值或者实用性,否则我们也无须对它们存在的合理性进行质疑。[31] 只有当我们对它们在理论上或者实践上的价值表示担心时,才有必要对它们进行重新审视。

这些能成为修订我们对侵权行为法的早期理论的理由吗?这些概念足以使我们有理由来修订侵权行为法和其他法律部门之间

---

[31] 在实用主义传统上通常称之为"信任/怀疑原则",根据这种观点,卡迪尔(Cartesian)式的基础论在这一点上是完全错误的。我们不能将所有的信任都建立在悬而未决的基础之上,但是,我们会认为我们偶然持有的信任体系是无须证明的且毋庸置疑的。当然,我们的信任体系中肯定会包含一些错误,我们应当根据新的经验和更好的理论来怀疑并修订任何特定的信任内容。

的界限,并用风险处理规则来取代侵权行为法吗?也就是说,能因此认为风险处理规则比侵权行为法更基本吗?

其中一个可能的理由在于:按照传统的分类来定义的侵权行为法概念未能反映关于一致性的理论准则。侵权行为法应当洞察不同的法律部门之间存在的区别和联系才能反映这些理论准则。如果我们用经济学分析的眼光来看待侵权行为法的话,我们就可以更好地理解一般的风险处理实践之中的一致性,因为如果一个法律理论能够更好地统一不同的领域,那么这个理论就会具有更强的吸引力。

这种考虑似乎代表侵权行为法的经济学分析提出了一种全新的、更有说服力的辩解。即使经济学分析不能很好地解释侵权行为法中双边性结构的这一早期理论,但对于一致性的考虑却迫使我们不得不将视线超越侵权行为法而涉及其他的法律领域,包括部分管理性的以及调整性的法律。

要更好地看清侵权行为法与其他部门法之间的联系,就一定要修订对于侵权行为法的双边性结构的早期理论理解,我们似乎必须抛弃或者重新思考我们此前对侵权行为法要素的理解。当我们抛弃了那种认为在侵权行为法中加害人和受害人之间以某种我们曾经认为的方式紧密联系的观点时,我们就可以更好地理解法律并发现其各个组成部分都与其他部分紧密联系。

这种观点有几分正确,但这不能成为用风险处理规则来取代侵权行为法的成功理由。我们可以从很多角度来看待部门法:从私法当事人用以解决私人事务的角度;从那些受到他人侵害的人的角度;从律师、法官以及司法改革倡导者的角度。关于风险处理的经济学分析似乎只采用了后一种角度,这样的话,其他的几种视角看起来便显得莫名其妙了。要修订我们关于侵权行为法的早期理论,就要求摒弃我们认为受害人起诉加害人是因为加害人对受害人实施了非法侵害的观点。虽然通过改革者的观点我们看到了许多联系,但同时我们却要以不能通过其他的角度来理解侵权行为法为代价。

这样,我们还没有得出对经济学分析的观点,而只看到了这个观点的轮廓。至少,我们需要一位经济学分析的支持者来更详尽地阐明侵权行为法和风险处理规则之间的联系,毕竟这些一致性准则对于理论构建的重要意义是对矫正正义解释的一种挑战,而这也是我们所要应对的。认为如果用矫正正义来解释侵权行为法,就不能说明其他的法律部门或者政治道德的观点是不正确的,毕竟,侵权行为法和矫正正义的核心概念范畴——例如责任、侵害、赔偿等等,对于其他的法律部门和政治制度的早期理论理解也是很重要的。矫正正义论者所要做的并不是证明矫正正义将侵权行为法与某些特别的法律实践统一起来,而只要揭示出侵权行为法和其他法律以及政治实践之间进行结合的方式即可。

四

我认为对侵权行为法最好的解释应当能够表明它与矫正正义和分配正义的主要制度之间的联系,并能以此加深我们对它们的理解,尤其是侵权行为法的制度和分配正义通过共同地合理解决生活中的不幸事故所带来的损失而具体说明了公平的要求。在早期理论中因人的行为和非因人的行为而造成的不幸事件具有根本的区别,而矫正正义和分配正义之间的区别反映了各种不幸事件之间的区别。[32]

---

[32] 有一点十分重要,那就是我必须强调在理论上对各种不幸并没有准确的区别,事实上,这是我希望在本文中论述的一个主要要点。为了准确的说明因人们所实施的应负责行为所导致的不幸事故与非应由人们负责的不幸事故之间的区别,我们需要求助于侵权行为法的全部概念工具和实践工具,一旦侵权行为法划分了哪一类属于不应由人们负责的不幸事故,那么我们就面临着是否这些不幸应由全社会来共同承担,或者就让损失留给其蒙受者,当然,这是一个关于分配正义的问题。

这极有可能是暗示着矫正正义优先于分配正义,因为前者划定了后者的范围界限。实际上,这种依赖是双向的,例如,对于所有无辜或者过失事故的损失,我们将他们从侵权行为法分配损失的领域中排除出去,因此,矫正正义和分配正义一起共同发挥作用来处理人类不幸事故所导致的损失。

矫正正义阐明了因人的行为所造成的不幸事件中正义的要求;分配正义则阐明了其他不幸事件中正义的要求。实际上,侵权行为法和矫正正义所面临的许多"问题",分配正义也同样面临。[33]

由于分配正义的范围包含了不应由个人负责的这类不幸事件,但矫正正义包含的是应当由人的行为负责的一类不幸事件,因此,个人责任概念在其中所处的不同地位反映了公平的不同要求。

矫正正义认为,在因个人行为所造成的不幸事件中,公平观念要求应该对损失负责的人对其侵害行为造成的可赔偿损失承担赔偿责任。适当地说,损失归因于某人的应负责行为[34],即由于你受到的损失是我的行为结果,因此矫正正义要求我对你遭受的损失承担赔偿责任。

相反,一个人对他人实施帮助的义务范围则并不限于减轻因其行为导致的损失,许多分配正义的义务往往要求人们对与其行为没有因果关系或者其不应负责的损失承担帮助义务。矫正正义则是一种与之截然不同的正义观,它所施加的义务以"对结果承担责任"关系为基础。

并非所有主张分配正义的学者都认为正义的要求超出了结果责任关系的范围,如自由论者便是其一。自由论者认为结果责任的概念既决定了矫正正义也决定了分配正义。当然,不同的自由论者对此有不同的陈述。根据最常见的形式,自我所有是一个最有生命力的概念,可以根据自我所有、因果关系和意志三者相结合来说明结果责任:概略地说,X 拥有他自己;X 承受因其自愿行为而带来的结果(无论该行为是否可取)——而不是其他结果,意志和因果关系将其与单纯的意外事故(即因其他事故引起的行为)区别

---

[33] 当然,分配正义关系到对物件的分配,而不是对不幸的分配。矫正正义和分配正义在它们所关注的内容上是交迭的并界定了互相之间的界限,但它们所关注的内容却是不一致的。

[34] 这是对部分矫正正义原则的一种不完全陈述,因为它没有说明可赔偿损失的条件,这种定性的要点只是在于对于人们行为的中心引起注意。

开来。

根据自我所有、因果关系和意志来说明结果责任是一种一般性的说法,它说明了结果责任应当满足某人(包括人们或者其他责任主体)应当对某情形和事件(包括了事件的状态)负责这一要件。自由论者认为,结果责任原则的内容不仅独立于政治上的以及法律上的制度和实践,它还限制了政治和法律制度,为了实现正义这些制度必须符合结果责任原则的要求。关于责任的法律制度,如侵权行为法,必须包含结果责任原则。

根据自由论者的观点,关于财产、侵权责任和分配正义等——或许还有更多的制度——都受制于所有权和责任的概念,其实际效果在于自由论者主张严格责任(与过错责任相对),他们认为对财产进行重新分配是不公平的因而也是应该摒弃的。按照严格责任,加害人应该收回他自己的所有物,即由他的行为导致的不幸损失。同时,重新分配违反了一项行为原则,因为它要求个人承担他人遭受的不幸损失,尽管从某种相关的意义上来说他不应对该损失负责。

尽管自由论者对于侵权行为法和矫正正义的理解是错误的,但他们的主张也并非毫无价值。至少有三点是我们应当予以考虑的:(1)他们提出了一种适用于不同情形的结果责任的一般概念;(2)这种后果责任概念限制了政治以及法律制度;(3)分配正义和矫正正义的原则以及根本问题是相同的。

我们有必要将自由论者的观点与史蒂芬·佩里的观点做一个比较,其中一个原因是在于佩里是对自由论者所主张的严格责任最主要的批判者。佩里反对自由论者对分配正义的理论,他认为分配正义的义务不应限于降低结果责任所对应的损失[35],佩里也因他批判自由论者所主张的侵权行为法严格责任理论而著名。佩里指出,自由论中所依赖的由因果关系而说明的所有权会带来不确定因素,如果 X 应该对与他实施的自愿行为有因果关系的结果

---

[35] 当然,这也是我的观点。

承担严格责任的话,那么在大多数情况下,加害人和受害人都承担了受害人的损失,因为一般来说,双方当事人的某些自愿行为相对损失而言是一种"若不是"意义上的原因。严格原因责任原则带来的不是严格的加害人责任,而是如理查德·爱普斯坦所说的,带来的是不确定的责任。佩里的这个观点是正确的。

佩里并不反对结果责任应当在侵权行为法解释中扮演重要角色的观点,他的批判直接针对的是自由论者关于结果责任的观念。他不是根据意志和因果关系来分析结果责任,而是根据可预见性和可避免性来对结果责任进行分析,他认为只有行为人可预见的且可避免的结果才是他应当承担的结果责任。出于正义的要求,侵权行为法中的责任则应当建立在这种结果责任观念的基础之上。

如同自由论者的概念一样,以佩里所主张的结果责任观念为基础的责任也是不确定的。从这种意义上来说,在大多数案件中,加害人和受害人都应该承担结果责任,这也就是为什么佩里并不认为严格责任来自于结果责任的原因。他认为,结果责任对侵权行为责任来说是必要要件但不是充分要件。结果责任的标准决定着哪一类人应当对某个结果负责,在大多数侵害中,受害人和加害人都可能是结果责任的承担者,毕竟他们都有可能预见并避免该危险。由于一些其他原因,损失要么由一方要么由另一方承担,根据佩里的观点,这时就要考虑过错了,即应当由具有过错的一方来承担损失。这一过错原则代表或者反映了"局部的分配正义"标准,这一标准适用于按照结果责任标准确定的责任人。

暂且不论佩里所有的主张优点之所在,我想先强调一下它与自由意志论的相似之处。首先,与自由论者一样,佩里认为只要满足了某些一般条件,就应该由某人对某事件或者状态承担结果责任。这些条件的内容可以独立于结果责任概念所指向的实践而得到说明,也就是说,结果责任的要件适用于行为人实施某行为时的具体条件和情形。从这种意义上说,结果责任是不变的。最后,那些以结果责任为基础设定义务的制度必须能够反映这种特别的概念。

我反对这些观点。尽管我赞同佩里和自由论者所主张的从某种抽象而重要的意义上来说，分配正义和侵权行为法的原则和所面临的问题是一样的观点，但我反对的是自由论者所提出的认为结果责任中的因果关系概念是它们之间的联系纽带的观点。更重要的是，与佩里和自由论者的观点相左，我不认为侵权行为制度的"正义"依赖于结果责任的"道德观念"。结果责任概念确实是矫正正义和侵权行为法的核心之一，但这一概念并非独立于侵权行为的制度和实践，它所蕴涵的道德内容通过涵盖它的侵权行为制度所蕴涵的道德范畴而得以体现。

然而，佩里和自由论者都主张，在有关的法律规范中设定义务必须要反映结果责任的道德观念，这样才能体现正义的要求，这一观点实质上暗示着法律中的结果责任必须反映国家权力实践的条件是合法的。这包含了人们之间相互关系条款所施加的限制，这些条款作为一种互惠反过来反映了公平的基本概念。我们对于结果责任或者更一般意义上的责任的道德判断显然不是对某些类似的限制的回应或者反映。

大致说来，道德和政治哲学从某种重要意义上来说是相互独立的。政治哲学要解决的问题不是判断某人在道德上是否应对某一损失负责，而是要评价国家是否有合理的理由来要求 X 对其行为造成的相反结果以及他对其应该承担结果责任的事故承担责任。因此，在何种情况下国家有理由对某人施加国家强制力，这其实是一个政治问题（或者法律问题），但不是道德问题。

为了实现正义，有关责任的相关政治上的概念是否应当反映道德概念或者与道德概念保持一致，这是一个更深层次的问题。对这一问题的回答取决于合法的政治当局是否要求道德上的责任概念和法律上的责任概念之间具有这种关系，这其实是一个政治哲学上的问题：即人们之间相互关系的公平条款要求法律中的结果责任反映出结果责任的道德观念吗？当然，这与佩里和自由论者的所采用的研究方法大不相同，他们认为结果责任的道德观念对我们关于政治和法律制度的思维方式产生约束。

一方面为了阐明佩里的主张和自由论者的主张之间的区别,另一方面也为了阐明我的观点与他们的观点之间的差异,我准备利用汤姆斯·史卡龙所提出的关于"归咎责任与分配损失"之间区别的学说(参见史卡龙,1998)。关于归咎责任的问题是:谁应当承担责任?关于分配损失的问题是:谁应当承担这笔损失?现在假定我们先解决后一个问题。一种可能的答案是:应该由应对损失负责的人来承担这一损失,这说明了关于损失分配的问题可以根据归责原则来得到解决。更确切地说,除非由导致该损失的行为人对损失负责,否则该损失就应由其蒙受者来承担;如果某人应当对其实施的导致该损失的行为负责,那么他就应当承担该损失。其他任何损失分配的方式都是有违公平或者正义原则的。

在根据归责原则确定损失分配的问题上,佩里与自由论者的观点是一致的,但关于在何种情况下行为人应该承担结果责任的问题,他们的观点则有所不同,而且,他们在结果责任是否足以彻底地解决损失分配问题这一点上也有不同看法。自由论者认为结果责任足以彻底解决损失分配问题(至少在表面证据案件中如此)。但佩里不这样认为,他认为责任应同时以结果责任和过错为要件。

我认为,损失分配原则决定了适当的归责原则——而非其他方式。一旦我们认定了哪一种损失分配问题应该由某个特殊的部门法来解决,那么我们就可以确定归责(或责任)的标准。这里所说的责任(归责)标准设定并强制性地施加赔偿义务,其目的是为了将损失分配给应受的人(加害人或者受害人),它不同于其他的施加义务的标准(如表示道歉或者以其他方式帮助他人)。(参见克里曼,1995)

现在我们重新回顾一下本文中所提到的主要论点。在文章的一开始,我提出矫正正义可以以一种经济学分析所无法采取的方式解释侵权行为法中的双边性结构,这暗示着作为一种功能性的解释,经济学分析也许根本就无法解释这种双边性结构特征。但在本文第二部分,我提出经济学分析即使是从形式上都根本谈不上是一种充分的功能性解释。接下来,我提出将经济学分析定性为一种以不准确、不合适、不严谨的方式采用了"功能"观念的解释性理论,这一重新构建可以更准确地把握经济分析学者的实际做法。由于经济学解释不可能在契合性和价值性问题上作出解释,因此从根本上说,这一理论是站不住脚的。

接下来我利用关于一致性的理论准则对经济学观点进行了重新说明,也许用经济学分析来解释侵权行为法是有说服力的,因为它揭示了侵权行为法和其他风险处理实践之间存在的重要而且密切的联系。但是采用这种研究方法的结果之一是迫使我们不得不改变我们对侵权行为法双边特征重要性的早期理论观念。付出这种代价也许是值得的,但是经济学分析的支持者们应该向我们证明这一点。而且,这还会要求我们进一步发展各风险处理制度之间的紧密联系。我们对侵权行为法的讨论离不开这个实质问题。

尽管如此,一致性准则对于矫正正义的确是一个挑战,矫正正义的解释必须要能够揭示矫正正义与其他法律实践之间的联系方式。为了应对这一挑战,我探索了侵权行为法的矫正正义解释论揭示出来的它和分配正义制度之间存在的原则化联系。在这一点上,自由论者提出了一种近似的观点,他们根据结果责任的概念揭示出了侵权行为法与分配正义之间的关系。同时我也坚持认为侵权行为法与分配正义之间具有非常重要的联系,但我不认为这种联系的纽带来自于结果责任原则,我认为将它们二者联系在一起的这种责任观念直接从侵权行为法自身的实践中便可得到完全清楚的说明。

我的观点的核心内容在于最后一个主张,而这一主张可能会招致下面的反对意见:如果适用于矫正正义和侵权行为法的结果责任原则不能独立于侵权行为法和矫正正义而得到阐明的话,那么侵权行为法和结果责任原则之间的关系是什么呢?这一关系会不会反过来动摇认为矫正正义是对侵权行为法最好的解释这一主张呢?当矫正正义中的责任内容部分依赖于侵权行为法时,又怎么用矫正正义来解释侵权行为法呢？这就是我现在准备论述的问题。

五

所谓解释，要求在待解释的事物和所作解释之间有一种概念上的距离，同样地，证明则要求在待证明事物和证明理由之间有一种规范性的距离，任何其他的研究方法都只会是回避问题实质。但是，我们并不能因此就认为对解释内容和待解释事物应该独立地进行说明，当然，相互之间独立的事物足以产生概念上的"距离"，但这并不是必要条件，我将对此进行详细的解释。

很明显，政治道德领域的许多著名原则的吸引力在于它不能调整私人之间的事务，也就是说它们不能产生特殊的权利、义务和责任。但是为了制定规范性的原则，而不仅仅只停留于抽象的理念，它们的内容应该更加具体，而通过那些说明或者包含它们的社会实践可以使它们的内容更具体——使它们语义上的内容更详尽。这样，我们就可以将社会实践理解为一种阐明政治道德原则并使之更加清晰的方式，社会实践将抽象的理念转化为调整性的原则，将美德转化为义务。

从表面上看，有两个原则似乎足以体现其表面上的吸引力："不允许某人将其行为导致的损失转嫁给他人"以及"每个人都应该收拾自己造成的不当局面"，这可以说成是对公平和正义的一种表达，因为要求他人收拾自己所造成的不当局面或者将自己造成的损失转嫁给他人都是不公平的。我们可以认为这一原则本身就表达了公平的基本要求，即它要求任何人都不能单方面地在人与人之间设定某种共同事务，实践中对损失的计算、某种类型的不当局面、转嫁以及收拾行为等都可以理解为正义一般原则的表达、阐明及具体化。只有当这些术语都能得到清楚的说明时，这些抽象的原则才可以用来调整私人之间的事务。

这不仅只是认识上的，同时也是语义上的一个论题。换言之，我们不得不参与的实践不仅仅只揭示了我们所采用的这些原则的内容，而且又充实了这些原则的内容。这一观点也并非来自于阿奎那的观点，他认为有很多方式可以满足道德的要求，从道德的观点来看，所有的方式都同样好。阿奎那认为，道德原则的目的决定了一系列其认为正当的实践的延伸，而每一实践都能同样好地满足这些原则的要求。与此相对，我的观点是，原则自身的目的是不确定的，它们依赖于采用这些原则的人的不同的实践活动而被赋予不同的内容。因此，这些原则的延伸亦即该原则可能实现的正当现实化，并不依赖于独立于实践之外的原则，它们的延伸依赖于其现实化的不同实践行为而变化。[36]

关于公平、矫正正义和侵权行为法，正确的观点应当是：公平的理念要求任何人不得单方面地设定双方的共同事务。这种观点会产生一个问题，即对于因人的行为导致的不幸事故（从损失分配的意义上来说），公平的要求是什么？我们应当如何理解这些要求？

侵权行为法和矫正正义从以下途径说明了公平的要求。每个人都负有赔偿因自己行为造成的非法损失的义务是矫正正义的一个基本原则，这一原则通过说明公平观念的核心概念即损失、责任以及赔偿之间的关系阐明了公平的要求。侵权行为法逐一说明了责任、非法损失以及赔偿的概念。

这里我阐述一下我对它们发挥作用的看法。许多因人的行为导致的不幸事故是侵害行为的结果，而在该事故中他人是无辜的，这一区别关系到公平的实现。还有，许多损失是因为具有侵害特征的有害行为而导致的，但也有许多损失是因为无过错的有害行为所导致的，也就是说，这关系到我们决定过错方是否应当对不幸事故负责。矫正正义阐明了当侵害行为人应当对不幸事故负责

---

[36] 这里的观点并不是大家所熟悉的那种认为许多道德原则在其界限上十分模糊、且只有通过实践才能不断准确的观点，还有，其要点在于许多原则的核心也是不确定的。

时,通过对加害人施加赔偿义务来分配受害人的损失,从而说明了正义的要求。

侵权行为法使侵害、责任以及赔偿义务的概念更加清晰了。侵权行为法告诉我们与公平相关的"侵害"的概念是客观的:一个没有侵害故意的人实施了侵害行为时,他似乎不必因其行为受到道德上的谴责〔这是从沃恩诉曼拉案(Vaughan v. Menlove)中得出的结论〕;还有,赔偿义务是一种金钱上的赔偿,而不是进行必要的非金钱上的赔偿;而且,公认的赔偿概念应该是指完全赔偿等,更重要的是,它还说明了承担责任的条件暗含在矫正正义之中。

因此,我们毫无理由假设侵权行为法和矫正正义对于责任的标准应当与刑法或者分配正义等原则中对责任的一般要求相一致。从更一般的意义上来说,我们不能认为不同法律部门中关于责任(不论是结果责任或者是行为责任)的标准一定要与一般的道德上的责任观念相一致,更不能由此认为否则某一部门法就无法实现公平与正义。与其说是制度上的正义取决于该制度自身所包含的可以得到独立说明和独立证明的结果责任标准,不如说是侵权行为法中的责任原则在一个特定的范围内更明确地体现了公平的要求,即通过国家强制力来分配因人的行为导致的不幸损失。因此,我反对佩里和自由论者的观点。我认为,任何结果责任都不能限制侵权行为法,适合于侵权行为法的责任概念部分来自于它自身的制度和实践,而这些制度和实践又反过来诠释了公平在这一领域内的要求。

六

如果侵权行为法和矫正正义在概念上的区别取决于我所描述的这些具体关系的话,那么这些关系真的能解释侵权行为法吗?看起来似乎是矫正正义与侵权行为法"距离"太近反而无法对它进行解释了。事实上,矫正正义自身太不确定或者难以说明,以至于它不能解释任何事物了。

对于这一点,学者们提出了两个既有区别又相互联系的质疑:第一个质疑是应该对侵权行为法作出何种解释,第二点质疑在于这种解释是否能很好地解释侵权行为法。对于第一个质疑,我的回应是:上述这些具体联系通过说明侵权行为法核心概念的内容来解释侵权行为法,这些核心概念的内容部分来自于侵权行为法的制度范围内所认可的实践结论。矫正正义描述了这些结论在一般条件下的构成,而侵权行为法作为一系列实践则将这个一般结构具体化并赋予其确定的范围,矫正正义不是通过完全地确定这些内容来解释侵权行为法,而是通过说明它们在赋予其确定内容的实践中是如何结合在一起的,从而对侵权行为法的概念及其结构进行解释的。

这样便会引出第二个质疑:如果在矫正正义付诸于实践或者得到具体化之前它的内容是不确定的,那么它如何能真正说明法律的核心概念是如何结合起来,而且能得出某些特定的实践结论而非其他结论呢?更尖锐地说,是否能以某人未能以矫正正义指定的方式将这些法律概念联系起来为由,而将其认定为"错误"的结论呢?除非矫正正义能够对其所解释的实践施加某种"法律上的压力",这种解释才切实可行,且侵权行为法制度中的所有内容都能体现矫正正义,否则,这就会使得矫正正义作为一种解释显得毫无意义。

回应这种质疑的关键在于明确在我所论述的这些具体化的关系中矫正正义的部分内容是如何发挥作用的,因为侵权行为法毕竟不是赋予矫正正义具体内容的惟一实践形式。如前所述,矫正正义在关于如何对待因人的行为而导致的不幸事故中体现了公平的某些要求。公平的概念部分决定于侵权行为法,但它也同时取决于公平所指向的所有其他道德实践——法律、政治以及个人行为,公平理念对侵权行为法所施加的"法律上的压力"实际上也是公平所指向的所有其他有关道德实践所面临的压力,这保证了并非所有涉及赔偿的实践都是矫正正义或者公平理念的例证。

公平要求任何人不得单方面地设定人们之间的共同关系,仅就这一要求自身就有着独立于法律之外的特定内容——这一内容会使我们认为(尚有争论)如果侵权行为法采纳了著名的汉德公式中的过失标准的话,那么侵权行为法的体系将不可能实现公平。因为根据汉德公式,只有当侵害风险所带来的损失大于风险行为实施者采取必要预防措施所需要的费用时,该行为人才对他人负有必要之注意义务,而不必考虑该损失发生的可能性有多大。如果事前预防成本超出了侵害行为导致的损失,那么行为人不负有事前之注意义务,所以没有采取预防措施也不应视为过失或者不合理行为。

问题在于根据汉德公式,受害人所享有安全权利的程度彻底地成了可能的加害人评价其自由程度的一个参考指标。如果事前预防的成本成为加害人评价其行为的一个在先的考虑,那么侵害行为带给加害人的利益则决定着事前预防成本的计算,受害人享有安全权利的程度则会与加害人对其违反公平标准进而违反矫正正义行为的评价联系起来。[37] 因此,尽管侵权行为法有助于实现矫正正义原则中所包含的正义要求,公平及矫正正义原则仍然为评价侵权法实践提供了标准。

需要指出的是,尽管有关公平的准则以及矫正正义都是一种道德上的准则,但我所论述的这种法律上的压力首先是与它们在理论上的判断而非道德上的判断联系在一起。汉德标准不适用于侵权法实践,因为它与能最好地解释侵权行为法的原则即矫正正义原则相冲突。而且,矫正正义除了作为一种对侵权行为法最好的解释,它最终是一个得到证明了的道德原则。因此,无论从哪一

---

[37] 作为一个题外话,关于公平和汉德标准的事实也是我所主张的一个独到观点的理由之一,即我认为我们应该将侵权行为法中的过错要件理解为它提出了与划分人们之间安全和自由利益有关的公平标准。更重要的是,读者们也许还记得从中说明了汉德标准的 *U. S v. Carroll Towing* 案实际上是一个过失案件,在该案中,汉德标准不是针对加害人对受害人所负义务的说明,而是说明受害人自己所必须承担的责任。在当时背景下,该标准才刚刚创设,尚没有关于人们之间公平的争论。经济学分析面临的问题在于它是在人们之间的公平问题出现之后的背景下对该标准作出的解释。

方面来说，汉德标准都是不符合道德标准的，也是极其不适当的。

七

我们在讨论中所涉及的公平观念是许多以自由传统为土壤的政治理论的核心，尤其是，我认为公平观念是在自由与平等的人们之间的一种相互关系，这一公平观念与其他如自由、平等等观念有着密切关系，所有这些观念在其内容上以及其相关的排列顺序上都是互相竞争的。这也许超出了本文的讨论范围，而涉及现代政治哲学最基本的争论。但是，通过简要地描述这个对我来说尤其具有吸引力的观点，即关于是什么赋予了大部分自由传统以活力的观点——这里所说的自由传统包括了包含于尽管不是完全包含于矫正正义和分配正义制度之中的公平观念，我得出了自己的结论。

回顾前面的讨论，我们可以将自由意志论定性为一种以结果责任观念为核心的自由意志主义组织形式，其中结果责任自身可以根据一些道德上的重要观念如自我所有权、行为、关于因果关系的特定自然主义概念等得到诠释和理解。尽管我不赞同自由意志主义观念，但这并不意味着我否认自由意志观念在个人责任中的重要性，我想说明的是某种特定的个人责任是自由理念的基础，这一概念说明了每个人都只能主宰自己的生活，而不应承受他人的生活这一特殊的社会关系。[38] 我们可以将自由主义所主张的个人与其自己生活的关系表达于每个人应该对他自己的生活道路负责这一命题之中。

我们可以理解为这是关于人们所负义务的一种道德主张——即关于我们可以评价某人及其生活是好或者坏、善意或者恶意、成

---

[38] 这个特殊关系的事实也是为什么许多自由主义者反对功利主义并认为功利主义无法重视——或者足够重视，或者以正确的方式重视人们之间的区别的一部分理由。

功或者失败等等的一种道德主张。但是,我所说的责任的意义并不仅仅是指义务,而是作为自由理念核心的一种观念要求,即如果我们从观念上将个人视为一个行为者,一个可以主动实施某种行为而不仅仅只是被动承受的主体,那么该个人则应该对他自己的生活历程负有某种根本责任,也就是说,无论其出生、社会地位、民族、宗教信仰等等,他决定自己生活历程的权利比其他任何事情都更重要,任何人都不能干涉他所选择的生活方式。[39]

从某种意义上来说,我所阐述的责任观念是"我过着自己的生活"这个观念,即我主宰、创造着自己的生活,我主动地决定自己的生活,而不是被动地接受已经发生(以及仍然发生)在我身上的一切。这是一种关于人的基本观念,而不是说明所有人必须怎么做,尽管如此,这一观念代表了一个正常的自然人所具有的能力的现实化。我要说明的是,自由主义则是从这个观念中导出了政治生活的基本原则,并寻求将这些原则运用于实践。自由的政治制度应当被理解为是那些尽量使每个人都能对自己的生活负责、且使每个人都能平等地享有这一权利的制度。

我认为,任何人的生活都反映了两种因素的结合:主动地行为以及被动地承受,罗纳德·德沃金将这两种因素之间的区别描述为"选择"与"环境"之间的区别。为了实现隐含在这种主动生活而非被动接受的生活的观念中的责任观念,政治制度应该更大限度地或者尽其所能地保障每个人自由选择自己的生活而不是受制于其出生环境以及命运的安排,而且对每个人来说选择自己生活的权利应该是平等的,这构成了自由理论中自由和平等理念核心的基础:即自由是保证每个人选择自己生活的必要条件;平等则保证

---

[39] 还有,这种责任与道德义务之间的关系并不是我在这里讨论的焦点。我当然不是要阐明每个人应该对其自己的行为负责在道德上是平等的,而与其难度或者优势、其所能利用的文化和智力资源无关。从这种意义上来说,就如康德所认为的那样,我现在所利用的责任的基本要素可能是道德判断的前提(当然,如果人们对其生活道路没有根本的决定权的话,那么我们将很难证明人们的生活或者行为在道德上是应当受到赞扬的或是责备的),但是这种责任不能成为道德义务的全部。

了没有任何人有权享有比他人更有利的环境。

前面我已经说过,我认为上述观点是自由传统的最核心内容和最佳体现,这里我暂且不针对其反对观点进行论述。但是如果大家赞同我前面论述的内容,那么自由意志论和某种极端平等主义的错误便凸现出来了。我们首先来分析自我所有权的观念。自由论者提出了责任的一个前提条件即选择,但没有提出如何实现环境的平等,而环境往往不是选择的结果;另一方面,有一种尚不成熟的主张平等主义的自由意志论主张一种绝对的物质上的平等,而忽略了在追求平等环境中的选择要素。

如果我们的目标在于赋予选择权在人们生活中的重要地位,并保证每个人平等地享有该权利,那么制度的设置必须要服务于为每个人创造平等的环境,因为环境并不是选择的产物。我认为这就是公平的观念。这一观念可以用于解释再分配制度以及矫正正义制度之间的区别,但却并不是完全包含在这两个制度之中。一方面,这是因某人的选择而导致的不幸,即因他人之行为而导致的不幸与反映了选择的物质条件的生活不幸之间的区别,分配正义原则控制的是选择的物质条件,而矫正正义原则在对于因人的行为所导致的不幸事故的损失问题上阐明了公平的要求。[40] 矫正正义体现了公平理念的要求,因为,在这一类事故中,公平要求如果某人实施的侵害行为应该对损失负责的话,那么就应该强制加害人来承担该损失,侵权行为法则是进一步阐明了侵害、责任以及赔偿义务的相关概念,侵权行为法说明了与公平有关的侵害概念是客观的:某人可能在没有侵害故意的情况下实施了侵害行为——这看起来似乎不应受到道德上的谴责(这是沃恩诉曼拉案的启示);侵权行为法还说明了赔偿义务是对金钱上的而不是对必要的非金钱损失进行赔偿,以及对不履行责任的赔偿概念是指全

---

[40] 同时,矫正正义和分配正义之间的界限以及何为因人的行为导致的损失这个概念都是可修订的观念:根据制度以及逐渐成为表达这二者之方式的其他实践来说是可修订的。

额赔偿等等。更重要的是,侵权行为法对矫正正义中所包含的责任条件进行了详细说明。有了侵权行为制度的具体说明,公平理念的要求就不再是对抽象理念的推断,而是更加清晰化了。

如果能够得出单一的正义原则或者效率原则,使我们能够由此推导出一系列可以得到证明的、甚至是该原则所要求的制度形式和实践,这就可以以某种方式变得更清晰,也可以看起来更具有分析力,但是这样会歪曲原则与对其进行详细说明并使之现实化的实践之间的关系。我在本文中发展的实用主义研究方法承认了(出于一些适当的理由,在此我仅仅只略微谈及)实践使原则的内容更确定,但同时原则本身也作为某种特殊的个人自由观念以及人们相互关系的自由观念之间的连接点而结合在一起。对于那些构成一致的自由主义概念的最抽象、最基本的原则来说,其内容只有通过该原则与其他原则之间的关系以及其实践的具体化才能得到完全确定。实用主义的研究方法暗示着我们至多只能期望一个能承载可独立理解并相互一致的原则和实践的可修改的结构,而这也是正义的最起码要求。

6 产品质量侵权时代的矫正正义

阿瑟·利普斯坦 本杰明·兹普斯蒂*

一、绪 论

矫正正义理论经常成为众多理论批判的对象,尽管这些批判之间也互不一致。许多批评家认为矫正正义理论在如何解决侵权行为法所面临的最尖锐问题上没有任何实践上的指导意义,还有的学者认为这一理论仅仅只起到了法律上的指引作用,而没有涵盖侵权行为法的实际内容,还有的学者同时主张上述两个观点。还有的学者认为矫正正义论忽略了法律的核心——财富和利益的驱动,因而偏离了研究轨道。

这些反对观点在讨论现代产品质量侵权法时得到印证。在讨论因缺陷产品而受到侵害的原告是否能从该类产品的制造者那里得到赔偿时,问题就会产生出来,尽管原告也许没有足够的证据证明对她造成侵害的产品是由被告所制造的。许多批评家认为矫正

---

* 我非常感激 UNC 法律与哲学研究所中侵权行为法理论的参与者们在 1997 年 9 月的参与,我尤其要对我们的评论员布鲁斯·查普曼先生表示感谢,而且,我还得到了来自丹·卡普拉(Dan Capra),葛瑞高瑞·克廷,吉尔·费斯奇(Jill Fisch),约翰·高尔德勃格,米歇尔·马丁(Michael Martin),托尼·希勃克(Tony Sebok)以及马丁·斯通等的重要帮助,吉特·卡尔(Gita Cale),菲利普·普特符(Philip Pfeffer)和玛利亚·菲得尔(Maria Rivera)也对我的研究工作给予了十分有价值的帮助。

正义理论仅仅只揭示了关于目前法律结构的原理，而没有说明我们是否应该突破这一结构，因此矫正正义理论只有在普通法的侵权行为概念框架内才是正确的；而且由于因果关系是一个必要条件，因此这些案件中的被告可免于承担侵权责任。问题是我们是否应该局限于侵权行为法的概念框架，而矫正正义却未涉及于此。[1]

也许有一种观点认为矫正正义论会否定在这一类案件中被告应当承担责任，因为因果关系是矫正正义观念的法律核心，但是现代侵权行为法已经以多种方式认可了原告在这种情况下可以主张权利，因此这说明矫正正义理论已不适用于侵权行为法了。[2] 这种反对观点还认为，实际上，除了一些极个别的案件之外，侵权行为法并不要求被告在这些情形下承担责任，但矫正正义理论却要求被告应该承担责任，因为确实存在应该得到制裁的非法行为和应该得到修复的损害，而且，这二者之间的联系也与矫正正义的主要法律基础相适应。[3]

最后，这种观点还认为，矫正正义在这一领域与法律无关。因为在侵权诉讼中，制造者拥有更多的财富这一认识在驱动着法官、律师以及有关各方的评论家，这也是放宽因果关系规则的理由，如果不放宽因果关系规则的适用的话，那就应归因于作为制造者的被告的担忧。

---

[1] 参见罗勃特 L 拉宾〔Robert L. Rabin, 1996（评论韦恩瑞布, 1995）〕。拉宾认为韦恩瑞布提出的矫正正义理论没有提出任何针对侵权行为法中损失分配中出现的新问题的解决方案。

[2] 参见艾兰·斯朱德勒（Alan Strudler, 1992）。显然在乔迪·克劳斯（1997）中琼迪·S.卡恩斯对斯朱德勒的批判运用了一种自相矛盾的理论。

[3] 参见斯克鲁德尔（Schroeder, 1990）。

在本文中，我们毅然用矫正正义理论[4]来实现法学理论的一个目标，即提出一个需要我们更深入地进行探索的法律上的窘境以便寻求更令人满意的解决方法；提出一些激发大家在法律上进行讨论的目标体系和法律原则；运用这些目标体系以求得出一个在概念上和法律上都令人满意的解决方案，这个解决方案要能与创设的判例和侵权行为法原则相结合，反映作为法律之基础的正义原则，并与法律的实用主义研究方法协调一致。[5]

有两个判决采用了关于"市场份额责任"(market-share liability)的几种不同表述，为我们的分析提出了焦点问题，即辛德尔诉阿波特实验室(Sindell v. Abbott Laboratories)案[6]和海默维兹诉爱利公司(Hymowitz v. Eli Lilly Co.)案。[7] 这两个案件都涉及许多因为她们的母亲曾经服用过一种叫做乙烯雌酚(DES)的麻醉剂而受到损害的原告，这种麻醉剂的主要功能是防止流产，许多服用过这种麻醉剂的妇女所生育的女儿成年后患上了卵巢癌，但当时有数百家生产者在生产这个药品。随着时间的推移，作为服药者下一代的原告不可能确认是哪一个特定的生产者生产的药品导致其受到损害。在辛德尔(Sindell)案中，法官要求原告所发现的所有产品制造商按照他们在市场中所占的份额来承担责任，但若被告可以证明其制造的药品不可能对某个特定原告造成损害，该特定原

---

[4] 我们对"矫正正义"这个短语的运用存在一些潜在的困惑。从广义上说，它指的是在解释侵权行为法时强调权利、义务和公平观念的一系列理论，而且它包含了多种不同的理论，例如，可参见朱里斯·L. 克里曼(1992a)，欧内斯特·韦恩瑞布(1995)，阿瑟·利普斯坦(1999)，里查德·A. 爱普斯坦(1973)，乔治·P. 弗莱彻(1972)，史蒂芬·R. 佩里(1992b)以及本杰明·C. 兹普斯蒂(1998b)等。但是矫正正义通常被用作狭义上的含义，指的是亚里士多德学派和以韦恩瑞布的《私法观》(The Idea of Private Law)一书为代表的"赔偿义务"理论的混合体。我们在本文中所说的矫正正义是从广义上的意义来说的。

[5] 参见兹普斯蒂(2000)，其中提出了实用主义的哲学基础，而不是对矫正正义的形式主义看法。

[6] 参见 Sindell v. Abbott Laboratories, 607 p.2d 294 (Cal. 1980)。

[7] 参见 Hymowitz v. Eli Lilly Co., 539 N. E. 2d 1069 (N. Y. 1989)。

告则可以免除责任。与此相对照,在海默维兹案中,法官免除了因果关系要件,认为无论被告是否能够证明其制造的药品不可能对特定原告造成损害,都应按照他们在当地市场中所占的份额来承担责任。

辛德尔案和海默维兹案突出了两个需要探讨的问题。首先,在产品质量侵权案件中,被告确实对原告造成了损害是一个基本要件吗?第二,应该将关于因果关系的举证责任转移给被告者吗?尽管市场份额责任在现代侵权行为法中较为罕见,但在许多司法审判中以及对许多种产品而言[8],其合法性和妥当性仍然值得探讨。总的说来,市场份额责任所涉及的法律原则在许多产品质量侵权和个人侵权案件中得到体现,在这些案件中,诉讼当事人和学者们提出了多种方式来削弱对因果关系要件的要求。

我们对此持中立的态度。在少数案件中,法官允许在某些个别情形下对因果关系的举证责任进行转移,如加利福尼亚州高级法院对辛德尔案的判决就是一个例子。但是许多学者都认为,如果过分地转移举证责任并同时免除因果关系要件是违法的,如纽约上诉法院对海默维兹案的判决。为了说明这两个观点,我从两个方面对此做一个哲学上的具体解释。首先,我们要解释为什么从矫正正义的观点看,因果关系应该是被告承担责任的必要前提条件,这是一个实质问题[9];第二,我们要解释为什么在产品质量侵权案件中,贯穿整个法律的衡平法观念提出了在个案中转移因

---

[8] 我们可以对下面两个案件进行比较:一个是 Smith v. Cutter Biological Serv's., 830 P. 2d 717(Haw. 1991),其中针对使血友病患者患上了艾滋病的血产品的生产商适用了市场份额责任;另一个是 Kennedy v. Baxter Healthcare Corp., 50 Cal. Rptr. 2d 736(Cal. Ct. App. 1996),其中对乳胶手套的生产商没有适用市场份额责任,还可参见 Hamilton v. Accu-tek, 62 F. Supp. 2d 802(E.D.N.Y. 1999)(Weinstein,J.),在上诉中,法院对于原告以手枪生产商未能在批发活动中采取预防措施为由认为被告应该承担过失责任的主张采用了市场份额责任的一种变化形式。

[9] 有更多的著作论述了侵权行为法中的因果关系,例如可参见克里曼(1992a,第270—284页),韦恩瑞布(1995,第153—167页),爱普斯坦(1973),瑞特(1987,1988)以及瑞佐(Rizzo,1987)等。

果关系举证责任的原则基础。虽然哲学的任务只是对侵权行为理论的实践目的进行研究,但我相信每个哲学任务都会更一般地受益于其在法哲学领域内的研究成果。在证据公平理论的发展过程中,我们对程序法中的道德尺度构建了更具有概括性的解释。通常的观点都认为关于证据和程序的规则是实体法选择的基础,而我们的观点则有所不同。矫正正义理论将原告与被告之间的关系理解为一种特殊的法律关系,如果认为侵权法体系是在执行矫正正义,那么就必须通过程序来实现这种存在大量不确定因素的关系。除非法律上有举证责任转移的强制规定,矫正正义制度中对举证责任的分配和举证标准的要求既不类似于刑法上的无罪推定,也不是否则便"将损失留在它降临的地方"这个一般原则的体现。一般来说,要求原告承担对有关因果关系的举证责任是在存在大量不确定因素的情况下实现正义观的反映,因此在辛德尔案中包含了这一规则,即只要受到无辜侵害的原告可以证明其中一个被告是侵权行为人,那么,其中的一个被告,即侵害行为人,就应该对因果关系承担举证责任。

为了解释举证责任的分配和举证标准,我们接下来要解释为什么因果关系是侵权责任的要素之一。我们在第二部分发展了对矫正正义的普通分析模式,这一模式不同于以下两个认为行为人必定违反了避免侵害他人义务的观点。一种观点认为,被告是否违反了该义务仅仅取决于被告自己的行为,而不取决于对原告造成的影响,这种责任可以被称为"不实施侵害行为的义务"(duties of non-injuriousness)。但是还有另外一种关于责任的概念——"不造成实际侵害的义务"(duties of non-injury)——即除非被告实际上确实损害了他人,否则便可认为被告没有违反避免侵害他人的义务。许多规范体系,如刑法和普通道德规范等,对上述两种情况都会以不同的方式施以惩罚,但侵权行为法只有在被告违反了相对的、不造成实际侵害的义务时,才会强制被告赔偿损失作为惩罚。如果现代某个关于侵权行为法的解释是正确的,那么被告违反了相对的、不造成实际侵害的义务作为产生损害赔偿的要件则具有偶然性,那么海默维兹案的判决也就是有理由的。因此我们认为,从解释学的观点和规范的观点来看,被告违反了相对的、不造成实际侵害的义务才是侵权行为责任的构成要件。

我们在第三部分针对侵权行为法中作为责任承担之基础的相对的、不造成实际侵害的义务的基础法律原则进行了解释,这与先前所作的关于追索权、风险承担等观念的研究结合成为一个整体,同时我们对侵权行为法中责任的特征进行了重新构建,这种重新构建放弃了对因果关系要件的辩护。

在第四部分中,我们讨论了产品质量侵权案件是否会有所不同。许多评论家认为,如果被告所应承担的责任与其制造风险的程度相当,就会建立一个优于以因果关系为要件的规范体系,因为在许多案件中要对产品进行确认是相当困难的。我们认为这一修正反而会产生更多的不公平和更多的武断,弊大于利。

在第五部分中,我们对产品质量侵权案件进行了解释。辛德尔案首倡市场份额责任,以违反了"不造成实际侵害的义务"为核心要件。辛德尔案的关键在于被告无权以假设其侵害行为实际上没有对原告造成损害为由进行抗辩,而只要有证据证明每个被告的产品确实都曾对一些人造成了实际损害即可,这些案件中惟一的障碍只是在于每个原告无法将受害的原告与侵害了一部分原告的被告一一对应起来。我们与其认为法院改变了因果关系在案件中的地位,不如说是法院运用其固有的权力改变了案件对证据的要求而形成了表面证据案件。我们还解释了辛德尔案如何通过这种研究方法解决了许多争议。我们还讨论了辛德尔案和萨姆斯诉苔丝(Summers v. Tice)案[10]之间的相同点和不同点,如同辛德尔案一样,萨姆斯案似乎改变了因果关系在案件中的地位,但是实际上只是改变了案件对证据问题的处理。

---

[10] 参见 199 P.2d 1(Cal,1948),当原告无法证明是哪个被告的行为对其造成了侵害时,法院决定进行举证责任的转移,由被告举证来否认其行为与原告受害之间存在因果关系。

二、侵权行为法中义务的结构

2.1 关于义务的三个标准

理论家和法官通常认为,被告违反了某个法定义务是法律强迫被告履行对原告的赔偿义务的原因。我们提出的第一个问题是:被告必须是违反了哪一类法律义务才会产生其赔偿原告损失的义务呢?我们有必要首先依三个标准将义务进行区分,确定义务是相对的义务还是绝对的义务取决于强加这一义务的规范的类型(参见兹普斯蒂,1998b,第59—60页)。相对的法律规范禁止某人以某种方式对待他人,例如,禁止某人殴打他人的义务则是相对的义务,这相当于要求每一个人不得殴打任何他人。相反,有些义务是绝对的,因为这些义务所禁止或规定的行为不是关于如何对待他人,如禁止乱丢废物、禁止纵火、禁止滋扰公众等规范,都是简单的或者说是绝对的(非相对的)义务。

相对的义务与简单义务(即非相对义务)之间的区别实质就是"不造成实际侵害义务"与"不实施侵害行为义务"之间的区别。如果 X 对 Y 负有不造成实际侵害的义务,那么除非 X 对 Y 造成了实际的损害,否则就视为 X 没有违反这一义务。相反,不实施侵害行为义务禁止人们以某种可能对他人造成损害的方式行为,例如,承担合理的注意义务就是一种不实施侵害行为义务,此外,不将缺陷产品投放市场、不进行欺诈性陈述等也属于这一类义务。不实施侵害行为的义务与不造成损害结果的义务都针对某种特殊的侵害行为——如禁止谋杀,或者会导致他人死亡的行为——或者说,它们都针对更宽范围的行为。

最后,在关于不造成实际侵害义务的种类上,我们应当区别附条件的义务和不附条件的义务。附条件的不造成实际侵害的义务要求人们承担不以特定的方式损害他人的义务,如不殴打他人的义务就是指不通过某种故意的行为与他人进行有害的或者攻击性接触的义务,但从概念上看,这也可能是不附条件的不造成实际损害的义务,如不导致他人死亡的义务。

2.2 侵权行为法上的义务和损害赔偿

损害赔偿义务——即支付损害赔偿金的义务,是因为被告违反了对原告负有的附条件的、相对的、不造成实际侵害义务所引起的。尽管在支持其他的侵权行为赔偿时可能会缺少其中的一个或者多个要件,如惩罚性的赔偿、象征性的损失、禁止令等,但是这三个要件却是损害赔偿的要件。要求放宽因果关系要件的倡导者们根据附条件的、不造成实际侵害义务来进行论述时会出现错误:有些人认为义务是非相对的;有些人注意到了所附条件,但是却没有注意到该条件所限定的义务,其中包括他们认为这是一种不实施侵害行为的义务,而不是不造成实际侵害的义务,这两种观点都是错误的。如果不能注意到相关义务的特性,就会使侵权行为法显得武断、虚伪或者教条。只要仔细思考为什么侵权行为法施加的是附条件的、相对的、不造成实际侵害的义务,那么上面的这些观点就都不是对侵权行为法的正确研究方法了。

相对的、而不是非相对的义务。许多法律部门,尤其是调整性的法律和刑法,都包含了许多简单的或者说是非相对的行为准则,但是侵权行为法却不是如此。侵权行为法是关于对他人实施侵害行为的法律,它禁止某人以一些特定的方式对待他人。在这个方面,侵权行为法的行为准则是相对的(参见兹普斯蒂,1998b,第60—63页)。相应地,这些准则所设定的义务要求行为人履行以某种特定的方式对待他人或者避免以某种特定的方式对待他人的义务,例如,一个人不得欺诈、诽谤、诬陷、非法拘禁或者过失伤害他人,这些都是相对的法律义务。而且,除非被告违反的是针对原告本人的义务,否则原告无权来起诉被告(参见兹普斯蒂,1998b,第15—39,60—63页)。

不造成实际侵害的义务与不实施侵害行为的义务。一般说来,除非被告确实损害了原告,且他对原告的侵害行为违反了其不得侵害原告的义务,否则被告便不负有对原告的赔偿义务。这个要件体现在过失侵权法中的因果关系要件中。当然,在有些近因案件和并存因果关系的案件中,对于因果关系要件的真实含义和要求存在很大的争议,但这并不同于是否能将因果关系作为一个要件的争议。最近的一些案件通过重新界定可以得到补偿的侵害行为种类[11]或者重新界定寻求救济的种类[12],从而回避了关于因果关系的争论。所有这些尝试并非要反驳目前美国侵权行为法中因果关系的核心地位,因为它们表明了转移到其他种类的需要,而并非要抛弃因果关系本身。

附条件的不造成实际侵害的义务和不附条件的不造成实际侵害的义务。最后,侵权行为法中的不造成实际侵害的义务是附条件的义务,而非不附条件的义务。这只是说明仅仅对他人实施了一定类型的侵害行为还不足以对被告施加赔偿义务,被告必须是以某种特定的方式行为侵害了原告,且对原告造成了实际侵害才应承担责任。这样,即使是侵入了他人的土地,除非被告意图使用或者占有他人财产,否则也不是侵权行为;如果不是故意进行虚伪的陈述,也不构成欺诈行为;除非被告违反了对原告的注意义务而且因此导致原告因该义务的违反而受到了损害,否则被告的行为就不构成过失伤害人身行为;除非被告在市场上投放了危险的缺陷产品而且该产品缺陷导致了原告受到损害,否则被告就不应承担缺陷产品责任。

附条件的不造成实际侵害的义务,而不是不实施侵害行为的义务的地位在适用严格责任时更为明显,例如使用炸药、运输汽油等。从事危险活动的人应该对其行为的损害性负责。车主用卡车运送汽油,就要对因此引起的火灾承担责任,而不论司机对此的注

---

[11] 参见 *Falcon v. Memorial Hospital*, 462 N. W. 2d 44 (Mich,1990),根据密歇根州医疗失当法(Michigan medical malpractice law),医院错过了 37.5% 的栓塞幸存机会是一种可控告的侵害,佩里(1995)中对类似的案件进行了明确的讨论。

[12] 参见 *Metro-North Commuter R. R. Co. v. Buckley*, 117 S. Ct. 2114(1997),其中考虑到了但还是否定了导致患上与石棉有关的疾病风险升高的过失暴露石棉行为的可控告性。

意程度及其对卡车的维护如何,但车主并不对非因其过失引起的、不会导致火灾的交通事故负责。如果说侵权行为法施加的是不实施侵害行为义务的话,那么严格责任就会变得扑朔迷离,因为义务与责任之间的关系被破坏了。如果认为侵权行为法施加的是附条件的不造成实际侵害的义务,那么适用严格责任的有限范围就不足为奇了。从附条件的不造成实际侵害义务的观点来看,运输汽油与其他没有导致侵害的危险行为一样,也是一种合法行为,除非该行为确实导致了某种损害,否则被告就没有违反任何义务。

2.3 潜在的困惑

不造成实际侵害的义务是附条件的这一事实使许多评论家对义务所附的条件产生了误解,认为只有侵权行为法所设定的具有法律意义的义务才是认定被告实施了具有侵害倾向的行为的限制条件,这种认识上的混乱因一些传统术语的使用而进一步加深。"义务"是过失侵权行为所具有的四个最主要的要素之一,对该"义务"的违反则是另一个要素,过失的其余两个要素是因果关系和侵害行为,显然过失侵权法中所包含的义务独立于因果关系和侵害行为问题。我们通常所说的过失行为的义务要素涉及的是不实施侵害行为的义务,而过失侵权行为自身施加的是不造成实际侵害的义务。

但是,潜在的困惑在不断加深。义务以及对义务的违反在过失侵权行为中处在最主要的地位。在过失侵权法中,只有当被告违反了对原告的合理注意义务且对原告造成了侵害时,原告的侵害行为才是可控告的,这一责任的条件是不造成实际侵害,它产生于被告违反了对原告负有的注意义务,因此该限定条件自身是一种不实施侵害行为的义务。因此,过失侵权法对因为违反了对原告负有的不实施侵害行为义务而侵害了原告的被告施加赔偿责任。虽然对不实施侵害行为义务的违反在过失法中处于主要地位,但它还不足以成为责任的基础。

当我们弄清了侵权行为法的基本准则是如何发挥作用时,这两种责任之间的概念差异就容易理解了。侵权行为法不仅仅只扮演一个分配责任的角色,它还引导人们的行为。要理解侵权行为法的基本准则,就要认识到侵权行为法引导行为人应该用某种特定的方式对待他人,多种社会的、职业的、制度上的或者道德上的准则都要求我们在行为时对他人之权益予以充分的注意,它们在过失侵权法中体现为对不造成实际侵害义务的限制,通过这种方式,我们就可以使对他人法定的义务与我们应当如何对待他人这个更广义的法律观念一致起来。从更实质的意义上说,我们有理由相信,对过错行为施加责任仅仅限于那些没有按照法律所强制要求的方式对待他人的情形;反过来,我们可以认为,法律上的权利、义务是具体的,而且是我们所公认的人们之间相互道德关系的一种公共转换。在这种认识的基础上,以对行为的道德评价为基础,我们可能会认为对他人负有的不实施侵害行为的义务处在一个相对更重要的地位,但是,尽管不实施侵害行为的义务已经被纳入到过失侵权行为的体系之中,但它并非法律的强制要求,只有当他人违反了不造成实际侵害的义务时,我们才有权对抗他人,通过法律体系提起诉讼并从侵害方获得相应的损害赔偿。[13]

上述观点对于我们理解乙烯雌酚案十分重要。因为我的主要观点在于,辛德尔案所阐述的是因违反了不造成实际侵害的义务而产生的责任,而不是对不实施侵害行为义务的违反,从而支持了矫正正义的观点。

三、对因果关系的辩护

上述侵权行为法中有关责任的几个特征受到了来自许多方面的挑战和质疑。关于侵权行为责任主要起因于侵害行为即被告违反了对原告负有的不造成实际侵害的义务,而不仅是违反了不实

---

[13] 高尔德勒格和兹普斯蒂(1998)以及兹普斯蒂(1998a)中对这些观点进行了更详尽的阐述和辩护。

施侵害行为义务的观点,其受到的挑战相对较少。侵权行为理论家的质疑主要是针对因果关系要件或不造成实际侵害义务要件,他们不是从描述或解释美国实际的侵权行为法学说出发,而是主要从规范性观点出发来进行论述的,因此,我的论述就从这些规范性观点开始谈起。

3.1 对因果关系要件的道德挑战

许多学者认为,对于是什么因素促使侵权行为法清晰化和合理化这个问题的真正理解必须能够揭示出因果关系要件对于侵权法体系来说不是基本的,而是偶然的。[14] 当因果关系要件不再服务于其曾经服务的某些目标的话,那么放松因果关系要件就能与促使侵权法体系合理化的那些因素相一致。不同的是,他们认为我们的侵权法体系应当在违反了不实施侵害行为义务的基础上来施加侵权责任,甚至当被告没有违反对原告负有的不造成实际侵害的义务时也是如此。从规范性的观点来看,这种立场同时针对相对性要件和不造成实际侵害义务要件提出了挑战。

克里斯托弗·斯克鲁德尔(Christopher Schroeder)对这一思路进行了详尽的论述(参见斯克鲁德尔,1990),与该观点的其他支持者一样,斯克鲁德尔以康德的道德哲学作为起点。康德所主张的道德观认为,一个人的愿望是用以评价其道德价值的根本的、惟一的因素,良好的愿望是惟一无需限制的良好美德(参见康德,1992)。如果我们假设责任制度应该解决那些在道德上最重要的问题,那么传统侵权行为法就会面临相当大的困难。斯克鲁德尔指出,这是因为我们没有正确的道德理由来区分那些在道德价值上相似的人,尽管传统侵权行为法对于不造成实际侵害义务的研究焦点正在于此。假设 A 和 B 两个生产商都在市场上投放了某种可能会造成侵害的缺陷产品,而 C 受害于这类产品中的某一个缺

---

[14] 参见斯克鲁德尔(1990),克里曼(1992a,第 19 章),罗森博格(Rosenberg, 1984)以及勃格尔(Berger,1997)。

陷产品。A 和 B 在违反了不实施侵害行为义务这一点上是相似的,对 A 和 B 来说,他们的产品是否导致了对 C 的损害却是偶然的,但正义会允许甚至是要求 A 和 B 都受到惩罚,C 有权从 A 和 B 处获得赔偿。传统侵权行为法强调弄清楚究竟是 A 还是 B 制造了对 C 造成损害的该特定产品,而其他厂商则不必承担责任。斯克鲁德尔认为,这样做的结果是划分了一个从道德上看十分武断的区别,因为它没有对有关类似的情形相似对待。

在下面的论述中我们将回到斯克鲁德尔对传统侵权行为责任提出的选择上。我们现在讨论的焦点是要解释为什么不造成实际侵害的义务是矫正正义的核心[15],为此我们提出了针对这个要件的两个相互支撑的法律解释来加以论证。首先是关注在侵权诉讼中当一方对另一方主张赔偿时,政府在诉讼中的所处地位,第二点则是分析以公平地分配不幸为依据来施加责任。

3.2 追索权

认为犯有类似错误的被告应该承担类似责任的观点来源于对侵权行为诉讼中政府所处地位的错误理解。在侵权诉讼中政府不是作为一方当事人参加诉讼以便对违法行为人施以惩罚,相反,政府准许个人对其损害主张赔偿,原告到法院来提起诉讼是为了向对她造成侵害的人主张追索权[16],这样,关于被告是否违反了对原告负有的不造成实际侵害的义务就不再显得武断,这也不是一种对违反道德行为的惩罚,而是对原告所享有的被侵害了的权利负有责任。

法官支持原告享有民事追索权在许多方面与惩罚相区别。惩罚在很大程度上被认为对于行为人在自己的完全控制之下实施的

---

[15] 其中包括了康德自己的法律理论以及他对于道德上的应受谴责性的更一般解释,关于前者可参见康德(1994);关于后者,可参见康德(1992)中所附加的"出于慈善目的的假定权利"。

[16] 这种观点在兹普斯蒂(1998b,第 82—87 页)中得到了更具体的发展,而且兹普斯蒂在第 62—89 页(作者的原稿)中论述了"民事追索权和矫正正义"。

行为所具有的特征十分重要[17]，因为惩罚是国家对违法行为人选择违法行为的一种回应，将选择从事违法行为成为惩罚的对象并赋予其相应的法律后果。与此相比，侵权责任则主要是针对原告的合法权益受到侵害的情形，如果原告对其所受损害行使追索权，那么该损害是否归因于被告的行为就不是一个武断的特征了。

当政府对违法行为人实施惩罚，甚至只是对违法行为进行调整时，它就必须对可能引起处罚或规制的行为以及处罚的程度予以充分的注意。政府负有对从事类似违法行为的人进行相似处罚的义务。因此，关于谁应承担这笔社会费用应该由公众决定，政府所施加的罚款或者处罚应该与该违法行为相适应，所有这些关于处罚和调整的特征反映了决定政府和国民之间关系的一些基本准则。

民事责任则有所不同。尽管关于承担民事责任的判决也是由国家强制力来保障的，但是，从另一种意义上说，其实质毕竟是当事人之间的私人事务。某人到法院提起诉讼是为了向特定的当事人主张追索权，虽然国家对所有的违法行为都应同等对待，但受害人仍然只有权对侵害她的该特定人行使追索权，而且受害人有权提出损害赔偿之诉，但是她也可以放弃这一权利，如果受害人放弃了诉权的话，对于那些因此而逃避了责任的侵害方来说，他们的过失行为就没有得到相应的回应。

上述这些关于处罚和民事责任之间的明显区别反映了他们之间的一个最根本的差异：在处罚和调整的案件中，国家是作为一方当事人而出现，因此，它受制于一些决定着这一地位的合理约束；但在侵权之诉中，国家的地位就大不相同了，它只是支持公民对他人主张合法权利，尽管该权利得到了国家的允许、支持和执行保障，但在侵权之诉中，这一诉权仍然体现为原告与被告之间的对抗。由于法律赋予了原告的这一权利，那么国家就相应地要使被

---

[17] 事实上的法律实践更复杂：对意图犯罪的惩罚要重于对已完成了的犯罪行为的惩罚，而且无论是出于鲁莽或者故意，许多犯罪行为得到的是同样的惩罚，可参见利普斯坦（1999，第7章），他试图解释为什么这些都背离了对控制的强调。

告处于不利的地位,问题是被告在什么条件下才应该处于不利状况呢?我们的回答是只有那些权利受到被告侵害的人才能通过国家支持向被告主张权利。具体地说,只有受到被告侵害的人才有权通过国家强制力要求被告对其进行赔偿,相反,被告则要对抗那些通过国家强制力要求自己对其损失承担赔偿责任的人,只有违反了对原告所负义务的人才会在诉讼中处于不利的地位。

3.3 风险承担和侵害

民事追索权的结构解释了为什么侵权行为责任是相对的,而不能简单地认为是由于违反了某一义务而导致在原告与被告之间产生诉讼。通过认真思考损失和侵害之间的关系,我们可以得出对不造成实际侵害义务的补充解释。关于风险承担的观念解释了为什么当被告违反了相对的、不造成实际侵害的义务时,损害赔偿是一种适当的救济。(参见利普斯坦,1999)

侵权行为法体系可以被认为是一个决定某一特定侵害所带来的不幸应该由谁来蒙受的途径。侵权行为法和矫正正义都不涉及因自然力量如飓风、冰雹等而受到损害的人,那些因自然界力量而受到损害的人只是一种单纯的不幸。无论一般的社会保险制度是否应该对他们所受之损害进行补偿,但有一点是确定的,即不能指定由一个另外的人来代替她承担该损失。同样地,如果某个人是由于他人的行为受到损害,只要加害人对此已经予以了适当的注意,他也不必承担这一损失后果,这一不幸也应归于其最初蒙受的人。

与上述两种将损失留在其降临之处的情形相对的情形便是某人没有对他人予以充分的注意,这样,疏忽就会产生某种特殊的风险,如果这种风险转化成了一种现实的侵害,那么这一侵害便可归因于风险施加者,损害赔偿便是在可能的、合理的范围内将损失分配给因施加风险而导致损害结果的人。从这种意义上来说,责任可以被认为是对某种特殊风险的承担模式:即如果我施加了风险,那么这应当是我的风险,如果这一风险转化成了对他人的损害,那么他人有权要求我承担由此而带来的所有损失。这里所指的"所有"是狭义的,类似于"风险自担"这句告诫,被告无权逃避与该侵害相联系的损失,这就是我们所说的被告承担损失的意思。

尽管认为风险应该归属于其施加者的观点似乎是在说明人们负有不施加风险的义务,但是如果这样,那情况就变得更加复杂了,因为法律关注的是以一般的社会交往观念为基础的特殊不幸。根据这种一般观念,在事故发生的过程中,因自愿行为而发生的结果不产生有关公平问题的讨论。假设人们并没有侵犯他人合法权利,许多所有权的变更都是由非强制性的社会相互关系而引起,且都是基于公平的起点,那么这一事实就足以解决他们之间关于正义的问题(当然,何为正义甚至何为开端都是有争议的)。尽管在社会交往中为了纠正某些结果,某些社会交往的效果应该被取消,特别是当人们没有做到适当地对待他人的时候,受到损害的人便可要求因伤害而导致的损失由应受的人来承担,这便是一个关于正义的问题了。

基于这种认识,侵权行为法通过允许那些遭受非法侵害的人要求那些应当对该侵害行为承担责任的人来承担由侵权行为而导致的损失,而且法律会通过国家强制力来帮助他们实现这一要求,从而实现矫正正义。法律允许受到侵害的人对那些疏于他人安全的人主张权利,尽管他们也许同样地忽视了自身的安全。被告所要求承担的责任并非处罚,它只是对侵害风险产生的损害承担不利的后果。如果另一被告也施加了同样非法的风险,但该风险没有转化为对原告的损害,那么原告就缺乏要求强制被告对原告损失承担责任的基础,因为对根本没有需要承担的损失而言,他们的权益并没有遭到破坏,所以面临着未物质化的风险的人就没有提起诉讼的基础;相反,只有那些遭受了非法侵害的人才有权对加害人提起诉讼,以便将损失还原给应受的人。

了解了风险承担的概念之后,我们可以得知,因为只有在违反了不造成实际侵害义务的情况下,受害方才有理由要求将因侵害而导致的损失还原给应受的人,因此施加的是违反不造成实际侵害义务的行为,这便是一个关于正义的问题。由于侵害来源于被告实施的具有侵害风险的行为的物质化,因此被告对该侵害(对原告)负有责任。对于遭受了类似侵害的原告来说,如果对该损失是否由被告的风险行为物质化所致存有疑义,则不涉及这一问题了,即使该风险确实是由某人非法施加的风险转化为现实的,只要不是被告所为,就不能要求被告对此承担责任,该损失也就不归属于被告。[18]

3.4 概要

侵害行为为国家提供了一个允许一方迫使另一方对某个特定损失承担责任的情形,这是过失侵权法上赋予的一项权利。[19] 至少在不是原告对自己实施了会导致损害的该风险行为的情形下,被告实施的施加侵害风险的行为就成为了原告对其主张赔偿权利的正当理由,他们所争议的损失是承担或者矫正该特定侵害的代价。当可能导致不幸的侵害风险真正实现时,如果该不幸事件确实是以该高风险行为为基础,那么风险行为的实施者应该被要求对此负责。因此,根据这种观点,侵权行为责任的首要目的并不是为了对违法行为人施以惩罚或威慑,关于损害赔偿的判决只是将损失转移给了违反了不对原告造成侵害损失义务的行为人。正是由于被告不适当地给原告造成了不幸,才使得国家允许原告将损失转移给导致了该损失的被告。

---

[18] 这种观点在利普斯坦(1999)以及克里曼和利普斯坦(1995)中得到了更具体的发展。当然,侵权行为法中有许多包含了施加侵害赔偿责任的领域,但是它们不包括一般描述为非法地施加了侵害风险的行为,其中最明显的例子就是故意侵权行为,如殴打。通过施加侵害风险而导致的侵害是我们所关注的焦点,但是这并不是因为风险是所有侵权行为的一个必不可少的典范,而是由于从某些方面来说,它是最难解释的情形。因此,原告在一起故意殴打事件中被打破了鼻子而受到的损失应该由被告来负责,因为被告违反了不通过故意殴打而损害他人的义务,该侵害是由被告的故意行为所造成的,而不是由通过施加侵害风险而造成的,因此这个事实使得这种案件更简单,而不是更复杂了。

[19] 这个论述同样适用于与缺陷产品有关的产品责任。

综合这两个观点,诉权就是通过诉讼要求被告对因侵害造成的损失进行赔偿的权利。问题是当被告侵害了原告的哪些利益时,原告有权对被告行使追索权呢?回答是只要是被告的侵害行为使原告遭受了损失,原告就有权要求将侵害所导致的损失还原给原告。

四、产品质量侵权有所不同吗?

4.1 问题的提出

我们已经为过失侵权法中的不造成实际侵害义务做出了两种相互区别但又相互支撑的解释。我们在绪论中已经指出,许多人认为产品质量侵权诉讼案件的上升可能会给传统的侵权行为法理论带来许多实质性的变化,其中一个评论家将它描述为"因果关系的衰退"[20]。在产品质量侵权诉讼中,大多数案件中对原告造成了侵害的被告只能被确认为是众多风险施加者中的成员,法院判决所有的过失侵权行为人都负有责任,而不以足以证明因果关系的证据为要件,这种诉讼带来了审判实践的改革。许多评论家通过这一类案件来论证侵权行为法的经济学分析理论,或者以此作为将威慑功能与赔偿功能相结合的一种形式,或者是作为合理地分配损失的一种方式。另一些评论家则以此来思考侵权行为责任中的那种认为因果关系无关紧要的道德观念。在下一节的具体论述中我们阐明了自己的观点,说明了为什么因果关系仍然与这一类案件相关,审判实践的改革实际上主要针对的是证据规则,而不是实体法的修改。但是在进行具体论述之前,我们先来分析那种认为在这类案件中因果关系与责任无关的观点,我们在许多方面不同意这一观点,对这一观点的批判则主要集中于:如果通过一致性来分析的话,那么他们的观点中有关责任的基础就过于宽泛,风险

---

[20] 参见汤姆森(1987a、1987b)。汤姆森在汤姆森(1986)中"对因果关系和责任进行了评论"。

就可以涵盖侵权行为法的全部内容。

4.2 过错共担(at-fault pool)

采纳乙烯雌酚案判决的一条合理途径似乎在于,要把它作为背离传统的矫正正义观点的一个标志,而把矫正正义视为分配损失的多种方式之一,这实质上是朱里斯·克里曼在《风险与侵害》(*Risks and Wrongs*)中的一个回应,其中他支持海默维兹案中关于市场份额责任的论述。克里曼也承认矫正正义体系建立在谁造成了谁的损失这一判断的基础上,但是这只是一种理论选择。同时,在海默维兹案中也体现了他的另一个理论选择,即对于具有同样过错的当事人应该根据他们的市场份额来按比例承担责任。克里曼认为在特定的情形下可以将狭义的过错共担制度移植到矫正正义的一般制度之中(参见克里曼,1992a,第404页)。

克里曼的研究方法具有许多值得关注的特征,其中最重要的特征是它聚焦于矫正正义中关于赔偿义务的其他制度设置的重要意义。克里曼认为,在一些特定的案件中,因果关系没有得到充分的证明,但却存在强制性的、独立的道德基础来对事故损失进行分配,其他损失分配制度的设置"既不是对矫正正义的否定,也不是与矫正正义毫无关系"(参见克里曼,1992a,第402页),相反,这是在有关赔偿问题上的一个制度上的选择。在缺乏过错共担团体时,那么便由矫正正义决定谁必须承担因侵害带来的损失。但是一旦该团体到位以后,该团体中那些由于其过失行为而导致损害的主体就应当负责,但他们不负有由该责任而产生的赔偿义务。克里曼认为,在海默维兹案中,法院的判决是普通社会保险计划中的一种少数情形。如同一个普遍化的制度一样,社会保险制度的部分原理来自于侵权行为体系的失调,但海默维兹案件的法官适应了矫正正义所不能解决的少数情形,实行了一种适于这些有限情形的狭义计划,而不是施加某些改革者们所倡导的用某种制度全部取代整个侵权行为法。[21]

克里曼提出的认为社会保险体系与侵权法体系并存的观点是值得关注的,我们对克里曼观点的批判并不是主张侵权法体系与任何社会保险计划都是不相容的。我们所关注的是,将当地的过错共担团体作为对侵权行为法之补充的提议代表了对侵害进行管理的两种不同方式与对行为进行调整这两种不同研究方法之间的一种不稳定的妥协。

在侵权行为法中,原告选择了被告并将他们视为风险行为施加者诉至法院,被告的过错程度及其与案件的关系应当由原告加以证明。法律对被告所应承担的损失范围没有特别的规定,作为行为结果的损害是广泛的,疼痛和痛苦是最典型的,除了医疗费用外,还有许多种损失,如多种经济上的损失,而且有时还会产生惩罚性损害赔偿等。被告是否应当承担责任以及承担责任的范围由若干作为局外人的法官根据特定环境下所造成的个别损害或者一系列损害的情形来决定,被告承担责任的限度取决于原告所受的实际损害,而不是取决于侵权行为人实际实施的侵权行为,承担责任的程度依在该偶然事故中谁实际受到了损害、受损害程度有多深以及谁有权提起诉讼而定。

所有这些关于美国法律体系中解决侵权行为纠纷的观点都已是老生常谈了,我们用它们来批判过错共担团体似乎有点出乎意料,但至少它从一个方面避免了武断和不公正——即对同等的过失行为人区别对待,这才是我们的观点。我们所描述的关于程序法的特征可能会使侵权法体系的一些评论家们感到困惑,但是如果将它们作为国家实施罚款或处罚的条件也会令人吃惊,而过错共担团体正好是在这样做,因为在过错共担团体中,只有违反了产生风险的、非相对的义务才会引起处罚;但是如果依照传统的因果关系规则,只有违反了对原告的不造成实际侵害的义务才会产生

---

[21] 例如下面所讨论的斯克鲁德尔的论述以及沃尔德伦(1995)中所辩护的新西兰体系(New Zealand system)。

侵权行为责任。

当原告对其受到破坏的权利寻求救济时,会运用有关程序正义的观念,但当国家实施处罚时,就会运用到正义的观念。在国家实施罚款或处罚的事务中,我们在侵权法体系中所提到的微薄的注意、可预见性、客观性,甚至反向性等因素都是不可原谅的。但是我们相信,美国程序法的实质部分并非只是以违反常规体系的人为产物,而是一个系统的、适当的、允许私法权利人在确信其权利遭到他人侵害后进行救济的一种制度安排。个人追索权和国家行政管理之间的区别使得向共担过错的团体支付费用这个管理上的要求作为对侵害的一种事后回应是不合适的。出于这些原因,海默维兹案的审理法院将过错共担团体移植到侵权行为法的做法因此是大有疑问的。[22]

第二,如果克里曼的研究方法在程序上是对被告的不公平,那么其对那些在传统侵权行为法中被遗忘的人也是不公平的。克里曼主张过错共担团体的存在与因疏忽而侵害了他人的人所负有的矫正正义义务在法律上密切相关的观点是正确的,但它们同样也与那些被侵害的人密切相关。试想在那些原告因他人疏忽大意而受到损害,但侵害方只能在大体上划定而不能被实际确认的案件中便是如此,那些受到当地过错共担团体成员侵害的人可以获得来自团体中的成员作为一个整体所支付的赔偿,那些受到不属于这一集体的其他疏忽大意者侵害的人则只能从他们的加害人那里获得补偿,这一点具有非常重要的实践意义,因为因被告过失而受到侵害的原告获得补偿的程度取决于其加害人所属工业群体的结构这一无关紧要的特征。受到那些事后无法确认的被告所损害的原告是否能对其侵害获得赔偿则完全取决于其加害人是否属于已经建立了过错共担团体的成员,而且对于那些仅仅以生产缺陷产

---

[22] 关于在海默维兹案中是否存在特殊情形的问题——例如立法机关专门为乙烯雌酚案中的服用者的女儿所出台的纽约限制法案(New York Statute of limitations)——该法案对于法院判决的正当性产生了影响,这个问题我们留到其他地方去讨论。

品为惟一业务的生产商来说,他们可能会因诉讼而导致破产,因为这一类厂商不可能属于克里曼式的过错共担团体的成员,被他们生产的产品所侵害的人至多也只能对其所受损失的极少部分获得补偿。相反,如果有许多生产商生产同类有缺陷的产品,而且这只是每个生产商销售额中的极少部分,那么他们就会组成过错共担团体,那些因他们的产品而受到侵害的人则完全可以获得补偿。上述比较很有意义,因为特定原告是否能获得救济取决于商业上的决定,而这与"过失"毫无关系。

我们对克里曼的研究方法提出了两个反对意见。第一点针对法院和立法机关在施加责任时处于什么样的地位,第二点针对克里曼的研究方法在那些负有和不负有因果关系举证责任的人之间所划分的武断的区别。针对克里曼的研究方法的这两点考虑都反映了这样一层细节:即在没有法律上的实质区别(虽然在证据方面存在区别)的案件中适用了不同的法律制度。我们并非要否定克里曼主张的这两个研究方法的合理性,而是要指出,同时采用这两条研究途径会遇到一些麻烦。这两个相互对抗的法律原则在主要的法律原则中都是可接受的,但是如果用以克里曼提出的方式将两者予以结合的方法的话,就会动摇它们各自的合法地位。

4.3 一个庞大的过错共担团体

在我们所确认的克里曼的研究方法所存在的问题中,至少有一个是十分明显的,即他主张用一个行政管理制度来取代整个侵权法体系,在这个制度中将所有的过失行为人组织成一个过错共担团体,这样,某一特定的原告能否获得补偿则不再取决于其损害所属的行业的结构特征。克里斯托弗·斯克鲁德尔也倡导这样的体系。[23] 前面我们已经说过,斯克鲁德尔的研究方法通过担忧偶然性在侵权责任中的地位而具有生命力,斯克鲁德尔提出了一种

---

[23] 参见斯克鲁德尔(1990)。在最近的著作中,斯克鲁德尔的立场发生了一些变化,可参见斯克鲁德尔(1995)。

与矫正正义不同的解释论来取代这种道德上的武断结果。从斯克鲁德尔的观点来看,像辛德尔和海默维兹之类的案件,不仅不是例外,相反是非常典型的,因为它们以其行为的侵害性为基础来对待类似的被告,因此,这一类案件根据被告预期的控制情势的能力,尤其是他们所施加的对他人之安全的注意程度来对侵权行为人予以评价,并以此将他们的个别的责任结合起来,这类案件排除了运气的因素,将行为与责任绝对地联系起来。通过将义务与责任和赔偿结合起来,这一研究方法保留了传统侵权行为法中最有价值的东西,而且摆脱了其中的武断因素,因此,从某种重要的意义上来说,乙烯雌酚案通过隔离侵权行为法的重要原则,并抛弃了其传统程序上的武断因素,从而成为法律能够"自身单纯地运行"的一个标志。斯克鲁德尔主张,矫正正义需要三个要素:以行为为基础的责任;对遭受非法侵害的原告进行补偿以及内部经费,以便使被告所支付的赔偿与其侵害行为相对应。这样,我们得出了关于过错共担团体的一般制度,因果关系要件由于其不公平且与惩罚过失、补偿受害人的目标无关,因而被摒弃。

斯克鲁德尔的观点还摆脱了关于司法能动主义的担心,因为很显然,它的归属应该是从立法上加以解决,一旦在立法上进行解决了的话,那么这个制度就不以法院需对此进行专门审查的有关因果关系的事实为要件;相反,这只是一个行政管理体系,这一管理体系的目的在于让那些对他人施加了风险行为的人承受因其过失行为而带来的全部损失。

尽管斯克鲁德尔的学说似乎避免了侵权行为法中关于因果关系要件的武断特征,但这似乎又会带来新的武断特征。在这里,斯克鲁德尔的研究方法说明了一种普遍的模式,但试图排除意外事故法中的一些表面上的武断特征却往往会导致另外一些特征的出现,这些特征也会因其自身的武断性而遭到反对,例如,斯克鲁德尔的观点要求对具有类似过失的被告相似对待,而不去考虑因其疏忽行为而随之带来的损害结果,因此,他主张矫正正义所做出回应的应当是非相对的,因为这一侵害行为从总体上说是针对整个社会,而不是某一特定的受到损害的原告,因此他还以此来驳斥卡多佐所提出的"不搭界的过失(neigligence in the air)……不构成"的说法。[24] 现在,将侵权行为界定为非相对的侵害本身并没有什么问题,许多调整性的法律都作了这样的界定,而且这样的界定也是适当的。但是,一旦作了这样的界定之后,斯克鲁德尔所认为的关于矫正正义的其他基本特征与它们之间的关系就很难理解了,例如,一旦将侵权行为界定为非相对的侵害之后,关于斯克鲁德尔主张的内部资金这一要件——即要求赔偿金来自于那些施加了风险的人则很难理解了。也许保留多种独立预算是出于某些管理上的原因,就类似于许多人所提出的将社会安全作为一个独立资金项目的建议。但是当它面临资金短缺时,不仅安全与其他管理上的资金短缺是相对的,而且它也不能求助于一般的税收来源,问题在于一旦将侵权行为法上的义务界定为非相对的义务,那么我们将没有任何正义上的理由来对内部财政进行关注了。

斯克鲁德尔的观点中许多部分相互之间并不相关联,但这并不意味着这种解释所描述的特征是武断的。但是一旦相对的义务要件和因果关系要件被摒弃的话,那么对道德上有类似错误的原告相似对待的原理会导致对受害人的武断。对于那些并非因过失受到损害的人来说,无论是否是因自然灾害或坏运气而造成其损害,无论损害程度有多严重,都只能自己承受了,因为只有因过失行为受到损害的人才能从过错共担团体资金那里获得赔偿。从那些受害人的角度来看,这种差别反映了运气在其中的作用,体现了对他们的武断和不公平。[25]

这似乎是对斯克鲁德尔矫正正义观点的一种奇怪的指责。矫正正义只对那些因非法行为受到侵害的受害人进行补偿,为什么斯克鲁德尔所主张的制度不适用于其他情况呢?回答是:矫正正义是根据相对的、不造成实际侵害义务的原理对此做出解释的,对

---

[24] 参见 *Palgraf v. Long Island Rail Road*, 162 N.E. 99 (N.Y. 1928)。
[25] 参见阿迪亚(Atiyah, 1997)中对这个观点的讨论。

他人实施侵害行为的人必须承受因侵害而带来的损失,该被告必须对该原告进行赔偿因为他损害了她。但是若是根据斯克鲁德尔的理论则不能做出这种解释,因为他提出的是一种非相对的、不实施侵害行为的义务。对这些义务的违反不涉及对加害人道德上的评价,偶然性和因果关系只对受害人产生利害关系。然而如果因果关系所推定的这种道德上的武断因素赋予一部分人有获赔的权利而没有赋予另一部分人享有该权利,那么没有获得赔偿的人就有抱怨的权利。根据斯克鲁德尔的研究方法,对于施加了风险的人应该从道德上对其给予否定的评价。但一旦某个风险被施加之后,该风险就是一个变动的,且在根本上是一个任意的因素,这一点与因自然和无过失行为导致的风险没有实质区别。对这种研究方法的一致适用会导致对事故受害人相似对待,因为他们在面对无法自由选择的不幸上是相似的,如果一致适用的话,斯克鲁德尔的研究方法将会导向在全社会建立一个一般的、涵盖所有意外事故损失的社会保险制度。[26]

五、市场份额责任,证据和矫正正义:对辛德尔案的理解

5.1 引言

如前所述,在美国侵权行为法中,除非被告违反了其对原告负有的相对的、不造成实际侵害的义务,即除非被告对原告造成了实际侵害,否则法律就不允许原告从被告那里获得损害赔偿。这一要件并不是侵权行为法中的一个偶然特征,而是侵权行为法法律体系结构中的一个本质条件,前面我们已经对其理由以及在侵权行为法法律框架中为什么在仅仅违反了不实施侵害行为义务时不能要求损害赔偿进行了解释。

---

[26] 事实上,斯克鲁德尔在斯克鲁德尔(1995)中朝这个方向进行了一些转移。

首先，不造成实际侵害的义务要件表现为其会引起粗糙的以及不切实际的后果。在辛德尔案和海默维兹案中，每一原告都能证明这些被告制造了对其造成损害的那一类缺陷产品，而且可能是其中的一个被告侵害了她，但原告不能确定具体是哪一个被告对其造成了损害，这在很大程度上是由于在原告的母亲服药至原告提起诉讼已相隔数十年，而且事实上被告的产品又是可替代的，因此，自身无过错而又受到严重侵害的原告不能从某一个被告那里获得赔偿，而那些被证明对某些人实施了侵害行为的被告因此便可免于承担责任。

接下来，我们主张，市场份额责任的特定结构事实上与我们所提出的侵权行为法的法律基础是一致的，而且它与侵权行为责任以违反了不造成实际侵害的义务为基础的观点也是一致的。我们对侵权行为法的解释在很大程度上依赖于程序上的以及证据上的某些法学理论观念。

我们还将我们的分析仅限于在辛德尔案中原告事实上处于优势地位这个有争论的策略，根据它可以得出每一个被告都侵害了某一个别原告的结论。许多著名的产品质量侵权诉讼如乙烯雌酚、石棉[27]、橙剂[28]、烟草[29]等案件事实上都涉及了许多主要的法学理论，这一类诉讼都针对被告合谋或者参与实施的侵权行为，且他们都因过失、欺诈行为或者为原告提供缺陷产品而导致了对原告的损害。原告们大多数情况下都宣称这些侵权行为是针对其个人实施，但有时也宣称被告的侵权行为针对的是原告所属的群

---

[27] 参见 In re Related Asbestos Cases, 534F. Supp. 1152 (N. D. Ca. 1982)。

[28] 参见 In re "Agent Orange" Product Liability Litigation, 818 F. 2d 145 (2d Cir. 1987)。

[29] 参见 *Castano v. American Tobacco Co.*, 84 F. 3d 734 (5th Cir. 1996)。

体。[30]

在辛德尔案中的最直观的正义并不以这类新颖的策略为要件,事实上也没有一个产品质量侵权诉讼是通过这种方式得到解决并实现正义的,相反法院将这类案件作为特殊被告对特殊原告的侵权来处理,这也正是我们下面所要论述的内容。

5.2 关于辛德尔案的争论

我们基本的解释很简单。被告违反了对原告负有的不造成实际侵害义务要件并非一个自动生效的要件,即除非有相应的证据加以证明,否则法院不能认定被告是否违反了这一义务。在因过失缺陷产品导致侵害的案件中,一般说来原告必须提供特定的证据证明被告生产的特定产品与原告的特定损害相关联,否则法院就会认为被告没有违反其对原告负有的不造成实际侵害的义务。如果将证据要件与被告违反了对原告负有的不造成实际侵害义务这一实体法上的要件相结合的话,那么辛德尔案中的原告就会败诉,尽管被告违反了对原告负有的不造成实际侵害义务这一实体法上的要件并不能直接导致这个结论。虽然法院承认这个实体法上的要件,但法院没有驳回原告的请求,这正好是因为法院没有适用普通的证据规则。而且我们认为,由于法院拒绝了普通的证据规则是正确的,因此它支持原告的主张也是正确的。

5.3 关于举证责任的基础

一般来说,为了证明被告违反了不造成实际侵害义务,原告必须要首先确认被告。辛德尔案的一个显著特征在于原告不难证明每一个被告都违反了对某些原告负有的不造成实际侵害义务,乙

---

[30] 参见亚伯拉罕(Abraham,1987),其中涉及了在产品质量侵权案件中所呈现出来的一些问题以及不同的论点。除了我们在这里谈到的实体法理论上和证据规则上的细微区别之外,在产品质量侵权法中还出现了大量的且显而易见的程序上的问题和法律的选择问题,可参见马勒尼克斯(Mullenix,1996),在这里我们不打算对此进行讨论。

烯雌酚产品被投放市场以及许多服用者受害的事实足以证明每一个被告都因其过失行为侵害了某些原告。从这个意义上说,辛德尔案中的问题并不正好是关于因果关系的问题。在一个普通的具有因果关系的侵害中,会产生(至少是暗示)两个紧密相关的问题:(1)被告违反了不造成实际侵害义务吗,或者说他仅仅只违反了不实施侵害行为的义务呢,也就是说,被告的行为导致了侵害结果的发生吗,或者说,被告的行为仅仅只是一个具有侵害性的行为而没有造成任何实际侵害呢?(2)原告所遭受的侵害是被告实施的过失行为的结果吗?在辛德尔案中,这两个问题已经得到了解决;被告违反了不造成实际侵害义务这个事实是毋庸置疑的,因为原告遭受的侵害是被告的过失行为所导致的结果。辛德尔案所面临的真正问题是关于举证责任的负担以及举证标准的确定问题,原告所面临的问题来源于普通的举证责任负担;为了理解这种解决方法,我们必须解释为什么在普通情形下要这样设定举证责任,而且还要解释在辛德尔案中是什么不同的情形使该案接受了举证责任的转移。[31]

从某种重要的程度上来说,证据原则所接受的判决存在于关于实体法的精确度以及可信赖度的观点之中。举出一个极端的例子来说明,假如利用赌博机来作为决定被告是否对原告造成了侵害的方式,因为这作为在特定案件中产生公正结果的方式是缺乏充分的可信赖度的;同时,可信赖度也不是惟一一个与此相关的因素。除了合理的质疑之外,一个犯罪嫌疑人被证明有罪的要件还存在于有关实施惩罚的合法情形的法律观念之中,这种法律观念认为对一个无辜的人实施惩罚比未能对有罪的人实施惩罚更糟糕。

在民事法律中,举证责任的负担和举证标准也反映了法院合

---

[31] 出现一种真正的、以证据为基础的原理的可能性在罗宾逊(Robinson,1982)中被过早地放弃了。

法地履行其职权的观点[32]，它们还反映了法院在诉讼双方当事人之间实现正义的必要条件。有一点十分重要，那就是对举证标准的设定并不能决定由谁来承担举证责任，在正常情况下举证责任应当由原告来负担。这一点并没有反映哲学意义上的对参与国家行为的一种抵触情绪，而且也不会刺激诉讼成本，不会使侵权行为法与刑法中的无罪推定相等同。追索权的观念解释了为什么原告要承担举证责任（尽管这不能决定该责任的大小）。原告针对对其造成了侵害的被告向法院提起诉讼，因为原告要求法院做某些事情，那么一般说来，就应当由原告来承担向法院证明其有权获得损害赔偿的举证责任。[33]

除了某单个原告向某单个被告提起诉讼的典型案件之外，尽管，一般的法律原理在举证责任负担和举证标准问题上也承认不同的举证责任负担以及举证标准的适当性。如果我们以无罪推定的模式来理解这个要件，即认为原告比被告更有可能证明被告的过失行为对原告造成了侵害，那么在举证责任负担以及举证标准上进行任何变化对被告来说都是不公平的，但是，这个要件对于证明被告有罪是合理的，国家对某人实施惩罚的先决条件并不适用于某人对他人提起诉讼的情形。

5.4 辛德尔案中举证责任的转移

基于上面的认识，我们现在可以解释为什么在辛德尔案中，法院判决被告根据其市场份额承担责任，法院在行使裁判权时，既没有抛弃矫正正义的基本原则，也没有违反侵权行为法仅仅只施加了不造成实际侵害义务的观念。

辛德尔案的审理法院认为普通的证据规则在此应该予以变

---

[32] 参见尼森（Nesson,1985），其中非常重视这个方面，在确认案件中，证据问题中包含了许多关于在法律体系内法院权力的正确行使问题。

[33] 我们的意思并不是要否认以这种方式施加举证负担因具有益处而受到法院的欢迎，例如这样可以减少机会主义诉讼等，我们只是主张对追索权的关心也同样可以鼓励举证负担的施加。

更,因为"在无辜的原告和具有过失的被告之间,后者应该承担因侵害行为而带来的损失"(参见辛德尔案,936),这一句话甚至比法院的意图涉及面更广,因为从其表面上的价值来看,在任何被告之过失已经得到证实的案件中,关于因果关系的假定都可以予以转换,但加利福尼亚州高级法院却并不这样认为。辛德尔案中的原告不仅可以举出充分的证据证明被告有过失,而且可以证明许多原告遭到了侵害,且每一被告都有可能在这些侵害中占有一份。简而言之,辛德尔案中的原告不仅能够举证证明每一个被告都违反了不实施侵害行为的义务,而且还违反了不造成实际侵害的义务,同时,原告因为被告违反了这种不造成实际侵害的义务而受到了侵害,因此,这种情形明显不同于许多对因果关系有争议的典型案件:在这些案件中,原告必须证明被告的过失是导致原告受到损害的原因,并以此说明被告违反了法定义务;在这些案件中,如果因果关系得不到证明,那么被告就有权不承担任何责任。

乙烯雌酚产品生产制造的大规模性改变了这种状况。由于被告制造了大量的乙烯雌酚产品,使得原告有可能证明每一个被告都针对一些原告实施了完整的侵权行为,如果产品的数量大大减少的话,乙烯雌酚是缺陷产品的事实就不能充分证明被告对不造成实际侵害义务的违反。如果有证据证明每一个被告都实施了完整的侵权行为,那惟一剩下的问题就是原告应该对谁提起诉讼了。如果将这一确认被告的举证责任施加给原告的话,那么在每一个案件中,每一个被告都会有一个现成的回答来对抗原告,每一个被告都会反驳原告说,是一些其他的被告侵害了该原告,而该被告所实施的侵权行为只导致了对其他原告的损害,这正好是法官们所不愿接受的结果。被告做出的这种"现成的回答"暗含着其承认了应对其他的一些原告所受的侵害承担责任,对这一观点的接受等于是允许被告主张说他并不对她所受的损害负责(当与她应诉时),而是应该对其他人所受的损害负责(当其他被告与其他原告应诉时),这种循环论证式的辩解实质上是允许被告在面对特定的原告时主张其过失行为并没有造成对该原告的损害,甚至被告可以同时承认其对其他许多不确定的被告造成了同类损害,法院选择了禁止被告这样做。

关键并不在于在辛德尔案中的原告在证明其所受侵害是被告的行为结果时面临着举证上的困难,[34] 仅仅只是因为被告在普通的市场经济活动中投放了他们的产品,而这个行为从一般意义上说应该是为消费者带来了相当大的利益,而且它本身也并不是非法的,这样才会出现举证困难的情形,相反,法官们所关心的是被告承认或否认他们对每一原告负责的能力。甚至作为一个权利上的问题,当被告承认其不应逃避责任时,只要他们以被告的确认为由进行辩护时,他们仍然可以在诉讼中处于有利地位,而法院是禁止被告这样做的,他们至多只能主张自己应当承担普通的举证责任和举证标准,但这一主张并不奏效。在存在诸多不确定因素的情况下,任何程序至多也只是实现矫正正义的一条并不完美的途径,因此,程序规则在特定案件中往往会导致不公平的发生。这种情况下,如果法院不允许的话,因这一不公平而受益的一方当事人则不能控告他受到了侵害,因为对任何一方诉讼当事人来说,他们都无权选择对其有利的程序,他们至多只有选择公平程序的权利。

在辛德尔案中,加利福尼亚州最高法院改变了证据规则,从某种意义上说,这实际上是法院运用其职权以某种有助于实现正义的方式来构建诉讼程序以及证据规则的实践。类似于不清廉、禁止反言、懈怠等理念一样,作为这种职权之基础的一般观念在于法院通过在一些特定的案件中对权利的保护从而保护其自身的一致性,抵制因适用那些被普遍接受的程序所带来的重重麻烦,其相关的原则贯穿于整个证据法之中。在某个特殊的问题上破坏了证据的人不能因其破坏行为而导致的证据上的不确定性而受益;政府通过违宪途径而取得的证据不能用于定案;一方当事人因非法行为而取得的证据可能会提高对方因此而受益的可能性,在一个诉讼中成功地保持一种特殊的实体地位可以阻止该当事人在后来的

---

[34] 参见注[48]。

诉讼中竞争这个地位。在所有这些案件中,法院利用了一方当事人在先的行为事实变更了通常的证据框架,从而达到对案件事实实体上的决定。

在美国法律中,关于这种传统的衡平法上证据原则最实事求是的表达莫过于汉德法官了,在那维根兹诉支架公司(*Navigazione Libera Triestina Societa Anonima v. Newtown Creek Towing co.*,)[35]一案中,一名被证明对某个船只造成了损坏的被告辩驳说他不应该支付将该船舶驶入船坞进行修理的泊船费用,其理由是:对该船舶所造成的损坏进行修理不是惟一必要的修理,对船舶进行其他的修理同样也必须将船驶入船坞。汉德法官驳回了他的这一主张,他首先指出了一类共同侵权行为案件,在这一类案件中,由于原告举证的不可能性,对被告有利的假设将会导致所有的侵权行为人都逃避责任,而由无辜的一方当事人自己来承担损失——这是"一个荒谬的结果"。因此他指出,在这一类案件中只有将举证的"不可能性"转移给被告才能避免这种荒谬结论的发生(参见那维根兹案,697)。在解释这种举证责任转移的适当性时,汉德法官指出,侵权行为不能逃避整张逻辑的网,他既然是一个侵害行为人,那就应该让他来说明因他的侵害行为而带来的所有疑点(略摘自那维根兹案,697)。

在一些因一方当事人通过利用程序上的问题来挫败对方的诉讼请求,从而导致侵权行为人逃避法律责任的案件中,司法裁判权对于现代程序正义显得尤其重要——这一权力从某种意义上说是一种衡平法上的(非技术上的)权力。这一点在辛德尔案件中有所体现:每一个被告都违反了相对的、不造成实际侵害的义务,而且根据原告和被告在法庭上的表现,原告试图证明每一个被告都针对许多(成百上千的)原告违反了相对的、不造成实际侵害的义务,而每一个被告都辩解说,即使原告举出了这些证据,但原告不能将每一个被告与其侵害的特定原告对应起来,因此,所有的原告都不

---

[35] 参见[98] F.2d 694(2d Cir. 1938)。

能从任何一个被告那里获得赔偿,法官没有允许被告以此来击败原告的诉讼请求。

像汉德法官一样,加利福尼亚州最高法院也寻求避免"荒唐"结果的发生,它将(几乎)"不可能的"有关产品确认的举证责任施加给被告,而允许被告澄清有关产品确认的诸多疑点来为市场份额责任的推定提出相反的证据。在防止被告利用确认具体产品这一困难来阻止原告胜诉的基础上,法院进一步将举出相反证据的举证责任转移给了被告。在这些案件中,举证责任的转移是合适的,因为只有在原告证明了被告完成了一个完整的侵权行为之后才发生举证责任的转移,而且,该侵害行为必须是在整个侵权诉讼中处于关键地位的争论点。这样,对辛德尔案所进行的程序上的解决办法就不会产生由它来取代整个实体法律的可能了。如果仅以过失的存在就足以引起关于因果关系的举证责任转移的话,那么侵权行为法将会使违反不实施侵害行为义务成为产生侵权行为责任的要件,而在其他案件中所必不可少的因果关系要件就会令人费解了,但由于被告所实施的必须是一个完整的侵权行为,那么程序上的解决办法便不会破坏侵权行为法的其余部分了。

因此,在辛德尔案中,不造成实际侵害的义务不仅不是相异于举证责任转移,反而是举证责任转移的要件之一,这仅仅是因为被告违反了不造成实际侵害的义务得到了证实,而这是原告方可以利用的一种转移推定。

5.5 市场份额责任

在关于辛德尔案的另一个理解中,不造成实际侵害的义务也是产生责任的一个基本要件。按照市场份额来分摊责任是一种革新,这也是该案因此而著名的原因。我们已经很清楚地说明了在辛德尔案中,允许原告以推定来对抗那些被证明已经在市场上投放了有可能对他们造成损害的缺陷产品、而且该产品也的确对许多人造成了侵害的被告。而被告则认为这一结论是不公平的,因为他们认为这会使每一个被告都对所有原告受到的损害来分摊责任,他们甚至还主张,原告团体中的许多成员所受到的损害确实是由他们的产品产生的风险转化而来,但他们当然不应该对所有现实化了的风险都承担责任,因为他们只拥有一部分市场,简言之,他们主张其不应对超出其行为的损害承担责任。

市场份额责任可以看成是对这种抱怨的回应。加利福尼亚州最高法院制定了一个规则,以确保被告不对超出他们市场份额的部分负责,这样做的理由并不是像有些评论家所说的在于将责任与风险施加系在一起,而是在于将责任和侵害的因果关系联系在一起。实际上,法院在下面关于责任的一段论述很明确地说明了他们的观点,作为对被告关于责任要件主张的回应:

> 被告们极力主张如果在缺乏必要的证据证明其中的某一个被告为原告提供了造成损害的麻醉药品的情况下,要求他们对所有原告的损失负责,这是不公平的,而且也有悖于公共政策。但是,他们的主要主张建立在一种假定之上,即如果原告最终胜诉的话,那么某一个产品生产者可能要对其他产品生产者乃至所有生产者的产品负责。但是,在我们所采用的规则之下,每一个生产者对侵害所负的责任与其所生产乙烯雌酚产品所产生的损害是大致相当的。(辛德尔案,938)

市场份额责任可以理解为确保被告应承担的责任范围(至少在大体上)受制于他们所造成的损失。在辛德尔案中,侵权法体系通过要求原告在大体上承担因侵害行为造成的损失,而且在大体上消除了原告所不应承担的侵害损失,从而实现了矫正正义。从两个方面来说,这种对应是大体上的、粗略的,但这并不能对我们的理解产生影响;矫正正义的实现取决于法官对于因果关系的并非完美的判断以及对侵害程度的并不完美的估计,在这一点上辛德尔案与其他案件没有区别,辛德尔案独特的地方在于它在证据的处理上接受了原、被告双方在表面上的相对应。

即使我们不能推定每个被告应该对所有的侵害和责任负责,但这并不表示每个被告都不承担一定范围的责任,尤其是,被告有权对任何超出其实施的并得到证实的侵权行为的后果免于责任，简而言之，该推定应该且只应该与被告的市场份额相对应——这一点在辛德尔案制定的规则中非常清楚。

5.6 关于市场份额责任的学理论争

在辛德尔案确立了市场份额责任之后的20年来，出现了许多关于市场份额责任的范围和条件的争论，上面的分析阐明了如何去解决这些争论点：(A) 关于被告对每一个原告负责的推定是否是可反驳的，(B) 相关的市场份额是否是指在整个国家市场中的份额，还是在一个狭义的地区范围如一个州之内的市场份额，(C) 产品的可替代性是否是产生责任的前提条件，(D) 连带责任是否合适。

5.6.1 可反驳的或不可反驳的推定。在海默维兹案中，纽约上诉法院认为，生产者的责任应该与其市场份额相当的推定是一个不可反驳的推定，即使被告能够举出证据证明并非他们的产品侵害了该原告，许多学者也得出了类似的结论。[36] 但在辛德尔案中，加利福尼亚州高级法院却主张这一推定是可反驳的，而且绝大多数采纳了市场份额责任的法院都同意这一主张〔参见特沃斯蒂（Twerski），1989〕。我们的解释说明了为什么加利福尼亚州法院是正确的而纽约法院则是错误的，尽管侵权行为法以被告违反了对原告的不造成实际侵害义务为要件，但原告仍然有权根据市场份额理论从被告那以获得赔偿，这仅仅是因为有足够的证据证明被告事实上是否的确违反了对原告的不造成实际侵害义务，但是如果被告能够提供特殊的证据证明其产品不可能或者事实上没有与原告所受之侵害相联系的话，仍然要求被告承担责任就会违反一个基本规则，即乙烯雌酚案的原告不能从一个没有违反相对的、不造成实际侵害义务的被告那里获得赔偿，也不能强制被告承担其

---

[36] 参见特沃斯蒂（Twerski，1989）、海恩格尔德（Rheingold，1989，注〔25〕）以及爱普斯坦（1985b）。

不应承担的责任。

5.6.2 州/国家的市场份额。我们说被告的责任应受制于其市场份额只是一个方面,但"市场份额"的真正含义却又是另外一个问题了,关于其时间、地点以及市场的特征等都存在着十分激烈的争论。更重要的是,法院往往不得不决定是应该采用被告在某一个时间里其生产的该产品所占的国内市场份额[37],还是应采用在被告(或使原告受到侵害的使用者,如在乙烯雌酚案件中,就是原告们的母亲)居住的地理区域内的市场份额,目前比较典型的是采用国内市场份额。加利福尼亚州最高法院在辛德尔案中没有界定市场份额,而其他的法院对这个问题也存在分歧。

我们对市场份额责任的原理进行解释时倾向于以州而不是以国家的市场份额为准,尤其是,原告通过诉讼获得赔偿必须以被告的产品应该侵害了原告为必要条件,因此,关于被告的产品是否对原告造成了侵害是一个十分重要的未决问题,只有在证据上存在不确定的情况下才能适用市场份额责任,在某一司法管辖地域内没有占有市场的生产者不应该受制于这种责任。

提出这一观点并不是要重复论证市场份额责任的可反驳性,我们的观点远甚于此。假设被告在国内所占的市场份额远远大于在法院所在地以及原告居住地的市场份额,那么通过原告对被告提起诉讼,被告对原告所受损害所应承担的百分比就会大大增加,这样就会致使被告承担的责任总和超出他实际上对于提起诉讼的原告的实际侵害。前面已经说过,被告的责任应以其市场份额为限,因为若要求被告对超过其市场份额部分的侵害损失承担责任的话,就会实际上使被告承担了不应由其承担的损害赔偿费用。因此,一旦法院选择了要求被告承担比在原告居住地所占市场份额比例更大的市场份额责任,那就会违反了市场份额责任的前提

---

[37] 参见 *Ashley v. Abbott Laboratories*, 789 F. Supp. 552(E. D. N. Y. 1992);参见勃恩廷(Bunting,1994),其中认为以国家的市场份额为准的研究方法代表了一种值得赞赏的努力,即试图协调最高法院在属人审判权问题上的全异的和相互冲突的判断。

适用条件,这一点无可辩驳地说明了法官应当选择以州而不是以国家的市场为准来确定被告的市场份额。[38]

5.6.3 可替代产品。乙烯雌酚和一些其他医药产品(例如,可能是凝血分解因子)为市场份额责任的施加提供了许多自然机会,因为许多不同生产者生产的产品是可替代的。直观地看,有两个理由可以说明可替代性与市场份额相关联,第一,可替代性经常会产生侵权行为人的确认问题;第二,在存在可替代性的情况下,由于产品都是同样设计的,而且疏忽、缺陷设计、官方批准或者缺乏警示等都有可能成为侵权行为的诱因,因此,同一产品都具有对他人造成侵害的可能性。我们现在要讨论的是,被指控的侵权行为人所生产的产品具有可替代性是否是市场份额责任的一个必要条件。

我们的解释表明了可替代性是合法适用市场份额责任的前提,其理由并不是因为没有产品的可替代性便不会产生无辜的原告或者说侵权行为人的确认问题,显然这个问题不仅可能而且已经产生了。可替代性之所以与此相关是因为不同生产者所生产的可替代产品都同样具备了侵害原告的可能性,而正好法院面对的是一个原告的集体,这个集体能证明某种特定行业中的主体通过制造某种特定的产品而导致了对许多原告特定的侵害。事实上,法官能够预想到每个原告所受到的侵害都是由某个特定的被告所导致,而产品的确认问题却阻碍了将原告和被告一一对应起来。如果该产品事实上是可替代的,那么假设在原告集体中使用该产品的人数大致与该产品在相关司法管辖地域内的市场份额相当的

---

[38] 也许以更小地域范围内的市场份额为准会更合适,因为如果不同的被告在某个州的不同区域内占有不同的市场份额的话,那么将他们的责任与在该区域的市场份额联系起来就能更接近于将他们的责任与他们所完成的侵权行为程度相联系这个目标。参见 Martin v. Abbott Laboratories, 102 Wash. 2d 581, 689 P. 2d 368(1984),也可参见 Conley v. Boyle Drug Co., 477 So. 2d 600(Fia. Dist. Ct. App. 1985)。

话,那么市场份额就可以粗略地反映每个被告的侵害施加情况。[39]

5.6.4 连带责任。在辛德尔案做出判决的八年之后,加利福尼亚州最高法院不得不决定市场份额责任是否是连带责任的一种形式。从实践的角度看,这个争论在于,对于不能从破产的被告那里获得相应部分赔偿的原告来说,他们能否起诉要求其他的被告承担超过其市场份额部分的责任(假设我们暂不考虑其他被告对其他破产的共同被告有捐赠的权利)。在布朗诉高等法院(*Brown v. Superior Court*)案[40]中,法院认为每个生产者的责任应以其市场份额为限,因此没有采用连带责任,许多判决都沿袭了布朗案[41]的做法,但也有判决没有采纳这个做法,其反对者认为在有一个生产者破产的情况下,与其让无辜的原告承担因侵害行为带来的损失,倒不如由过错生产者来承担该损失。[42]

在市场份额案件中实行连带责任会削弱适用市场份额责任的理论基础,因此是不可取的。要求被告对超过其市场份额的部分承担责任实质上是允许要求被告在未违反不造成实际侵害义务时仍然应承担侵权责任,这与我们上面所阐述的观点格格不入。提倡连带责任是两个错误认识的产物,第一个错误在于将市场份额责任视为共同责任的一种形式,换言之,是将被告视为一个集体来

---

[39] 参见 In Re New York State Silicone Breast Implant Litigation,166 Misc. 2d 85,631 N. Y. S. 2d 491(Sup. Ct. ,N. Y. Co. 1995),也可参见 *Goldman v. Johns-Manville Sales Corp.* , 33 Ohio St. 3d 40,514 N. E. 2d 691,700(1987),其中认为与石棉有关的诉讼不能适用市场份额责任,因为石棉不是可替代产品;也可参见 *Kennedy v. Baxter Healthcare Corp.* ,50 Cal. Rptr. 2d 736(Cal. Ct. App. 1996),其中认为该案不能适用市场份额责任,因为乳胶手套不是可替代的;也可参见 *Edward v. A. L. Lease & Co.* ,54 Cal. Rptr. 2d 259(Cal. Ct. App. 1996),在加利福尼亚州的法律中,不可替代的产品不能适用市场份额责任。

[40] 751 P. 2d 470(Cal. 1988)。

[41] 参见 *Rogers v. Miles Laboratories, Inc.* ,116 Wash. 2d 195,也可参见 802 P. 2d 1346(1991);*Shackil v. Lederle Laboratories*,530 A. 2d 1287,1303-4(N. J. Super. Ct. App. Div. 1987);*Hymowitz v. Eli Lilly & Co.* ,639 N. E. 2d 1069,1078;参见斯奇沃尔兹和马斯吉安(Schwartz and Mahshigian,1988)。

[42] 参见 *Abel v. Eli Lilly & Co.* ,418 Mich. 311,343 N. W. 2d 164(1984),例外的决定明确允许多个责任和连带责任。

承担责任,在同谋和共同侵权行为案件中,经常会出现共同责任,但是这要求以实体法和实际的共同侵权行为理论为支撑。[43] 尽管如此,我们前面已经论述的是否应当采用连带责任的问题仍然是一个值得进一步讨论的问题,这一点在布朗案和辛德尔案中没有得到证明,因此,它所许可的责任理论不能利用。第二个错误则更微妙,因为其中包含了对公平理念的错误使用,即它认为应该让过失侵权行为人而不是无辜原告来承担损失。可以肯定,这模糊地采用了法律上的一种重要思维方式以及在辛德尔案件中处于重要地位的一个观念,但是很明显,除非我们仅在很有限的范围内谨慎使用这个原则,否则我们就会陷入一系列新的法律问题之中,因为它会使我们忽略被告违反对原告负有的不造成实际侵害义务这个要件。

我们对辛德尔案的解释关键在于其适用非常有限,它仅仅适用于违反了不造成实际侵害义务的过失侵权行为人;它仅仅只对举证责任的选择产生影响;它仅仅只适用于集体诉讼中的产品确认问题;而且它仅仅只适用于要求违反了不造成实际侵害义务的被告不能试图通过这种权利主张而逃避责任;其原因仅仅在于这个原则只能在法律的范围内正确适用,如果在该正确范围之外适用这个原则则反而会错失在辛德尔案中所体现出来的特色。

5.7 萨姆斯诉苔丝案

我们对责任转移的解释以一个完整的侵害行为为要件,人们将辛德尔案视为压倒侵权行为法其他部分之势的诱因部分在于没有区别不造成实际侵害义务和不实施侵害行为义务,但还有一个原因则在于辛德尔案是发生在加利福尼亚州的一个案件这个事实,案中的原告向法院主张说他们应当从加利福尼亚州法院审理

---

[43] 参见 *Nicolet Inc. v. Nutt*,525 A. 2d 146(Del. Sup. Ct. 1987),其中认为,如果这种侵害行为是为了推动某个共谋计划的话,那么被告可能会对因同谋行为所造成的损害结果承担共同的或者单独的责任。

的著名的萨姆斯诉苔丝一案[44]所蕴涵的法理中获得胜诉。在萨姆斯案中,三个人在一起狩猎,原告萨姆斯惊起了一只鹌鹑,而两个被告苔丝和斯姆森一不小心对着萨姆斯的方向开了枪,一粒子弹射中了萨姆斯的眼睛(另一粒射中了他的嘴唇),由于两个被告使用的是同样的子弹和猎枪,所以萨姆斯无法确定是谁伤害了他,也根本上无法证明哪个被告违反了不造成实际侵害义务。但是,法院将因果关系的举证责任转移给了被告,由于他们两人都不能对其在该侵害行为中的作用举出反证,因此,法院要求他们承担共同的以及个别的责任,除非他们中的任何一个人能证明不是他的行为对原告造成了侵害,否则他就不能逃避共同责任。

在我们的分析中有一点十分重要,即辛德尔案并非是从萨姆斯案的判决中而得出的,相反,它明确否认了这一点[45],辛德尔案中所适用的责任形式即市场份额责任,与萨姆斯案中的责任形式(称为"选择性责任")大不相同,但它也是在侵权行为人不确定的情况下转移了对因果关系的举证责任,而且这个判决或多或少也受到了萨姆斯案的促进,因此,许多学者将辛德尔案视为是萨姆斯的延续是不足为奇的。[46] 但这会留给我们一个尖锐的问题,即在萨姆斯案中,为什么在缺少证据证明被告违反了不造成实际侵害义务的情况下,法官决定对因果关系的举证责任进行转移是正确的,而这一点即使是在辛德尔案中也是不允许的。

萨姆斯案中关于举证责任转移的原因在辛德尔案中并未有体现。萨姆斯案中的原告有证据证明每个被告都因过失对其造成了侵害,萨姆斯案中的问题是,每个被告都会反驳说,相对于另一个被告来说他造成侵害的几率至多只有50%,这样,在原告和每个被告之间,原告只能主张被告有50%的可能性对其造成了侵害,而被

---

[44] 参见199 P.2d 1(Cal.1948)。
[45] 参见607 P.2d at 931。
[46] 法院还引用了一名学生在《弗德汉姆法律评论》(Fordham Law Review)中的一段评论,其中认为萨姆斯案与乙烯雌酚案有许多类似之处,参见辛德尔案,937,援引评论(1978)。

告会主张说他有50%的可能性没有对原告造成侵害,因为毕竟只有一个被告对原告完整地实施了一个侵权行为,尽管另一被告也有过失,但他并没有违反不造成实际侵害的义务,不幸的是,原告以及每一个被告都不知道谁是侵权行为人。

当然,在常规情况下被告会因此而胜诉。但正如前所述,这个结论并不受侵权行为法所控制。侵权行为法要求:如果法院认定被告没有违反对原告的不造成实际侵害义务,被告便不必承担责任,但它并没有说明做出这个决定的标准,因为这是一个关于证据规则的问题。但是,即使法院允许被告用可能的证据来证明其没有对原告造成侵害,而且即使法院决定将被告没有对原告造成侵害的可能性大于50%作为法院判定被告没有侵害原告的基础,那么其面临的问题是,如果这个几率就是50%呢?这会导致将举证责任施加给原告以及在萨姆斯案中产生这个问题的举证标准这两个问题合二为一。

解决这一问题的方法在于在一些因非法行为导致原告不幸的案件中限制对等规则的援引。一般来说,出于一系列考虑,法律会设定一些有利于被告的对等规则,其中的一个原因是,原告必须通过诉至法院才能行使追索权,另一原因在于,法院并不鼓励一些无益的、轻浮的诉讼,但是,如果在一般情况下有适当的理由来设定对被告有利的对等规则的话,那么这些理由也只是程序上的和政策上的理由,而不是权利上的理由。在这些特殊关系的案件中,至少应该允许法院考虑一些其他的因素。

事实上,法院会进行一些工具主义的或非工具主义上的考虑,包括证据上的有关问题。例如,在证据的采信上,法院会考虑到权利制度得到充分尊重和执行的可能性;会考虑到公共目标,如规范、禁止和赔偿等;法院还会同样地考虑到在案件的处理过程中如何公平地对待双方当事人。[47] 在萨姆斯案中,这些因素并非都同等重要,但其中有一个因素特别突出,那就是:在这个案件中,如果将举证责任施加给原告就等于允许将损失留给了无辜的原告,而让过失行为人免于责任。一般来说,法院有50%的几率犯错误,在萨姆斯案中,尽管适用一般规则的话会导致错误,改变后的规则仍然允许原告针对一个事实上并没对他造成侵害的被告提起诉讼,但这个错误的几率仅仅只有50%,这在普通情况下是可接受的。尽管普通程序在一般情况下基本接近于正义的要求,但是如果将这些一般程序适用于萨姆斯案就肯定会带来不公平。在该案中,原告已经证实被告之一导致了侵害,但出于正义上的考虑,被告不能主张其应受益于对等规则,虽然实行举证责任转移并非要剥夺被告辩护的权利,因为如果任何一个被告能够证明他极有可能没有造成该侵害并由此来证明该损失不应由他承担的话,他就可以免于承担侵权责任。事实上,在萨姆斯诉苔丝案中,没有一个被告能通过这个途径来实现免责,但是如果将因果关系的举证责任转移给被告是法院对所面临的不确定因素所做出的一个回应的话,那么在这个案件中,被告缺乏证据渠道的事实并不意味着指定举证责任是不公平的。

萨姆斯案的主审法院也提及了其他的一些考虑,如被告比原告更容易获得证据、被告的权利仍可得到尊重,因为不仅允许被告对其应该免责进行举证,而且被告还可以证明是他人之行为导致了侵害,这样仍然可以实现促进补偿伤害以及制止侵害行为目的

---

[47] 美国最高法院在很多情形中都决定了当可能性为"均衡"时,可以将举证责任转移给被告。首先,至关重要的一点是要承认这种假设"只能对那些双方证据都是均衡的极少数案件产生影响",参见 Cooper v. Oklahoma, 116S. Ct. 1373.1381 (1996),该案中引用了 Medina v. California 案(505 U. S. 1244 [1992]),在该案中,法院驳回了肯塔基州的证据规则,该证据规则要求刑事审判中的被告用清楚、确定的证据来证明他们的无行为能力,但这必须与迈第那(Medina)案中的判决相协调,在迈第那案中,允许州法院将无行为能力的举证责任施加给被告,迈第那案只关系到那些举证可能性均衡的案件,这个事实对法院之间的区别是一个批判。

等考虑。这些更倾向于工具主义的考虑对于决定如何适用对等规则并非是不适当的,因为工具主义主张并不是用来决定责任承担的,它们至多只与变更对等规则的考虑相关。在这些案件中,法院往往不希望看到多半非法行为人逃避责任的结果,而法院又往往缺乏足够的信息来在当事人之间做出公正的判断,在这种情况下,就允许法院考虑一些其他的因素。如果不进行举证责任转移的话,法院也要确信由非法行为人承担损失,尽管考虑这些因素并不是达到这个结果的必要条件。

5.8 重析辛德尔案

上面的解释为萨姆斯案提供了一种有限的解决方案——所谓"有限",是因为它不能对其他案件普遍适用,萨姆斯案的审理法院考虑了多种原因才做出了这一判决。这些出于政策和公平理由的考虑必须以将决定举证责任的转移和被告若未违反不造成实际侵害义务则不承担责任的权利一致起来为前提。萨姆斯案的审理法院决定实行转移举证责任和被告享有的该权利是一致的,因为这个案件涉及的是每一被告正好有50%可能性违反了对原告的不造成实际侵害的义务,法院的分析因此不能延伸至有三个过失侵权人的案件,因为如果这样的话,每个被告都可以证明其没有侵害原告的可能性达到了66.67%,而且这也不能适用于象辛德尔案这样的案件中,辛德尔案中的每个原告对每个特定侵害来说,其可能性都会低于50%,而这也正是加利福尼亚州最高法院在辛德尔案中没有适用萨姆斯案的"选择性"责任理论的理由。

萨姆斯案和辛德尔案的共同点在于在侵权行为人的确认问题上实行了举证责任的转移,除了这一点相似之外,二者没有指导与被指导的关系,在萨姆斯案中实行举证责任转移是因为两个被告实施侵害行为的可能性是均衡的,其结果是萨姆斯案中的完全责任是一种可反驳的假设;在辛德尔案中实行举证责任转移是因为被告违反了对原告的不造成实际侵害义务,其结果是对被告违反了对每个原告负有的不造成实际侵害义务是一种可反驳的假设,但是累计起来,被告所承担的责任应不大于其实施的已被证明的违反不造成实际侵害义务的程度。但是在辛德尔案中的选择不能适用于萨姆斯案,因为在萨姆斯案中,不能证明被告违反了任何不造成实际侵害义务,反过来,在萨姆斯案中的选择也不能适用于辛德尔案,因为在辛德尔案中,每个被告侵害特定原告的可能性低于50%。

尽管在另一方面,对辛德尔案和对萨姆斯案的论证又有类似之处。在这两个案件中,根据法院允许转移举证责任的决定,产生了关于这种举证责任转移是否确实是一个好主意、是否应该这样做的问题。萨姆斯案的审理法院提出了许多变更普通证据规则的理由:如证据是否存在、充分保护被告之权利、实现分散损失和补偿原告的目标以及承认让非法行为人免于责任而由无辜当事人承担不该由他们承担的损失是不公平的等等,这些理由在辛德尔案中同样也有所考虑,其法院的论述中有一段非常著名的话加以说明:"原告提起诉讼的最有说服力的理由在萨姆斯案中得到了促进,因为在无辜的原告和具有过失的被告之间,后者应当承担因侵害而导致的损失……,从更广泛的政策角度来看,被告更有能力承担因生产缺陷产品而导致的侵害损失。"[48] 我们已经解释过,这些

---

[48] 参见 Sindell,607 P.2d at 936。引用的这段话忽略了下面的内容,即"就如同在萨姆斯案中一样,这里原告在未能举证证明因果关系的问题上是没有过失的,而且尽管这种证据的缺乏也不能归因于被告,因为被告将缺陷产品投放市场的行为结果已经被耽搁了几十年,这对于产生举证不能的问题起到了十分重要的作用"。在这段文章中,法院考虑的很全面,一方面,它承认"(因果关系)证据的缺乏不能归因于被告",另一方面,它通过说明"他们的行为……对于产生举证不能的问题起到了十分重要的作用"而巧妙地说明了由于"缺乏因果关系的证据"因此被告应当受到谴责。最后,法院没有有说服力的理由来要求被告因缺乏证据而承担责任或者受到谴责。尽管被告当然应当对生产了麻醉剂并最终对人们造成了侵害的行为承担责任,但是从认识上来说这并不是一个针对证据的非法行为,令人不解的是,法院在这一点上却是模棱两可的。我们的解释认为,法院承认这是以平等为基础的举证责任转移,而且当存在证据上的非法行为或者对证据的空缺负有责任时,法院承认一种对于举证责任转移的更常见的、且已经正确成立的观点。正如我们前面所解释的,辛德尔案不能也没有依赖于这种主张。

政策理由以及原则也许是困难的、重要的或有趣的,但是它们都不会成为引发"在缺乏违反不造成实际侵害义务的情况下提起诉讼"这个争论的理由,它们也不会成为引发"举证责任转移违反了被告的合法权利"这个争论的理由,法院是利用这些理由来决定是否可以通过转移举证责任来承担一部分责任,以及在某些特定条件下,举证责任是否应当转移的问题。毫无疑问,法院做出了它应该做的决定。

因此,辛德尔案并不会动摇我们已经做出的对侵权行为法的解释,相反,我们的解释为理解加利福尼亚州最高法院在辛德尔案中提出的新观念提供了一个框架。如果因果关系(或者说违反了不造成实际侵害义务)不是实质要件的话,那么辛德尔案所涉及的就不是关于证据上的推定,而是关于责任的实体规则的适用。更重要的是,在产品质量侵权案件中出现的复杂问题以及如乙烯雌酚产品和类似侵权行为中出现的产品确认问题等并不是要求我们抛弃侵权行为法中的概念框架,他们所要求的——正如加利福尼亚州最高法院所给予的,是一种修订和完善诉讼程序的实用主义研究方法,以便通过这个程序来适用侵权行为法的法律框架。

六、结　　论

工具主义者和道德论者往往都会对侵权行为法中确定因果关系的核心地位感到困惑。针对道德主义者,我们对侵权行为法的这个特征提出了一种双向的解释:首先,侵权行为法为那些受到侵害的人提供了向加害人行使追索权的途径,但是这种途径并不是对非法行为人实施处罚。因此原告向被告获得赔偿应该以被告侵害了原告为前提,这是一个基本条件,同时被告违反了对原告负有的不造成实际侵害义务也是一个基本条件,而且,侵权行为法允许原告从被告处获得与其侵害相当的赔偿,这仅仅是因为侵权行为法将侵害视为被告对原告所施加的风险的现实化,如果原告的损害不是由被告的行为造成的,那么该损害则不是被告所施加的风险的现实化,因此被告则不应对其承担责任。因果关系要件反映了这样一个事实,即侵权行为法所保护的权利是一种对抗侵害的权利,其施加的义务是不去侵害他人的义务。尽管这些权利和义务都是附条件的——即只有因被告实施了侵害性行为而造成了实际侵害才会产生责任,只有实际的侵害而不是潜在的侵害性行为才会造成对法定权利的破坏。

毫无疑问,侵权行为法为实现美国法律体系的许多功能起到了积极作用,而且我们希望侵权行为法能更有效、更公平地实现这些功能。出于这种想法,许多侵权行为法学者主张放弃或者至少放宽因果关系要件,因为在许多案件中,因果关系规则似乎影响了侵权行为法中威慑和赔偿功能的实现。他们认为,由于产品确认上的问题,使得因果关系对这些功能的实现起到了一种错误的阻碍作用,这个缺点尤其是在产品质量侵权案件中最为突出。而且,我们前面已经具体提到,甚至其中的许多学者从道德论的观点出发,认为如果在侵权行为法中削弱因果关系要件的话,将有利于更公平地对待加害人和受害人双方。

我们认为这些评论家低估了侵权行为法的弱点和实力所在。他们对侵权行为法的弱点谈得太少,因为他们仅仅注意到了赔偿制度的武断性,该赔偿制度认为当加害人不能得到确认时,侵权行为的受害人就不能获得赔偿;他们也注意到了调整体系的武断性,该体系认为只有当受害人能够确认加害人时,才能惩罚那些以有害于社会的方式行事的行为人。他们认为这些都是有望通过削弱侵权行为法中因果关系要件而得以解决的问题。但是,仅仅解决这些问题是不够的,我们仍然需要解释为什么因侵权行为而受害的人应该获得赔偿这个问题。一旦我们抛弃了那种认为侵权行为中法的赔偿是侵权行为人对原告之损害所负责任的一个组成部分这个观点的话(如果我们抛弃因果关系要件的话,我们则必须这么做),那么我们将无法解释为什么赔偿应该以侵害造成的伤害或者损失为限了。同样,如果我们要求被告对不是他们的行为所造成的侵害负责的话,那我们一定会问,为什么通过将判决建立在不同侵害的偶然性之上的私法诉讼来决定被告应付的赔偿是公平且有效的呢？一旦我们对侵权行为法实现这些目标的能力进行评估的话，我们必须承认从根本上说侵权行为法是不完善的，且与这些目标之间是相关的。简言之，他们所提出的削弱侵权行为法中的因果关系要件的理由似乎可以看做是将赔偿以及威慑(非法行为)的体系补充到法律体系之中的一个看似合理的理由，因为没有因果关系要件的侵权行为法将会丧失其效力，而且会背离其核心。

另一方面，对因果关系要件的批判同样低估了侵权行为法的实力，因为他们认为因果关系要件是表明侵权行为法缺乏操作性而且是已经过时的一个标志，因为侵权行为法无法解决一些临时出现的问题，而辛德尔案则正好反映了这一点。面对着成千上万的试图要求大量的产品生产者对其投放市场并已过去数十年的医药产品造成的侵害负责的原告，法院通过适用普通的侵权行为法和对证据的利用解决了这个问题，它承认实体法上的权利和义务框架尚不能为这些法庭上的争论焦点提供答案，因此程序上的以及证据上的规则都是非常必要的，对这些规则的选择包含了它自身的法律选择。尽管巧妙地利用证据规则会关系到实体法律规范，但事实上这个前提仍然为诉讼当事人在程序上留有余地，而且双方当事人的地位是平等的。实现了这一点后，加利福尼亚州最高法院说明了这样仍然可以保留因果关系要件，因为因果关系要件关系到被告有权对其不应当负责的侵害免责，同时保障受害人有权要求侵权行为人对侵害负责。

当然，我们在这里只讨论了关于产品质量侵权案件中的因果关系和产品确认问题，但是我们希望通过这些讨论来说明更广泛的问题。矫正主义理论可以说明侵权行为法中所隐含的关于权利和义务的观念，我们做出这些研究的目的并不是要忽视侵权行为法的实践效果或者使侵权行为法一成不变，相反，只有我们理解了侵权行为法的概念结构，我们才能评价它促进社会有利目标的能力，也才能决定在不断变化的社会生活中，应该赋予这些概念怎样的内涵。

7 经济学、道德哲学及对侵权行为法的实证主义分析

马克·格斯特菲尔德

对侵权行为法的实证主义分析从它归因于侵权责任的某个目标这个意义上来说是描述性的,这里所说的目标有矫正正义、福利最大化等等,然后再依据这些目标来对侵权行为法进行解释。任何一种充分描述侵权法实践的解释都必须能够说明侵权行为法体系是为某个作为这种解释之基础的目标服务的,即使侵权法实践体系中的参与者并非有意识地追求这个目标。

这种分析方法在某种程度上是由于先例在证明司法判决的合理性中所处的地位所促成和激发的。例如,如果通过实证主义分析,我们得出侵权行为法的主要目的是促进福利最大化,那么法官就可以以先例为依据来对案件作出有利于福利最大化的判决,同样地,对在先案例的认识也会使人们更有能力预见未来案件的结果,因为"类似"的案件会被"相似"对待。

通过加强侵权法体系以协调、统一的风格处理案件的能力,实证主义分析促进并保护平等和信任这两个价值。但是,实证主义分析只是限制了对法律价值的分析。即使实证主义分析说明了大多数侵权法实践服务于某个目标,但未在道德上得到证明的目标也许不能成为对目前的案件作出判决的适当理由(参见亚历山大,1989)。侵权行为法所归属的任何目标都应该在法律上得到证明,

因此,对侵权行为法的实证主义分析不能取代法学理论。

目前,对侵权行为责任的正确目标有多种争论,这是不足为奇的,这些争论主要集中在侵权行为责任的正确目标究竟是矫正正义还是福利最大化这一点上。遗憾的是,大家没有对侵权行为责任的正确目标达成共识,这也解释了为什么人们会花费如此多的注意力来关注对侵权行为法的实证主义分析。那些相信侵权行为法是为了实现福利最大化的人通常会以该理论的描述能力作为"法律的逻辑性实际上是经济学的"[1]的理由。哲学家们却驳斥说,道德原则,尤其是以矫正正义为基础的道德原则对侵权法实践作出了更好的描述。[2] 这种批判观点有两个特征,第一,它说明了侵权行为法在多大程度上实现了道德原则;第二,它阐述了经济学对侵权法实践的解释是十分拙劣的。

在下面的第一部分和第二部分中的论述可以说明,这些针对实证经济学分析的反对观点都是可驳斥的。这种分析并不是要说明福利最大化可以更好地描述侵权行为法或者提供一种使侵权行为责任更有说服力的基础,相反,它通过阐明经济学解释和道德论解释都可以对侵权法实践进行有说服力的描述,认为这两种解释必定在实质上有类似之处。本文的第三部分则由此试图理解为什

---

[1] 参见波斯纳(1975,第764页)。侵权行为法促使福利最大化的主张在兰德斯和波斯纳(1987)中得到了集中阐述。我通常将传统经济学的研究方法作为一种寻求福利最大化的方法,尽管法律与经济学学者并不是都赞同福利最大化是侵权行为法的正确目标的观点。还有一种更有说服力的研究方法寻求的是社会福利最大化,而不是福利最大化,尽管这两种分析方法之间存在重要差异,但是它们在实践中是相似的,这是因为具有经济学导向的侵权法学者在根本上是以功利主义为依据来定义社会福利的,从而使社会福利往往要通过促使预防成本和侵害损失之和最小化的侵权法规则才能实现最大化,可参见萨维尔(1987),还可参见下面的注34(解释了应该通过平等地对待不同个人的利益来对功利主义进行定性),促使预防成本和侵害损失之和最小化的侵权法规则同样可以实现福利最大化,因此,这两种研究方法证明了同样的规则。

[2] 对这种观点更有说服力的论述,可参见克里曼(1992a);克廷(1996);韦恩瑞布(1995);瑞特(1995)。

么这两种解释能对侵权法实践进行正确的描述。尽管二者存在根本差异,但是它们能分别证明众多侵权行为法规则中的某个重要部分,尽管其证明理由不尽相同,因此这一部分规则也可以以部分相互重叠的观点为基础得到证明,不过,这些相互重叠的一致观点不可能包含所有的侵权行为规则。最值得一提的是,对侵权行为责任的传统经济学解释通常以威慑为要件,而矫正正义则不是如此。但是任何形式的侵权行为责任可能都具有一定的威慑效果,这使得我们很难决定对任何一条规则的合理性证明是否都依赖于威慑或者其他道德上的理由,因此经济学解释和道德解释都是对侵权法实践的有说服力的描述。

因此,出于多种原因,试图依赖实证主义分析来解决侵权行为法是追求经济目标还是道德目标这一争论的人们就会面临相当大的障碍。但是,实证主义分析还有一个人们尚未充分认识到的作用,即将经济学分析与道德分析联系起来,而不是说明我们应该如何在对侵权行为法进行经济学分析还是道德分析之间进行选择。我在本文的第四部分阐明,社会福利依赖于个人福利的原则中包含了平等和正义原则所固有的条件和限制,在论述社会福利依赖于个人福利的方式时,经济学分析会不可避免地依赖于道德论。对平等和正义的不同观点产生了对社会福利的不同阐述,因此,即使对侵权行为法的传统经济学解释将社会目标定义为最大化的利益或者财富,但是这种定义并不为现代福利经济学所要求。在由人的行为所导致的侵害结果所界定的范围内发挥作用的道德理论可能满足福利经济学在定义社会福利时所设置的限制,这个范围包含了侵权行为法的大多数道德理论以及以矫正正义为基础的理论。对侵权行为责任进行证明时,对不同的道德理论的选择取决于道德上的观点,而不是经济学上的分析,反过来,实证主义分析试图决定是否任何一条侵权行为规则都有可能以合法的方式影响个人福利,而对侵权行为法的经济学分析只是实证主义分析的一个形式,因此,实证主义分析不是如何在经济学解释以及道德解释之间进行选择的基础,而是将这二者进行统一的基础。

一、对侵权行为制度的实证主义分析

道德哲学家们提出了令人信服的道德上的理由来说明侵权行为体系依赖于在先判例的判决,这些判例中包含了受侵害的原告和与该侵害具有因果关系的被告。通过这种定义可以看出,矫正正义寻求在双方当事人之间恢复其先前存在的但却在相互关系中遭到破坏的平等状态。因此,"被告对原告的侵害以及原告从被告那里获得赔偿这二者是相互联系的,因此诉讼程序是针对被告对原告所实施侵害行为而作出的一种准确的、适当的回应"[3]。

与此相对照,对侵权法实践的传统经济学解释则认为,侵权法实践促使事故成本——即损失和预防成本之和最小化,从而促使利益和财富最大化。道德哲学家们认为这种论调遗漏了许多重要方面,因此实证主义分析更青睐于道德解释而非经济学解释。[4] 我在对这个观点进行评价时,没有对道德上的论证进行驳斥,而是说明了为什么应该对传统的经济学解释进行提炼,使其也能同样有力地解释侵权判决的结构。

A. 判例

道德哲学家们认为侵权法体系不可能是以实现事故损失最小化为目的的一种制度上的选择,这说明了其内在的目的也不可能建立在经济学的考虑之上。[5] 这种主张的依据有其优点,尤其是在阐述根据经济学分析说明判例不可能产生责任规则或者大量促

---

[3] 参见韦恩瑞布(1989c,第511页)及克里曼(1992a,第374—385页)。
[4] 许多道德哲学家认为这是对经济学解释最有力的批判,如参见佩里(1996)。
[5] 例如,史蒂芬·佩里认为对侵权行为法的经济学理解是有问题的,因为人们可以想像一个成本更小的"受害人不得不承担他们自己的损失,加害人则被要求对这种情形支付费用,而不是对受害人进行赔偿,其支付的费用在数量上等于其所造成的损失或者使其交纳的税费等于预期的损失"体系,参见(佩里,1996,第67页)。这个体系要求有某种形式的管理规则来计算和收集这种适当的税收,因此,它不依赖于侵权法体系中的判例。

使损失最小化的诉讼这一点时具有优势〔参见海德菲尔德(Hadfield),1992;萨维尔,1997〕。因此,我赞同那种认为侵权行为法体系是促使事故损失最小化的一种不完美的调整制度的观点,但我也同样赞同认为侵权行为法体系是实现矫正正义的一个完美制度的观点。我认为制度在能力上的这种差异不会破坏"目前的侵权行为体系尽量实现事故损失最小化"这个主张,我的观点建立在对侵权行为法体系的起源及其发展的历史学理解之上,这种历史学理解来自于法制史学家的工作,而他们并不认为侵权行为体系的目的是建立在利益或者财富最大化的基础之上。

我所主张的观点内容如下:侵权行为体系最初在12至13世纪被创设时,其目的是为了在被告对原告实施侵害的刑事案件中实现矫正正义。经过了若干个世纪之后,这种包含了加害人和受害人的判例制度日趋成熟,而且在19世纪出现的美国工业革命时期得到了快速发展。伴随着那个世纪的进步,普通法从两条基本的途径发生了改变:允许法官对侵权法体系进行重新定位,使其服务于经济目标,而不再是服务于矫正正义目标;在令状体系中,正式的程序要件往往会使实体法上的考虑变得模糊,因此令状制度被废除,并首次允许法官直接面对侵权行为法上的许多实质问题;而且,当时的法学理论也拒绝了对普通法的自然法学论证,而转而赞同工具主义者的论证。这两种发展方向的汇合意味着以矫正正义为起源的判例法结构,在19世纪已经变革为一种在调整数量上不断增长的以工业化社会为特征的侵害事故体系。随着时间的流逝,侵权法体系的地位也不断牢固,以至于在现代社会它仍然是作为降低事故损失的首要制度之一在发挥作用,尽管许多其他的调整制度能更有效地服务于经济目标。

1. 侵权行为体系的矫正正义起源。在早期的英国普通法体系中,侵权行为法——即有关非基于合同损害的民事诉讼,产生于刑法,英国法制史学家 J. H. 贝克尔(J. H. Baker)最早提出了侵权行为法和刑法之间的最初联系:

> 在早期社会,不存在所谓"国家"的概念。赔偿和恢复原

状都是受到侵害的个人及其家族所提出的要求。要么化解一个家族与另一个家族之间的争斗,要么通过习惯的裁决程序来转移潜在的争斗并对侵害行为进行"修正性"支付。修正性支付的目的完全是出于惩罚,而且同时也是赔偿性的:用现代的语言来说,它既是罚款又是赔偿。只要争斗及其解决是由关于赔偿的规则来控制的,就存在调整侵权行为的法律,但是它并没有将侵害划分为犯罪行为和侵权行为,而且,这种混合法律的主要目的是为了防止加害人遭到额外的私人报复,而不是为了惩罚行为人或者阻止他人实施侵害行为。(参见贝克尔,1990,第571页)

强迫加害人对其受害人进行赔偿显然是保护侵害行为人不受到"额外的私人报复"的一个途径,因为这样会降低受害人甚至是通过报复来解决事情的需求,这种赔偿同样也惩罚了实施犯罪行为的加害人,使受害人有更多的理由来向有权机关提起诉讼或者提供犯罪证据。由于这些理由以及一些其他的理由,使"国王的法院…通过犯罪领域不断地走进了侵权行为领域"[6]。

直至17世纪晚期,侵权行为都被视为一种准犯罪行为[7],在此后的近5个世纪里,侵权行为责任是处理被告对原告造成了侵害(具有犯罪性质)且要求被告对原告进行损害赔偿情形的惟一方式,这些情形是矫正正义的典型例证。因此,毫无疑问,侵权行为体系的最初发展是为了实现矫正正义,这解释了为什么侵权判决

---

[6] 参见波洛克和梅特兰(Pollock and Maitland,1898,第530页),也可参见弥尔森(Milsom,1981,第285页),其中有这样一段叙述:"所有的侵害都是犯罪,这侵犯了整个社会,也侵犯了受害人,由此会带来惩罚后果。但是惩罚后果当然不包括对受害人的赔偿;而且如果他自己使加害人认识到了这笔费用,那么他可能会获得货物或者其他赔偿,但是加害人仍然应当受到惩罚。"克顿(1984,第8页)中论述道:"最初这两种救济方式[犯罪和侵权]是由同一个法庭来管理的,而且属于同一个诉讼,侵权赔偿最初是作为一种刑事起诉事件而对受害人进行支付的。"

[7] 参见克顿(1984,第8页,注[9]):"直至1694年,侵害令状中的被告在理论上仍然要受到刑罚上的罚金以及监禁。"

的结构完全反映了矫正正义的原理。

2. 18 世纪和 19 世纪的美国侵权行为法体系。在美国革命后不久,尽管在国内存在反英情绪,但大多数州还是决定保留英国普通法[8],其原因很简单,因为根据当时的法学思潮,普通法的原理来自于自然法的原则,由于这些原则的普遍适用性,司法裁判者认为大多数普通法的原理在英国和美国都是同等适用的。[9]

在之后的几十年里,司法裁判者们开始拒绝自然法,而倾向于更实用的工具主义者的观点,关于这种转变是出现于内战之前还是之后目前尚有争议,但显然,随着 19 世纪社会的进步,司法裁判也日益变得具有实用主义和政策导向性。[10]

侵权行为体系不可能彻底地否认其矫正正义起源而公然赞同工具主义的研究方法,因为,司法裁判者的任何变化都受到"照章办事"要求——即维持法律的一致性和统一性要求的制约,但是,这种"照章办事"的制约在 19 世纪被大大地削弱,各个州都陆续废除了令状制度,因为令状制度通常会导致诉状的形式要件掩盖了实体法上的难点争议。尽管这种程序上的改革并不是为了对实体法造成影响,但废除这种实践意味着许多具有重要意义的实体法上的争议如在过失责任和严格责任之间进行选择等争议,首此被以其最一般的形式呈现在法庭上。

因此,令状制度的废除为侵权行为法新的发展创造了机会,这个机会正好是在法官们日益接受实用主义法学的时候出现的,该学派将概念化的法律视为一个进化的过程而不是永远由自然正义原则所决定的一系列规则。那么,问题是,法官对这个进化机会做

---

[8] 参见赫尔维兹(1977,第 4 页):"在 1776 到 1784 年间,在最初的 13 个州中有 11 个州直接或者间接地采纳了普通法以及英国法的部分内容。"

[9] 参见赫尔维兹(1977,第 4—9 页)以及弗里德曼(Feldman,1997,第 1394—1404 页)。

[10] 参见弗里德曼(1997,第 1404—1409 页,注[12]),他解释了主要的法制史学家关于法学何时变得倾向于实用主义的问题以及认为这个时期是根据自然法和实用主义为依据来进行定性、且随着时间的推移其最终占据了支配地位的观点。

出了什么样的回应呢？我们可以参考刑法来评价侵权行为法学在这个时期的变化,因为刑法和侵权行为法在历史上的联系说明侵权行为法反映了刑法学上的变化,尤其是在 19 世纪,大多数律师都是同时处理刑事和民事案件(参见弗里德曼,1985,第 572 页)。

"根据刑罚学理论,刑法的正确目标在于威慑犯罪行为并拯救罪犯"(弗里德曼,1985,第 281 页,注〔14〕)。与此相关联,19 世纪的刑法也通常被用来调整商业行为[11],但是,"经济犯罪的增加并不必然意味着人们会更多地以道德上的义愤来看待极端的商业行为,而且,联邦政府和州政府都越来越多地援引刑法的历史功能之一——即一种低水平的、低成本的管理辅助手段"(参见弗里德曼,1985,第 584 页)。

州政府将法院系统视为"管理辅助手段"具有重要意义,因为其他的调整制度在那个时期都没有得到良好发展,"现代社会的两大支柱——即强大的税收基础和训练有素的行政服务逐渐缺失,缺少了这两大支柱,甚至还缺乏对经济信息的有力把握,国家根本就无法掌握和控制市场行为"(参见弗里德曼,1985,第 185 页)。由于缺少其他的调整制度选择,法院系统可能是当时政府所能采用的最为有效的调整机制。[12]

既然刑法是出于工具上的调整目的,那么如果侵权行为法不是出于类似目的的话,刑法的地位就会十分显赫。而且,随着社会的进步,将侵权行为法作为一种商业实践调整手段的呼声也日益高涨,因为工业化的不断发展、技术的使用、尤其是铁路的出现,都从根本上

---

[11] 参见弗里德曼(1985,第 584 页):"在每一个州,政府权利的每一次扩张以及每一个新的调整形式,都会带来一批新的刑事法律⋯这些法令更多地应该属于政府对商业行为的调整,而不属于刑法上的正义。"

[12] 由州政府来进行调整、而不是由联邦政府来进行调整,这同样具有重要意义。"在 1800 或者 1830 年大多数政府的干预和调整都是通过州政府、而不是联邦政府来实施的"(参见弗里德曼,1985,第 177 页)。事实上,"在 1900 年,没有人会对联邦政府期望太多,虽然它指挥军队、邮政、监管铁路——当然这些都十分重要,但是大多数政府运作却是由州来进行的。"(参见弗里德曼,1985,第 658 页)

提高了人身侵害的数量。[13] 由于数量上不断增长的事故侵害,社会迫切要求调整商业行为,社会上越来越多地运用刑法来调整商业行为以及法学允许运用普通法来追求实用主义目的等等——所有这些都无疑会影响侵权行为法的研究方法,使这个时代的法官创设侵权行为规则来实现工业企业的事故损失最小化成为可能。

侵权行为法在这个时期的变化具有深远的意义,许多法制史学家都把现代侵权行为体系的发展归因于工业革命[14],尤其是,在1850年之前,无论英国还是美国都没有出版有关侵权行为法的论文,这也使得将侵权行为体系的发展归因于工业革命显得十分合理(参见弗里德曼,1985,第299页)。侵权法体系在19世纪的重大变化反过来也有力地说明了侵权法体系从矫正正义体系演变为一种注重降低事故损失的调整制度,加里·斯奇沃尔兹在论述这个时期的侵权行为法时总结到:

> 在判例法中重新出现的两大主题是:对现代企业所施加的风险的司法关注和采用责任规则控制这些风险的司法愿望;另一些主题包括对因企业事故受到损害的受害人进行关怀以及消除那些保障受害者公平地获得救济机会的法律中所存在的不确定因素的司法愿望(斯奇沃尔兹,1988,第665页)。

尽管斯奇沃尔兹指出,他的论述并不是支持那种认为19世纪的侵权行为法是以经济学原理为基础的说法,但他所提出的主题

---

[13] "在前工业时代,除了攻击和殴打之外,人身伤害非常少,但是,现代的工具和机器却很容易使它们的操作者们残废。大约从1840年起,某种特殊的机器,铁路机车在19世纪就比任何其他机器创设了更多的侵权行为法律。"(参见弗里德曼,1985,第300页)

[14] 参见弗里德曼(1985,第300页)。其中有一段论述:"侵权行为法在19世纪是崭新的"。赫尔维兹(Horwitz,1977)中认为美国侵权行为法在1960年已经发生了变革。还可参见怀特(White,1980,第3—19页),其中主张"现代的过失原则"是对19世纪不断增长的事故所作出的一种"智力上的回应"。斯奇沃尔兹(1981,第1727页)反对这种认为侵权行为法是"崭新"的说法,相反,他认为19世纪的新的责任标准是经过了一段长期的进化历程发展而来的。

却在很大程度上与事故损失最小化的要求是一致的。[15] 同样地,尽管莫尔顿·赫尔维兹(Morton Horwitz)主张,历史记录表明了这个时期的法院出于支持商业发展的工具上的目的而对侵权学说进行了改变(赫尔维兹,1997),但他的调查结果也在很大程度上与福利最大化的要求是一致的〔赫恩卡姆(Hovenkamp,1983)及威廉姆斯(1978)〕。

关键问题并不在于历史记录是否表明了19世纪的侵权法体系实现了事故损失最小化,但这个结论本身却令人觉得不可思议,因为有很多理由可以说明为什么侵权法体系的目的不可能是为了促进福利最大化;当然,更有意思的结论在于历史记录表明了19世纪的侵权法体系已经开始追求赔偿和威慑的工具主义目标,且其方式与将事故损失最小化是一致的。

3. 尽管成本很高但仍然依赖侵权法体系。在19世纪尽管侵权法体系是调整事故损失的最有用的制度,但20世纪行政国家机器的增加说明了其他的调整形式也是可行的,对于侵权法体系是否仍然是实现事故损失最小化的最佳制度这一点引起了较大的争议[16];许多人主张另一种调整形式比侵权法体系能更有效地降低事故损失,这种假定削弱了那种认为侵权法体系的内在目的是建立在经济学基础之上的主张,毕竟,如果社会确实要将事故损失最小化,那么为什么不取消侵权法体系而利用其他更能实现该目的的调整制度呢? 尽管有成本更低的其他调整制度,但侵权法体系仍然继续存在,这只能说明侵权法体系的内在目的并非建立在经

---

[15] 参见斯奇沃尔兹(1988,第643页,注[8])。在19世纪,对受害人的第一方保险制度尚未实施,这使得由侵权法体系所支持的赔偿成为许多事故受害人惟一可以利用的保证形式,因此,不断增长的侵权行为责任是在提供划算的经济赔偿的同时,通过减少事故数量从而实现事故损失最小化,所以,关于调整风险以及提供损害赔偿的司法考虑也就与事故损失最小化直接联系起来。

注意到对赔偿的强调不再与事故损失最小化相一致。目前,广泛运用的第一方保险制度在很大程度上使侵权行为责任成为一种相对昂贵的赔偿形式。所以说,现代关于侵权行为责任的经济学原理依赖于威慑功能。

[16] 克尔利和汉森(Corley and Hanson,1993)中也涉及了这种争论。

济学原理的基础之上。

尽管这种观点具有逻辑性,但更有效的调整制度并不会削弱侵权法体系在经济上的理由,我们应该理解为什么要理解这种制度上的选择。[17] 一旦社会建立了某一项制度,那么这种变化是否划算则取决于变化成本与效益的对比。现在假设由于某些历史原因,有一条道路十分弯曲,随着时间的流逝,沿着这条道路出现了一些发展,现在,在所有其他条件都是同等的情形下,笔直的道路将是一条更节约的交通路线。但是所有的其他条件却并不相等,因为只有当以牺牲该弯路沿线的现有发展为成本时,直路的优势才能体现出来,而这些花费在价值上超过了直路所带来的利益。因此,尽管一条直路可以降低交通成本,但对于社会来说,用一条直路来取代该弯路却并不一定是划算的。

这种考虑同样也适用于调整制度。即使某个调整制度比侵权法体系能更有效地降低事故损失,但如果用它来取代侵权法体系却会产生巨大的成本,不仅从事于目前体系中的人不得不更换工作,而且新的制度也需要启动成本,这样不仅会犯错误,而且直到我们有足够的知识来保障该制度适当运作之前,还需要许多其他的过渡成本,这些成本的总和可能会超过用其他调整制度来取代侵权法体系所带来的利益,因此,即使其他形式的调整制度比侵权法体系能更有效地降低事故损失,社会仍然会依赖于侵权法体系来降低事故损失,这一点具有重大的意义。

而且,即使变更调整制度更划算,但是这种变更还必须在立法上得到认可。许多个人和团体会因替换侵权法体系而遭受巨大损失,这会促使他们形成利益集团来否定该立法计划,利益集团会出于多种原因来阻碍这种划算的替换,其中许多阻碍都反映在现代侵权体系改革的政治斗争之中。[18] 因此,更划算的调整制度的存

---

[17] 本节中的讨论是以罗伊(Roe,1996)为基础的。
[18] 法伯和弗里克斯(Farber and Frickey,1991)中介绍了利益集团影响法律制定的方式;在格斯特菲尔德(1994)和克玛斯(Komesar,1990)中讨论了侵权行为法改革以及利益集团在其中所处的地位。

在及其可能性不能说明侵权行为体系的内在目标。

B. 加害人和受害人的地位,以及因果关系的重要意义

尽管有许多正确的理由来说明侵权行为法已经发展成了一种经济调整形式,但经济学解释的生存能力却取决于法院是否采用促使损失最小化的侵权法原理。也许在这个方面最具有挑战性的问题在于,为什么具有经济导向的侵权法体系会依赖于包含了加害人及其受害人的判例呢?那么改革后的侵权法体系本能够保留判例来尽量实现事故损失最小化,而取消普通法中关于原告必须因被告的侵害行为而受到损害这个要件。解释加害人和受害人的地位,以及将双方当事人联系在一起的因果关系要件,这对于用经济学来解释侵权行为法尤其重要,因为道德哲学家们一直坚持认为对侵权行为法的经济学解释不能充分地解释侵权行为法实践。

根据传统的经济学解释,对受害人所受侵害全部予以赔偿赋予了他们起诉被告的必要经济动力,对加害人施加赔偿责任又会反过来促使风险施加者以某种划算的方式降低风险。根据这种解释,因果关系则不是一个必要的分析要件,这样一来,"如果侵权行为法的目标在于促进经济效益的话,那么当要求被告对侵害结果承担责任有利于促进对安全及关心资源的更经济的分配时,我们就可以认为被告的行为是造成侵害的原因。"(参见兰德斯和波斯纳1987,第229页)

尽管这种解释在逻辑上是连贯的,但道德哲学家们却认为它不能为这些重要的侵权法实践提出令人信服的理由,显然这种批判观点有可取之处,因为任何一方当事人,不仅仅只限于受害人,他们都有可能受到以提起诉讼来换取充分的侵权赔偿的诱惑,而且,如果不论是否是因风险施加者未能予以注意而导致了实际侵害,只要被告没有注意就要承担责任的话,那么他们就会采取成本最小的注意,因此对于侵权法实践将被告的范围局限于施加了侵害风险并由此对原告造成了侵害的人这一点还需要进一步做出经济上的解释。下面这种解释是有用的。

现在来考虑加害人的地位。普通法将侵害行为的要件局限于那些施加了风险并由此导致了原告受到侵害的可能的被告，即使当时其他当事人本可以阻止侵害发生。这个要件在经济上是否划算取决于，通过要求某个没有施加风险的人承担采取措施帮助受害人的义务是否可以进一步降低事故损失。尽管这种救助义务可以减少事故数量，但却会大大地增加预防成本，因此，履行这种义务是否能实现损失最小化——侵害以及预防成本之和，则取决于许多经验主义的问题如何得到解决。[19] 如果缺乏解决这些疑难问题的经验主义依据，我们就没有理由认为普通法对于侵害行为的要件是不经济划算的。

我们再来考虑受害人的地位，这其中包含了因果关系要件。正如欧内斯特·韦恩瑞布曾经指出："只有当我们讨论原告收到被告支付的对其所受侵害的赔偿费用时，因果关系才是与此相关的"（参见韦恩瑞布，1987，第414页）。这种观点与对因果关系的经济学解释是一致的。

为了说明为什么对因果关系的经济学解释关注原告所受的侵害，我们首先要考虑当原告没有受到任何伤害时，其损失应如何计算的问题。在理论上，如果强制被告参照遭受该风险的当事人所遭受的平均损失水平来支付赔偿的话，那么风险施加者就会产生降低风险的正确的内在动力[20]，而且这种研究方法会打消要求原

---

[19] 对那些未能对他人采取其本应采取的"简单"营救措施的当事人施加侵权行为责任是十分划算的，参见哈森（Hasen, 1995），但是，如果这种责任成立的话，要通过一种原则化的方式来限制这种义务却十分困难，参见爱普斯坦（1973，第198—200页），而且这也缺乏合理的理由，例如，为什么这种"简单"营救不能适用于那些某个健康人只需花费几美元就可以挽救他人的案件呢？因此，对这种义务的经济成本取决于它对人们积累财富的动机的影响以及因侵犯他人之人身自由而对他人造成的其他负担。一旦"营救成本很大，且更危险时，争论就发生了变化"（参见哈森，1995，第146页）。

[20] 更准确地说，最佳的损害赔偿判决应该由公平的评价者来作出。如果加害人无法选择其受害人且受害人无法作用于其受到侵害的几率时，普通的损害赔偿金就能满足这个标准。本文中的讨论适用于公平的评价者作出的判决、而不适用于以受害人的实际损失为基础的损害赔偿判决。

告提起诉讼的念头,因为任何人都能确定平均损失。但是如果这种平均损失水平设置太低,安全激励机制就会不够充分;然而若损失水平设置太高,又会促使风险施加者予以过多的注意(参见萨维尔,1987,第131页)。这种错误的计算方法十分普遍,做出平均损失的正确评估要求法院以可能的受害者群体可能会遭受损害的范围以及频率等信息为依据进行判决,但这却典型地是法院所无法获取的信息,这些建立在不全面的信息基础之上的对平均损失的评估判决不可能是正确的判决。如果法院代之以采用某个受害人所遭受的实际损失而要求被告对该损失负责的话,就可以避免不当的成本并维持适当的安全激励。这种在信息和不当成本上的节约为要求被告对特定原告所遭受的全部损失负责提供了经济学上的理由[21],反过来,这种对全部损害进行赔偿的经济学原理又说明了因果关系要件的合理性,因为"只有当我们关注原告收到被告支付的对其所受侵害的赔偿费用时,因果关系才是与此相关的"。

因果关系要件以另外一种方式减少了不当的成本。为了确定最理想的注意程度,法院需要有关处于这种风险之下的受害人可能会遭受的损失的范围和频率的数据,并通过这组数据来得出对平均损失的正确评估。因此,法院在评估平均损失水平时所面临的困难说明了他们通常无法将注意标准设置在最理想的水平,而且,评估结果上的不确定性也会促使风险施加者付出更多的注意。但是,通过事实上的原因要件可以降低这些错误的成本,即法院执行这个要件时,其总的事故损失比法院不执行该要件时的事故损失会更低〔参见马克(Marks),1994,第287页〕。

这些考虑同样也解释了为什么是由受害人而不是由第三方来主张权利。由于需要确定受害人因侵害行为所遭受的实际损失,这使得第三方不可能更有能力来证明她们的损失,尤其是她们所遭受的疼痛和痛苦。而且,即使从这个方面来说,第三方可以被作

---

[21] 这种主张支持的是将损害赔偿金建立在实际侵害的基础之上,而不是建立在受害人面临的风险之上。

为受害者,但经济赔偿也更应该支付给受害人即遭受了损失的人,而不是第三方。以这种方式来解释受害人即原告的地位不仅与经济学上的思考是一致的,而且与传统的理解也是一致的。[22]

因此,在加害人及其受害人之间的诉讼具有十分重要的经济意义。根据这种解释,侵权法实践是一种赋予风险施加人适当的内在动力来降低事故损失的最经济的途径,这种分析无疑为那种认为侵权法体系是一种实现事故损失最小化的不完美制度的说法提供了进一步的依据,前面已经论述过,这种不完美性不会动摇对侵权行为法的经济学解释。有一点很重要,即侵权法实践适于加害人、受害人及双方之间的因果联系,其依赖于法院所能采取的最经济的方法,因此,对侵权行为责任的经济学解释为这些重要的实践提供了令人满意的解释,但却没有说明为什么实证主义分析偏好的是道德解释而不是经济学解释。

二、对侵权行为实体法的实证主义分析

过失可能是侵权行为责任中最重要的形式。道德哲学家们认为应该从道德角度而不是从经济学角度来解释过失学说,和前面一样,我接受了那种认为应当从道德角度来解释这些实践的观点,而且,我认为它们同样也具有经济学上的理由。

A. 对个人利益的客观评估与主观评估

风险行为会促进行为人的个人利益,同时也会威胁到第三方的利益。要确定某人是否应当在先实施某种行为来降低风险,就应当对相关的个人利益进行评估。在现代侵权行为法中,个人利

---

[22] 参见弥尔森(1981,第 285 页)。早期的诉讼主要是围绕着证据展开的,在其诉讼程序中受害人的地位本质上并不在于是由他们提起诉讼,而在于他们对证据的把握,前面已经针对早期的普通法系中侵权损害赔偿的性质进行了论述。

益是从客观上来评估的,而不是以个人的主观的评估为依据。[23]

平等地对待诉讼双方当事人是对个人利益进行客观评估的道德基础,因为如果采取主观标准会允许加害方单方面地设定这种关系,违反了许多道德理论中的平等原则。[24] 与此相对照,这种学说的经济学解释却显得大有问题,因为对利益的客观、统一评估不能解释个人之间的差异,因此它不能产生对任何人来说都称得上是经济的侵权行为规则。

即使存在这个问题,对侵权行为法的传统经济学解释仍然认为这种侵权法实践在经济学上是可以得到证明的。根据原告和被告的主观评估而界定的过失标准要求在双方之间进行利益对比,由于这种主观评估很难确定和查证,因此经济学家们回避这种分析[25],而且,即使这种评估是可行的,也会比采纳客观标准花费更大的成本。因此,其所节约的管理成本在价值上大大超过了采用主观标准所带来的利益,这说明采用客观标准可能是最经济的(参见兰德斯和波斯纳,第121—131页及萨维尔,1987,第76页)。

要决定究竟是采用道德解释还是经济学解释来说明侵权法实践的确是件难事,因为每一种解释理论都依赖于长久以来被法院和评论家们所认可的原理。[26] 不过道德哲学家仍然否定经济学解释,因为他们认为这样会使侵权法体系对客观评估的依赖在信息

---

[23] 参见《侵权行为法(第二次)重述》§283cmt. e(1965),其中论述了加害人的行为所带来的利益并不取决于行为人的主观评价,而在于"法律赋予它们的价值";id §291论述了"当事人不能免除责任,因为他没有顾及到他人之利益……,如果他所具备的道德或者良心使他会将理性人认为合理的行为视为不合理行为的话,那么他就不具有过失"。

[24] 例如,可参见克里曼和利普斯坦(1995,第112—113页)。

[25] 福利经济学曾经依赖于人与人之间可比较的基数效用方法,但是对于确认这种福利比较的科学的可能性以及经济学家是否有办法判定总体福利的提高和损害这两个问题,学者提出了许多疑问,参见罗宾斯(Robbins, 1935)。根据这些考虑,现代福利经济学试图避免人与人之间的利益比较。

[26] 参见霍姆斯(1963,第108—109页),其中承认了采用客观标准的两个理由。《侵权行为法(第二次)重述》§283B(1965)将采用客观标准的理由部分归因于"在气质和智力上的变化……之间划分满意的界限"上存在困难。

问题上具有偶然性,尽管对利益的客观评估作为一个道德原则问题是值得采取的。但是这种观点却没有说服力。经济学的观点是具有事实依赖性的,从这个意义上来说,任何经济学上的理由都具有偶然性,而且,采用客观标准的经济学理由在信息问题上不一定就是偶然的,因为并没有强制性的依据来要求我们认为侵权法体系在实现降低事故损失时,在可能的条件下一定要依赖于主观标准。

经济分析典型地偏好既定分析,试图确定个人基于自身利益而尽力满足他们特定偏好所产生的后果。[27] 但是,受到社会学、心理学等学科影响的经济学家们认识到经济行为可以影响偏好的形成,以至于除非它能正确地解释内发偏好的可能性,否则标准的经济学分析在某些情形下就会得出错误的结论。[28] 重要的是,现在有一些经济学家和非经济学家主张一种新兴的观点,他们认为社会规范和法律规范对于个人偏好的形成具有重要的决定性意义。[29] 侵权行为法规则所表达的规范以某种方式形成了个人偏好,而对侵权行为法的传统经济学解释却没有完全把握这种方式,这说明了对个人利益的客观评估是可取的,因为这种评估影响施

---

[27] 关于通过假设该偏好是外在的或固有的而提出现代经济学分析的方式,弗里德曼(1962)、贝克尔和斯蒂格勒(Becker and Stigler,1977)中有明确论述。

[28] 许多文章中都谈到了经济分析学和选择构成之间的相互影响,参见卡森(1997)。

[29] 迈克阿达姆斯(McAdams,1997)中引用并讨论了这篇著作的大部分内容。有的法学学者认为法律规则形成了选择的框架,可参见戈尔丹(Gordon,1984,第 109 页),其中有这样一段论述:"法律制度的力量由它针对违反了法律规则的人所施加的强制力所组成,这种强制力弱于它使人们认为其所反映和定义的社会就是一个心智健全的人所惟一希望的生活的说服力"。拉丁(Radin,1996,第 173 页)中论述到:"法律制度可以表达文化,或者说它有助于文化的形成,当法律制度有助于形成文化时,它们是通过说明和强化关于人们的性格及美德的特定概念来实现这一点的"。桑斯坦(Sunstein,1990,第 64—67 页)认为大多数选择都是法律规则和制度的内在体现,有些经济学家采用了这种研究方法,在贝克尔(Becker,1996)和森(Sen,1976)中就有这样的例子。

加风险的个人偏好的方式是可取的。[30]

现在假设侵权法体系依赖于主观评估。如果仅仅因为某个人从对他人施加不合理风险的行为之中获得了快乐,所以她能够免于承担过失责任的话,那么这种侵权实践中所体现出来的法律规范就告诉人们,只要你能够从具有风险的行为中获得任何类型的利益,那么法律就允许你侵害他人。这个法律规范中所传递的一个信息是,社会接受那种通过对他人施加风险而获得快乐的行为,这样就会促使人们选择实施风险行为,侵权法体系也就会大大增加社会上的风险数量。现在我们来将这个结果与采用客观标准所得的结果相对比。如果即使某人可以从风险行为中大大获益,但他仍然要承担过失责任,那么这个侵权行为法规范就告诉人们这种行为动机是不能被社会所接受的。这个规范所传递的信息则是,如果某个人从对他人施加风险中得到快乐,那么社会是不能接受的,这样就会减少行为人实施这种行为的偏好或者要求,对利益的客观评估就会降低从主观的利益评估体系中得出的风险水平。[31]

主观标准也考虑了多种不可取的策略行为,它促使风险行为人不去获取信息或降低风险,因为这种能力上的缺乏通常可以使行为人免于承担那些有良好信息渠道以及有能力降低风险的人应承担的预防义务。此外,采取主观标准还会使可能的受害人很难决定他们应当采取多少预防措施来防止自己受到他人侵害,这种结果上的不确定性会使不愿意承担风险的可能的受害人予以更多

---

[30] 那些关注于刑法促进道德〔例如可参见德林(Devlin),1965〕或者改变准则〔例如可参见辛普森(Simpson),1987〕之方式的学者们也提出了类似的观点,他们认为英国国王爱斯波特(Ethelbert)试图将那种为家庭成员的死亡进行报复的社会准则——即将"争斗"替换为"用获取钱财取代流血并不是错误"的观念。

[31] 如果客观评估改变了选择,那么只有当某个人希望将其利益水平与不同选择下的利益水平进行对比时,它所产生的结果才能够与依赖于主观评估的体系所产生的结果进行比较。实际上,这种对比包含了人们之间利益的对比(不同的选择与不同的个人相对应),现代福利经济学极不赞同这种人际比较。因为这两个体系不能直接进行比较,根据风险水平及其所对应的总的预防成本来对它们进行比较似乎更为适当。

的合理注意。相反,客观标准可以解决这个问题:过失标准中所要求的合理注意不会被加害人所操纵,而且可能的受害人也可以通过设想他人可能会遵守客观标准来采取成本最小的预防措施。[32]有意思的是,这些关于行为策略的问题反映在道德论的观点之中,道德论者反对主观标准的理由是,如果加害人能够单方面地设置相互关系的条件,那么主观标准将是不可取的。

因此,对利益的客观评估至少包含了两个有说服力的经济学原理。首先,就像传统理论表述的那样,这种研究方法避免了难以处理的管理上的困难,亦即如果该体系依赖于主观标准就会产生的困难,而且,客观标准更能降低风险以及安全预防措施的总成本。侵权行为法规则中所体现的规范代表了对正确行为的社会表达,因此采取对利益的主观评估标准会提高因采取客观标准所达到的风险水平,如果侵权行为法规则完全依赖于个性化的人,那么它就很容易被利己主义行为所操纵,使得一部分降低风险的责任由可能的加害人转移给了可能的受害人。出于这些原因,即使主观标准也是可行的,但力求使事故损失最小化的侵权法体系仍然应该依赖于客观标准,因此,对侵权行为法的实证主义分析也就未能提出有说服力的理由来解释为什么对利益的客观评估会赞同侵权行为法的经济学观念或是道德观念。[33]

B. 衡量个人利益

侵权行为责任保护了可能的受害者不受他人侵害的权利,同时,它也通过要求可能的加害人采取安全预防措施或者支付损害

---

[32] 与兰德斯和波斯纳(1987,第88页)中的下列论述相对比:"根据边际汉德公式,只要法律在假定另一方当事人予以了合理注意的基础上将汉德公式适用于各方当事人,那么分担过失的研究方法就会产生最佳的结果"。在后面部分我对汉德公式进行了讨论。

[33] 对个人所具有的注意能力进行研究时,也会产生侵权法体系是否应当采用主观标准或者客观标准的争论。对这些争论来说,侵权法体系依赖于主观的或者客观的考虑,而其方式与事故损失最小化是一致的。参见斯奇沃尔兹(1989)。

赔偿来对他们施加经济上的或者自由利益上的负担。由于大多数侵权行为责任在促进或者保护一个利益集团的同时也对另一个利益集团施加了负担,因此,在如何协调这两种相冲突的利益问题上产生了道德上的争论,在这个问题上的不同立场成为了促使成本最小化的侵权法规则在公平问题上存在分歧的基础。

有一种道德论主张加害人和受害人的个人利益是平等的,这种平等形式具有功利主义的特征[34],功利主义在衡量利益时支持在经济上划算的侵权行为规则,通过侵权行为规则实现事故损失最小化要求对于安全的预防措施处于某个平衡点上,即使采取预防措施的额外成本或边际成本(来自可能的加害人)在数量上等于降低风险的边际收益(受害人所得到的),如果否认促使损失最小化的规则而替换以其他的责任形式的话,就会使施加给一方的利益负担大于给予另一方的利益上的保护,因此,要平等地对待有关各方当事人的利益就要采用促使事故损失最小化的责任规则。

与此相反,另一种道德论主张对安全利益的考虑应该重于对经济利益的考虑,因为可能的受害人的人身安全利益比施加给可能的加害人的经济负担更为重要(参见克廷,1996,第349—360页;韦恩瑞布,1995,第147—152页;瑞特,1995,第249—275页)。"安全更重于金钱"原则说明了对安全的预防措施应该大于最小化的损失。尽管侵权行为规则要求这种预防措施对可能的加害人施加经济上的或者自由上的负担,且这种负担应该超过给予可能的受害人的安全利益,但给予受害人的那一部分超出的安全利益又可以证明该责任规则。

侵权行为规则是否能实现事故损失最小化取决于侵权法实践

---

[34] 斯德格维克(Sidgwick,1907,第252页):"功利主义学说认为,从理论上说,每个人都应该对他人的幸福予以与自己的幸福同样的重视,但在实践中却没有这么重要,只要他有足够的能力认识到后者就可以了",所有的这些道德理论都可以被称作"功利主义"的,即使这些理论想要说明的是非功利主义,因为"在实现总利益最大化的同时,它们平等地对待双方当事人就意味着它们平等地计算当事人的利益,所以它们直接建立在平等观念中的功利主义基础之上",参见瑞特(1995,第253页)。

所赋予的安全利益是否等于或者大于经济利益。"安全更重于金钱"原则在故意侵权案件中的地位已经牢固树立[35]，这个原则还体现在不对称的过失责任标准上，伴随着风险的不断增长，该标准也赋予了安全利益以更重的分量，依据这个标准，可能的加害人有义务采取安全预防措施，且该措施的成本不大于因预防措施所带来的安全利益，显然这个标准已经被英联邦法院所采纳〔参见吉尔斯（Gilles），1994；克廷，1996，第 349—360 页〕，而且许多学者认为美国的法院也依赖于这个原则（参见瑞特，1995，第 260—261 页）。此外，包括许多法律经济学家在内的许多人认为美国的法院采纳了将安全利益和自由利益同等对待的对过失的成本收益标准即汉德公式（参见波斯纳，1972）。

　　侵权法体系在实际上是如何衡量过失行为中的个人利益的，这一点还不是十分明确。尽管在《侵权行为法（第二次）重述》中明确地采用了汉德法官提出的成本—收益标准，但美国的大多数司法裁判都依赖于陪审团的指令，陪审团根据一个普通的合理人在当时情形下将如何行为来判定过失（参见吉尔斯，1994），少数司法裁判要求更详细的指导方针来运用陪审团的指令，使之与成本—收益标准及不对称标准都保持一致。陪审团指令在过失标准上的一般性使我们要么赞成要么反对那种认为陪审团采用了成本—收益过失标准的实证主义主张。[36]

　　尽管很难决定侵权法体系在实际上是如何衡量过失行为中的个人利益的，但是传统的经济学解释仍然是站不住脚的，因为它很

---

[35] 参见克顿（1984，第 132 页），其中论述道："法律总是赋予人们所享有的安全利益比单纯的财产利益更高的价值"。我们有充分的理由来质疑那种将故意侵害的原则当然地适用于事故损害的做法。欧文（Owen，1995，尤其是第 469—471 页）认为侵权行为法承认这种道德规范"植根于真正的故意侵害情形"，也可参见克廷（1997）。

[36] 将下面两种观点进行对比，一种是吉尔斯（1994，第 1027—1039 页）中主张："合理人的标准可以作为贯彻成本收益过失标准的一个探索"；另一个是威尔斯（Wells，1990）中所主张陪审团要通过"法律观点的重合部分"来达到对个案的一致看法。

难说明为什么以经济为导向的侵权法体系会依赖于陪审团的指令,因为这可能会给予陪审员适用汉德公式之外的其他标准的机会。但是,这种经济论观点认为,在一定范围的案件中,一般化的陪审团指令在经济上可能是最划算的。因此,无论如何,这个结论都建立在一个错误的假设之上,即假设陪审团适用汉德公式在经济上总是可取的。

汉德公式将采取安全预防措施的成本与收益进行对比,这里所说的收益仅仅是以在采取了该预防措施后可以避免的加害人的预期成本为依据来界定的。这个过失标准不能完全解释风险规避——即当面对预期侵害损失之外的风险时,遭受损失的个人就会尽量规避风险,因为大多数人是厌恶风险的。[37] 因此,安全预防措施有两方面的收益:降低预期的侵害损失和降低风险规避成本。由于汉德公式只针对其中一种收益进行了充分的解释,因此它可能会使安全的需求低于对经济的要求。

可以肯定,法律和经济学学者们认为汉德公式无须解释风险规避成本(参见兰德斯和波斯纳,1987,第 57 页),但这个观点只是部分正确的,因为只要风险规避行为人已经完全投保,当选择安全预防措施时,他们就会像处于无风险状态时那样行为[38],在这些案件中,汉德公式可以将事故损失最小化。但是侵权诉讼中的原告并未完全投保来应对所有因侵权行为导致的损害,她们不能就法律上的开支来获得赔偿,而这些开支往往会花费掉总赔偿额的 1/3 左右[39],而且她们也不能对这些开支投保;同时,原告也不能就因

---

[37] 当个人经历降低了福利的边际收益时就会产生风险规避,这是一个很正常的现象。由于人们都购买了保险这个事实支持了大多数都会规避风险的这个假设,因为只有会规避风险的人才会花费这笔费用。

[38] 参见贝克尔和依尔利奇(Becker and Ehrlich,1972)。这个结论的逻辑是很明显的。完全保险将所有可能状态下的利益平等化,消除了个人决策中的风险因素。

[39] 参见卡卡里克和佩斯(1986,第 68—69 页及表 2),其中记载了一项研究,表明在 1985 年发生的普通侵权诉讼中,大约 30% 至 31% 左右的赔偿金用于支付原告的法律费用和开支。

侵害而导致的非金钱上的损害获得赔偿,她们也不可能对这些侵害完全投保,例如,许多司法裁判不允许受害人就因导致了死亡的侵害行为而失去的生活乐趣要求赔偿(参见塔贝克奇,1991)。而且即使这些损害可获得赔偿,侵权判决也并不总是代表着一种"完全赔偿",而只有"完全赔偿"才能消除风险规避上的有关考虑。[40] 在许多的侵权案件中,可能的受害人并未完全投保,这意味着对过失的经济学分析必须能够解释风险规避成本。

与汉德法官提出的成本—收益过失标准不同,不对称的过失标准就可以完全解释风险规避。因为可能的受害人面临着日益提高的风险,除了遭受风险可能带来的侵害损失之外,她们还要花费很高的成本来规避风险,因此,如果仅仅以预期的侵害损失为依据来界定安全利益的话,在解释风险规避时,我们必须对这些利益予以与风险增长相适应的重视。不对称的过失标准以这种方式进行运作,这也是为什么它比汉德提出的成本—收益过失标准更经济的理由;出于同样的原因,当侵害风险所危及到的金钱上的利益可以从保险中得到补偿时,汉德过失公式则更经济,因为人们对这些损失采取风险规避的可能性较小。

因此,促使损失最小化的过失标准取决于案件的类型,这说明,适用于所有案件的统一过失标准与现代侵权法实践中所采用的依赖于普通合理人在当时情形下会如何行为的陪审团指令相比,后者会更有效。陪审员可能会认为,当风险危及非金钱上的损害如死亡时,安全会比金钱更重要,这样的话,他们在这些案件中就会适用不对称过失标准。在那些风险只危及到经济损害如财产损失的案件中,陪审员可能就会将安全与金钱同等对待,如果这样的话,他们就有可能会适用成本—收益过失标准,因为这个标准更适合于这种类型的案件。因此,没有任何强制性的理由来认为侵

---

[40] 根据经济学解释,对侵权行为的完全赔偿使受害人利益通过受到侵害的情况和未受到侵害的情况得到了平衡,在侵害导致死亡的案件中,没有遗产动机的受害人从侵权赔偿金中没有得到任何利益,因此在这类案件中的侵权赔偿金不能满足这种"全部赔偿"的定义。

权法实践是支持经济学解释还是道德解释。

三、侵权行为法实证主义分析的内涵

从对侵权行为法的实证主义分析中可以得出许多启发,其中有一点十分明显,那就是:我们可以用经济学理论或者道德论来解释侵权行为法中的重要原理,这两种方法对侵权行为法的解释说明了它们都可以从实质上证明类似的侵权法实践。除了这一点之外,少数侵权法学者还热衷于探讨它们二者的一致之处是否已经足以解释侵权法的重要实践。[41] 出于这个理由,我们有必要对经济学解释和道德论解释的共同基础进行确定,而且确定它们之间的一致之处还有助于我们辨析它们之间的区别,这些区别所具有的特性解释了为什么实证主义分析不可能认为其中一种解释优于另一种解释。

我们可以通过分析侵权行为法如何包含和体现"在历史上总是被作为侵权法核心内容"的自由和安全利益,来展开这两种解释的结构面貌。[42] 通过对这些利益进行关注,为什么说经济学解释和道德论解释都可以从实质上证明类似的侵权法实践,其理由也就很清晰了。

我们首先来考虑可能的受害人的相关利益。侵害是所有侵权行为责任的基础,这个事实要求我们对于受害人如何受到损害这一点进行概念化。有许多种侵害如对有形财产的损害,如果受害人愿意支付足够的钱来弥补损害或者重新购买一个相同的利益,那么对于受害人来说,侵害就是可以被消除的,如果受害人没有收取这笔费用的话,这些侵害就会对受害人施加经济上的和自由利

---

[41] 与罗尔斯(1993)相对比。其中主张,通过关注合理的、详尽的学说中的一致之处,关于正义的政治概念采纳了多数互不相容的学说。

[42] 参见佩里(1996,第57页),也可参见克顿(1984,第16—17页),其中论述了"对安全和自由利益进行衡量是侵权行为法的一项特殊任务,而且它已经被详尽地得到了贯彻,在该领域也得到了有意识的认可"。

益上的负担。而其他种类的侵害如身体伤害等，则是无法通过接受金钱而完全治愈的，金钱上的赔偿可以帮助受害人，但金钱却无法完全修复所造成的损害，因此，这些侵害不会对个人施加经济上的以及自由利益上的负担，但是会对他们施加维护身体完整利益上的负担——即安全利益负担。[43]

对平等的需求要求我们同样考虑到侵权责任承担者即加害人的利益。侵权责任包含了金钱上的支出（出于责任判决或者安全措施）或者付出努力，因此侵权行为责任不仅包含了可能的受害人的自由和安全利益，也包含了风险施加者的利益，保护或者促进一个集团的利益就必然会对另一个集团的利益施加负担，这两种相互对立的利益要通过侵权法原则来协调。

现在我们来考虑不包含风险降低内容的侵权责任形式。如果没有风险降低的内容，侵权行为责任则只包括了在加害人与受害人之间进行财富的转移，因此只包含了双方的自由利益，而其中必有一方的自由利益会被施加负担。如果依据相关的道德理论来平等地对待双方当事人，那么负担了最小化损失的当事人必定会承受该损失，满足了这个条件的侵权法规则也会促使侵害赔偿最小化并因此实现福利最大化（由于这种责任形式没有对风险产生影响，因此与预防措施的成本无关）。所以，在这些案件中，经济学原理和道德论原理都可以说明同样的侵权法实践。

但是，许多道德理论并不要求对自由利益赋予同等的分量，尤其明显的是，当缺乏充分的理由来对风险行为进行辩护时，他们对可能的加害人所享有的自由利益并未给予与可能的受害人所享有的自由利益同等的重视和尊重。至于哪一类理由可以用来证明风险行为，这取决于对利益的客观评估，因此，这一类案件中就包含了是应该采用主观评估标准还是客观评估标准的问题。我在前面的第二部分已经论述过，侵权行为责任经济学原理和道德论原理

---

[43] 因此，例如，经济学分析将一类侵害视为其某一既定的效用函数中福利或者财富的减少，但是非金钱上的损害改变了个人效用函数。

都可以证明对利益的客观评估标准,这两个原理不一定可以证明同一个客观评估标准,但它们二者之间存在一些实质上的重叠之处。

最后一组案件中包含了侵权行为责任降低风险的情形,这类案件涉及保护可能的受害人在身体安全上享有的利益。对侵权行为责任的证明不再依赖于将可能的加害人与受害人所享有的自由利益进行比较,而依赖于将可能的加害人所享有的自由利益与可能的受害人所享有的自由和安全利益进行比较,因为前者不会导致风险的降低。由于加入了受害人的安全利益,我们就会更容易证明对可能的加害人施加任何自由利益上的负担,因为侵权行为法威慑的内容更多,它就更容易得到证明。

至于任何形式的侵权行为责任要实现降低多少风险才能使它得到证明,这取决于如何衡量安全和自由利益。在前面的第二部分已经论述过,经济学理论和道德论都赞同对安全利益给予比自由利益更大的分量。事实上,这两种研究方法在应对该批判观点上的相似之处有助于我们来解释为什么这种利益衡量方法可以在密尔所主张的功利主义道德理论以及康德和罗尔斯所主张的非功利主义道德理论中找到理由。[44] 当然,经济学理论和道德论在关于安全利益在分量上超过经济利益所应达到的适当程度问题上存在分歧,但是,即使这种分歧存在,它也不应该使一个更重要的观点变得含糊不清,即风险降低使得我们无论是依据那一个理论都可以更容易地证明侵权行为责任,这种实质上的相似有助于解释为什么每一个理论都能为侵权法实践提出有力的解释和说明。

---

[44] 密尔认为,"身体安全具有特别重要和深刻的意义",因为"没有身体安全的话,一个人不可能做任何事情"(密尔,1986,第 50 页)。根据韦恩瑞布的论述,"根据康德的权利观,身体完整权是一项与生俱来的权利,因此它应当优于财产权的获得"(韦恩瑞布,1995,第 202 页,注[73])。与此相似,克廷认为,尽管"在意外的风险施加事故中,处于危险之下的自由并不属于罗尔斯提出的正义第一原则中平等的基本自由利益的一个组成部分……但意外事故法所保护的自由也应该优于在获得财富和收入上的利益"(克廷,1997,第 1313 页)。

威慑上的考虑同样也在很大程度上解释了为什么经济学理论和道德论都可以对重要的侵权法实践提出正确的说明,尽管这两种研究方法之间存在结构上的重大差异。根据经济学理论的解释,只有当侵权行为规则能够降低风险时,它才能实现事故损失最小化(这是因为,与目前可以实现的其他赔偿方式如第一人保险等方式相比,通过侵权法体系进行损害赔偿的成本要相对较高一些)。在理论上,侵权行为责任的许多形式都可能会降低风险,这使经济学理论的支持者们为侵权法实践提出了必要的威慑原理,因此,即使道德论的支持者们同样可以对独立于风险降低之外的侵权法实践作出令人信服的解释,它也仍然很难决定对侵权法实践的证明是否依赖于威慑或者其他道德上的原因。

四、实证主义分析:经济学和道德哲学之间的联系

尽管可以根据利益或者福利最大化来对侵权行为法作出充分的描述,但其中任何一个目标都不能充分地描述对侵权行为法的经济学分析。对侵权行为法的经济学分析不能证明或者依赖于侵权行为法的某个特定目标,包括利益或者福利最大化目标,它只能有助于决定侵权行为责任的形式,从而促进侵权法体系的这些目标。这些目标并不是来自于经济学分析之中,而是依赖于道德上的证明。因此,对侵权行为法的经济学分析只不过是一种对道德论进行补充、而不是与道德论相对抗的实证主义分析而已。

经济学分析的实证地位来自于福利经济学对社会福利最大化的关注。福利经济学要求在社会福利和个人福利之间建立某种关系,但是社会福利依赖于个人福利的方式却不是由经济学分析来决定的。社会福利由个人利益的集合所组成,例如,每个公民都应该被平等对待,以这种方式界定的社会福利在功利主义中找到了其道德上的理由。另一种选择是,社会福利只能根据那些社会上十分贫穷的人所拥有的福利来界定,这种福利功能在罗尔斯(1971)的著作中找到了其道德上的理由,当然还有许多其他的社

会福利功能也是可能的,究竟应该运用哪一个功能则取决于在道德上如何看待学者们所提出的各个公式的优势所在,而这个选择也不能由经济学分析来作出。相反,经济学分析只能决定某个既定的社会实践是否可以实现福利最大化,而这一点是不能根据道德观来评判的。

显然,经济学分析要求实现可以达到最大化的社会福利功能,这些要求的数量是极少的。正像作为现代福利经济学创始人之一的保罗·萨谬尔森(Paul Samuelson)所描述的:

> 我们把它作为一个起点,……经济上的数量大小在某个以期能够对道德信仰的特征进行描述的体系中所具有的功能,……我们只要求这个信仰可以明确回答某个经济制度的结构是否"优于"或者"差于"另一个制度,或者是"无差异"的,而且,这些关系是可传递的,例如 A 优于 B,B 优于 C,那么 A 优于 C,等等……对无数个可能的或者主要的指标中的某一个进行利用,我们可以用下面的形式来表示这个函数:
>
> $$W = W(z_1, z_2, \ldots\ldots)$$
>
> Z 代表所有可能的变量,其中的许多变量不具有经济学特征。[45]

除了完整性和传递性之外,经济学家还施加了一个附加的条件,即社会福利功能必须积极地依赖于个人利益,这意味着社会福利是通过使至少一个人的情况变得更好、且不会使其他人的情况变得更坏的行为而得到增长的〔帕累托原则(Pareto principle)〕,这种社会福利功能被称为"个人主义"或者"福利主义",因为它使社会秩序的所有问题完全依赖于个人的利益秩序(参见森,1982a)。

社会福利功能的少数几个基本要件可以在一种主张将侵权行

---

[45] 参见萨谬尔森(1947)。勃格森(Bergson,1930)中由此推论出了一个类似的社会福利功能公式,满足了这些条件的社会福利功能被称为萨谬尔森社会福利功能,它为福利经济学提供了最普遍使用的研究方法,可参见特里斯奇(Tresch,1981)。

为责任限于造成了损害结果的行为的道德论中得到满足。前面已经说明，这种道德论对赋予可能的侵害人和受害人所享有的自由和安全的利益进行了衡量，因此，这种道德论将"道德信仰"解释为社会福利功能应当反映所有侵害行为中对个人利益的衡量（完整性要件），只要这个理论在逻辑上也是一致的（可传递的），它就可以被转换为一种社会福利功能。

现在假设有一种道德论主张对某种特定形式的侵害行为施加侵权行为责任，且该主张的理由在于可能的受害人所享有的自由和安全利益与参加了该侵害行为的可能的加害人所享有的自由利益相比，前者应该得到更多的重视和尊重。事实上，这种道德论将社会福利功能界定为对那些从没有充分的道德依据或者应受谴责的、且对他人造成了损害的行为中产生的个人利益不赋予任何的分量，根据这个定义，在道德上遭到反对的风险行为没有任何社会利益可言，但是却会因为受害人福利的降低而产生社会损失，这些在道德上遭到反对且造成了侵害的行为必定会降低社会福利，那么例如为了威慑这些行为而施加侵权行为责任等就会增加社会福利。

在这种情形下，为了威慑这些在道德上遭到反对的行为，在决定所应采取的成本最小的侵权行为责任形式时，经济学分析受到了一些限制。[46] 经济学分析不能回答这些行为是否应当受到威慑，因为现代福利经济学没有提出适当的理由来反对对社会福利的这种定义。也许社会福利功能（即基本的道德论）可以对某种经济体系的结构（非某个特定类型的侵权行为责任）是否优于另一种结构（那种类型的侵权行为责任）的问题做出一致的回答。只要对社会福利的这种定义可以使人们对另一种社会状态做出完整的、

---

[46] 实现威慑成本的最小化可以通过对可能的加害人施加最轻负担的方式保护可能的受害人所享有的自由和安全利益，因此这个规则可以实现上面所定义的社会福利最大化。要注意到实现社会福利的最大化并不总是要依赖于威慑功能。我们对社会福利功能的定义要做到这一点，在侵权行为背景中，使可能的加害人所获得的自由利益低于可能的受害人的自由利益，在这一类案件中，财富在加害人和受害人之间进行转移可以增加社会福利。

可传递的判断,那么它就能够满足福利经济学的基本要件。

可以肯定的是,这种非功利主义的社会福利功能既与对侵权行为法的传统经济学解释不相一致,也与经济学家所典型使用的社会福利功能不相一致[47],尤其是,非功利主义的社会福利功能不能满足帕累托原则,因为该原则没有采用保护个人利益这个道德问题[48],帕累托原则仅仅只关心谁做出了哪一种选择,而根本不问每种选择的理由所在。对于非功利主义的道德论来说,这些理由非常重要,因为在前面的例子中含有对"在道德上遭到反对行为"的侵权责任。那么,在以权利为基础的非功利主义考虑和帕累托原则之间就会存在冲突:"如果甚至是在受到限制的情形下(如在帕累托原则之中),利益上的考虑成了一种不可抗拒的力量,那么非功利上的考虑就不能成为一个不变的目标了"(参见森,1987,第382,388页)。但是,即使侵权行为法的非功利主义道德论违反了帕累托原则,作为经济学者也没有理由否认道德理论。帕累托原则要求以个人福利为惟一依据来对社会福利进行定义,而福利经济学却只要求社会福利在某种程度上有些依赖于个人福利即可,这解释了为什么经济学分析并不要求遵守帕累托原则。

侵权行为法的道德论可能会满足这种对社会福利在某种程度

---

[47] 现代福利经济学典型地依赖于仅仅以个人福利水平为基础的社会福利功能,而根本不考虑个人及其利益资源的同一性,例如马斯·克勒尔(Mas-Colell, 1995,第825—838页)中描述了勃格森—萨谬尔森提出的社会福利功能仅仅是根据与每个人的总利益相一致的分配上的利益来定义的,但是,这种研究方法只是为数学上的计算提供了便利,例如可参见穆尔勒(Mueller, 1989,第373—374页)。实际上,保罗·萨谬尔森明确承认社会福利功能可以依赖于个人的利益资源,即"Z'S[在社会福利功能上]可以是约翰·琼斯(John Jones)所消费的茶叶总数,也可能是他所提供的劳务总量"(萨谬尔森,1947,第222页),这是因为对个人利益的分配上的衡量只需满足正确说明社会福利功能的一般要求,可参见特里斯奇(1981,第26页)。只要与不同的个人利益资源相一致的分配上的利益衡量满足了这些要求,社会福利就可以以分解个人利益资源的方式来进行定义;而且,任何不依赖于这种分解的福利经济学研究方法都可能会建立在功利主义的或者由罗尔斯观点得出的原则的基础之上(参见森,1982a)。

[48] 参见森(1970)。

上有些依赖于个人福利的要求。侵权行为法的领域是根据人的行为所造成的侵害结果所界定的，这些结果显然会影响到个人福利，因此任何一种关于侵权行为法的道德论，包括非工具主义的理由在内，都必须要关注到侵权行为责任对个人福利的影响。所以，道德论解释所定义的社会福利功能至少会在某种程度上依赖于个人福利，这在侵权行为法的道德哲学和现代福利经济学之间建立了必要的联系。

五、结　论

道德哲学的学者们对侵权行为法的实证经济学分析提出了有力的批判，那些认为侵权法制度实现了事故损失最小化的人能够反驳这种批判。经济学解释和道德论解释都为重要的侵权法实践提出了正确的解释，这个结论说明这两种理论是互补的，而它们互补的方式还没有得到充分的认可，例如，它们二者相互重叠的观点就足以证明许多侵权法实践，我在前面已经反复提出过，目前针对不正常危险行为所适用的严格责任规则就可以通过这种方式得到证明（参见格斯特菲尔德，1998）。

但是，对侵权行为法的实证主义分析也揭示了经济学分析与道德哲学之间的不同联系。经济学分析是不完善的。社会实践的目标——即对社会福利功能进行说明，已经大大超出了经济学的范畴。因此，侵权行为法的经济学分析不能为侵权行为法提供道德上的理由，它只能决定某个侵权法规则是否能够促进某个在道德上得到证明了的目标[49]，因此，经济学分析是一种对道德论进行

---

[49] 在讨论"现代经济学家流行地认为道德价值判断在经济学分析中不占有一席之地"这个立场时，保罗·萨谬尔森认为："经济分析学者们对各种价值判断的结果进行检验，无论理论家们是否赞同这么做，我都认为这是一种合理的实践，……福利经济学中包含了人们之间利益的比较，这个部分对于经济分析学来说具有实在的内容和价值，尽管科学家们并不把它考虑为推论和核实（除了在人类学的层面上）各种价值判断任务的一个部分"（萨谬尔森，1947，第219—220页）。

补充、而不是取代道德论的实证主义分析形式。

事实上,以侵权行为责任对自由及安全利益的影响为研究内容的道德论必须依赖于对侵权行为法的经济学分析。为了正确理解侵权行为责任如何对可能的加害人和受害人所享有的自由及安全利益产生影响,我们就必须要了解不同类型的赔偿及保险体系所要花费的成本;要正确理解侵权行为责任如何才能保护安全利益,我们就必须掌握一种研究个人如何对侵权行为责任所产生的激励机制进行回应的有关理论,而侵权行为法的经济学分析正好都涉及了这两个系列的问题。如果我们不能将对这些问题的经济学理解与道德论结合起来,那么我们就有可能会创设出在方式上无法得到道德认可的促进和保护安全及自由利益的机制。因此,只要基本的道德哲学注重于如何在不侵犯他人之自由利益的条件下保护个人利益,经济学原理和道德原理就是互为补充的。

8 对侵权行为法和意外事故法中多元化的一种合理调节*

布鲁斯·查普曼

一、引 言

  当我们进行选择时,就连日常的选择如怎样度过一个晚上(事先选择在哪家餐馆就餐,或者乘坐哪种交通工具去那里),我们也典型地面临着关于选择的众多不同标准。例如,在选择是去看电影还是去听哲学讲座度过一个晚上时,我们将不得不考虑,在这个特定的晚上,我们希望得到娱乐还是希望在智力上受到挑战。当然,考虑成本、停车是否方便以及需要花费的时间完全是合理的。而且,这些不同的标准好像产生于完全不同且彼此独立的价值。好像很难相信在看某部动作片时得到的纯粹享乐真的是一种较大的哲学理解的一个方面,或者,哲学讲座带来的理解,尽管令人感到愉快,是一种与电影带来的快乐同样的快乐。事实上,可能的是,上面提到的具有更实际特征的后三项考虑(成本、便利性、时间)将被我们相反可能怎样花费时间和金钱,也就是说,除这里提

---

* 我特别感激马克·格拉蒂(Mark Grady),格瑞尔德·波斯特马,米歇尔·崔比尔柯克和欧内斯特·韦恩瑞布,以及 McGill 法学理论研究所,乔治敦法经济学研究所,UNC 法哲学研究所的众多参与者,正是在乔治敦法经济学研究所,本文被第一次提出,在纂写初稿时他们对我提供了非常有帮助的讨论。也特别感谢多伦多大学康纳特(Connaught)基金提供的资金上的支持。

到的两个选择对象之外的更广泛的能带来快乐的完全不同的经历形式同样地体现出来,因此,它们牵涉出一系列比快乐和理解力更多的不同的标准和价值。

那么,多元性是我们进行选择的规则而不是例外。然而,当我们确实在进行选择时,通常不会有太多困难,并且后来这些选择在我们看来是合理的,我们可以证明其合理性。而且,即使不同的选择标准通常以不同的方式对现有的选择对象排列次序,以至没有一个选项凌驾于(或根据每一个标准,优于)所有其他选项之上,我们仍然会这样做。例如,动作片可能会比哲学讲座提供更多的娱乐,但却提供较少的理解力。因此,在全面的考虑下,我们对什么是"在全面考虑下最好的"(或我们最有理由去做的[1])判断好像包含着我们有办法解决影响我们做出选择的不同标准之间的冲突,也就是说,好像我们每天都在运用着某种整合众多选择标准的方法。

对此有真正的疑惑吗?可能有,至少在关于什么是价值或标准的多元化所需要的这一观点上是有疑惑的。根据这些观点,选择标准的多元化好像包含了标准间的不可比较性,并且这种不可比较性反过来暗示面临着标准冲突的任何选择都不能被证明有理或甚至包含正确的判断〔张(Chang),1998〕。这是怎么回事呢?如果不同的标准相互之间不能进行比较,那么认为一种标准推荐的选择可能优于另一标准推荐的选择就没有道理。根据这种观点,多元化意味着不同标准相互之间真正独立,或相互排斥,并且以另一个人的名义切断他人的满足,即从多元化的观点来看,是标准的任意专断的。

在《私法观》(The Idea of Private Law)一书中,欧内斯特·韦恩瑞布(1995)好像注意到了同期许多对侵权行为法的法律结构的理解中对多元化的关注。在他看来,当代侵权学术研究中公认的观

---

[1] "最好"和"最合理地行为"是否可以在同一个行为中同时具备是本文要解决的问题之一。

点是"机能主义",也就是说,这种观点通过外部特定的目的去理解所有的私法,包括侵权行为法。而且,韦恩瑞布说,这些外部特定的目的,可以被独立地证明:

> 机能主义者支持的目标不仅独立于私法而且彼此也是独立的。例如,损害赔偿和威慑,这两个侵权行为法的目标之间没有内在联系。损害赔偿不能证明其应仅针对遭受妨碍行为伤害的受害者是正当的,就像威慑不能证明其应仅针对造成可补偿的伤害的行为是正当的一样。从相互独立的目标的观点来理解,私法是众多不一致且相互冲突的目的的集合。(韦恩瑞布,1995,第5页)

其他人也注意到了侵权行为法通常所表现出的这种不同目标之间明显缺乏协调性的特征。例如,米歇尔·崔比尔柯克指出了一种不确定性,这种不确定性阻碍人们尝试将本可以通过某个最小成本保险人获得赔偿的人,限定为那些立即(单个的)与造成损失的相互行为相联系的当事人。崔比尔柯克指出,根据赔偿或保险制度,"将共同利益关系,近因的限制等等弃置一边,扩大对更广泛的当事人的寻找"可能会更好(崔比尔柯克,1988,第243页)。然而,正像他本人在别处论述的那样(崔比尔柯克,1987),正是这一系列更广泛的可能性解释了一些人声称的侵权法上的"保险危机"问题。在一个单独的判决中将威慑和损害赔偿这样的多元标准结合的不协调性(崔比尔柯克称之为一个"进退两难的局面",该措辞本身就表明了多元化的无序性)使侵权责任是如此的不确定以至不能预测,因此,不可予以保险。

然而,在韦恩瑞布看来,表现出这样一种不协调的无序的目标的法律尤其是成问题的。因为法律本身就是一种"智慧的展示",一个自我意识到的理性的组合,并且由于公开形成和客观理解的原因,一直追求"避免矛盾,保持连贯,与实际的原则、规则和标准之间有一种自我调节的和谐"。(韦恩瑞布,1995)韦恩瑞布论证说,互相独立的目标的多元性要求一种无条理的法律,但是如果法律要实现自己的目的,那么,不管怎样,它必须是单一的,而这正是多元化所拒绝的。

当然,一些人会反对这种单一意志观点,或说一元论形成的太武断。不同的价值或选择在直观意义上可能是相互独立的,但仍然是间接相关的,因此在某个更广泛的正当目的下是可以系统化的。这样一种系统化毕竟是功利主义者通常所表达的。当然,这表明我们开头提到的多元化比实际所表现的更明显,因为现在被这样系统化的很多标准,彼此间不会立即产生联系,但可以被分解为某一拱形的超然价值的众多小的方面,如效用或福利,这样一种超然价值可以提供一种对所有标准的衡量,或可用同一标准衡量所有标准。[2]

然而,韦恩瑞布精确地考虑了通过参考威慑和损害赔偿这两个独立目标来证明侵权行为法的合理性,且他同样精确地拒绝认为这是难以置信的。他写道,"一个人可以完全相信,当威慑的发生和数量由原告偶然遭受的伤害所决定,对伤害的赔偿由制止可能的伤害的需要所确定时,威慑和损害赔偿被最佳结合了吗?这将是过分乐观的比例的巧合。"(韦恩瑞布,1995,第12、14页)这种对在侵权行为法内部显著关注损害赔偿和威慑这两个目标的可能性的否认,听起来好像韦恩瑞布只是在重复他先前的观点,即通过一个目标限制另一个目标,是有些标准上专断的。但是,他在这里的观点真的是完全不同的。这里,他至少接受了一种逻辑上的可能性,即这两个目标可以根据彼此排列次序;实际上,它们甚至可能被"最佳组合"。但是,他反驳说,这种最佳组合只有在侵权行为法使之成为可能时才可能实现。毕竟,侵权行为法结合了对被告

---

[2] 尽管森(1981)对甚至在功利主义框架内的不同的多元性有一个有趣的论述。而且,不去将可能有一种理性的方法整合多元标准的一般观点与更具体的要达到这一目的的惟一方法是在某个超然价值下寻求解决的观点相混淆是重要的。前者承认多元性的存在并认为有一种协调它的一致的方法,后者本质上从一开始就拒绝承认多元性。关于我在本文中运用的社会选择理论和阿罗框架的区别的相关性,参见赫利(1989,第233页)的论述。在本文中概念上排序的复合标准决策的方法是作为前者的一个例子被提出的。

侵害行为的威慑和对原告损害的赔偿。解决损害赔偿和威慑的可选择的制度,具体地说是那些作为私法的侵权行为法之外的制度,将不会受到这种限制。

因此,对韦恩瑞布来说,以损害赔偿和威慑的名义在侵权行为法内部提供一种合理的决策制度框架的可能性是很小的。这些目标在拱形的福利价值下可以衡量或者不可以衡量。如果它们不可衡量,那么它们表示了一种无法简化的多元化,对其任何的协调都将是标准专断的。另一方面,如果它们可以用同一标准衡量,根据它们的表现的公约数,两者的最佳组合在司法判决使之成为可能的任何现有的基点上都不可能达到。

这是一个大家熟知的观点:理性的判断或选择必须基于推理而做出,做出一个理性选择的惟一途径或者是通过一种单一的规范价值对选择对象进行排列次序,或者,看起来好像与此是同样的,通过某种超然价值对适用于选择的所有不同的标准或价值进行衡量。正像已经表明的那样,这是功利主义在其几乎所有方面都具备的要素。然而,考虑到韦恩瑞布对社会福利工具主义的强烈反对,看到他对这种构架的强烈支持有点令人吃惊,至少作为一种理解侵权行为法的方式如此。当然,韦恩瑞布可能辩论说,这种一元论的框架并不要求他成为一个经济人,当然也不要求他提出的单一的规范价值是社会福利主义。

然而,将一元论和反对福利结合起来作为一种可能的主导价值本身就是有问题的,正像众多对韦恩瑞布的社会评论家已经指出的那样。例如,马丁·斯通对韦恩瑞布的不注重福利的形式主义提出了下列论述:

> 如果形式主义因此要求法律没有任何与福利条件相关的目的,好像一定要形成一种关于法律"为什么"刺激机能主义的焦虑……关于形式主义,机能主义者有一个很好的观点:如果法律在社会制度中的永久存在是我们能够理性认可的,那么我们应该能够将法律看做是为了提升我们的福利,使我们

的生活变得更好而不是更坏(斯通,1996)。[3]

斯通承认如果福利像侵权行为法机能主义者设想的那样被构架,也即构成一种优于且独立于侵权行为法的独立价值,那么韦恩瑞布关于侵权行为法不能显著解决某种福利最大化问题的观点可能会成立。这样一种福利观本质上与私法判决的要求无关,因此,与之也不相同。但是,斯通要求我们考虑福利的规范意义可以被相关构架的可能性,斯通甚至运用了韦恩瑞布本人提出的"爱"的例子来推动、说明这种观点。韦恩瑞布用"爱"来解释在我们的生活中一些最具有标准重要性的现象只有在它们自己的条件下才能被最好地理解的观点,也就是说,它们不是作为取得某种独立设想的外部利益的工具(韦恩瑞布,1995,第5—6页)。但是斯通用"爱"作为例子来证明这一观点:我们的福利的一些最重要的组成部分本质上是天生相互关联的。如果机能主义者对福利进行运用的困难是,通过私法本质上相互关联的结构,渴望达到一种本质上无关联的最佳效果,那么对相互关联的福利观来说,困难可能与此不同。因此,在韦恩瑞布的分析中,真正的问题可能不是关于福利的,而是关于他所考虑的特殊的不相关联的形式的问题。

可能存在一种理性的福利观的观点解决了韦恩瑞布对侵权行为法理解中的一个可能的难题,也就是说,它排除了任何对福利的有意识的关注,以至我们有充分的理由可以去考虑我们是否应当完全对侵权行为法有一种标准兴趣。但是我们在文章开头提出的问题仍然存在。我已经表明,多元性是进行选择时必然会遇到的而不是例外,并且这样也是合理的。多元的考虑之所以是多元的因为它们在性质上不同,而并非仅仅因为它们在表现出的共同特

---

[3] 参见崔比尔柯克(1989,第480页):"对侵权行为法自治理论的批评强调侵权行为法非工具主义基本原理的不足,认为它忽视了意外事故减少和意外事故赔偿目标的相关性,只有这两个目标可能与关心意外事故会对他们的生活造成什么影响的大多数社会成员有关。认为侵权行为法本质上不能达到这些目标,而必须通过其他政策方法得到完善的观点避免了对侵权行为法是否值得继续存在的争论。"

征的量不同〔斯托克尔(Stocker),1990,第177页〕。正因为这个原因,可衡量性假设造成了一种对基础价值的概念上的曲解,即将真正的质的不同转化为量的不同,而且正是这同一种固执的多元考虑的不可简约性才推动韦恩瑞布去考虑:在进行选择时,更具体地说是在侵权行为法中,这些考虑的一种纯粹无法衡量的集合将只提供一种偶然的统一,不连贯的要素。但是,多元性的普遍性与我们的选择不管怎样看起来都是合理的(至少在很多情况下如此)这一事实相结合掩盖了这种担心。因此我们需要的不是这样一种理性的福利观:即固执地将可衡量性和拒绝多元性加诸于侵权行为法中,相反,我们需要的是一种本质上理性的体制,允许给予福利一种显著的地位,甚至当它承认可能无法用来衡量该体制的其他价值时也如此。

在这篇文章中,我将提出这样一种论述,或者,更精确地说,我将提出这样一种论述的框架并且解释彼此最相关联的多元性怎样特别地在侵权法中和更一般地在意外事故法中得到协调。我所提出的观点是根据一种概念上排序的观点对真正多元的价值进行排列次序。[4] 这样一种概念上的排序应当,甚至在面临一种无法比较的多元性时,支持韦恩瑞布关于法律是一种"智慧的显示"的观点。当然,结果是一种路径依赖的选择,但是因为路径在概念上被排序了,所以基于相似的原因,它不是决策理论家通常关心的那种专断的路径依赖。最后,这样一种在概念上排序的观点,其中,每位主要提倡者提出辩驳直接反击另一位主要提倡者的观点,提供了一种对作为私法的侵权行为法所重视的相冲突的价值进行协调的本质上理性的结构。

---

[4] 我在别处已经表明这种"概念上排序的观点"可能提供一种解决不可衡量性问题的方法,这种方法完全不同于理性选择理论家依照惯例所提出的方法。参见查普曼(1998a)。

二、多标准决策逻辑

A. 不可能性和有限的可能性

一个人内心的价值冲突,为个人进行考虑和选择提供了机会,在很多方面与作为社会选择焦点的人们之间的价值冲突很相似。而且这种相似性并非没有被注意到。肯尼斯·阿罗(Kenneth Arrow),社会选择理论(阿罗,1963)的创始人,[和赫维·瑞诺德(Herve Raynaud)一起]借用他自己的社会选择理论提出了一种对复合标准决策(或称多重标准决策,译者注)的系统论述,目的是分析单个职业决策者所面临的决策问题(阿罗和瑞诺德,1986)。在这一部分,我们也将借用社会选择理论的一些技术提出一种分析复合标准决策问题的框架。

正是阿罗的创造性贡献表明了对众多选择对象的根本不同的排序进行理性整合时的某些看起来好像不甚重要的条件是无法协调的。阿罗最初的问题是关于社会选择的问题,用于做出选择的不同的排序仅仅是一个特定社会中的不同个人所偏好的排序。但是,正像上面提到的那样,这个问题的结构正式地说相当于理性整合不同标准提出的排序中所涉及的问题。因此,阿罗关于将某些整合这些标准的看起来合理的条件结合成一个"在全面考虑下是最好的"选择在逻辑上是不可能的观点从一般意义上说是成问题的。

韦恩瑞布的观点是:如果不假设多元的众多不同的考虑之间具有可比较性,那么就没有统一的方法将它们结合在一起,这听起来很像是将多元化放置在一起进行考虑。阿罗的不可能性结论会对此观点提供支持吗?惟一的可能性是韦恩瑞布提出的,一种非理性的不协调的多元性,一种单一的或协调的一元论,或一种只允许在数量上自由排列但破坏真正的质的差异的多元考虑的可衡量性吗?实际上,这些好像是社会选择理论对复合标准决策问题提出的解决方法。

首先考虑不可比较的多元性存在的可能性。这是最初由阿罗在非人际比较的个人偏爱的排序情况下考虑的问题。在复合标准情况下,不可能性变为这样一种论述,即满足某些其他合理条件(仍要进行讨论)的任何整合功能必须是(用阿罗的话来说)"专断的",也就是说,是一元论的,或只是关于选择的众多标准之一所推荐的选择。[5] 当然,由于阿罗最初感兴趣的是社会选择的最低民主程度的形式,即一个专断的结果,也就是说,单个人偏爱的排序完全可以决定社会选择,而这是阿罗所不能接受的;因此,在他的结论中是"不可能性",相反,韦恩瑞布好像准备接受与这一结论相似的一元论来进行深思熟虑的复合标准决策。

而且,韦恩瑞布关于多元的不同的考虑可能在逻辑上是可比较的并且在一个更广泛的正当目的下可能被最佳整合(然而,在他的观点中,作为一种对侵权法可能达到的目的的衡量是不恰当的)的观点也从社会选择理论的一些结论中得到了支持,如果假设具有可比较性意味着不同的标准在基数上可以相互进行比较,那么理性整合这些标准否则会满足阿罗的合理整合条件的惟一方法是功利主义,也就是说,根据使标准具有可比性的量的总和对选项进行排序〔森,1982a,第233—238页;蒂斯查姆普斯和吉维尔斯(Deschamps and Gevers),1978;罗勃茨(Roberts),1980〕。另一方面,如果假设标准间的可比较性是序数的而非基数上的,也即,人们可以清楚知道某一标准与另一标准相比较所得到满足的程度,但是不知道在标准之间进行选择的相关收益和损失,那么在阿罗框架中仅仅一点的调节(引入这样一个观点:在某一点上,如果可能,复合标准的决策者,必须合理地使这一标准得到较大的满足,否则这一标准就将得到最少满足)将意味着,理性整合这些标准的惟一方法与罗尔斯的最大最小原则或差异原则相似。在复合标准情况下,这一原则将使我们进行选择,以至我们能使那个标准的满意程度

---

[5] 阿罗和瑞诺德提出了证据证明了复合标准决策中的这一结论。参见阿罗和瑞诺德(1986,第20—21页)。

最大化,而所有其他标准被最少满足。[6]

假设标准间是可比较的,那么为进行一个选择,对众多标准进行理性整合的惟一方法,要么是功利主义,要么是依据罗尔斯最大化原则。尽管我们依照韦恩瑞布的分析所表明的方式假设了多元考虑之间具有可比较性,但好像我们仍然受到同一种单一意志论的困扰,这种论点在不假设可比性的情况下驱使他,例如为了侵权行为法的和谐性而主张采纳一种专断的一元论。一个人可能希望可比较性将不仅仅考虑到这一点,特别是,可比较性可能注意到标准的总体收益和损失(效用主义和基数上的可比较性的要素)并且注意到对被完全拒绝采纳的某一既定标准给予更平等的关注。然而,这种为了理性整合不同标准而由阿罗提出的,好像也被韦恩瑞布架设的框架,好像没有考虑到这种更多元的整合模式。好像我们可以接受标准的多元化,但不能接受对这些标准进行的理性协调的多元化。也许,是时候更进一步地考察这一框架了。

B. 独立性条件和有问题的排序形式(problematic profiles)

在对解决复合标准决策问题的阿罗框架的相关性进行的深入研究中,苏珊·赫利(Susan Hurley)批评了一些看似合理的条件,即该框架中对标准进行理性整合的条件(赫利,1989,第225—270页)。正如我们介绍读者第一次去了解阿罗条件一样,这些反对意见也值得考虑。有时,一项深思熟虑的反对意见能提供一种更好的透视,通过这种透视,可以看到反对意见所反对的某一法律概念的真正含义。

在阿罗看来,复合标准决策如果真正是复合的,那么就应当是

---

[6] 参见森(1982a,第235页);德阿斯普里蒙特(d'Aspremont)和吉维尔斯(Gevers,1977);哈蒙德(Hammond,1976);斯塔尼克(Strasnick,1976a,1976b)。严格地说,本文中提出的原则是"最小最大原则"而不是最大最小原则。换句话说,一个人使最小满足的标准得到最大的满足,但是如果在两个或更多可能的选择间有某种联系的话,他就可以继续去考虑第二个最不被满足的标准,等等。

非专断的(或非一元的),赫利赞同这一观点。赫利认为,与一元论相比,在单一理解理论下引入不同标准的基数具有可比性是一件完全不同的事情。赫利说:"我们必须区别开一种具体价值论基于理论上的原因对其他理论的支配地位和一种特殊价值的专断地位,这可以为一种价值理论所证实。"(赫利,1989,第233页)[7]她指出,好的理论应当是专断的,即使作为该理论主题的价值并非是专断的。因此她接受阿罗的非专断性条件。

她也接受帕累托条件,其在复合标准情况下相当于一个支配条件:如果所有的标准都认为某一选项 X 比某一选项 Y 更优或更值得选择,那么对这些标准的合理整合就应当视 X 比 Y 更优或更值得选择。对帕累托原则在传统社会决策理论中的可接受性的关注,比如阿玛特亚·森(Amartya Sen)在他的"帕累托自由主义的不可能性"定理中所提到的关注(森,1982b,第285页),包含了(正像他本人承认的那样)那种意义上的帕累托原则包含的纯粹社会福利内容,并且,赫利说,这些关注与复合标准决策中相似的(支配)原则并不相关(赫利,1989,第232页)。

赫利发现比非专断性和帕累托条件更成问题的是"万有域(universal domian)"和"不相关选择项的独立性"的条件,而她不得不综合考虑这些条件,因为它们在阿罗对不可能性结论的论证中相互作用的特殊方式,不相关选择的独立性条件要求在任何一组选项间的选择仅仅取决于该组中的选项所依据的标准的排序,而不取决于其他选项所依据的标准的排序。(具体地说,这些可能怎样变化)。尽管这可能第一眼看去好像是一个非常合理的要求,但是,事实证明,这个条件对复合标准决策提供了一个非常有力的选择一致性的排序形式。

万有域的条件要求对标准的排序的理性整合不仅要适用于事

---

[7] 这是在一个理性整合复合标准的一般观点和可能可以仅仅作为超然价值的较小方面的明显复合的标准提供一种整合的观点之间的区别,它可以有效地反驳多元论。

实上的排列顺序,也要适用于逻辑上可能的排列顺序。该观点从一开始就不排除任何可能的对标准排序的整合,否则就会破坏对最可能出现的系列困难的理性整合。毫无疑问的是,一个人不想仅仅用魔法变出一种非常简便而又有限的标准排序的领域,以至整合一个更困难领域遇到的所有问题都可以得到有效的解决。

虽然这种对最不合逻辑的可能性的接受看起来值得赞同,而且并非所有可能性都会像实际上的那样威胁我们进行选择的标准,但是,将这与无关联选择对象的独立性条件相结合的结果是,最不合逻辑的困难会立即转化为一般的不可能性,包括像这些标准实际上的排序一样,合理地解决对它们的理性整合问题的不可能性!这就是为什么阿罗定理被恰当地表述为"一般可能性"定理。无关联选择对象的独立性条件有效地将对某个具体的与事实相反的标准排序形式的一个"非一般可能的"结论(只作为逻辑物存在,也许,因为一般领域)转变为一个关于所有可能的标准排序的"一般不可能"结论,包括事实上存在的一种非常有限的标准的排序形式。

赫利对这些无关联选项的独立性条件在排序形式之间的影响的反对令人信服。她认为,我们可能会对不同的标准如何解释不同的与事实相反的情况感兴趣,比如,我们何时运用一些假设情况去明白和更好地理解我们的标准或价值的真正要求。然而,这并不表示我们同样会对相反标准,具体来说,对下面两种判断之间是否有任何一致性感兴趣,一方面,我们在考虑了所有情况下做出的判断,比如这些标准形式所影响和在事实上所影响的情况,另一方面,我们对当它们可能在某种不同的且仅仅不可能的情况和一个完全不同的标准的排列顺序之间的判断。然而,这种排序形式间的一致性是无关联选项的独立性条件造成的(赫利,1989,第234—

241页)。[8]

对此,读者可能想知道阿罗的不可能性结论究竟是否真的如此令人困惑。他好像强烈排斥理性的复合标准决策的一般可能性,仅仅因为它提出了这样一种强烈的违反直觉的形式间的一致性条件。不管阿罗最初关心的在人际社会选择中这样一个条件的价值是什么,赫利对在这个条件多标准选择中所具有的吸引力的质疑好像是对的。如果阿罗提出的条件看起来不那么令人信服,那么他的好像强迫我们在一个专断的一元论和一个不和谐的多元论之间进行选择的不可能性结论也会如此。

然而,正如赫利自己承认的那样,这将会是一个非常草率的结论。如果一种标准的排序在解决一些选择问题时是实际存在的,那么就有一种不一致的危险,甚至不管无关联选项的独立性条件所期望的那种逻辑上可能的排序间存在一致性。换句话说,排序形式内的阿罗不可能性结论是存在的,且在意外事故法中,具体在侵权行为法中,这些结论继续表明了一种需要解决的实际困难。

形式内的不可能性结论有两种基本形式,中立的和非中立的。由于这种区别属于解决多元化问题的不同制度策略之间的某种相关性的区别,那么理解这种区别是重要的。中立的形式内的不可能性结论假设了一个中立条件作为他们的基本条件之一。中立性要求对任何选项 X、Y、Z 来说,如果所有的标准对 W 和 Z 的排列与对 X 和 Y 的排列一样,(也就是说,如果任何标准都将 W 排在 Z 前面,将 X 排在 Y 的前面,反之亦然),那么在考虑了所有情况下,W 和 Z 必须像 X 和 Y 那样排列。因此不同于无关联选项的独立性条件那样,在对任何一组相关的选项排列顺序时要求一种排序形式

---

[8] 赫利仔细地考虑了一个违反事实的无关联选项的独立性条件,但是发现它违反了被附加了某种非标准信息的标准概念的最基本要求。具体地说,如果在一种标准的排序中有一种不同或变化,那么一定是因为事实的选择发生了变化。尽管事实上一个标准可以对不同的选项有着相同的排列,但它不能将相同的选项进行不同的排列。然而这正是与事实相反的无关联选项的独立性条件的目标。

8 对侵权行为法和意外事故法中多元化的一种合理调节 355

间的一致性,如果不同的排序以同一种方式对不同的选项组合进行排列,中立性则要求任何一种排列形式内的一致性(或者形式内的一致性)。相反,非中立的形式内的不可能性结论并不依赖中立性作为它们的基础条件之一。

中立的形式内的不可能性可以通过简单多数投票来得到例证。当然,我们通常认为多数投票更适用于个人,但是,正像阿罗和其他人已表明的那样,它也可以显著的用于复合标准决策上。在本文中,这种方法仅仅由有关该选择的多数标准选出这样一组选项,即关于这个选择的大多数标准将其排列的次序高,或对其比较支持。困难,或不可能性是(考虑到多数投票方法的其他限定条件[9]):对任何一种特定的排列顺序而言,多数标准不可能选出少数标准根本不赞同的选项。这是多数投票常见的矛盾,下面将对此进行说明。三个标准分别是 $C1$、$C2$、$C3$,他们各自对三个选项 X、Y、Z 的排列如下(根据偏爱程度从上到下依次排列):

C1	C2	C3
X	Y	Z
Y	Z	X
Z	X	Y

很容易看出这些标准中有大多数认为 X 优于 Y,Y 优于 Z,Z 优于 X。因此,大多数标准不可能选出这三个选项中的任何一个,除非有一个可供选择的另一个选项,且该选项为大多数标准优先选择。

很容易证明如果多数投票矛盾要发生,那么对这里举例为 X、Y、Z 的三个选项的偏爱程度的具体的配置或矩阵,通常被称为拉

---

[9] 关于作为一种社会选择规则的简单多数投票方法的原则,参见玫(May, 1952)。

丁方阵,就必须发生于某种标准的排序中。[10] 而且,进一步的论证表明中立性在得出这种特殊的排序形式内的不可能性结论中所起的基本作用。由于标准偏好的这种特殊构造对不可能性来说是必要的,那么在具体的选择情况下,考虑期待这种对相关联的标准的排列方式的出现是否合理这个问题是有趣的。正如我们将在第三部分 A 节中看到的那样,完全有理由期待这种通常与意外事故法,具体与侵权法相关的种种标准的模式,并且可以提出证据加以证明。

但是,在解决意外事故法的细节问题之前,更需要解决排序形式内部不可能性的总体结构。我们已经表明,也存在非中立的排序形式内的不可能性结论。非中立性允许,而中立性不允许:如果所有的标准排序对一组选择项 W 和 Z 与另一组选择项 X 和 Y 排序的方式一样,但是,对 W 和 Z 的排列结果不必与 X 和 Y 的排列结果一样。因此,非中立性考虑到了对一些选项来说具有"司法决定权的"一些标准的可能性,但对其他标准并非如此,尽管不同的标准可能在不同的司法权限中以相同的方式对不同的选项进行了排列。

非中立性是解决复合标准决策的方法的一个重要特征。如果不同的标准可以被划分适用于不同的领域,且在每一个领域中,该标准都具有统治权威性,也许因为标准在某种意义上是针对被考虑的选项的一场精彩的比赛,那么,看起来标准间的某些具有多元化特征的冲突可以被避免。实际上,对于这是否可能是韦恩瑞布解决意外事故法中多元化问题的方法,是有争论的。他提出一种解决多元考虑的可选择的方法,该方法并不要求存在一个广泛的正当目的来作为它们的衡量标准和对它们进行理性整合,这个方法是"将每一个目标转换成适合法律特殊要求的法律上的排序,那

---

[10] 关于严格偏好的一个简单的例子(如没有无差别可能性),参见萨吉顿(Sugden,1981,第 156—159 页)。萨吉顿运用了拉丁方阵;该方阵可见于在方阵中每一列和每一行只出现一次的每一个选项的对称。

么我们将有一套调整威慑的制度和一套调整损害赔偿的制度。"（韦恩瑞布，1995，第41—42页）这里，第一个方法，包括可比较性，意味着中立性。第二个方法，在每一个规则都具有决定权的权限下对不同的标准进行单独考虑，包含着非中立性。

这种解决多元化的非中立方法至少有两个困难。一个是，它是否可以形成一种真正的对可比较性的选择是不清楚的。在第三部分A节中，我将表明，例如，在无过失制度内集中关注赔偿目标，不可避免地会面临威慑目标的要求，只要赔偿的成本是足够可提供的。在侵权行为法中，我将表明，纯粹的矫正正义，在某一点上（在概念排列的判断中）必须让位于效益的考虑，甚至对韦恩瑞布来说也如此。

对不同的标准适用单独司法权或领域的非中立性方法的第二个困难是森在其关于"帕累托自由主义的不可能性"的形式内定理中提出来的。森打算找出对权利的关注和在帕累托原则中包含的对福利的最小关注之间的一种紧张状态（也就是说，一个社会选择规则应当永远不会选出所有人认为其次于另一个现存选项的选项）。但是他的结论的结构中包含着一个更一般化的困难。假设一个标准$C1$对选择项W和X有最高决定权，另一个标准$C2$对选择项Y和Z有最高决定权。现在假设$C1$对四个选择项的排列（从左到右）是Z、W、X、Y，$C2$对它们的排列是X、Y、Z、W，那么，由于$C1$对W和X有最高决定权，$C2$对Y和Z有最高决定权，所以，X和Z都不应当被选择，因为权力上相关的标准判断这两个选项中的每一个都比在它的权限范围内的另一个差。但是，这样一来，只有选项W和Y可供选择了。但是，这两个选项都次于根据所有相关标准选择出的其他选项（例如，它们是帕累托较差的或被支配的选项），在考虑了所有情况下，选择它们中的任何一个看起来尤其是错误的。因此，去选择选项W、X、Y或Z中的任何一个而不违背某种被认可的标准或帕累托原则是不可能的。

争论可能会典型地持续下去。但是，要注意尽管这种非中立的形式内不可能性结论没有假设不相关选项的独立性条件（不必担心任何形式间的一致性),然而,在给予一项标准对一些选项具有绝对的至高权限上仍然存在一种强烈的"独立效应",也就是说,不管这个标准怎样排列其他(不相关联)选项,更具体的说,不管在比较某个不同的标准会怎样排列其他选项时这个标准会对其他选项怎样排列,该标准仍具有最高决定权。毕竟,这是分权方法解决不可比较的多元性的方法;且不要求对一些共同的选择项适用的不同标准进行比较。但是这种"独立性",正像形式内不可能性结论显示的那样,有它自己的困难,至少在面临某些标准的排序时如此。为避免这些问题,好像我们可能需要放弃独立性,而使对一些选项有决定权的标准更显著适用于某种标准间的可比较性。

在本文,我将勾勒一种标准间的可比较性可能会采取的形式,而不将可比较性降为完全的可用同一标准衡量性,并运用一般来自意外事故法(第三部分),更具体的来自侵权行为法(第四部分)的例子对此进行说明。但是,在着手分析细节之前,考虑一种其他的有时可用于多标准决策的一般决策规则是有用的。这一规则之所以令人感兴趣是因为它引入了对不同选择进行一种在概念上显著的排序的观点,并展示了这种排列如何能根据价值最大化规则从而在根本上区别于更传统的选择的排序的观念,这是决策理论通常需要的。这种决策规则也可用于解释一种特殊的非独立的多标准选择。

C. 复合标准排序的两种不同形式

人们有时称如果一个人要在两种利益间进行选择,即使他选择了较大的利益,但仍然会对没有选择的那个较小的利益感到遗憾,这是理性的。〔赫卡(Hurka),1996;威廉姆斯,1973〕人们也称,尽管这看起来更富有争议,即如果这两种利益在某种意义上一般并不相同,也即一个人有着多元的利益观时,只有感到这种遗憾才是理性的。[11] 这是否是理性遗憾的惟一途径不是我们在这里需要解决的。然而,如果多元化提供一种途径,那么考虑遗憾在多标准决策中可能起的作用是令人感兴趣的,可能那种遗憾不仅仅是难以控制的多元化的一种表现,也可能那种理性的遗憾,或在有遗憾时的理性选择能够提供一种对多元化进行排列的方式。在这一部分,我将提出确实可以,而且是以一种与传统决策理论完全不同的形式。

假设在一种众多不同的标准彼此相冲突的困难选择情况下,因不能满足一种既定的标准而感到遗憾是理性的,并且,假设对每一个标准来说感受到的这种遗憾与一个人因没有选择该标准而遭受的损失相称是理性的。这清楚地表明遗憾取决于选择的基准,这也正是我在这里假定的。但是,不像在功利主义中那样,我们并不将不同标准产生的遗憾加总。我提出,遗憾是我们对每一个单独考虑的标准所感觉到的东西。[12]

例如,下面在选项 X 和 Y 之间进行 A 选择时,我们有三个适用于该选择的标准,C1、C2 和 C3,以及在每一个选择中的每一个标准取得的用数字表示的收益。我们也可以构造一个相应的遗憾方阵,在这里用每一数字后面括号里的数字表示,根据收益方阵,这种遗憾数字表示了一排选项和该排选项所在的一栏中的最大数字之间的差异。

---

[11] 例如,参见斯托克尔(Stocker, 1990)。胡弗克兹(Hufkz, 1996)讨论并反驳了斯托克尔的观点和其他如维吉恩斯(Wiggins)和努斯鲍姆(Nussbaum)的观点,他们认为理性遗憾正好表明了多元性。

[12] 然而,为了这个例子的目的,我确实提出遗憾在不同的标准间是可以进行比较的。根据用来任一标准的数字的线性转换(或仿射转换),基于遗憾做出的选择(我将其称作"使最大遗憾最小"的选择)并非一成不变的。关于信息重要性和选择的不变性之间的关系,参见森(1986 和 1982a)。规范的遗憾之间的可比较性要区别于假设的标准之间的可比较性。

选择 A

	C1	C2	C3
选项 X	12(0)	7(0)	3(9)
选项 Y	5(7)	4(3)	12(0)

现在假设决策规则(从决策理论引入的,但在那里受到批判)是要进行选择以致使最大可能遗憾最小化,或"最小最大遗憾"。毕竟,遗憾是人们在每一个选择中都会经受到的,并且要确定最好能将人们感受到的最大可能遗憾减至最小。通过考察,这意味着人们应当选择 Y 甚于 X,因为这种选择经受的最大遗憾是 7,而相反则是 9。

同样,对下列选项组合来说,B(Y,Z)和 C(Z,X),人们应当分别选择 Z 和 X。

选择 B

	C1	C2	C3
选项 Y	5(0)	4(8)	12(0)
选项 Z	2(3)	12(0)	6(6)

选择 C

	C1	C2	C3
选项 Z	2(10)	12(0)	6(0)
选项 X	12(0)	7(5)	3(3)

但是,现在我们肯定会说这里存在一个问题。[13] 一个理性决策规则难道不应当产生一种对选项的有传递性的排序吗?传递性要求,如果一个选项 Y 被认为优于选项 X,而选项 Z 同样被认为优于选项 Y,那么选项 Z 应当优于选项 X 而被选择,然而,这恰是最

---

[13] 事实上,正如一些决策理论家的观点一样;参见在鲁斯和拉弗亚(Luce 和 Raffia,1957)中对克尔诺夫(Chernoff)提出的异议的讨论。

小最大遗憾规则所不能得出的(比较选择 C)。

还有一种方式可以看出最小最大遗憾规则具有明显的不合理性。假设在选择 D 时,将对所有三个选项同时进行选择。[14]

选择 D

	C1	C2	C3
选项 X	12(0)	7(5)	3(9)
选项 Y	5(7)	4(8)	12(0)
选项 Z	2(10)	12(0)	6(6)

那么,最小最大遗憾规则将推荐选择选项 Y,因为这一选择的最大可能遗憾数(8)小于选项 X(9)和选项 Z(10)的最大遗憾数。但是,争论仍然存在,显而易见,在选择 D 中,从三个选项(X,Y,Z)中,应当选择 Y 而非 Z,但当选择 B 中只有两个选项(Y,Z)时,就应当选择 Z 而非 Y,这是奇怪的。为什么将第三个选项 X 加入到选项组合里就会与在只有 Y 和 Z 选项之间进行的选择有所区别呢?人们可能已经想到原因是后一个选择可能不会受此影响。事实上,经济学家在他们提出的偏好定理中特别坚持这种独立性(不受影响性)。[15]

然而,这种最后提到这一点的方式表明我们又回到了先前在第二部分 B 节中讨论过的系列难题。在那里我们看到,坚持某些独立性观念对复合标准决策来说很成问题。也许,在这里坚持类似于独立性的观点也是有问题的。然而,既然这种传递排列的观点可能对价值最大化或"在全面考虑下的偏爱"的观点来说是有问

---

[14] 很值得注意的是这个例子中的标准的排序也支持大家已经熟悉的多数选举矛盾。根据大多数标准,x 选项甚于 y,y 甚于 z,z 甚于 x。

[15] 例如,参见阿罗(1959)和森(1971)。关于对那些为普通法决策的一致性所要求的条件和作为侵权法论点的例子的批评,参见查普曼(1994)。一些价值或选择标准,在适用于某些选项时是无条件的(但不是绝对的),将精确地说明遗憾矩阵所证明的选项间的不一致性,对此,参见查普曼(1998a,第 1496—1507 页)。

题的,对已经提出的偏好理论同样是有问题的,那么,为什么根据遗憾而做出的排列应当具有传递性或一致性? 毕竟,在完全不同的遗憾概念之下,上文考虑的从不同的选项组合中会得出不同选择的结论非常容易理解,或者说,被理性地排列了。(当有选项 X 比没有选项 X 时,选择选项 Y 而非 Z 就可以避免更多遗憾。)也许这样一种概念提供的一种对多标准选择的排列,在结构上不同于价值最大化观念或在全面考虑情况下的偏好排列所提供的、并同样被假设为是理性的排列。

根据概念对多标准选择进行排列的形式可能在结构上不同于在全面考虑情况下的偏好观点所提供的排列,这并不会令人吃惊。毕竟,正像经济学家提出的偏好定理显示的那样,根据偏好做出的选择,对任何一组选项来说,应当与这些选项会如何与其他选项结合或划分无关。乍一看来,这在根据最小遗憾规则做出的选择看来是奇怪的。但是,在对不同选项进行选择时,正是对这些选项的不同划分以完全不同的方式界定了选择中的"焦点问题"。因此,再次看来,在不同的焦点或概念下,做出的选择不同是因为不同的可供选择的选项以一种新的方式界定了选择问题,甚至在同一组选项组合间的选择可能也不相同,这不应当令人吃惊。因此,我们可以期望,在一种概念上显著的决策理论下,选择将在体系上是焦点依赖的或部分依赖的,而偏好理论则认为这是不理性的。[16]

因此,我们也应当期望,某个在概念上排序了的选择将是路径依赖的。毕竟,路径依赖只是有一定范围的部分依赖;所有选项中的一部分优于其他部分被考虑,最后的选择是在排列中最后一个未被排除的那个选项。但是,路径依赖在偏好理论中不被看好。

---

[16] 遗憾和偏好当然都是概念。因此关键点不是遗憾提供了一种概念的排序而偏好却没有。相反,关键点是遗憾提供了一种部分依赖的排序而偏好则没有,因为遗憾是一个不同的概念。因此,理性的选择理论家在典型地假设了所有理性的选择应当是部分依赖的选择时,就不太注重概念。关于对这一结果的进一步的论述,参见查普曼(1994,第 58—64 页);和查普曼(1998a,第 1496—1507 页)。也参见查普曼(1998b),关于如果将概念敏感性引入选项中,就可以避免根据偏好做出的理性选择遇到的某些体系上的难题。

例如,阿罗第一个在他的全面考虑情况下的社会偏好观点中提出了传递性条件,因为他觉得,如果没有这个条件,社会选择将会完全依赖于不同选项的排序或路径。(阿罗,1963,第 120 页)(上文提到的多数投票的矛盾就表明了这个问题;不管三个选项中的哪一个没有在一组多数选择的标准中首先被考虑,结果总是多数标准所选择的那个选项,至少在先前被排除的选项未被重新考虑的情况下如此)。但是,如果选项的不同划分,或选择的路径,在概念上被排序了,就像在一场按顺序排好的且概念上显著的辩论中的焦点被构造性地提出那样,那么认为最终的选择像阿罗最初考虑的那样是专断的就不太合理。通过概念进行的一个选择排序或对选项的划分充满了深思熟虑,这与专断或非理性的选择是完全相反的。

在本文的下一部分,我将开始说明我为何在意外事故法中提出一种概念上排序的观点。而且,我将表明,它提供了一种理性的协调多元标准的方法,该方法既不同于假设单一价值的可比较性方法,也不同于赋予每一个单一标准在特别领域具有最高决定权的方法。我们已经看到这两种方法对真正多元的或多标准的决策来说是有问题的。但是,为了激励意外事故法中的那种实践的相关性,我们首先需要将我们对于复合标准决策中有问题的结构的更抽象的讨论置之脑后,而去证明在驱动意外事故法的规范标准中所存在的问题。

三、意外事故法中排序形式内的不可能性
(intraprofile impossibicities)

在我们对复合标准决策遇到的一般难题的讨论中,我们发现,如果不假设不同标准间具有完全可比较性(以主要的或次要的形式),就会出现两个问题。第一个问题是首先由阿罗发现的形式间的不可能性。但是,看起来这种有力的结论可能太依赖于一个强烈的排序形式之间的一致性条件假设,即无关联选项的独立性条

件。在多标准决策中假设这个条件并不难。

但是,也有人指出,形式内的不可能性结论表现出的第二种困难,可能以中立的或非中立的形式存在,并不依赖这种有力的条件,尽管它确实依赖于事实上存在的一些有问题的标准的排序。这可能表明如果这些特殊的形式并非真的存在,或者至少在一些领域中的存在并不明显,那么,在这些领域中,对多标准选择来说形式内的不可能性可能不会有太多问题。然而,在这一部分我将论证在意外事故法领域,这可能是一个空想。对威慑、损害赔偿和一般福利的关注,韦恩瑞布正确地认定它们在当前意外事故法理论中是存在的,正是这样一些标准,人们可以期望其产生一种我们前面在对多数股票矛盾的例证中看到过的中立的形式内的不可能性。当所有这些相关标准同时适用于所有供选择的显著的选项时,包括侵权行为法,以一种中立性允许的方式,那么结果可能是不一致性或专断的路径依赖。

这可能表明在解决意外事故法中事实上存在有问题的标准排序时,运用一种非中立的方法来处理众多标准可能会更好。例如,当韦恩瑞布选择单纯从矫正正义观点角度理解侵权法时,他会选择这种方法,而将威慑、损害赔偿和福利留待其他制度解决。但是,在本文中,我将论述,首先,这种方法也使受害者遭到形式内不可能性的损害(第三部分 B 节),第二,尽管韦恩瑞布否定,但有证据表明侵权行为法本身承认这一事实(第四部分)。我将提出,侵权行为法调整这些多元的考虑的形式,是根据一个非专断的,概念上排序的争议依赖或路径依赖的观点,去承认这些多元的考虑。

A. 意外事故法中中立的形式内的不可能性(Neutral intraprofile impossibility):多数投票的情况

要勾勒一种中立的解决意外事故法中多元标准的方法,显然我们需要知道供选择的选项是什么,更具体的说,基于本文的目的,这些选项是如何与侵权行为法相联系的。在早期的一篇文章中,我们详细讨论了与汽车事故相关的选项,米歇尔·崔比尔柯克和我提出了四个选项作为对纯粹侵权制度的可能的替代来加以典型论述(查普曼和崔比尔柯克,1992)。其中三个选项分别是纯粹无过错赔偿制度(这里,侵权行为法根本不起作用),补充无过错制度(这里,侵权行为法是不完整的,仅仅通过一种无过失制度进行补充)和有限无过错制度(这里,侵权行为法被无过错制度代替至某个限度,但是之后仍可以作为对意外损失赔偿的例外的救济发生作用)。(我们也考虑了第四个制度,任意无过错制度,该制度不同于其他几个制度,因为它对用于代替纯粹侵权行为法的制度的特征关注较少,而对用于个人的而非立法的替代制度的选择的可能性关注较多;在这里,我们不考虑这种可能性。[17])

在早期的文章中,我们论述到这三个选项自然会分成两类,即根据设计制度时的目的是补充还是替代(全部或部分)侵权行为法(查普曼和崔比尔柯克1992,第809页)。在本部分稍后,我们将简单讨论这种两分法,但现在我想强调一个尽管相关,但稍微有点不同的观点。我们在较早的一篇文章中论述到,那些集中关注原告的观点的人,相应的,他们会强调意外事故法中的赔偿标准,像补充侵权行为法的方法提出的那样,将倾向于选择补充无过错制度作为他们最偏爱的选择。其次,他们将选择不同的替代无过错制度中的一种(有限无过错制度可能排在纯粹无过错制度前面),而侵权行为法,因为它传统上强调将被告具有过错作为对原告损失赔偿的一个必要的前提条件,是最后被选择的。另一方面,更多地关注侵权行为法可能有选择地使被告承担过错和损失的威慑原则将视侵权行为法为最优选择,会将准备采纳一种不完全替代侵权行为法的补充制度排在第二位,将不同形式的替代选择排在最后,有限过错可能优于纯粹过错,因为侵权行为法在某种程度上仍然存在。最后,我们认同一些人提出的一项标准,这些人更关心的

---

[17] 任意无过错制度一直被它的最初提出者,维吉尼亚大学的康内尔(Jeffrey O'Connell)教授大力提倡;例如,参见康内尔和朱斯特(O'Connell 和 Joost,1986)。关于对任意无过错制度的批评,表明它产生了一个相反的选择的问题。参见卡尔(Carr,1989)。

是一般社会福利而不是具体的原告或被告所处的困境,他们可能最关心实施和投入用于分配意外事故损失的制度的成本。我们提出,这个标准将把替代无过错制度作为最偏爱的选择(可能根据替代程度,纯粹无过失在有限无过失之前),侵权行为法第二,而补充的制度,由于它所需的双倍成本,被排在最后。[18]

因此,根据包括侵权行为法的四个选项三个相关的标准,我们可以得出下列三个排列(从上到下):

损害赔偿	威慑	实施/投入的成本
补充无过错	侵权行为法	纯粹无过错
有限无过错	补充无过错	有限无过错
纯粹无过错	有限无过错	侵权行为法
侵权行为法	纯粹无过错	补充无过错

根据这些标准的排列顺序,明显的是,大多数标准在进行选择时,如果没有这四个选项中的另一个也被大多数标准偏爱,就不可能将这四个选项中的任何一个作为多数偏爱的选项。大多数标准会选择补充制度甚于有限制度,有限制度甚于纯粹制度,纯粹制度甚于侵权行为法。然而大多数标准却偏爱侵权行为法甚于补充制度。如果,为避免这个矛盾,运用多数标准去排除选项,那么哪一个选项为最终选择且不被大多数标准所否定,将完全取决于所有选项被考虑的顺序,也就是说,这将会是路径依赖的。

我们在第二部分论述到,像这样的一个多数选举矛盾如果要发生,那么对某一个可能的包括三个选项的组合进行的特殊的排序矩阵,被称作拉丁方阵,必须出现在标准排序中,这是有必要的(尽管是不充分的)。(例如,上面的标准排序,是关于补充的无过错选项,有限的无过错选项和侵权行为法的拉丁方阵。)相反,要避免这个矛盾,就应当使这个特殊的矩阵不存在,这就足够了。这就使得更细节地研究拉丁方阵令人感兴趣。对多数决策来说,有问

---

[18] 在这里我仅仅提出对这些根据标准对这些选项做出的特殊排序的建议是空洞的。关于更详细的论述和他们根据经验主义对意外事故法的支持,参见查普曼和崔比尔柯克(1992,第812—829页)。

题的多元的复杂性究竟是什么？或者说，如果要避免这里强调的多数选择的难题，它表明需要对多元考虑达成什么样的合意或协调？

从拉丁方阵中得出的观点是，对方阵中的三个选择项来说，不存在一个所有相关标准全体一致达成的协议，即选项中的任何一个要么是三者中最好的，要么是三个选项中最差的，要么介于其他两个选项之间。也就是说，将这三个排序放在一起表明，对三个选项中的每一个来说，至少有一个标准将该选项排为最差的，另一个标准将其排为最好的，第三个标准将其排在其他两个选项之间。因此，这种特殊的标准的排序方式导致了多数选举矛盾的发生，避免这种矛盾的一种方法是坚持一种非常特殊的标准间全体一致的合意，即所有标准都同意，在每三个选项中至少有一个选项不是最好的，或不是最差的，或不介于其他两个选项之间。在有关社会决策的著作中，全体一致所要求的这种特殊的形式被称做"价值限制"〔森，1970，第166—186页〕。

现在，正像许多社会决策理论家已经指出的那样，在有些选择情况下，这样的合意或价值限制会在某些标准中同时出现完全是合理的。例如，如果有一种单一尺度，据此所有不同的标准都可以衡量所有供选择的选项的价值，进一步讲，如果不同标准之间存在一种合意，即在每三个选项组合中有一个选项处于那个决策尺度的中间位置，那么，这个中间选项对每一个标准来说都将不是一个最坏的选择〔穆勒（Muller），1989，第69页〕。也就是说，每一个标准对这个中间选项的排列或者是最好的，因为这个选项在该决策尺度中的位置既不太靠前又不太靠后，或者介于其他两个选项之间，因为当与比这个确定的度更极端的一个其他选择相比时，它或者太靠前或者太靠后。但是，没有标准将这个选项排列为三个选项之中最差的，因为这样意味着中间的选项在据称对该标准具有决定性的尺度中最靠前或最靠后，这显然是自相矛盾的。

这种满足价值限制的"非最坏的"方法存在的问题是，实际上它的适用是非常有限的，因此在许多选择情况下，不可能在众多标准的排序中同时产生。所有标准不仅必须同意存在一个单一的确定的尺度去评价任何一个包括三个选项的组合中的三个选项,也必须同意事实表明一个具体的选项明确处于该尺度的中间位置。社会选择理论家现在已经表明这些是非常必要的要求,并且一旦一个人将不止一个评价尺度引入一个选择情况,这种"非最坏的"价值限制的形式要在事实上得到满足是极其不可能的。[19]

事实上,上面给出的多数投票矛盾的例子可以以一种有趣的和暗示的方式说明问题。例如,假设人们可能说在意外事故法中惟一真正具有决定性的问题是侵权行为法制度被另一制度所替换的程度。而且如果每一个人都赞同侵权行为法在满足某个相关目标(如,威慑)上是有效的,但对要达到这个目标时是否乐意付出高昂成本上不能达成一致,那么对这个问题的一般观点可能会出现。一些人可能最想完全替换侵权行为法(例如,一个损害赔偿的支持者,尽管他承认威慑是相关的,但对此并不太感兴趣),一些人根本不想替换侵权行为法(威慑的支持者),还有一些人可能最支持一种部分替代的观点,所有这些取决于他们对实现侵权行为法的既定目标所产生的收益和成本之间的最佳平衡的看法。但是没有人会在他们的排列中将部分替代选项或有限赔偿制度作为最差的选项。并且,当对侵权行为法的替换是惟一需要考虑的问题时,没有人去考虑一个又导致了一些要考虑的新问题的政策选择。补充无过错制度也如此,因为它对所有意外事故同时提供侵权行为法和无过错制度选择,也就是说,提出了一个供考虑的新问题,即我们是否应当补充而非仅仅替代侵权行为法的问题,所以它不会成为我们的选择对象。

实际上,在上面的标准的排序表格中,我们可以看到,如果没有补充无过错制度选项,也就是说,如果只允许选择标准对那些对侵权法进行不同程度替代的选项进行排列(即,完全不被替代的侵

---

[19] 例如,参见克拉默(Kramer, 1973)和迈克尔威(McKelvey, 1976);更精彩的讨论见穆勒(1989,第79—82页)。

权法,部分替代的有限制度和完全替代的纯粹无过失制度),就不会存在多数投票矛盾循环。这是因为,所有标准达成了一致,即在对三个选项的所有可能的组合中,有限制度(或部分替代选项)是一个基于决定性替代尺度的位于中间的选项,因此,"不是最差的"。仅仅当我们允许其他的评价尺度在这种选择情况下变得有重要决定性时,比如受害者在何种程度上得到赔偿,以致激励和允许赔偿标准提出一种补充的制度而非一种替代无过失制度选项作为所有可能的情况中最好的选项,我们才逐渐削弱了这种"不是最差的"价值限制形式。但是,如果没有一个单独的确定的尺度,据此选择标准去评价所有供选择的选项,这正是我所期望的。增加了补充无过错制度后,我们就有两个这样的尺度,一个用来评价不同程度地替代侵权行为法,另一个用来评价用一种赔偿制度补充侵权行为法。因此,面对这个新问题的多元性,我们不应当奇怪,足以避免多数投票矛盾的全体一致的一种形式,也即"不是最坏的"价值限制形式,没有了。

然而,这个例子也有效地表明了我们怎样通过合适的制度设计对多元标准进行一种价值限制,即使标准的排列没有同时或作为一种无理性的事实来满足这个要求。回想一下,在引入一种可能的补充制度之前,上文的标准的排列并没有表现出发生多数投票矛盾所必要的拉丁方阵形式。我们认为,这是仅将替代选项放置在供他们考虑的标准之前的结果,因此,一个用来评价补充制度以外的所有选项的单一的和确定的尺度,是一个能够提供满足"非最坏的"价值限制形式的基础。这表明,如果标准能在某种程度上被排除,至少最初从考虑那些将新的可选择尺度引入选择问题的选项中排除,那么这对于避免多数投票矛盾可能是有用的。[20] 那么不同的标准将用于众多选项,就好像他们共同的排列展示了价

---

[20] 这可比较通过要求立法选择应当被限制为一次只解决一个问题来在立法选择中达到一种结构上的平衡。参见穆勒(1989,第89—91页);斯罗姆(Strom,1990,第98—106页)。关于对与普通法决策相关的这些问题进一步的讨论,参见查普曼(1998b,第303—318页)。

值限制要求的那种全体一致,尽管在事实上并非如此。

我们可以认为这种价值限制形式,至少最初,具有下列有顺序的结构。首先,对任何可能的包括三个选项的组合来说,其观点是,对不同标准进行比较,将这三个选项分为两部分,即一个单独的选项和一个另两个选项的组合,然后对此进行选择。如果选择了组合,标准要继续在这个组合内的两个选项之间进行考虑和选择,特别的是,这个组合中的两个选项有一个将是最终的选择。这种进行选择的顺序不允许被单独选出的选项与组合中的任何一个选项进行比较。同样,组合中的两个选项也从来不这样与被选出的单个选项进行比较,除非组合在第一轮选择中被选出来了,二者彼此之间才可以进行比较。如果进行组合以至当被单独选出的选项同组合选项进行比较时,使一个用于选择的决定尺度在第一轮就成为争议焦点;当对组合中的选项进行选择时,另一个用于选择的尺度在第二轮中成为争议焦点,那么组合的效果是迫使投票者面对这样一个选择的顺序,即这种顺序一次只根据一个确定的尺度来考虑选项,从而避免了多数选举矛盾。[21]

上述关于意外事故法选项根据标准进行排序的例子可用于以一种不太抽象的方式说明选择的顺序。假设,在准许不同的标准单独考虑我们上面提出的所有替代无过错选项之前(包括,侵权行为法选项在那种替代排序上作为一个限制情况,或零点;在该点之下还有更多),我们坚持认为它们应首先解决概念上在前的问题,比如无过错赔偿制度选项应当采用什么样的总体形式。无过错赔偿制度可以被看做是对侵权行为法的一种替代,也可以看做是对侵权行为法的一种补充。这样一个在先选择的结果是单独挑选出补充无过错赔偿制度选项与由其他选项组成的替代组合进行比较,但是选择排序不允许任何组合了的替代选项单独与补充过错

---

[21] 当然,与其说多数选举矛盾"被避免了"不如说它"不那么明显了"。在给出的标准排序中,它们直接通过选项表现出来,但是将选项进行组合则限制了要进行选择的问题(因此,选项的可比较性)因此不允许该矛盾自己证明自己。

赔偿制度选项进行比较。这样,对侵权行为法的替代程度就单独成为一个问题,或者成为一个用于选择的决定尺度,从而就区别于下面这个问题,即作为一个总体方法,用无过错赔偿制度替代侵权行为法合适还是补充侵权行为法更合适。因此,这样一种选择排序就避免了多数选举的矛盾,首先,通过将评价不同政策选择的不同的度分别适用于不同轮次的选择,第二,通过禁止第一次没有被单独挑选出来的选项组合与那些在其次各轮中考虑的组合中的单个选项进行比较从而使这些不同的度彼此区别开来。

这种特殊的选择排序的形式或结构足以避免多数选举的矛盾,这很容易得到证明。因为尽管我们可能已经促使我们采纳选择排序的观点,选择排序通过讨论有多种评价度的选择如何确定"非最坏的"价值限制形式从而一次适用一个尺度,但是采纳这种形式的选择排列的真正好处在于它有效地把"非处于中间的"价值限制形式用于所有的标准排序这一事实。当然,将此作为价值限制的一种形式,多数选举矛盾不可能发生。

如果第一轮选择所关心的问题是无过错赔偿制度应当替代侵权行为法还是应当补充侵权行为法,那么,像已经表明的那样,对这组选项的有效选择就在补充制度和其他替换程度不同的选项的组合之间进行。现在,既然损害赔偿标准和实施/投入成本标准在各自的排序中都未将补充无过错选项置于其他两个选项之间,那么很容易看到每一个标准将如何在第一轮的选择中进行投票。赔偿标准将支持用无过错制度补充侵权行为法,因而毫无疑问会选择补充无过失制度。另一方面,实施/投入的成本标准在某种程度上(甚至是零)将同样会支持侵权行为法甚于用无过错制度补充侵权行为法,因此,会选择替代制度的组合。

但是,威慑标准会如何选择呢?因为它的确将补充无过错选项置于两个替代选项之间,因此第一轮选择将不太容易预测。如果它选择替代(或者,更具体的说,如果它将替代的程度问题在第二轮选择中决定),那么它可能有助于保留侵权行为法或它最偏爱的选项,但它也可能存在选择出其最不喜爱的选项,即有限无过失和纯粹无过错制度的风险。这使威慑标准陷入一个两难局面,但这也是关于补充无过错选项的标准提出"非中间的"价值限制的选择排序的结果。因此,威慑标准不会遇到这种问题,只要它的排序在事实上满足这种"非介于其间的"价值限制形式。但是,由于排序并没有满足它,因此以这种方式做出的选择排序的结果是这种价值限制形式被用于这一标准,好像事实上也如此。因此,在这种意义上,选择排序的结构满足了"非介于其间的"价值限制的要求,从而成为一种避免多数选举循环的方法。

在论证这一点时,人们可能准备接受这样一种观点:价值限制的一般概念,特别是"非介于其间的"价值限制的概念可能有助于提供一个选择排序或程序上合适的形式或结构,从而避免多数选举矛盾。但是,人们仍然可能反对说,由于不同的"非介于其间的"价值限制形式取决于众多不同选项中的哪一个在选择排序中被选出,并且由于从排序中得出的最终制度关键取决于采取哪一种特殊的形式,因此,我们仍面临着同一个社会选择的问题,从而促使我们首先寻找一个合适的选择排序。这不仅仅是用一种新的标准冲突形式,即现在集中于一个选择排序的细节的冲突,代替了最初集中于最终选项的选择的冲突形式吗?

然而,这种反对夸大了一个人在将供选择的选项组合为一个显著的选择排序时实际具有的自由程度。一些选择排序(或路径),或选择组合(或对选项的分类),只是比另一些排序和组合更有意义,至少在仅用抽象字母 X,Y,Z 表示真正的选项的情况下如此。让我们再次考虑上面根据标准进行的排序。我们已经表明,一个合理的选择顺序可能会最先考虑侵权法改革应当采取一种替代形式还是采用补充形式,其结果是单独选出补充无过错制度选项和将其他替代选项作为一个组合,这对威慑标准来说尤其是困难的,因为这个标准在排列顺序上将补充无过错制度选项置于其他两个替代选项之间。一个威慑标准的支持者不可能提出一种其他的选项组合,这样的组合将具有一种不同的选择顺序的本质,且将面临一个担负着满足"非介于其中"的价值限制需要的其他标准吗？例如,假设一个威慑的支持者提出我们应当选出侵权行为法选项。她可能论述说,用于选择的概念上在先的问题和应当在选择排列中首先解决的问题是：支持一种无过错制度选项做出的变化在形式上应当是补充的还是替代的。她可能论述到,只要我们已经决定做出某种改变,那么我们就应当继续去考虑次要的问题,例如这种变化在形式上应当是补充的还是替代的问题。

正像我已经表明的那样,这个选择排序将侵权行为法选项在第一轮中进行特殊考虑。它不再仅仅被考虑成是在决定选择无过错替代形式而非补充的形式之后,要去决定的一种替代选项。并且那当然是对的。将侵权行为法选项作为一种替代选项,当然有一些奇怪的地方；而零替代实际上根本不是一种替代。而且,这不是数学上关于自然数零的抽象观点；在那种程度上,观点可能是模糊的,甚至是错误的。而且,得出的观点比这具有一种更基本的程度,毫无疑问那是适合我们正讨论的话题的程度,它表明我们都知道某个标准的支持者试图挖掘引用纯粹的数学观点,即零替代是一种替代,而这是机会主义的。我们将看到对它实际上是什么,也就是说,尝试去做出一种选择排序去影响符合一个标准的特殊优点的最终选择,而不是去寻找在协调多元的标准过程中什么是合理的。正因为这个原因,威慑标准的支持者提出的以描述的方式选出侵权行为法选项的观点特别具有说服力。它正是用它应当的方式,带有怀疑地回应了认为侵权行为法选项包含某种程度的替代侵权行为法的尝试。（即替代实际上以一种非常有限的方式发生了）

因此,现在我们的选择排序中有三轮选择,每一轮强调一个不同的问题。第一轮强调"改变"问题,并将侵权行为法选项从所有可能的无过失选项组合中排除。然后,如果选择了改变,问题就变为应当采取什么形式对无过失制度进行改变,具体地说,应当将无过失制度看做是对侵权行为法的替代还是补充？因此,第二轮选择将分别挑出补充无过错制度选项和可能的替代选项的组合,也就是说,照我们描述的那样,该组合包括有限无过错和纯粹无过错。如果第二轮中选出了替代作为改变形式,那么第三轮也即最后一轮选择将是替代的"程度"问题,或者说是对这最后两个选项的选择。我认为,这种从改变到改变的形式,到最终具体确定形式改变的程度的选择排序,是非专断的,而肯尼斯·阿罗最先提出的路径依赖选择则是专断的。事实上,如果我能摆脱经常与这个条件相伴的理论的束缚,我甚至可以运用这个选择顺序来描述这个决定,即逻辑性很强地将从第一步的一般的改变问题到最终确定一种特殊形式的改变程度的决定描述为是"自然的"[22]。

然而,人们可能反对说我提出的这个选择顺序之所以是自然的,更多的在于它将整个选择问题划分为了几个不同的问题,而不仅仅在于提出这些问题的特殊的排序。特别是,人们可能认为自然要证明在事先做出这样一种改变或改革的决定之前,应当完全确定无过失改革的细节问题。因此,根据这个观点,选择顺序的第一轮将考虑替代的程度问题,首先确定应当选择哪一种替代选项。解决了这个问题之后,选择顺序将比较补充无过失制度和已被视为最好的替代选项,以致可以解决一些问题,如无过错制度应当采取的合适的形式。最后,解决了所有的细节如改革的形式和程度之后,选择顺序将对最偏好的无过错制度改革选项和侵权行为法选项进行比较,以解决是否应当有这样的改变问题。这个选择顺序考虑的问题与我提出的选择排序考虑的问题一样,只是它显然以一种相反的顺序进行考虑,即从特殊到一般而非从一般到特殊。

但是,这两个选择顺序的区别不仅仅是不同问题被考虑的顺序相反。在我提出的选择顺序中,从一般的改变问题到最终具体确定改变的细节问题,要使标准满足在选择顺序的不同点上"非介于其间"的价值限制的要求,因为一些选项是以组合的形式提出来的。而从特殊到一般的选择排列使标准面临的问题不仅仅是未组合的和单个的(未分类的)选择问题,它还面临着一些其他的问题

---

[22] 关于对"规范"模型如何提供一种仔细研究不可比较的目的的方法所做的有趣的、相关的讨论,参见理查德森(Richardson,1990和1997)。

例如在最好的替代选项和补充制度间进行选择,或在这两者中的任一个与侵权行为法间进行选择。但是,这意味着在该选择顺序中,由于没有相应的要求,并且没有满足"非介于其间的"价值限制的负担,而只在制度安排上解决一系列难题是重要的,标准本身根据这些最显著的问题进行排序,或赞同这些问题是最显著的。因此,尽管这种从特殊到一般的选择顺序好像与我们提出的从一般到特殊的排列顺序关注的问题相同,但是它仅仅显示了一种对选择所涉及的问题的正式的形式上的努力,并且缺乏一种相应的对提出的实质内容的判断,如价值限制,而这正是适用于多元选择的标准排序应当要求的。比起这个选择顺序,我更赞同我们提出的选择排序,因为它维持了一种应当在对问题的概念上的(即部分依赖的)排序和对标准的价值限制之间存在的一致性。并且后者根据前者排列次序。

B. 意外事故法中非中立的排序形式内的不可能性(Nonneutral intrapofile impossibility):标准的分离方法

在前一部分,我以一种中立的方法考察了对适用于意外事故法的不同标准进行整合的可能性,也即,该方法允许所有标准平等和同时适用于所有供选择的选项。但是,我们发现,众多标准对相关联的选项所作的排序,对在多数规则下整合这些标准来说是非常有问题的,以至于这种排序在意外事故法中可能是规则而非例外。为了避免这种有问题的排序,或者至少限制它对多标准选择的专断的影响,我提出选择应当在概念上进行排序,并且进行排序的方式要与将价值限制作为一种对标准多元性进行排序的标准的精神相一致。

然而,人们可能认为这些有问题的多元化形式可以以一种完全不同的方法一块得到解决。具体地说,其观点是将不同标准的适用分成几个领域,在每个领域中,每一个标准具有最高决定权(也即,其他标准无法适用),也许,决定性的标准在某种程度上是对在其领域内的选项的一场好的竞赛。这样一来,争论将继续下去,不同标准之间的冲突,不一致性,都可以简单地被避免。事实上,正如上面表明的那样,这好像是韦恩瑞布赞同的方法,可用以协调对被告的威慑和对原告的损害赔偿的相互冲突的观点。他指出,矫正正义应当是侵权行为法的特殊领域。

在这一部分,我将更进一步考察这种解决意外事故法中多元性的非中立的方法。我将提出在任一领域内的标准纯粹主义者将很难维持该领域的完整性而又不受其他标准所影响。有时,我将采纳一种多元论者的观点,他们承认相冲突的标准所具有的价值,但认为这些标准只有在各自的审判领域内才会最好地或最完整地得到发挥。对这类多元论者,我们将仅仅提出各领域内的标准的更大融合更可能会满足她认为值得追求的每一个标准。但是,仍会有一些多元论者将坚持认为单一论优于对多元标准的单独追求,声称对不同领域的标准的任何整合要么一定会不一致,要么(在根据量上的可比较性进行融合的情况下)会对存在于多标准之间的真正的质的差异造成概念上的破坏。针对这类多元论者,我提出了一个两面的回答。首先(在第三部分 B 节余下的部分),我认为在拒绝承认对选择的标准的考虑问题上总会存在不一致性,否则会破坏单一意志的多元论者对自身的主要价值的满足。第二(在第四部分),我将提出有一种方法承认对众多标准的考虑,而不必假设它们具有(完全的)可比较性。这种方法就是以一种概念上排序的观点所要求的顺序承认它们(和它们部分的可比较性)。我将进一步提出,这正是现在相互冲突的标准在侵权法内部被和谐地协调的方法,同时我将提出一些例子阐述该观点。

1. 矫正正义和损害赔偿。我首先论述韦恩瑞布的观点。他认为,侵权行为法的单一组织原则是矫正正义,并且他认为,如果需要强调损害赔偿,那么恰当的且惟一协调的方法是在侵权行为法之外,有一种针对损害赔偿的要求而特别设计的制度。我们把这种在侵权行为法之外的制度称为社会赔偿制度(social compensation scheme,简称 SCS)。

现在假设发生了一起意外事故,其事实通常会将其引向适用侵权行为法和矫正正义:阿布(Able)过失地伤害了贝克(Baker)。但是也假设SCS在这里也存在。具体地说,SCS想确保贝克可以因她遭受的伤害得到赔偿,而不管对方是否有过错。因此SCS给予贝克赔偿。

如果贝克现在依据侵权行为法对阿布的侵权行为提起了诉讼,矫正正义的审判者会怎么做呢?他有三个选择。第一,矫正正义的审判者可能拒绝贝克的请求,因为她已通过其他渠道得到了赔偿。但这也就相当于认为侵权行为法不能恰当地适用于这类与矫正正义相关的有过错的相互行为。这好像使侵权行为法和矫正正义成为SCS的赔偿标准所做决定的附属,而几乎不是标准分离的要素。

第二,矫正正义的裁判者可以选择忽略,至少在开始时,忽略SCS所提供的赔偿而允许贝克提起侵权诉讼。但是,在诉讼中的某一时刻,具体是当决定什么样的损害赔偿合适的时候,法院将不得不考虑阿布可能会提出的辩论,即,在贝克因阿布的过失而受到伤害,且已经得到了完全的赔偿之后,她的情况并未因此变得更坏。如果侵权法中规制损害赔偿的原则是恢复原状,或者使原告恢复至他或她在侵权事件没有发生时所处的地位,但是除此之外不会再有其他补偿了,那么阿布是否应当向贝克支付损害赔偿金就完全不清楚了。然而这也导致阿布和贝克之间因过错产生的相互关系未得到解决,而这违反了矫正正义的要求。下面这种两难的局面是大家所熟悉的:原告可以适用某种可间接获利的制度,而侵权行为法的赔偿可以忽略这一事实,从而使原告获得超过她的损失的赔偿(或称双倍赔偿),也可以考虑原告所遭受的损失但不考虑适合侵权行为法和矫正正义的一些相关过错,从而使原告因得不到救济而承担由于被告的过错所造成的损失。这两种方法都对侵权行为法和矫正正义的要求造成了某种危害。

当然还有第三种选择。侵权行为法中矫正正义的裁判者可以判定贝克无权对已经通过SCS得到赔偿的损失再要求进行赔偿,但是赋予SCS一种可以以她(即原告)的名义行使的代位求偿权。

当然,这正是侵权行为法解决间接收益问题的方法(尽管在下文有棘手的问题要解决),并且好像这也考虑到了对所有与矫正正义有关的观点的纯粹的协调。这样一来,原告贝克不会得到双倍赔偿,而被告阿布则承担了因他对贝克实施过错行为而受到的惩罚,因此,在某种程度上适用矫正正义是重要的。

然而,最先出现在侵权行为法中的标准的整合问题,现在已经转移到 SCS 中了。因为现在看起来是,SCS,其惟一的任务是提供损害赔偿,都被矫正正义的要求所牵连。对此的解决方法是对 SCS 提供一种侵权制度中的代位求偿权,它可以以受到过失伤害的原告的名义行使。但是假设 SCS 不想与侵权行为法或矫正正义有关系,只想使自己致力于损害赔偿。那么,如果不将它的难题转移给一个矫正正义的审判者,它能做到这一点吗?好像是可以的。因为假设 SCS 仅仅使像贝克一样的原告或 SCS 本身(代位求偿)都无权对因过错导致的伤害提起侵权诉讼将由立法进行规定。这样一来好像矫正正义的审判者作为审判者就从来不会遇到过这种现象,即原告乐意起诉,但审判者拒绝对他们适用本可以恰当适用的矫正正义。这样的结果是,原告将永远不适用侵权法,他的这种权利被立法排除了。但是,不可能的是,当原告尽管有诉讼请求但不适用侵权行为法,对审判者来说是不相干的。因为原告基于不同的原因选择了不提起侵权诉讼,这也是侵权行为法通常所关注的。

2. 威慑的缺陷。好像我们现在已经在矫正正义、单一的侵权制度和损害赔偿(就像单一的通过 SCS 追求赔偿)之间达到了某种平衡。但是,论证不能仅停留在这里。因为尽管我们已经避免了,至少在审判上,不许被被告侵权行为伤害了的原告提起诉讼,尽管我们已经通过 SCS 对他们提供了有效的赔偿,同时又没有使他们获得双倍赔偿,但是,我们对一些被告的不法行为未在立法上予以规定。

很清楚的是,这个遗留的问题是威慑标准的支持者所感兴趣的。从某种程度上说如果侵权行为人不必对他们的侵权行为负责,那么他们就不太可能停止造成侵害。但是多元论者只会说这就是为什么标准分离的非中立方法认为需要有一种制度解决威慑问题,在这种制度中,侵权行为人的行为以一种适合于那个标准的方式得到解决。然而,有些多元论者可能比其他多元论者更容易论述到这一点。有些多元论者承认从具体制度中抽象出来的威慑的相关性是一种价值,对他们来说,应当很乐意至少考虑这样一种可能性,即通过将威慑和损害赔偿融合成一种制度,二者的目标可能更容易达到。人们将会运用森提出的帕累托不可能自由主义定理中的多重标准观点来反驳这种多元论者。可能会持续下去的辩论将是荒谬的:坚持制度的纯粹性,以致多元论者承认的每一个值得关注的标准与它相反地在标准融合方法下相比,前者会不太令人满意。这一辩论尽管基于帕累托原则,但也不会使多元论者同意任何一种可衡量性。

在这里我不想说明在帕累托意义上标准的分离方法比各制度间的标准的融合方法运行得更坏。[23] 当与标准的分离方法相比较时,混合方法将会导致混合结果好像不太可能,这意味着考虑到所有的相关标准帕累托原则不会使这两种方法中的一种支配另一种。但是我先将这个问题放在这里。相反,我选择强调另一派多元论者的观点,例如他们更单一地仅仅注重分别在恰当构造的损害赔偿制度和威慑制度中采纳威慑和损害赔偿标准的重要性。好像这样一个多元论者不会改变想法,即使当赔偿制度对原告完全赔偿(或者附有定价的[24])所产生的抑制威慑的效果进行了修正时,可能会实现更大的威慑效果,或者在威慑制度中考虑对原告进行赔偿所产生的威慑效果,会提高赔偿的作用。(例如通过私法而非公法规范强制)。这样一种多元论者将不同的标准简单地界定为,赔偿制度附带产生的威慑效果,或者威慑制度附带产生的赔偿效果不具有它们在自身单独适用的领域中所具有的价值。

---

[23] 关于在赔偿制度中混合的方法的例子,精确解释了威慑的关注,参见崔比尔柯克(1989)。

[24] 参见崔比尔柯克(1989)。根据原告对意外事故的倾向对原告的保险进行定价(例如,非平价)折衷赔偿,但是增强了威慑。

关于多元论在逻辑上是否可能具有一定地位的问题，首先考虑在纯粹赔偿制度中得到满足的赔偿标准。假设有人提出所有意外事故或人身伤害损失都可以得到完全赔偿，毫无疑问，支持这种赔偿的人，甚至只是一个只关注赔偿标准在自身领域里得到适用的人，也不得不考虑这样一个问题：如果不考虑意外事故的发生率，人们就可以合理地认为对这样一种提议将是负担不起的。而且，对这一制度负担不起的原因正是伤害已得到完全赔偿的人不会太在意侵害的发生率。这样一来威慑理论家当然会像责任论者那样特别关注这种对侵害发生率的漠不关心，但是损害赔偿理论家也不得不考虑，这是否意味着对一些伤害有必要不予以赔偿。另一方面，如果假设赔偿制度像大多数制度那样只提供部分赔偿，那么几乎通过将有限恢复界定为有限赔偿，赔偿理论家将不得不考虑意外事故的发生率。意外事故的数量越大，不完全赔偿的发生率就越大。

然而，多元论者会说，解决较高的损害发生率的方法不是通过将恢复制度限制在赔偿制度内，而是直接在为此而特殊设计的制度内关注损害发生率。例如，通过设置恰当的刑事制度或调整制度，人们可能会关注威慑或者加害人被剥夺资格。但是这将意味着什么呢？是否意味着，如果一个超速驾驶的司机因过失造成了一起意外事故，结果对他自己和另一个人造成了伤害，那么，一方面，他可以不考虑过错地从SCS中使自己的伤害得到赔偿，但是，另一方面，他被迫根据调整制度支付一种威慑性质的罚金？这将意味着加害人仍为这起意外事故支付了代价。不考虑过错的完全赔偿制度意味着加害人支付的罚金成本也得到了赔偿吗？那么罚金对威慑的影响如何？或者也许调整制度对威慑和罚金关注较少，而对剥夺资格的方法关注较多，即运用监禁或者撤销其驾驶执照的方法。但是这些方法也包含了完全赔偿。尽管一个人准备在某种程度上不考虑过错从而忽略加害人所遭受的损失，但事实仍然是加害人有义务去避免损害的发生，为此调整规范表现出了一种作为意外事故后果的真正的损失。虽然SCS适用于无过错完全赔偿,难道它不也适用于对这些损失进行赔偿吗?很容易就可以看到,要求某种制度应当完全适用于各自主要的和界定的标准的多元论者就面临着他们的多元论被自己否定的可能。

作为反驳,他们可能会辩论到,没有明智的赔偿理论家曾经打算完全赔偿必须扩展至以威慑名义给予的赔偿。尽管这后几种损失是因为"意外事故造成损害"才发生的,但观点将是,它们不属于赔偿制度意图包含的损失的范围。当然,这可能是对的。问题再一次是,当从事件的发生来看,事实上导致的结果与意外事故相联系时,哪种间接影响与对受害者的恢复相关。在这里提出的观点是,如果一种制度只关注对事实上的损失的纯粹赔偿、纯粹威慑或者剥夺资格,而不曾关注二者之间的协调问题,那么这样一种制度好像注定都会在任一方面自我否定。

3. 纯粹矫正正义和侵权行为法。在论述这一点上,我已经指出在矫正正义和损害赔偿之间(第三部分 B 节第一个问题),损害赔偿和威慑之间(第三部分 B 节第二个问题)有一种相互的牵连关系。而且,我也指出这要求一种制度间的协调,并且这种协调在严格坚持一种标准的分离方法下是很难做到的。在下一部分,我将指出侵权行为法提供了一种对多标准选择的协调,特别是要清楚侵权行为法的私法性质,以及更一般地对作为法律特征的理性的渴望。我将指出,协调的模式是一种概念上排序的观点,即我们已经指出其放弃了那种由社会选择理论提出的对难题的分析。

然而,在进行这种对侵权行为法的正面描述之前,很值得提一下为什么被矫正正义和所有涉及赔偿的制度所支持的侵权行为法,不能无视意外事故的发生率。这将使我们完成一个完整的论证,在这部分中使最初由韦恩瑞布确定的三种关注,即损害赔偿,威慑,和矫正正义彼此相关,成对地组合。

在侵权行为法中,典型的赔偿形式是由被告向原告支付一笔钱,从而足以使原告恢复(指要用钱做到这一点是可能的)到她在被告的侵害行为发生之前的状况。根据矫正正义,这种赔偿要同时达到两个目标,即消除被告的过错和维护原告的权利。韦恩瑞布的观点是如果受害者的损失和侵权行为人的收益在某种程度上是相关的,并且原告权利的行使仅仅是要求侵权行为人支付赔偿金,那么侵权行为人只需要向原告支付赔偿(也就是说,只需要一种私法赔偿)。如果一个人的收益包含了另一个人的损失,那么损失和收益就是相关的,反之亦然,韦恩瑞布的观点是,只有在矫正正义下人们衡量了它们和它们的法律意义,才可将侵权行为法的损失和收益看做是相关的,在矫正正义下要对收益和损失进行平等的衡量,这种平等是人们之间的一种正式的平等,是一种从将人与人区别开来的特殊性中抽象出来的平等。而且,他说,正是这种要对收益和损失进行矫正的需要认为威慑和损害赔偿一定不能在侵权行为法中提供一种被要求的对收益和损失的规范上的衡量,因为从威慑角度看,因不法行为得到的收益从一种完全不同的赔偿角度来看不会是(除了意外事故)一种损失。

韦恩瑞布提出了一种抽象的"规范的"收益和损失的观点用以说明收益和损失之间可能存在一种相关性,否则它们的特殊性会明显不同,但这种观点并非未受到批判。例如,史蒂芬·佩里就认为,这样一种从特殊性中更具体地说是从福利中的规范性的抽象,使他的理论不能解释,在侵权诉讼的关键时刻,即决定是否应当给予原告损害赔偿金作为对过错行为的补偿时,对福利的关注(佩里,1992)。[25] 佩里表明如果侵权行为法的准则是从所有特殊性和福利中抽象出来的,那么侵权行为法通过让被告向原告提供一种公开道歉从而使过错行为损害的纯粹尊严问题得到解决,这就足够了(佩里,1993,第36页)。因此,支付金钱赔偿的需要就不必了。

然而,赔礼道歉不能弥补对自由或权利的侵犯,这种侵犯表现为实际伤害,而这种伤害在相互影响的侵害行为中是重要的。仅

---

[25] 其他人做了相关论述,包括斯通(1996,第265—269页);和布鲁德纳(Brudner,1995,第196—200页),尽管布鲁德纳称韦恩瑞布的批评只是"部分正确"(at 323)。韦恩瑞布试图回应佩里的论述(1993,第20—23页),其答案很大程度上是附合查普曼的观点(1995b)。

仅因为韦恩瑞布称权利优于利益就认为福利不具有单独的法律意义是错误的。相反,福利确实具有法律意义,但是仅仅在原告具有权利或被告具有相关过错的情况下才如此。像这样的真正的伤害或损失本身并不太重要,但是当不合理地施加风险首先使被告的行为具有过错时就很重要了。正像在一种单一的关于相互的不正当行为的论述内,去根据一种完全不相关的侵害风险观念来判断某种具体的伤害是不合适的〔它是在普里米斯(Polemis)案[26]提出和在王格蒙德(Wagon Mound)案[27]被更正的〕,同样,只注意到危险而不管危险是什么,是不全面的。[28]

然而,事实是原告的福利损失仅仅在被告的侵害行为下才具有法律意义,这一事实对韦恩瑞布提出了一种不同的关于弥补问题的难题。有些福利损失,特别是非财产损失如遭受的痛苦和苦难,是支付金钱所不能补偿的。因此,无论金钱在一般意义上可以如何弥补原告,支付金钱损害赔偿都不可能在被告的过错行为确认有法律意义的福利内起到任何实际作用。这意味着,至少对许多案件来说,在侵权行为法内因遭受不当损失取得的赔偿,即根据矫正正义取得的赔偿,仅仅是部分赔偿。要得到更多赔偿就要超出权利中显著包含的福利的范围。[29]

但是,如果根据矫正正义的要求取得的赔偿只能是部分的(至少在非财产损失的情况下如此),那么像韦恩瑞布一样的矫正正义理论家就不得不考虑侵害行为的发生率及其纠正。当然,这正是威慑(和剥夺资格)学者要强调的。毕竟,侵害行为的发生率越高,得不到赔偿的损失就越多,就越不能矫正相关收益和损失。换句话说,侵害行为的规范不仅包含了弥补损失的规范,就像上文在回

---

[26] Re Polemis,[1921] 3 K.B. 560(C.A.).
[27] The Wagon Mound, No.1,[1961] A.C.388 (P.C.).
[28] 比较韦恩瑞布(1995,第160页)的论述:"危险并不是抽象地被理解为一系列伤害和一系列受伤害的人。"关注危险变成现实和产生实际伤害的不正当行为对于理解为什么对犯罪动机和既遂犯罪施以不同的惩罚也是很重要的;参见查普曼(1998b)。
[29] 关于对该观点更详细的论述,参见查普曼(1995b)。

应佩里时论述的那样,而且,如果存在非财产损失,那么弥补损失的有限的范围就包含了一种对侵权行为发生率的法律规范上的关注。[30] 因此,正像赔偿理论家在标准分离方法下不能使赔偿标准完全不受类似威慑的关注影响一样,矫正正义理论家不能,甚至用他自己的话来说,只坚持侵权行为法内的纯粹矫正正义。

这样就完成了我们对威慑,损害赔偿和矫正正义中的两两之间相互含义的陈述。我们尽量表明,这种相互含义使旨在解决多元性的非中立的标准分离方法没有任何作用,因此,我们需要一些其他的方法。而且,我们所需要的方法,不像只强调纯粹数量上变化的比较性方法那样,它还要考虑到标准之间的彼此的牵连且不取消标准之间质的差别。在本文的下一部分,我将通过在概念上排序的观点对多重标准进行排序,并且我将运用侵权行为法中的实例来解释其运作,来证明这种方法是存在的。

四、对侵权行为法中的复合标准的排序的思考

A. 概念上的排序和相关的福利:免责事由的相关性

在对当代侵权行为法理论的不足进行考查时,韦恩瑞布(1995,第53—55页)考虑了乔治·弗莱彻关于非相互危险施加的创新理论(弗莱彻,1972)。韦恩瑞布正确地将弗莱彻的理论归为

---

[30] 尽管这里提出的论点依赖于部分赔偿的不可避免性,但是通过"被剥夺的义务"和"与义务相反的命令"之间的矛盾,人们仍可以辩驳说,矫正正义强调的(间接的)补偿义务,必须包含避免不正当行为的(主要的)义务,即使已经给了完全赔偿。否则,人们将会在"应当"逻辑下不再积极规定过错而是去制止它。对此的讨论,参见里查德森(1997,第80—82页);里查德森(1990,第298—300页)。里查德·森对这些矛盾的讨论之所以有趣,因为他强调了这样一个事实,即不同的且看起来互相冲突的决策标准可以在一个规格排序中适用于一个选择问题,这种排序考虑了根据另一个必须(在概念上)跟随其后的标准(如修复或减轻伤害的间接义务)对一个标准的修改(或条件)。直接义务和间接义务的概念是由克里曼提出的;参见克里曼(1992b)。

非工具主义的,因此,可以区别于那些将侵权行为法解释为"一种意外事故保险的工具或使社会效用最大化的机制"的理论(韦恩瑞布,1995,第53页)。但是,他对弗莱彻的侵权行为法理论的关注类似于他对威慑的关注;他说,弗莱彻"主张一种适用于独立于原告的被告的正当考虑。"特别地,韦恩瑞布论述到,"他提出的免责方法将被告的道德地位与原告的权利割裂开了,因此没有将原告—被告关系视为一个固有的统一体"(韦恩瑞布,1995)。

总体上讲在这里我不对韦恩瑞布的观点持异议,但在该部分我确实想提出韦恩瑞布夸大了他反对免责的情形。[31] 我将提出,免责事由提供给我们一个例子,即在侵权行为法内部,可能存在一种在形式上适当相关的给予福利以在概念上有顺序的关注,因此它确立了在私法诉讼中原告和被告所具有的平等(独特的)地位。而且,这种方式,正像韦恩瑞布用它将该理论归于非工具主义的定性所表明的那样,表明了权利和福利所具有的独特且截然不同的(例如,多元的)含义。[32]

根据韦恩瑞布的观点,免责事由的问题是,它们提供了对被告的非常片面的关注:"关键问题是被告的行为与被告的免责条件如被强迫或疏忽之间的关系"(韦恩瑞布,1995,第54页)。对韦恩瑞布来说,在一场有双方当事人的、原告和被告具有平等地位的私法诉讼中自然会产生的问题是,为什么只与作为行为人的被告相关的道德考虑要影响到作为受害者的原告的法律地位。然而,这个问题忽略了免责事由包含的概念的排序。韦恩瑞布承认,免责事由是以有过错行为为前提并且有必要处于一个多阶段诉讼程序中的第二阶段。但是,这个过错行为的假定必须意味着原告已经取得诉讼中的地位;她首先提起诉讼,并且证明对被告提起的是表面上证据确凿的诉讼。有什么可能比这更具有本质上的双方性?免

---

[31] 关于对弗莱彻的非相互性风险的精彩的批评,参见克里曼(1975)。
[32] 关于一个对免责事由在刑法中的作用的结构上相似的论述,但该论述否认借口在侵权法中和在刑法中有相似的作用,参见查普曼(1998a)。

责事由的考虑(并且所有与此伴随的观点如被告说什么,他可能提出什么样的需要考虑的事项,等等)在诉讼中没有独立的地位;它只能在原告已经(且独立的)首先提起诉讼的情况下对法律判决起到总体计算的作用。

然而,对韦恩瑞布来说,这种对免责事由所做的分析只是增加了问题的难度。因为这样一来免责事由的作用就是根据具体适用于被告的理由证明被告无罪,而不管原告已经证明了她有权得到赔偿这一事实(韦恩瑞布,1995)。但是,这就回避了问题的实质,即是否真的有一种"全面考虑"的权利,也就说,是否应当赋予原告针对被告有一种权利而不考虑被告的免责事由。只将免责事由的内容规定为"只与行为者相关"而与原告无关并不完全正确。例如,在弗莱彻对免责事由的陈述中,对免责事由的核心观点是"同情",也就是说,任何处于同样情形的合理的人都会像被告那样行为,也许,这里面也包括原告。[33] 因此,承认免责事由具有相关性的论点变为这样一种观点,即原告不承认被告抗辩的事实,仍然向被告提出赔偿要求,但是不对他主张一种不平等权或优先权。

韦恩瑞布可能会反对这一观点,即这种在同情的观点中起作用的"不平等"与抽象的行动自由的平等非常不同且不适应。毕竟,人类具有自由的能力,正是因为他们能克服他们所处的特殊但适度的环境,从不屈服。其他任何对福利的关注,甚至那种以同情形式表现出来的对福利的合理关注,是以权利(和相关不正当行为)为基础的,这种权利来自于私法诉讼。

但是这种反对意见也避开了这个问题。韦恩瑞布之所以采取抽象自由的平等观点是因为他正在寻求一种对侵权行为法、规范

---

[33] 在对弗莱彻的观点进行论述中,韦恩瑞布尽量使原告不受免责理由意指的同情的一般观念的束缚。例如,他问:"为什么处于被告地位的大多数人可能会犯同样错误的可能性就应当导致取消原告特殊的权利?既然免责的条件使我们去同情,但如果我们的同情以原告为代价,依据何在?"(韦恩瑞布,1995,第54页)但是一旦原告也陷入了合理同情,那么认为原告负有合理注意标准就不会那么不公平和不合适。

的收益和损失的论述,以明确私法诉讼中原告和被告具有平等的、独特的地位。其他侵权行为法中的对收益和损失的规范价值就不提供这种平等的、专有的地位。但是,如果一个诉讼允许原告首先对被告提起表面上证据确凿的诉讼,因为被告过错地导致她受到了伤害,并且该诉讼允许被告在一个对双方都平等适用的合理性标准下利用同情来反驳原告,那么该诉讼就与韦恩瑞布侵权行为法理论设想的私法诉讼一样是相关的、专有的、平等的。

当然,事实上诉讼的第二个阶段引入了一个相关的并不完全遵守平等的抽象自由的福利观。事实上,由同情表明的这种对相关福利的关注好像并没有否定(或放弃[34])抽象自由的观点。甚至好像它期待这种观点的(非词汇的)优先性能将同情作为争议焦点。但是这仅仅对一元论者来说是个难题。对多元论者来说,免责观点所例证的那种排序的观点可能对多个独立标准提供理性的(概念上排序的),因此是一致的协调,这根本不成问题。事实上,这正是人们应当从关于社会决策的著作给出的结论中所期望的。

B. 侵权行为法、矫正正义和合理的威慑

我们已经通过对免责事由观点的分析,引入了这样一种观点,即概念上排序的观点允许福利在侵权行为法中起作用,正如它也承认一种抽象平等的自由的可取消的优先权,是时候考虑是否对社会福利主义的威慑的一种具有相似目的的关注也可以适用于侵权诉讼。在这一部分,我将表明,它可以并且事实上正是以这种方式适用于法律和韦恩瑞布本人对法律的论述中的。

为说明这一观点,我将集中论述韦恩瑞布对几个涉及合理注意的在普通法上被作为先例援引的主要案例所做的分析(韦恩瑞布,1995,第147—152页)。当被告的行为对原告造成了一种不合

---

[34] 其名字很容易与可取消性概念联系起来的法学家是 H. L. A. 哈特;参见哈特(1952,第145—166页)。关于哈特进行的分析的重要性,参见贝克尔(1977)。对一个根据偏好的排序(持续的或词汇的)和一个可取消的排序的论述可见于查普曼(1998a,1998b)。

理风险时,我们就说他违反了侵权行为法中的合理注意标准。在韦恩瑞布看来,迄今为止已经有两种制度尝试规定不合理风险所具有的不同要素。在美国法体系中,最明显可以说明的例子是从美国诉卡洛尔拖车公司案[35]中得出的汉德公式,其观点是比较对原告造成损失的风险和被告采取预防的负担。它要求一个合理的人采取预防的成本应当等于或小于原告预期的损失。相反,从波尔顿诉斯通一案[36]中得到说明的英联邦的方法,韦恩瑞布说它"不注重采取预防的成本"(韦恩瑞布,1995)。

韦恩瑞布论证到,英联邦方法对矫正正义来说问题不大,因为风险在某种程度上是一个相关的概念,而被告因采取预防而遭受的负担则不是一个相关的概念(韦恩瑞布,1995,第 148 页)。[37] 观点再一次是,被告采取预防措施的负担是一种他特有的负担,因此自然产生的一个问题是为什么这种负担要与原告免受不合理风险影响的权利密切相关。正像里德勋爵在波尔顿一案中评述被告的板球俱乐部时所说的那样,"如果不造成一种真正的风险就不能在场地上打板球,那么根本就不应当在那里打板球。"(波尔顿案,at 867)。因此,根据我们对英联邦方法的分析,原告免受这类风险的权利好像是绝对的。

但是韦恩瑞布承认,说英联邦的判例"忽视"预防措施的成本有点夸大其词了。根据他的观察,英联邦法院继续将他们对不合理风险的分析推进了"几个层次"(同上)。第一个层次解决的问题是危险是否可以被合理预见,也就是说,危险是"真实的"还是"非常荒谬或很难发生"以致合理的人不会对它多加注意的。然后,在解决了这个容易的问题之后,法院将考虑一个合理的人在面对一

---

[35] 159 F. 2D 169, at 173(2d Cir., 1947).

[36] [1951] App. Cas. 850(H. L.).

[37] 正如韦恩瑞布在别处论述的那样(1995,第 160 页),卡多佐法官也做出了这样的风险分类;参见他在 *Palsgraf v. Long Island Railroad*, 162 N. E. 99. 100 (N. Y. C. A. 1928)一案的判决意见:"合理可预见的风险界定了要遵守的义务和风险引入关系。"

种现实的风险时会怎样做。现实的风险可以分成两类,"实质"(但并不意味着大的)风险和"小"风险。对实质风险来说,预防措施的负担是无关紧要的;在英联邦法院,即使被告的行为成本是合理的或有效的,但在诉讼中被告可能还是要负责任的。但是,对通常不会引起责任承担的小的风险(非现实的)来说,就会有一种第三层次的分析,在这一层次,预防措施的负担就变得相关了。特别地,如果预防措施不需要花费"消除风险的巨大的成本",甚至对小的风险来说也可能有责任的存在。[38] 因此,预防措施的负担可能在判决风险是现实的(即使负担很重)第二层次中永远不会缩小责任范围,在第三层次的分析中,如果对小规模风险的预防措施的负担很小则可能会扩大责任范围。[39]

韦恩瑞布正确地指出这种第三层次中对预防措施的负担的关注与汉德公式不同,后者在每一层次的分析中,并且对所有风险都考虑采取预防措施的负担。但是,这只是说这里的事实是合理的人能够采取成本很低的预防措施来避免小的风险,那么有效避免意外事故的方法就是在福利制度下避免对权利的完全可比较性,也就是说,在某种程度上清楚对福利和权利的一种真正多元的考虑。但是韦恩瑞布没有充分认识到他选择作为先例讨论的解决合理注意问题的英联邦案例也承认多元考虑。如果,像他开始表明的那样,预防措施的成本真的并未被"忽视",那么对福利的真正的关注会被予以考虑。

而且,一种有效的避免小规模风险的方法对福利的考虑在概念上进行了排序。概念排序的观点来自权利相对于利益的优先性,在分析的第一层次要求原告免受身体伤害的权利应当被尊重,即使被告采取预防措施的负担很重。没有社会计算只给双方行为

---

[38] *Overseas Tankship (U.K.) Ltd. V. The Miller Steanship Co. Pty. Ltd.* (Wagon Mound No.2), [1967] 1 App. Cas. 617. 641 (P.C.).

[39] 认为预防负担的影响是扩大了责任范围而非缩小了责任范围的方法可见于布鲁德纳(1995,第191页)。

人的一方以特权,去辩解被告没有实施侵害行为。[40] 合理的人不会将他们自己的特殊困难加诸他人身上。另一方面,在合理注意标准下确实出现了一种对独立的福利观的真正多元的考虑(例如,不完全在权利方面下的观点);如果这样的成本很低,合理的人就会禁止他们自己去伤害别人,即使风险非常小以致不值得他们考虑。好像这种对福利的优先考虑消除了权利所具有的优先性,正如它在第一层次的分析中承认的那样;如果它不能为一个过错行为人辩解,那么它就可能控告该行为人。在一种概念排序观点下,福利有一个方向和程度。而且,这正是我们在将一种复合标准路径依赖整合成一种一致的社会抉择时应当期望的。

C. 侵权行为法、矫正正义和合理赔偿

我们最后说明作为一种解决侵权行为法中多元考虑的方法的依赖观点将解决间接受益的问题。回顾第三部分 B 节第一个小问题会得出,当原告可以利用侵权行为法和某种赔偿制度要求对她的伤害进行赔偿时,对标准分离方法来说,这个问题就产生了。侵权行为法可以考虑间接赔偿,在这种情况下,原告将被拒绝给予赔偿,但不被取消对矫正因侵权行为导致的收益和损失的要求,否则与矫正正义相关。侵权行为法也可以根据自己合适的调整范围忽略原告得到的间接赔偿,在这种情况下,原告得到的侵权赔偿好像使她的情况变得比侵权行为未发生时更好,而这违反了恢复原状原则。法院好像在这两种方法之间摇摆不定,并不总是能够界限分明地达到一种合理的平衡。

在先前的讨论中,我们确认了一种关于标准分离方法的进一步的困难。尽管侵权行为法中解决间接赔偿问题的代位求偿制度可能会在赔偿和矫正正义之间提供某种平衡,但是,其他对威慑价值的损失的关注可能产生一种对在威慑制度中实施制裁的需要,

---

[40] 在这一方面,在诉讼的第二阶段免责事由运用同情同时平等地适用于双方,其辩解结果与单方负担预防成本的情形相反。

8 对侵权行为法和意外事故法中多元化的一种合理调节 391

只要可能的话。但是这些制裁措施也可能要求在赔偿制度内的赔偿,至少如果那种制度像通常那样不考虑过错时如此。毕竟,这些基于制裁造成的损失正如最初的伤害一样是侵权的结果。它们是一种间接损失。

但是,我们表示大多数赔偿理论家会拒绝承认他们赞同的赔偿制度将对这类间接损失提供赔偿。他们可能说,这些损失与最初意外事故法和制度的目的几乎完全不相关。但是这意味着这些赔偿理论家必须有办法将意外事故公开导致的损失(并且也确实是意外事故导致的)分类,即分为值得赔偿的损失和不值得赔偿的损失。在这一部分,我将提出侵权行为法解决类似间接受益的不太相关的问题的方法,在一种排序的观点下,是一种有效的解决困惑的方法。当然,通过阐述侵权行为法的方法,我也将显示侵权行为法如何和谐地协调我们对矫正正义的权利和对合理赔偿的社会福利制度的多元关注。[41]

普通法解决间接受益问题的方法可以从作为先例的由上议院判决的帕里诉克里弗一案[42](*Parry v. Cleaver*)中清楚地看出。在这个案件中,一个警察在指挥交通的时候受了伤并且不能返回工作岗位继续工作。在意外事故发生后一年多的时间里,原告仍隶属于警察部门并且继续领取全额薪水。在原告被警察部门解雇后,他除了领取来自其他工作的工资以外,也领取警察部门的残废抚恤金来度过余生。领取这种残废抚恤金的条件是个人已经提供了十年的可领取抚恤金的服务和已经被确认是在执行公务时受到了伤害。人们也认可原告和警察部门都对残疾抚恤基金(至少是想像的)出资了。

立法者同意原告在意外事故发生之后被警察部门开除之前的期间领取的全额工资应当从其从被告那里得到的误工损失赔偿金中扣除。同样,也一致同意原告在被警察部门解雇后从作为平民

---

[41] 接下来对间接收益问题更进一步的更细节的分析可见于查普曼(1995a)。
[42] [1969] 1 ALL E. R. 555(H.L.)。

所从事的工作中领取的工资应当被扣除。最后,立法者也同意,在原告应正常地从警察部门退休的日期之后的时间内,他领取的残疾抚恤金应当从他对退休后可以正常得到的全额抚恤金的损失所要求的赔偿金中扣除。但是,立法者有分歧(3:2)的是残疾抚恤金是否应当从对原告在被警察部门解雇和正常退休的时间之间的工资损失的损害赔偿中扣除。关于这一点,有五种不同的意见,而多数赞同不可扣除。

关于从在正常退休之前的工资损失赔偿和在正常退休之后损失的抚恤金收益的赔偿中是否扣除残疾抚恤金收益的不同的处理是令人迷惑的。一些法院强调应当通过原告是否已经为它们付出了代价或者原告是通过提供某种服务而挣得的来解释扣除差额。[43] 但是在此,在正常退休之后得到的残疾抚恤金收益同在正常退休之前得到的同样的收益一样是被赔偿的;然而前一种收益要扣除而后一种间接受益则不可扣除。

里德勋爵精确地解释了这种对两个时期的残疾抚恤金的不同的处理,他的理由表明,对扣除性问题来说,有疑问的不仅仅是原告是否已经得到了我们正讨论的间接收益补偿。事实上,它们表现出了一种试图解决多元考虑的裁判上的努力:

> 答案是在前一个阶段(退休之前)我们没有将同类问题进行比较。他损失了工资,但是他得到了不同类的收益,即一种抚恤金。但是,关于退休后的阶段我们正在进行同类比较。医疗保险和完全退休保险是同一保险制度的产物;他在后一阶段遭受了损失是因为他被剥夺了继续得到保险的机会以至于将最终结果从疾病保险扩大到退休保险。毫无疑问可以将那一阶段视为一种损失和一种不同种类的收益。〔帕里诉克里弗一案,第564号〕

因此,在里德勋爵看来,如果可以避免从损害赔偿中扣除该收

---

[43] 例如,参见 *Cunningham v. Wheeler*,〔1994〕1 S. C. R. 359,558—560(S. C. C.)。

益,那么让原告得到对该收益的补偿的理由是不充分的;情况必须是这样,即收益的范畴与抵消的损害赔偿一样,或属于"同一种类"。

但是,为什么应当是这样呢?尽管里德勋爵没有给出精确的理由,但是威尔伯福斯勋爵在帕里一案中运用的多数判断给我们提供了一个线索。威尔伯福斯引用了温德尔法官(Windeyer)在帕弗诉斯彼德一案的判决中的一段话:

> 在我看来,认为有一个一般规则决定所有人身伤害案件中所有抚恤金的种类所表明的可接受性的观点是错误的。对人身伤害的损害赔偿是补偿性质的。第一个需要考虑的是原告声称他遭受的损失或毁坏的性质是什么。被告总能够提出证据驳斥原告试图建立的事实。比如,如果原告称他被剥夺了一种抚恤金,而这种抚恤金是他具体所在的服务部门的一个优势,那么被告就能证明,事实上原告已经得到了一种赔偿金。如果原告称他已经为医疗或安装假肢支付了费用,被告就能证明这些医疗或假肢根本没有花费任何费用。但是,如果原告起诉说因为身体伤害致使他挣钱的能力被破坏,被告就不能仅仅证明原告已经从慈善机构、前雇主、朋友或国家那里取得了金钱的或其他方面的资助来予以反驳。[44]

因此,根据温德尔法官和威尔伯福斯的观点,正是原告自己的在先的损害赔偿请求决定了被告在回应这种诉讼请求时辩驳的范围,即主张应当将某些已经支付给原告的收益从损害赔偿中扣除。因此,针对原告对本可以从前雇主那里得到的对损失的抚恤金的赔偿请求,被告可以证明原告正在领取如果不是因为意外事故就不能得到的一种抚恤金。另一方面,针对原告对不能再从事他先前的工作造成的收入损失的赔偿请求,被告可以指出原告已经从另外一种工作中取得了收入,但被告不能反驳说原告正从别处如

---

[44] *Paff v. Speed*,(1961)105 C. L. R. 549, 567.

慈善机构,国家,甚至同一雇主提供的残疾抚恤金那里得到了收入。因为后者对原告的补助,尽管他可以明显地从中受益而且可能完全取决于意外事故的影响范围,但是与他向被告具体请求的收入损失的赔偿无关。

为什么不相关?为什么原告通过选择某些赔偿种类就能够限制被告在类别之间提出抵消的能力?为什么对意外事故是如何更一般地和较少地具体指定范围的计算没有使原告情况更坏?本文提出的观点将提供答案。侵权行为法选出恰当"起作用的",或可以从对损失的赔偿请求中扣除的那些间接受益种类的方法,被构造成一个路径依赖的决策。原告,在提起表面上证据确凿的诉讼要求某种损害赔偿时,会将某些损失种类而不是其他种类定为争议焦点。[45] 在作为争议焦点的损失种类中,被告可以反驳说原告已经享受到了利益,而这种利益本应当被抵消的。还有一个关于

---

[45] 原告在诉讼中仅仅提出几种损失分类作为争议焦点,这一事实使她在不相关性观点下处于不利地位。但是,正像我们要论述的那样,它也限制了被告的答辩范围,并且不仅仅适用于间接收益的情况。例如,考虑这个很古老的情况:因为被告过失地撞了原告的汽车,使得原告不能准时登上泰坦尼克号船,该意外事故因此挽救了原告的生命。因为如果原告上了这条船,那么她一定会被淹死。为什么不将这种收益与原告在汽车事故中所受的损害相抵消呢?毕竟,综合看来,意外事故看起来并未使原告的情况变得更坏。但是,意外事故导致原告遭受了损失(如,汽车被损坏,身体受伤),正因此,毫不怀疑她可以依据侵权法得到赔偿,不管对成本和收益的总体衡量说明了什么。并且为此的理由是不相关性。如果意外事故没发生,那么原告在泰坦尼克号船上会发生什么事情,或者会对别人造成什么,与将原告和被告联系起来的意外事故太不相关了。更具体地说,并非是被告的过失行为使原告可能,或合理预测,不会有足够的时间赶到甲板上。相反,使过失驾驶有过错的是:它可能对原告的人身或财产造成可预见的伤害。这种结果反过来使原告不可工作,因此,不能得到工资或退休金补助。因此,原告在诉讼中可以恰当地提出上面提到的后几种伤害,要求损害赔偿,但是它也使被告不能提出原告因错过该船的航行而得到了收益作为反驳。前者即意外事故中受到的损失在被告的过错行为之内,或相接近,但后者即意外事故的收益则不是。因此,不相关性不仅仅限制了原告只可要求对被告的过错行为造成的损失的赔偿,它也限制了被告可以将其视为抵消对原告赔偿。泰坦尼克号的例子是韦恩瑞布(1989a)提出的例子的变化。关于该例子的更深一步的变化,目的是表明矫正正义不必对非财产损失进行赔偿,参见查普曼(1995b)。

对有冲突的考虑事项进行排序的考虑的例子,这次,排序承认,首先,在允许原告针对某种具体的非法损失提起诉讼时对权利和矫正正义的关注,其次,对赔偿的关注,在原告的诉讼请求下,被告可以指向原告已经取得的间接收益。选择的方法,以一种不太具体的种类和排序的方式,仅仅询问是否在全面考虑下原告的情况是否因意外事故而变得更坏,并允许福利以一种典型的完全可比较性所采取的方式取消权利的优先性。另一方面,我们已经看到,正像在标准分离方法中一样,不能根本关注间接收益的事实对矫正正义的要求造成了它自己的那种概念上的破坏。在这里我提出,排序的观点的方法是侵权法在这些难题之间运行的方式,是侵权行为法对多元标准包括赔偿标准的协调的方式,正如它承认优先权一样。

五、结　论

在这篇文章的引言部分,我赞同地谈到韦恩瑞布一般是将私法,具体是将侵权行为法定性为"智慧的展示"。要理解私法就要与它达成协议,不仅仅是一系列命令式地加诸于当事人身上的决定,而是一种思想的碰撞,根据韦恩瑞布的说法,"辩护的过程至少同个人的判决结果同样重要"(韦恩瑞布,1995,第 12 页),并且"一种概念的结构从那些将法律思考作为自己任务的人所持有的观点中表现出来"(韦恩瑞布,1995,第 14 页)。对韦恩瑞布来说,这样一种概念的结构不得不以一种非常特殊的方式连贯起来;形成该结构的要素的概念必须以某种方法被排序为"作为整体中的部分,在这个整体中,每一个部分以其他部分为条件,同时也成为其他部分的条件"(韦恩瑞布,1995,第 87 页,附加的强调)。而且,"相互联系的各方处于这个整体中,它们所有都参与其中,而且各部分本身并不单独地自给自足"(韦恩瑞布,1995,第 87 页)。

在这篇文章中,我也尽量认真地采纳这个观点,即私法是思想的碰撞或智慧的展示。但是我已经尽量在某种允许真正复合的标准具有自给自足性,或独立的重要性程度上来实现这一点,比韦恩瑞布论述的要多。对作为思想碰撞的法律的关注通过如下两种方式显示出来,首先,通过我在社会决策理论提供的逻辑严密的分析中为我提出的独特的协调多元性的路径依赖方法找到了基础这一事实,其次,通过我将这种路径依赖理解为一种在诉讼双方当事人之间形成的概念上排序的观点这一事实。我对多元标准具有独立的重要性,特别是对作为与侵权行为法适当相关的标准的权利和福利具有的重要性的尊重,通过我在这一论点中给予权利和矫正正义以优先权表现出来,即使我在论点的随后的一层次中允许对有效的威慑和合理的赔偿给予更多福利制度上的关注来废止这一优先权。这样一种专断的或特别的废止的危险之所以被避免正是因为它是概念上排序的。而且,因为多元的价值是有顺序的,而不是像韦恩瑞布要求的那样在一种部分的同时的相互条件下被协调,那么,我们相反在平直的法律思考中可能观察到的这种矛盾就可以被避免。因此,一种概念的排序,考虑了可废止的真正多元的标准的优先权,好像既以韦恩瑞布拒绝承认其可能性的方式提供了一种正式的内部一致的多元论的结构,又提供了一种在对权利和福利整合的考虑中那种结构规范的吸引人的内容。确实,我想,这种整合是足以吸引人的,它驱使我们继续赞同侵权行为法是解决人与人之间的有过错的相互行为成本的更合理的方法之一。